謹以此書

紀念先父榮宗敬先生

誕辰一百四十周年

無錫 榮鴻慶 敬題

本書編輯委員會名單

中國民族工業先驅榮宗敬生平史料選編

——榮宗敬先生誕辰一百四十周年紀念集

上海商業儲蓄銀行文教基金會 編
陳文源 榮華源 周維沛 主編

廣陵書社

圖書在版編目（CIP）數據

中國民族工業先驅榮宗敬生平史料選編：榮宗敬先生誕辰一百四十周年紀念集 / 陳文源，榮華源，周維沛主編. -- 揚州：廣陵書社，2013.4
ISBN 978-7-80694-945-0

Ⅰ. ①中… Ⅱ. ①陳… ②榮… ③周… Ⅲ. ①榮宗敬（1873～1938）— 生平事跡 Ⅳ. ①K825.38

中國版本圖書館CIP數據核字（2013）第069447號

書　　名	中國民族工業先驅榮宗敬生平史料選編 ——榮宗敬先生誕辰一百四十周年紀念集
編　　者	上海商業儲蓄銀行文教基金會
主　　編	陳文源　榮華源　周維沛
責任編輯	孫葉鋒
出版發行	廣陵書社 揚州市維揚路349號　　郵編 225009 Http://www.yzglpub.com　　E-mail:yzglss@163.com
印　　刷	無錫市證券印刷有限公司 無錫市揚名高新技術產業園B區75號　　郵編　214024
排　　版	無錫城市文化發展有限公司
開　　本	787×1092毫米　1/16
印　　張	34
字　　數	420千字
版　　次	2013年4月第1版第1次印刷
標準書號	ISBN 978-7-80694-945-0
定　　價	140.00元

（廣陵書社版圖書凡印裝錯誤均可與承印廠聯繫調換）

榮宗敬先生像

（一八七三至一九三八）

目 録　CONTENTS

卷首　回憶父親

第一篇　文稿與言論

第二篇　艱辛的創業歷程

第三篇　傳記與年表

第四篇　家世與家訓

第五篇　生平業績圖錄

卷首

回憶父親

獻給父親的書

——紀念先父榮宗敬先生誕辰一百四十周年

早春二月，寒意未消，江南一帶，柳樹梢上，已見嫩綠，我利用清明節前回鄉爲父親榮宗敬先生上香的機會，又走了一趟無錫梅園。這裏原是我們榮家私人庭園，二〇〇六年由國務院公佈爲“全國重點文物保護單位”。漫步園內，衹見滿園花木扶疏，梅朵綻放；登高遠望，太湖波光瀲灩，魚帆幢幢。回想當年父親與家叔（榮德生）興建梅園之時，恰逢民元肇始，他們正值精壯不惑之年，至今已過去整整一百年了。

◎ 榮鴻慶先生近照

父親生於無錫，在上海創業，最後病逝於香港。我與父親相處的時間不長，他過世時我纔十六歲，雖說已經懂事，腦海中深深地烙印著與父親相處的美好回憶，但對父親一生的行誼並無深切的瞭解，還很難講出一個完整的脈絡。我一直想著要在成年之後，對父親的行傳作一番詳細的描述，以表達對父親的追思。所以，一九五九年我寫了一篇《重印〈茂新福新申新公司三十周紀念刊〉緒言》，第一次對父親的生平做出簡要的概述。二〇〇七年，我接受採訪，出版了《獨木不成舟》這本書，對父親的生平作了較爲詳細的敘述。古人云："夫孝也者，善繼人之志，善述人之事者也。"對於父親生前打造的企業，我自承戮力經營，戰戰兢兢，謹慎從事，至今猶能守住並加以發揚光大；然則對父親一生的行誼，卻未能進行全面的、有系統的搜集和彙整。明年將是父親一百四十周歲誕辰，無錫的鄉親提議，在此具有重大紀念意義的時刻，希望我能爲父親的生平留下一部較爲完整的記錄，以資紀念，且流傳後世。這也正是我多年企盼而尚未實現的夙願，在此我要對鄉親的盛情深表謝意！

父親譜名宗錦，字宗敬，以字行世，這就是在梅園內建造"宗敬別墅"，而題匾"宗錦別墅"之緣由。太湖被譽爲"江南明珠"，無錫則稱作"江南名城"，這裏山水秀美，人傑地靈。就在這顆"明珠"北側的五里湖畔，這座"名城"西郊的惠泉山麓，有個名叫"榮巷"的古鎮，乃是父親誕生的地方。父親出身寒微，祖父熙泰公早歲進冶坊習藝，後來長年在浙江烏鎮、廣東三水河口及肇慶等地謀生；祖母石氏在家務農，哺育兒女，贍養老人。靠著數十年勤勞節儉，纔過上了溫飽而稍有盈裕的生活。

父親誕生於清同治十二年農曆八月初二（公元一八七三年九月二十三日），家叔比父親小兩歲。兄弟倆少時在鄉里讀私塾，並幫助祖母料理家務農事，從小互敬互愛，情誼深篤，鄰里稱羨。父親十四歲那年初夏，由祖父托人推薦到上海南市鐵錨廠當學徒，翌年春轉入永安街源豫錢莊習業；一八八九年，家叔也來到上海，由父親托人介紹到通順錢莊當學徒。兄弟倆尚在年少階段，就離鄉背井，走上了自立謀生之路。三年滿師後，父親留在上海，進入森泰蓉匯劃字號做跑街，從事金融業務，他虛心研習，承攬生意，廣結人緣；家叔滿師後隨祖父至廣東，在釐金局做幫賬。所有這些，都爲日後事業的發展打下了堅實的基礎。

一八九六年初（清光緒二十一年十二月），祖父因病在家叔陪同下從廣東回到無錫，父親那時也正巧從上海返回在家。春節後，祖父爲了兩個兒子的未來，與父親一起前往上海尋求發展。當時考慮到父親和家叔都是學錢莊出身，加上幾位鄉親老友都曾因經營錢莊而致富，因此在祖父的籌劃下，決定自出一千五百元，招股一千五百元，在上海鴻昇碼頭租房，開辦廣生錢莊，由父親任經理，家叔管賬務，於農曆二月初八開業；三月底在無錫設分莊，由家叔任經理。然而就在此後不久，祖父卻因病於六月十一日辭世。他所留下的遺訓："處世穩健，謹慎行事，不作投機，盡力社會"，我榮氏子弟至今仍奉爲圭臬。父親和家叔遵循祖父遺訓，謹言慎行，誠篤守信，辦事穩健，寬宏待人，所以他們的事業雖曾屢遭風險，但畢竟都能化險爲夷，安穩度過，終致圓滿結局。

廣生錢莊的業務以匯兑爲主，頭兩年營業平平，盈餘無多，合夥人在一八九八年末撤股而去，遂由父親與家叔兄弟倆獨資經營。但就從這時起，匯兑轉旺，連年獲利。正是這個緣故，父親在一九二八年主持編印《茂新福新申新總公司三十周年紀念册》時，將一八九八年標明爲創業起始之年。也正是在此前後幾年錢莊的匯兑業務中，父親敏鋭地察覺每年春夏之交，由上海匯往無錫、常州、蘇州、宜興等地的款項，以採購小麥爲最多；那幾年上海各業平淡，惟獨麵粉廠增裕、阜豐生意興隆，年年有利，由此而萌生了興辦麵粉廠的念頭。家叔則從來往於上海、廣州、香港途中和在粤辦理税收業務中看出，每年有大批外國麵粉進口，作爲在華外人的食糧，條約規定可以免税，但外僑人數有限，哪需要進口如此多的麵粉，實際上大部分賣給了中國人。中國的民生物資由此被西洋人所控制，如果能由國人自己設廠生産，不但能供應民間所需，更能促進民生工業之發展，由此也充分展現了父親的遠見卓識和富國裕民的雄心壯志。

父親體認到，經營錢莊雖可獲利，但終究衹能賺取"匯水"；而由小麥磨成麵粉之後，乃可行銷全國，飽足天下人之口腹，中國是一個擁有四萬萬人口的大國，其發展不可估量！何況當年的有識之士，都已親眼目睹，自甲午戰爭後，中國國勢日見衰頹，外國貨物源源而來，白銀大量外流，入超日甚一日，提倡民族企業已刻不容緩，因此父親決心將創業之路由金融轉向實業，而且與家叔取得共識，首先從開辦麵粉廠著手。

“民以食爲天”，是中國古訓；“衣食住行”四大民生需求，衣食爲先，人人都能朗朗上口。父親和家叔畢生的事業，就是順應古訓與民心，從麵粉起步，爾後發展紡織，先後建立茂新麵粉公司、福新麵粉公司和申新紡織公司三大企業系統，經過三十年奮鬥拼搏，“三新”企業成爲中國民營民生工業的第一大戶！

根據記載，一九〇〇年秋，父親和家叔與祖父在廣東任職時的老上司朱仲甫合夥，決定創立一家麵粉廠，分頭招股，至年底共招得十三股，每股三千元，父親和家叔各佔一股，廠址選在無錫西門外太保墩，購進土地十七畝，於同年冬申請立案，取名“保興”。因遭到地方舊勢力的阻撓，建廠工作拖延了一年多，一九〇二年三月十七日（農曆二月初八）才開機生產。但營業並不順利，朱仲甫無意經營，一年多後他就退股又到廣東做官去了，幸賴父親招得新股，穩住了萌生不久的新事業，廠名改爲“茂新”，這是父親“三新事業”中的第一個“新”。

說起茂新麵粉廠，開業之初規模很小，全廠僅有四座法國製造的鍊石石磨，每天產粉三百包。但萬事起頭難，這畢竟是父親一生經營民生事業跨出的第一步。當年茂新使用的石磨，現在還擺放在梅園內供遊人觀賞。無錫的鄉親告訴我，一些外國友人前來參觀後，對父親和家叔當年艱苦創業的精神，以及一百多年前的生產工具保存如此完好，無不表示興歎。

茂新麵粉廠起步後，父親和家叔又於一九〇五年與人合資，在無錫創辦了振新紗廠。初期因經營不善，虧欠累累，之後改由父親任董事長、家叔任總經理，企業面貌大爲改觀。他們一個駐守上海，一個坐鎮無錫，經過十幾個風雨春秋，兩廠規模日漸擴大，生產設備逐步更新，產品質量不斷提高，創立了風靡中國麵粉市場近半個世紀的“兵船”名牌，在實業界站穩了腳跟，嶄露起頭角。

就在這時，迎來了辛亥革命的成功和第一次世界大戰的爆發，給我國民族工業發展帶來了前所未有的有利環境。父親抓住這個難得的歷史機遇，審時度勢，把創業的基地由無錫轉向上海。一九一二年底，父親、家叔與王堯臣王禹卿兄弟、浦文渭浦文汀兄弟合資四萬元，用租地租屋欠機的方法，在上海創辦福新麵粉廠，一九一三年五月投入生產，這是父親"三新事業"中的第二個"新"。

父親宏圖遠謀，在福新創辦時提出建議："各股東分得的紅利三年內均不提取，用於擴充企業；各股東的股利也存廠生息，以厚資力"，得到合作者的一致贊同。正是在這一強本健質的經營理念下，此後不到十年時間，父親和家叔通過租辦和收買舊廠、創建新廠等辦法，茂新系統在無錫建立二廠、三廠，在濟南建立四廠；福新系統在上海建立二、三、四、六、七、八廠，在漢口建立五廠。至一九二一年，茂新、福新系統十二個麵粉廠，擁有粉磨三百零一座，日產麵粉能力七萬六千包，約佔我國民族資本麵粉廠生產能力的31.4%，全國（包括外商在華麵粉廠）麵粉生產能力的23.4%，產品不僅暢銷全國，而且遠銷西歐、東南亞，"兵船"、"牡丹"、"寶星"、"天竹"等品牌蜚聲海內外。一九一四年，民國大總統頒給茂新麵粉公司"裕食推仁"的匾額，一九一八年，又頒給福新麵粉公司"屑玉流輝"的匾額；一九二六年，美國費城博覽會給茂福申新總公司頒發"優良麵粉"獎狀，父親頓時成爲中外聞名的"麵粉大王"。對此，家叔在《樂農自訂行年紀事》中寫道："茂福新粉銷之廣，嘗至倫敦，各處出粉之多，無出其上，至是有稱以'大王'者。自維愧悚，不足當此盛名，仍思力謀擴充，造福人羣。此點於美國雜誌上曾有記載。"

根據茂新、福新的成功經驗，父親和家叔向振新董事會提議，以企業盈餘，分別在上海、南京、鄭州建立振新二、三、四廠，但董事會不表贊成，他們要即時提取現金分派紅利。因創業理念不同，父親和家叔於一九一五年春毅然退出振新，經人介紹，在上海周家橋購得一家織呢軋油廠的地基廠房，加以改建，裝置英製細紗機一萬二千九百六十錠，創辦申新紗廠，當年投產，這就是父親“三新事業”中的第三個“新”。

申新系統的發展極爲迅速，一廠創辦不久，就加添紗錠，增設布機。一九一七年，父親即在上海購買恒昌源紗廠，改爲申新二廠；一九一九年在無錫籌建申新三廠，一九二一年在武漢創建申新四廠，兩廠於一九二二年初同時建成開工。雖說在購買恒昌源紗廠和創辦申新四廠時，家叔因嫌機器老舊和財力不足，表示不贊成，但最後他都遵從父親決策，並親自主持了申新三廠的創建。短短六年，申新由一個廠發展到四個廠，擁有紗錠十三萬四千九百零七枚，布機一千六百十五臺，年產棉紗八萬零三百五十六件、棉布三十五萬九千五百三十匹，是當時國內棉紡織行業發展最快的企業。而且後來在抗日戰爭時期，申新二廠爲維持生產和償還債務，申新四廠爲企業內遷，在財源上起了重要的資助作用。父親經營企業的遠見卓識，於此可見！

隨著第一次世界大戰結束，西方列強捲土重來和國內外形勢的變化，中國民族工業又面臨新的阻礙，父親的事業卻依然不斷擴展。茂新、福新系統雖然沒有再增設新廠，但各廠都相繼更新和擴充了部分生產設備，至一九三二年，粉磨增至三百四十七座，日產麵粉能力達九萬六千五百包，年產麵粉一千九百九十九萬四千包，約佔全國（除東北外）機製麵粉總產量的30.7%。申新系統則從四個廠擴展至九個廠。一九二五年四月，購買上海德大紗廠，改爲申新五廠。同年六月租辦常州紗廠，改爲申新六廠，六年後歸還原主，於一九三一年十月購買上海厚生紗廠，補申六之缺。一九二九年一月，購買上海英商東方紗廠，改爲申新七廠，由中國人收購外國人的產業，在當時被視爲奇跡！翌年，又在申新一廠旁新建申新八廠，設備之先進冠於滬瀆。但僅僅過了八年，這個設備一流的新廠，在一九三七年十月二十七日就被侵華日軍炸毁，父親爲此十分痛心！一九三一年，父親又買下了由李鴻章創辦，爾後由盛宣懷經營的我國第一家機器紡織廠——上海三新紗廠的機器、廠房，租地經營，兩年後遷往澳門路建立新廠，這就是申新九廠。現在這裏已改建爲“上海紡織博物館”。至此，申新系統九個廠共有紗錠五十二萬一千五百五十二枚，線錠四萬零四百枚，布機五千三百五十七臺，年產棉紗三十萬六千三百四十八件、棉布二百七十九萬八千四百八十六匹，分別約佔全國民族資本棉紡織廠紗、布總產量的18.4%和29.3%，繼“麵粉大王”之後，父親的事業又摘得了“棉紗大王”的桂冠!

但是，父親並未以此爲滿足，他立下宏願：五十歲時有五十萬紗錠，六十歲要達到六十萬紗錠，七十歲達到七十萬紗錠，八十歲達到八十萬紗錠。生命不息，奮鬥不止，發展實業，富國裕民，這是父親一貫的創業思想。可惜天不假年，父親的目標沒有來得及實現。

父親少年時代就來上海習業謀生，對於上海作爲全國經濟中心和國際大都市的重要地位，他早有認識，所以在民元肇始就把創業基地從家鄉轉移到上海。而父親在上海的事業，大多集中在蘇州河畔，這又是爲什麼呢?蘇州河向以“上海的母親河”飲譽中外，對於榮家在上海的產業而言，其發端首選蘇州河沿岸，主要原因就是便於運輸。蘇州河是長江下游太湖流域的重要河流，與長江、太湖相通。榮家的祖居在太湖之濱，父親和家叔早年在無錫創辦的茂新、振新和申新三廠，都緊靠梁溪河與京杭大運河，南通太湖，北達長江，同我國工農業生產最發達的江、浙、皖、贛、鄂、湘、川等省直接相連，小麥、棉花、煤炭和麵粉、紗、布等原料、燃料、成品的進出運輸，甚至人員往來，主要都是通過河道船舶。因此，上海的福新、申新各廠都坐落在蘇州河畔、黄浦江邊，一九二一年建成的江西路茂福申新總公司大樓，也離蘇州河不遠。

父親受西方影響，重視交易所。爲了在原料採購、產品銷售市場上佔得先機，掌握主動，他與人共同在一九二〇年成立“上海麵粉交易所”，次年又籌組“上海華商紗布交易所”，茂福申新各廠生產的“兵船”牌麵粉和“人鐘”牌棉紗，曾被交易所指定爲進行期貨交易的標準粉和標準紗，建立崇隆商譽，由此獲取不少利益。但因交易所本身帶有投機性質，與當初發展民生工業之理念不同，加上外國人插足其中，也曾遭受過不少損失，遂逐漸與之疏遠，不再涉入。

父親曾在錢莊磨練多年，對金融業務十分熟悉，更由於他在麵粉、紡織兩業的經營實踐，深知實業與銀行的密切關係。所以，當上海商業儲蓄銀行在一九一九年增資時，創辦人陳光甫先生邀請父親入股，父親即欣然參股二十萬元，當時上海銀行增資後資本額爲一百萬元，父親佔股20%，當年就被推選爲董事。後來父親還應國民政府特聘，擔任中央銀行理事和中國銀行董事。而正是由於父親入選上海銀行董事會，使得我和我們家與上海銀行結下了不解之緣，直到今天。陳光甫先生曾寫信給上海銀行濟南分行經理華棟臣（後轉入榮氏企業，任漢口福新五廠、申新四廠副經理兼營業部主任）說："當初約榮宗敬先生入股上海商業儲蓄銀行，銀行方面與實業家的這種結合，完全是純潔的，不存在其他念頭，更不是交易。"由此可見光甫先生對父親的尊敬與器重。父親也曾在上海銀行發行的《海光》月刊上發表專文，闡述企業與銀行經營之關係。

常言道"花無百日紅"，父親與家叔白手起家創辦的麵粉、紡織兩大民生實業，取得了舉世矚目的成績，但創業的歷程並非一帆風順，而曾屢遭橫逆，路途荊棘叢生，倍受困厄煎熬。最嚴重的一次，就是一九三四年至一九三五年的申新財務危機，幾乎使全部事業毀於一旦。回溯歷史，我至今仍爲父親當時的艱難處境感到不寒而慄，思之淒哽！

一九二九年，發源於美國的經濟大恐慌席捲東西方各國，風潮所至，中國也不免受到牽累；而在第一次世界大戰前後崛起的日本，從經濟上、政治上、軍事上對我國的侵略步步緊逼，中國民族工業舉步維艱。即以紡織一項來說，日商一方面收購我國中小型紗廠，同時在中國領土上大舉設廠，華商紗廠受其壓制，被迫停車者達十分之四，面臨全業崩潰的邊緣。一九三四年六、七月間，申新因資金短缺、銀行錢莊不肯放款而擱淺，國民政府實業部長陳公博等人，以"整理"爲名，揚言要將申新"收歸國有"，企圖乘機吞併申新；一九三五年二月，又因申新七廠到期還不出英商滙豐銀行的抵押欠款，滙豐銀行竟然夥同不法日商，公開低價拍賣申七。這兩件事情，我至今記憶猶新。那時我還在讀初中，但從大人的言談中，也聽懂了父親爲局勢所困的窘迫；在我家上海西摩路住宅裏，也看懂了父親爲解除困厄而日夜操勞的艱辛。由於父親和家叔的共同努力，中國銀行張公權先生和上海銀行陳光甫先生的誠心維護，以及吳稚暉、薛明劍先生等人的多方斡旋，社會公正輿論的廣泛支持，企業職工的堅決抵制，最終擊碎了國內外兩股勢力試圖鯨吞申新的野心，度過難關，保護了中國最大的民營紡織企業——申新的產權不受侵害。

如果說企業遭遇財務困局，還可通過協商和各方支持來解決，而一旦發生戰爭，特别是外國入侵的戰爭，其破壞和損失那就無法彌補了！老一輩上海人都會記得，一九三二年的"一•二八事變"和一九三七年的"八•一三事變"那兩場日本軍隊發動的侵略戰爭，給上海整個城市和全體人民的生命財產造成的災難，何等慘烈，已永遠記錄在中華史册上！

抗日戰爭爆發後，分佈在租界外滬東、滬西和閘北的申新一、五、六、七、八廠，屢遭日機轟炸，生產完全停頓，尤其是一、八兩廠被炸得最慘，紡機十三萬錠幾告全毁，員工四處逃散，死傷一百多人。申新五廠處在敵我交戰地區，上有空襲，下有巷戰，部分廠區幾被夷爲平地。申新六廠與申新七廠也中彈起火，毁損慘重。申新八廠擁有當時最新式的英國波拉脱大牽伸精紡機，是上海紗廠系統設備最新的一個廠，在全國棉紡行業也屬罕見，時人稱譽它爲"廠房新、機器新、人員新、技術新、產品新"的"五新之廠"。該廠適與日商紗廠毗鄰，日人覬覦已久。在慘遭轟炸之後，日商仍不死心，居然還派出浪人，至現場將殘存的百餘臺精紡機統統搗毁，存廠的機物料和成品也被洗劫一空，手段之野蠻，莫此爲甚！父親目睹如此慘狀，錐心泣血的悲憤心情，可想而知。即使回頭收拾殘局，重整舊業，也是險阻重重，遥遥無期，這對他的打擊實在太大了！

在事業毁於戰火之際，父親還不斷遭到精神上的干擾，令他心煩意亂。在日軍佔領區，幾個毫無民族意識與愛國情操的所謂"名流"，成立了一個"上海市民協會"，打著"維護企業生產"的幌子，邀請一批企業界人士參加，父親是擁有崇高聲望的實業家，自然在邀請之列。所謂"上海市民協會"，實際上是一個"維持會"性質的組織，由日本人在幕後操縱。父親平日致力於商業經營，並不過問政治，他從來深明大義，愛國愛民，有目共睹。所以，當這一組織的真相被揭露後，他毅然決定離開上海，暫時放下那些被戰火荼毒的殘破企業，將諸多要事一一託付主管，遠走香港，待日後海晏河清之時，再回來重振旗鼓。而此時家叔已經安排好無錫的幾家企業和家園，離開家鄉，到武漢避難去了。

我清楚地記得，那是一九三八年一月四日（農曆十二月初三）的夜晚，沒有月光，寒風刺骨，父親對他一手營造的家園做了最後的巡禮，帶著我在英商通和洋行職員陪同下，搭車匆匆駛出西摩路宅院，一路疾馳，來到黃浦江邊碼頭，登上了一艘外國輪船。開船後，父親在甲板上駐足凝望，外灘燈火闌珊，漸行漸遠，他默然無語，心中無限痛楚。父親自一八八六年來上海當學徒，除了一八九五年因失業回家一年多以外，他在上海生活了整整五十年，上海是他的第二故鄉。沒有想到這次出遠門，竟是他最後一次凝視故土的夜景！

父親於一月六日到達香港，心情仍不平靜。他一方面痛感國土淪亡，事業毀損，家人離散，一方面又要時時面對社會上各種流言蜚語的干擾。悲憤抑鬱，加上老年人初到異鄉，水土不服，氣候、生活一時都難適應，竟引至病發。雖說他秉氣甚強，也善於攝養，無奈病情反覆，年邁力衰，藥石罔效，終告不治，一九三八年二月十日（農曆戊寅正月十一日），在香港養和醫院溘然長逝，享年六十六歲。

每當想起這段往事，都令我悲痛萬分，不但是因爲父親手創的事業遭到了毀滅性的打擊，更重要的是這場戰爭迫使我年邁的父親遠離故土，避居香港，最終客死異鄉的不幸結局。但我有幸一路跟著父親來到香港，陪侍在他老人家身旁，看著他走完了人生最後一程。

父親逝世後，上海、武漢、無錫等地報紙紛紛刊文，表示悼念。二月十五日，行政院第三五〇次會議在張羣副院長主持下通過決議，提請國民政府明令褒揚父親的功績；十七日，國民政府頒發"褒揚令"，全文如下："榮宗敬興辦實業，歷數十年，功效昭彰，民生利賴。此次日軍侵入淞滬，復能不受威脅，避地遠引，志節凛然，尤堪嘉尚。茲聞溘逝，悼惜殊深，應予明令褒揚，用昭激勵。此令。”

三月八日，父親的靈柩由加拿大“皇后”號輪船運回上海，離他到達香港之日，僅有兩個月。五年後的中秋節，一九四三年九月十四日，安葬於太湖邊張山口，離榮巷家宅大約五公里處。那時我已成年，記得安葬前一天，在梅園舉行公祭，鄉親們感懷父親的恩德，自發前來致祭，香爐內煙霧繚繞，哀淒肅穆。父親終於葉落歸根！

父親的墓園背山面湖，環境幽雅，氣勢雄渾，一直受到鄉親們的景仰和保護，甚至在“文革”大動亂中，也未遭到破壞。後來在一九八五年修葺一次，被當地政府列爲“無錫市文物保護單位”。一九九三年，父親誕辰一百二十周年之際，我和姊姊卓如出資，與地方合作，對墓園重新整修。墓道口新建花崗岩石牌坊一座，兩柱一間，坊額上鐫刻“澤被桑梓”四字，墓園背牆上鐫刻“功在華夏”四個金字，係上海市前副市長張承宗先生題書。左右兩邊石柱上鐫刻“民族經濟先驅，創業精神楷模”楷書對聯，墓碑上安吉吳東邁先生篆書“榮宗敬先生之墓”，爲一九四三年舊題，字字規正，蒼勁有力。“澤被桑梓”，“功在華夏”，“民族經濟先驅，創業精神楷模”，簡潔而通俗的二十個字，完整而準確地概括了父親一生的輝煌業績，也正與父親一生愛國愛鄉、創業奉獻的行誼相恰稱！

無錫鄉親及族內長幼對父親的追思，都是發自內心無上的尊崇，因爲父親的人格、精神和功業值得他們銘記。梅園誦豳堂正廳懸掛著一副對聯：“發上等願，結中等緣，享下等福；擇高處立，就平處坐，向寬處行”，非常有名，是清朝咸豐年間浙江人沈兆霖在一八五二年爲靜香齋所寫。誦豳堂建成後，即把它製成板聯，掛在廳內。這副對聯，其實正是父親和家叔畢生追求和踐履的寫照，是他們的座右銘；對我們榮氏後人，影響也很深遠，激勵我們以前輩爲榜樣，將它作爲自己行事、處世與創業的準則。

在家庭內，父親與家叔感情彌篤，兄弟攜手共創事業，終其一生合作無間，不生齟齬。父親思慮敏捷，果斷而有魄力，長於捕捉商機，經常由他做成決策；家叔穩健縝密，治事有條有理，善於配合父親主持廠務，讓父親無後顧之憂，兄弟倆乃是天生的絕配。早在五十多年前，我的堂兄榮毅仁在一次有關榮家企業史的座談會上，曾經對我父親與家叔的關係做過一番精彩的發言，他說："我伯伯和我父親的經營思想作風各有特點，但是他們兩人要求發展事業是一樣的，衹是採取的方法有些不同。""老兄弟倆感情非常好，相依爲命。雖然也有爭論，最後我父親還是聽伯伯的決定。有重要事情，伯伯常從上海回無錫探視，與我父親商談，談得很熱烈。當時我年紀雖小，但也還清楚記得。"近年纔按原樣修復的無錫故宅中的"承餘堂"、"承德堂"，比鄰而立，格局與佈置幾乎完全一致，彰顯了兄弟二人手足相連、比肩共創事業的歷史佳話！

◎ 榮鴻慶（左三）小時候常隨父親榮宗敬（左五）巡視企業

我是三兄弟中最年幼者，父親尤爲寵愛，從我六歲開始，每當父親於周末巡視設於上海的申新各廠時，必定呼喚我隨他前往。此外，我亦每年伴隨他前往無錫、漢口，察訪茂新、福新麵粉廠與申新紡織第三、第四廠之業務運作。藉著這種機會，父親總以"跟我巡訪工廠，遠勝於看幾場電影"這樣的話，對我多所慰勉。我當時雖還年幼，但長期親聆父親的教誨與訓勉，耳濡目染的燻陶，奠定了我日後開創事業的精神源泉。

父親逝世至今，七十四個年頭過去了，我也從十六歲的少年變成了九十老翁，但仍然無時無刻不在懷念著父親與我相處的點點滴滴，只要是想到的，能去做的，我都竭盡所能去完成，以表示對父親的緬懷追思之情。

在一個偶然的機會，我蒐購到一本一九二五年出版的舊書《中華今代名人傳》，裏面選列了當時的二百零二位名人，涵蓋政治、軍事、經濟、文化、教育各個層面，以中英文對照敘述他們的事蹟，還登出他們的照片，父親亦在其中，名列第六十五位，可見他在民生實業方面的成就與貢獻，在那時已爲萬方矚目，倍受各界肯定。我興奮莫名，當即煩請同仁幫我複印，予以妥善保存。

二〇〇六年，配合梅園內宗敬別墅整修，我跟姊姊卓如都帶著兒孫，專程返鄉，參加落成典禮，懸掛“宗錦別墅”匾額，在別墅前豎立父親的銅像，並親撰“榮宗錦先生紀念碑”碑文，其中寫到：“先父中道崩逝，時我等僅及髫弱冠之年，既未能分憂解勞，復未能紓其懸念於萬一，思之悽然。今重立先父銅像於梅園，以追懷遺範。梅園闢建迄今已歷九十餘寒暑，先父離世亦近七十載，然德昭天地，精神萬古長青，猶與我輩共淩太湖萬頃碧波，同賞梅園花團錦簇，世代綿延，福祚無疆，感念及兹，是爲之記，以慰先父，並使後人瞻仰，永銘吾心。”

二〇〇七年，我接受中國時報系統的陳雅慧小姐專訪，出版了《獨木不成舟》一書，乃是由榮氏家族子弟出面敘述父親生平的第一本著作，不同於其他坊間文獻，這是我以人子角度來闡述我與父親的關係，重點在我年少時與父親相處的回憶與追思，並敘述父親的經營理念，兼及我在上海商業儲蓄銀行服務的履歷。

二〇一二年，適逢梅園創建一百周年，二月十八日，隆重舉行“梅園百年慶典”，作爲其中的一項重大內容，在宗錦別墅開闢“中國民族工業先驅榮宗敬生平業績圖片展”，這是一個永久性的佈置，展出近二百幅（件）珍貴的歷史圖照與文物，以及父親的生平年表，內容很豐富。我雖因公無暇回到無錫老家參與，但特別囑咐内人務必要代我出席。

二〇一三年，將是父親一百四十周歲誕辰，這次我究竟要以何種方式來緬懷父親呢？當然修葺他的墓園是計劃中的事，畢竟距上次修葺已二十年了。前面提到孝順，其中一項就是要“善述人之事”。考量起來，敘述父親的故事，外界著作卷帙繁多，但尚無一本將父親自身的談話文稿、創業歷程、經營理念、家世家訓，以及歷年來社會各界對他的描述、報導與評論彙總於一起的書，以全盤瞭解父親的原本面貌。但距父親辭世已七十餘年，衆多文獻資料浩瀚如海，且散見於各種報章書籍，如何發掘彙輯，自是相當困難。幸蒙江南大學陳文源教授，提供了他多年積累的幾十萬字文獻資料和兩百餘幅歷史照片，並與無錫市榮巷古鎮歷史文化研究會榮華源會長一道，前往上海、南京、無錫的圖書館、檔案館以及上海紡織博物館、上海社會科學院中國企業史資料研究中心，蒐尋與父親相關的各種歷史資料，在上海商業儲蓄銀行文教基金會主持下，與孫國平、周維沛等先生一起，整理、篩選、校訂，花了一年多時間，終於完成了父親一生行誼專輯之編纂，定名爲《中國民族工業先驅榮宗敬生平史料選編——榮宗敬先生誕辰一百四十周年紀念集》，收錄各類資料文稿九十六篇，共約四十二萬字，歷史照片二百八十多幅，分爲“回憶父親”、“文稿與言論”、“艱辛的創業歷程”、“傳記與年表”、“家世與家訓”、“生平業績圖錄”六個篇章，父親一生的事業經歷，巨細靡遺，盡在於斯矣。在此，我要對上述諸位參與和支持這次編纂工作的鄉親、朋友及有關單位，表達最誠摯的感謝！

“上山打虎親兄弟，上陣還須父子兵”。回想自父親與家叔創業至今，已超過百年，就以治理事業來說也已歷四代了，我的家族不就是父子兄弟攜手合作，相互影響感召、代代相傳的嗎？相信大家看過這部專輯以後，這種感覺定會更加深刻。

無錫　榮鴻慶　敬撰

二〇一二年十二月

我的父親榮宗敬先生

榮鴻慶

我今年八十四歲。

回顧走過的歲月，有許多感慨，這樣的人生軌跡也是我從來想像不到的。現在回到上海，在陝西北路上那棟白色的洋房，裏面有我最快樂的童年回憶，走進去仍舊可以聞到家具熟悉的木頭香味，踏在木頭地板上，也會發出輕輕的嘎嘎聲。但是環顧四周，卻是時髦年輕的人在上班，電腦和傳真機給這個老房子新的生命，卻也提醒了我往事不再。

一直到現在，每次到了上海，我都會到申南紗廠的廠房走一圈，去看看廠房，也看看員工。

雖然年紀大了，之前背部還開刀，甚至有一次去上海的時候，腰痛得都直不起來，我的太太關心我的身體，堅持要我休息，最後還是她陪著我，去廠房走了一圈。紡織機器震耳欲聾的聲音，對我來說是再熟悉不過，在廠房裡，我每次總要上上下下走遍每一個角落，呼吸當中也感受到棉絮在漂浮。

連我的太太也覺得我的堅持有點頑固。

在心裡深處，每一次在紗廠巡視，都讓我重新溫習和已過世六十多年的父親榮宗敬先生相處時溫暖的記憶。而每次如同儀式一般，堅持走完這一趟，除了希望給員工一點鼓勵，也表現我心目中對父親的深深懷念。

許多人都知道，我常常說起的一個故事就是，大概從六歲起，每到周末，父親都會把我帶在身邊，一同巡視上海和無錫的紗廠。

我父親榮宗敬，是中國有名的白手起家的實業家，他沒有背景和財富，十五歲時就從一個錢莊的練習生開始，全靠著自己赤手空拳打出天下。將近一個世紀之前，他是當年中國有名的“麵粉大王”和“紡織大王”。不只在實業界經營得有聲有色，父親也曾經擔任中央銀行理事、中國銀行董事和上海商業儲蓄銀行董事。

一直到現在，父親在中國，仍是非常受尊敬的實業家。在父親事業的極盛時期，在中國和他相關麵粉和紡織工廠生產的產品，供應了大半中國人民的衣、食。

小的時候，嚴肅的父親用溫暖的雙手牽著我走過一間又一間的工廠，雖然當時我年幼，并不瞭解他的壓力和事業，但是從孩童的眼光，也看得出來他認真經營，一步一個腳印的執著和辛苦。他總是輕輕的告訴我：“跟我看看廠，好過去看電影。”現在來回想，這句話也是他當年對小小年紀的我的期許。

多年之後，經歷了戰爭和政府的改朝換代，父親大部分的事業幾乎都收歸國有，我盡力在海外將父親的事業延續下去。在動盪的大時代裡，每一個人對於未來都充滿了不確定，不知道戰火何時又要燎原，不確定明天是否還要捲起包袱逃難，創業並不是件容易的工作。

在一九四七、一九四八年，我和三姊夫（王雲程）以及以前紗廠的同仁，在香港創辦了南洋紗廠。另外，我自己和其他朋友又創辦了偉倫、大元、九龍紗廠，後來在一九七〇年代，香港的紡織事業到達頂峰的時候，香港大部分的紗廠和我都是有關係的。

一九九二年和故鄉睽違半世紀以後，我又回到了上海，和上海的國棉二十二廠合資成立了上海申南紡織公司，擔任董事長。命運好像跟我開了一個大玩笑，上海的國棉二十二廠，就是當年父親創設，後被收歸國有的申新九廠。時光流轉，原本父親的事業，現在卻成了我事業的合資夥伴。但是我很高興，父親的事業在我的手裡，有如不死的老幹新枝，孕育出新的生命。

在臺灣，我擔任董事長期間，上海銀行經歷臺灣金融自由化的白熱化競爭階段。雖然現在經營環境辛苦，但是上海銀行在臺灣，也是一家值得被尊敬的商業銀行。現在，身爲幾家企業的領導人，我深深瞭解父親經營事業的辛苦，也深深體會父親身處在動盪大時代創業需要的勇氣和毅力。

一九三八年，六十六歲的父親病逝於香港。

臨終前不久，父親在上海看到了自己辛辛苦苦建立的紗廠被日軍炸毁，一生心血付諸流水。父親看到轟炸的現場心痛得中風，這是他晚年最大的打擊。父親過世的時候我也纔十六歲，雖然一生和父親相處的時間不長，但是父親在經營事業和做人處事上影響我很深刻。

父親早逝，後來因爲戰爭，哥哥和我紛紛遠離故土。因此，在中國父親的事業被收歸國有以後，他的創業精神逐漸埋沒在一代又一代更替的歷史當中。

父親逝世後，母親與我一同居住在香港。從小母親和我朝夕相處，照顧無微不至，也因此，到我第一次出門念寄宿中學時，因爲要離開母親，我還傷心得痛哭，現在想起也不覺莞爾。母親晚年臥病在床多年，爲了照顧母親的身體，我朝夕相依，每天分兩班，各有兩位上海籍的護士照顧，姊姊每天都來陪伴母親，醫生每周還來看診兩到三次。這些點點滴滴的心意，不足以報答母親對我養育之恩的萬分之一。

現在，父親和母親都已經不在，但是深深的活在我的記憶深處。

我常常對兒子、孫子等後輩，講述父親榮宗敬先生的創業精神以及人格的風範，我更希望能讓更多人，認識我心目中中國偉大的創業家——榮宗敬。

這本書的完成要感謝上海銀行相關同仁熱心的幫忙，也要在此對於所有花費時間接受採訪的同仁以及我親愛的家人，致上最深的感謝心意。我一生不喜歡打擾和麻煩別人，對於身邊同仁和親人的厚愛，我將謹記在心上。

這本書要獻給我已經過世的父親和母親，以及所有關心我的朋友們。

二〇〇七年一月一日

編者附記：本文原載臺灣出版的《獨木不成舟——上海銀行董事長榮鴻慶和父親榮宗敬的故事》，是榮鴻慶先生爲該書所寫的開卷篇。

重印《茂新福新申新公司卅周紀念刊》緒言

余自一九四七年秋來港旅居，迄今忽忽踰十二載，勉營紡織，愧無善狀。月前，偶於行篋檢獲舊時《茂新福新申新公司三十周紀念刊》，捧讀一過，回溯前塵，不禁感慨繫之。當時贈序者如史、虞、馮、王、穆、劉諸公，皆當代碩望，雖下世已久，而其偉論卓識發於文章者，固千古不刊之作。繼覩先嚴遺像，雍熙肅穆，音容宛在，又不知淚泗之何從也！憶昔就傅之年，旦夕隨侍先嚴，常親謦欬，深感吾父律身嚴，治事勤，博聞強記，深謀遠慮，誠有非常人所能及者，所以能乘時見機，知人善任，非偶然也。顧先嚴所手創紡織、製粉事業，就是刊所載，止於一九二九年一月，所言皆前三十年事也。自彼迄今，又經三十年，其中經過情形宜有所申述，以告當世，庶不負先嚴所抱濟民裕國之素志與其一生艱苦奮鬥之精神。

茲先略述其對於紡織事業之發展程式。光緒末年，先嚴與叔父榮德生先生一起創辦振新紗廠於無錫，至民初紗錠由一萬增至三萬枚，嗣因董事嫉忌，憤而之滬創申新第一無限公司。不數年，成效卓著，再擴充申新第二廠，復於無錫建第三廠，漢口建第四廠。一九二五年於上海建第五廠，又租常州紗廠爲第六廠。以上情形，張則民先生于其《三十年來之中國紡織業》一文中，已有詳細記述。惟申新六廠所租之常州紗廠，六年期滿，拆股解散，於一九三一年購入上海楊樹浦厚生廠，紗錠六萬六千餘枚，始正式成立第六廠。嗣於一九四六年購進蕪湖裕中廠，紗錠二萬枚，附屬於六廠。一九二九年在上海楊樹浦公和祥碼頭隔鄰，購入東方紗廠，紗錠五萬枚，爲第七廠。一九三〇年在上海白利南路一廠附近購入空地，建設申新第八廠，置紗錠四萬枚，一切機器設備均最精良。一九三一年，又在上海楊樹浦購進三新紗廠全部紗錠六萬九千枚、布機千臺，遷移至澳門路，是爲申新第九廠。後經逐漸擴充，增錠達十三萬七千餘枚。至一九四八年止，申新系下共設紡織廠九處，各廠亦經陸續增添紗錠、布機，最後達總數五十七萬餘錠，布機五千餘臺，設廠地域從上海推廣至江蘇、湖北、陝西、四川、安徽、廣東等六省。

至其所營麵粉業方面之情形，自光緒二十六年，即公元一九〇〇年始創茂新第一廠於無錫太保墩，後逐漸擴增第二、三、四廠。自民二年即公元一九一三年，創福新一廠於上海光復路，後又漸增創第二、三、四、六、七、八廠於上海，第五廠分設於漢口、寶雞、天水、重慶、成都等五處。至一九四八年止，共設十四廠，每日夜產麵粉十二萬包。

一九三七年"八•一三"抗日軍興，上海淪陷，在租界內各廠雖得照常開工，而在租界外之申新第一、五、六、七、八等五廠，皆遭日軍封鎖，工作停頓，尤以一、八廠迭受轟炸，紡機十三萬錠幾全部毀損，僅布機一千六百餘臺未被波及。漢口申新四廠以一部分遷移重慶、成都及寶雞。彼時國內烽火遍地，人心惶惶，先嚴目擊時艱，惄焉憂之。在抗戰初期，即將所業分托主管，挈余來港休養。先嚴體力強固，兼之平素知所攝養，本可無虞，第以四十餘年困心積慮，於私則人事折磨，於公則感時憂國，至此頓現疲憊，留港月餘而疾作，醫藥罔效，竟於一九三八年，即戊寅歲之正月十一日，在香港養和醫院與世長辭，嗚呼，痛哉！

迄一九四五年抗戰勝利後，家兄鴻元、鴻三分任總副經理，整頓遺業，余隨諸昆以及在職先輩，共圖振刷。國家當劫燹之後，民生日用物品無不亟需，紗布業因而蒸蒸日上，申新各廠業務又趨鼎盛。翌年續向國外添購新錠，再事擴充，並購進國光印染廠，以完成紡織染之整體系統。由紗廠各系之協助，設立紡織專校，訓練技術人材。又于上海福履理路設公益研究所，專以檢驗各廠出品，統一標準；同時申新二、五廠將紗錠一萬八千枚分遷至廣州，設立分廠，以開拓華南市場。至於麵粉業，茂新、福新各廠亦經逐漸修復，而添換新機，改良內容，不遺餘力。懍創業之維艱，知守成之不易，至於形勢強於人力，則非我所能言者矣。

竊念先嚴一生盡瘁實業，固不限於紗布、麵粉等業而已也，同時董理各種金融、工業機構，尤指不勝屈。廓達大度，求賢若渴，凡有所長，擢陞不次。故其機構日就擴張，屢遭變亂，而能指揮若定，履險如夷。當時紡織業蓬勃興起，人皆謂由先嚴倡導之力爲多，且爲人民謀衣食，爲國家塞漏卮，功在社會，尤不可沒。故斯刊之重印，所以紀念先德，昭示後來，聊以盡子責於萬一。所嗟世事變幻莫測，自一九四七年後，余與總公司原主持人多已離滬，檔卷難覓，故此次重印，祇能謹按原冊文字照式複刊，未能將後三十年之事業進展詳情彙編增附。且家兄鴻元、鴻三，皆以事滯留國外，故余僅能就記憶所及，並博諮在港父執所言，略陳厓概如上。自愧駑劣，未能繼承先志，翫愒歲月，負罪實深。倘蒙當代彥碩教而正之，幸甚！感甚！

無錫　榮鴻慶　敬撰

一九五九年十一月三十日

第一篇

文稿與言論

總經理自述

語云：三十年爲一世。三十年中，人事遷變，或有記載之價值。姑就個人與本公司關係言之，余年未弱冠，即習商賈之事，往來申錫間，見夫生齒日繁一日，舶來品日盛一日，不禁興起創辦實業思想。維時吾國商辦實業無多，而洋粉、洋紗運銷於吾國者爲數至鉅。竊思衣食爲人生要需，解決衣食問題，莫如多辦麵粉廠與紡織廠。顧同志難得，集款維艱，而相當地點急切，又未易指定。

某日，偶過吾邑西門外，見有荒地，可二十餘畝，一水瀠洄，交通便利，即所謂太保墩。相度地勢，可建粉廠，當徵得余季德生同意，即購地集股，從事經營，時清光緒二十六年也。翌年，廠屋落成，是爲茂新第一麵粉廠。三十四年，創設二廠於邑之惠山浜。民國三年，就一廠之旁添設三廠。四年創設福新一廠於上海新閘橋，五年創設二廠於莫干山路。六年，創設茂新四廠於山東濟南；同時創設福新三廠於上海小沙渡路，又就二廠附近創設四廠；又創設五廠於漢口礄口宗關。七年，創設六廠於上海新垃圾橋，同時創設七廠於上海新閘大通路，創設八廠於上海東京路。綜計麵粉廠凡十二廠。

至紡織廠，則自民國四年創設上海白利南路之申新一廠始，在上海宜昌路者爲申新二廠，在吾邑西門外五洞橋者爲申新三廠，均八年創設。九年創設四廠於漢口礄口宗關，十三年創設五廠於上海楊樹浦高郎橋，十四年分六廠於常州南門外。綜計紡織廠凡六廠。

皆無限公司也，皆股東王君堯臣、禹卿，丁君梓仁，浦君文汀以及故人浦君文渭等，同心協助，以有今日也。若夫主持無錫廠務，尤以余季德生之力爲多。計自創設至今，忽忽三十年。余不敢謂於社會、國家有所裨益，惟力之所能爲者，任何艱苦困難在所弗辭，亦聊盡國民一份子之義務而已。

茲届三十周紀念，同人以爲創業三十年，設廠十八處，規模如是其宏遠，根柢如是其深穩，宜創設儲蓄部，以利同人，股東多贊許此意，爰決議創設儲蓄部。姑先以同人爲限，既釐訂章程，裝印小冊，用誌其緣起，並述三十年辦廠之順序。迄今過吾邑西郊，見有煙突干雲，機聲軋軋，孰不知爲茂新一廠！孰知三十年前，固猶是荒煙蔓草、人跡罕至之太保墩也！追憶前塵，不禁有滄桑之感已！

中華民國十七年一月　無錫榮宗錦

（原載《茂新福新申新總公司三十周年紀念冊》，上海世界書局代印，一九二九年一月）

宗敬閱歷譚

古謂人生最慘是生死離別，予謂最苦是失業賦閒。失業則一受經濟之困頓，二遭家室之交謫，三被親友之冷眼熱嘲，四或如蘇秦父母不子。人當賦閒無事、株守待兔，日則仰屋興嗟，書空咄咄；夜則搥床反側，短歎長吁。所以捧牢飯碗，千萬寶視，切勿看輕而嫌薪水之微薄，作事之煩雜，待遇之苛刻。及至失業賦閒，復乞升斗而告貸無門，遇親戚而歧途相避。到此時，而欲求一技之寄、一榻之借、一粥之飽，且不可得。雖欲望苛刻之待遇、煩瑣之工作、微薄之薪水，而不可得矣，遑論其他哉！

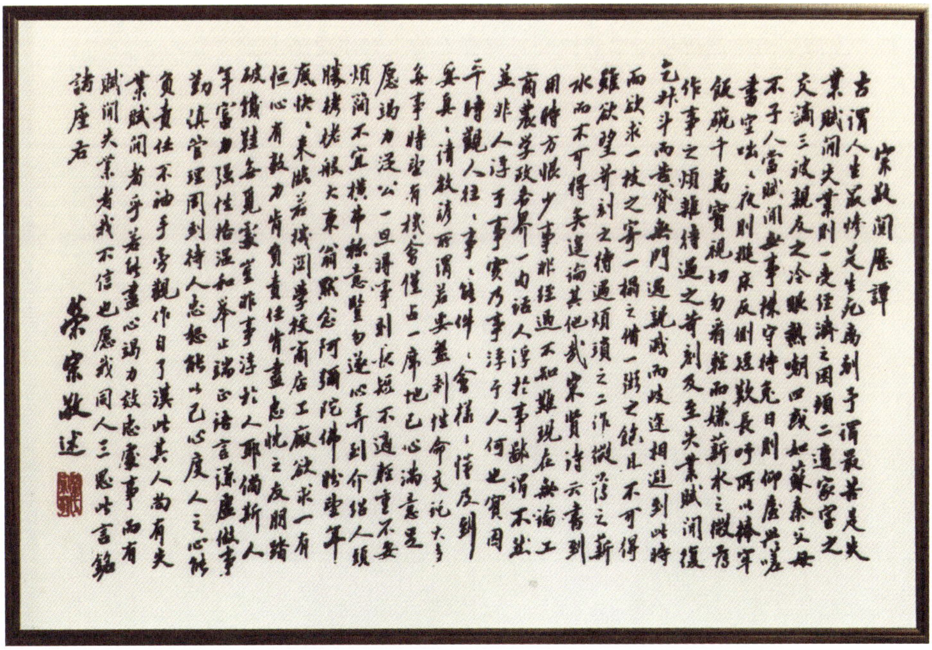

宋賢詩云：書到用時方恨少，事非經過不知難。現在無論工、商、農、學、政各界，一句話：人浮於事。鄙謂不然，並非人浮於事，實乃事浮於人。何也？實因平時觀人，往往事事能，件件會，樣樣懂，及到要真真請教，諺所謂“若要盤剝，性命交託”。大多無事時，望有機會僅占一席地，已心滿意足，願竭力從公；一旦得事，則長短不適，輕重不要，煩簡不宜，橫弗稱意，豎勿遂心，弄到介紹人頭勝栲栳般大，東翁默念阿彌陀佛，盼望年底快快來臨。若機關、學校、商店、工廠，欲求一有恒心、有毅力、肯負責任、肯盡忠忱之友朋，踏破鐵鞋無覓處，豈非事浮於人耶！倘斯人年富力強，性格溫和，舉止端正，語言謙虛，做事勤慎，管理周到，待人忠恕，能以己心度人之心，能負責任，不袖手旁觀作自了漢，此其人尚有失業賦閒者乎？若能盡心竭力，效忠處事，而有賦閒失業者，我不信也。願我同人三思此言，銘諸座右。

榮宗敬述

編者附記：《宗敬閱歷譚》，大約寫於上世紀二十年代初，鑲嵌在大玻璃鏡框內，懸掛於上海江西路茂新福新申新總公司辦公大樓大寫字間牆上。

在華商紗廠聯合會第七屆年會上的提案

竊查近年華商辦理紗廠，困難情形達于極點，我同業無不深悉。揆厥原因，要由洋商運送花衣，捐稅一道，逢關遇卡，一體驗放，概免稅釐；華商運送花衣，既經捐稅，逢關遇卡，一再照捐，此不平等者一。又如華商採辦漢口花衣，由輪船裝運至上海，既捐出口、進口等稅，轉運無錫，復徵產銷等稅，重重束縛，此不平等者二。現在日本商人在青島設廠，赴內地採辦花衣，既無捐稅之重疊，又得交通之便利，事半功倍，較諸華商設廠運貨，不啻有天淵之別，此不平等者三。諺云"不平則鳴"，凡我同業，似宜注意，據理力爭。我華商所辦之實業，全受外人之影響，摧殘實業，誠不能爲當局諱也。特此提議，敬候公決。

（原載上海《紡織時報》，署名"榮宗敬"，一九二四年四月七日）

提倡國貨宣言

自五月三十日南京路發生慘劇以後，凡我同胞，莫不切齒痛恨，致釀成罷課、罷市、罷工之舉動。鄙意愛國不在宣言而在實踐，禦侮不在一朝而在平時。現在家常日用，與夫個人生活所必需，實以舶來品佔據多數，每年流出之金錢，何可勝計！漏卮不塞，困窮立待。茲由鄙人發起，凡在本公司範圍以內之同仁，自六月一日起，一律不購買舶來品。苟能持以恒心，守以毅力，庶幾舶來品絕跡市廛，而國貨得以推行盡利，藉以作五月三十日之紀念。如有意見不同，或陽奉陰違，雖與個人之人格有關，鄙人亦不敢引爲同調矣。願與同仁共勉之。

榮宗敬

中華民國十四年六月一日

（原載《錫報》一九二五年六月十一日，並據上海《紡織周刊》六月十四日發表的同名文章校訂。）

國粉出口外粉進口應實行平等稅則

一九二五年九月八日，榮宗敬向同業建議，對北洋政府提出要求案：

查通商口岸麵粉輸入，因外僑食品關係，例不徵稅，迨進口後，運銷內地，在在免釐。年來麥價昂貴，交通阻梗，粉廠獲利殊難；推銷外洋則稅則繁苛。如運往日本，每包徵收洋七角；運往小呂宋（菲律賓首都馬尼拉），每包徵收呂宋幣二角；運往樸脱賽特（蘇伊士運河口塞得港）及荷蘭、西貢等處，莫不徵稅。外粉輸入則通行無阻，華粉輸出則例須稽徵，稅則之不平等，莫此爲甚。

查近來東三省等處，外粉源源輸入，有五六百萬包之多，若不妥籌抵制，則外粉充斥，華粉滯銷，粉廠前途，不堪設想。兹關稅會議開幕伊邇，凡我同業，似宜提出議案，以備當局採擇。兹就敝見所及，分甲、乙兩種：（甲）洋貨進口一律徵稅，外僑食品不得除外。（乙）洋貨進口，如須運往內地，一律徵收落地稅。萬一甲項不能辦到，則應注意乙項，據理力爭。國家既裕收入，粉業得以維持。是否有當，敬候公決。

編者附記：本文原載《申新總公司函稿彙登》，抄錄於上海社會科學院中國企業史資料研究中心，標題爲本書編者所加。

關於民生問題之兩短篇名著

文者，言語之符號也，有言即有文。顧我國人之于文，一若視爲惟學者能文，於是社會上所流傳之名著，不出之於窮搜古籍之老學究，即出之於死讀西書之新學究。而於針切當前之實際問題，遂多隔閡，此其影響於政治人心，非淺鮮也。實業家榮君宗敬以業務之暇，著"救濟民食"與"救濟紗業"兩短篇。其所述，字字針切實際，且足開實業界應用文字以喚起輿論之先導，而溝通文、實之界者也。因刊卷首，以爲提倡。世不乏能文之實業家，如聶君雲臺、穆君藕初、陸君伯鴻等，且亦嘗數之發表論文。如能相率提倡，就民生實際問題，時有以貢獻於社會，其亦足爲文字界開一實化的新規範乎！——太平民誌

一、救濟民食芻議

日來米價昂貴極矣。煌煌禁令，置若罔聞。熱心社會之流，奔走呼號，恒以"囤積居奇"、"私運出洋"二語爲口頭禪。竊以爲皆皮相之談，非米貴之主因也。今歲就吾蘇論，江北有一部分歉收，餘皆估有年。各省類多風調雨順，遇水旱偏災者尚居少數。各國產米之處亦號年豐，定西貢米者不在少數，近已源源輸入。綜上數因，際此新穀登場，宜有不可勝食之象。而米價日見昂貴者，何也？曰：

生之者寡，食之者衆，米貴之遠因也。我國以農立國，在昔寓兵于農，有事則干戈，無事則耒耜。今何如乎？綜全國每年所供軍儲，何可數計，皆食民之食，非自食其食者也。而且波瀾起伏，幾無寧歲。大兵所至，廬舍爲墟，隴畝禾生，東西莫辨，即遇豐稔，猶難足食。一逢水旱，強者鋌而走險，弱者轉

於溝壑。至此而舉辦義賑，杯水車薪，于事何濟！是以生眾食寡，爲理財不二法門。而屯墾之如何舉辦，農學之如何提倡，當局之所宜注意者也。

若夫水利不修，實米貴之近因矣。水利之於農事，關係至爲密切，應興應革，何可勝言。請論蘇州河。疏浚蘇州河之議，醞釀已久，迄未實行。本埠食米來源，除由安南輸入外，胥由蘇州河轉運。近日該河自黃渡達北新涇，計程二十里而遙，船隻壅滯，已及旬日，聞米船停頓在二百艘以上，何日通行，未可預料。來源斷絕，人心恐慌，米價有不繼長增高乎？爲今之計，惟有以疏濬蘇州河爲當務之急，非特可以救濟民食，百貨流通，運輸利便，商民之受賜多矣。

更有進焉者，就現狀論，不得謂爲"米荒"。不揣其本，輒曰"米荒，米荒"。而無識之徒從而鼓吹之，以爲生活程度受米貴之影響而增高也；或且慮及工資低廉，而以米貴爲藉口者矣。此則所望熱心社會之流，處以鎮定，于米貴之遠因、近因加之意焉，可耳？

二、救濟紗廠業之管見

年來吾國紗廠業，有一落千丈之勢，其原因甚多，而以華商受不平等之待遇爲最大原因。查外商在華埠設廠，其錠數幾占百分之六二五，發展若是之神速，實由條約上予以特殊之便利。特殊之便利維何？則三聯單是。外商在內地採辦棉花，有三聯單爲護符，通行無阻。華商則捐稅重疊，加以交通阻梗，轉運需時。按三聯單之效用，原爲便利外商採辦原料，運銷國外起見。今則外廠林立，新花上市，受三聯單之影響，則花貴；戰事頻年，銷路呆滯，則紗賤。就現狀論，直接保護外商，間接不啻摧殘吾國實業。關稅會議開幕，對於稅則庶有一線曙光，又以政潮而停頓。然引領此望，冀公理之克伸。茲已公推總商會會董聞君蘭亭，入都陳述關於花、紗兩稅，如何斟酌以劑于平，不使華商再受三聯單之痛苦，則紗廠業庶有豸耳！

（原載《太平導報》第一年周刊第六期，一九二六年二月六日）

兵工芻議

居今日而言去兵，是迂闊之見也。兵果足以福吾民乎？利吾國乎？皆知其不可能矣。語云：養兵千日，用在一時。邇來米貴於珠，薪貴於桂，終歲勤動，猶恐不給。而以不事生產之兵，平分民食，勿論其爲紀律之師，爲烏合之眾，羣居終日，待哺則同。人民知兵之坐耗餉糈，無利於己也，輒鄙夷之、厭惡之，甚至舉“好男不當兵”之諺以爲證，不知兵猶是民也。彼赳赳者，何莫非同胞乎！一隸戎行，田舍蕩然，妻子離散，寄身鋒鏑，歸去無家。其有雅慕淩煙，奮身投筆，擁上將之旌旗，作三軍之主宰者，實居最少數焉。是故，吾人對於兵，不宜有所歧視，宜使兵隨時隨地從事生利，質言之，使兵自養而已。

自養之道，非可一蹴而就，必進之以漸，持之以恒，直接弛人民之負擔，間接培國家之元氣。凡爲兵者，時不虛度，餉不虛糜，與民分工而不與民爭食，兵亦何負於民，而必欲去之以爲快乎？今以芻蕘之見，爲借箸之籌，擇其切要而易行者，略舉數端，用備採擇。

一曰平治道路。就蘇省論，除國有之鐵路及通汽車之長途外，由鄉而縣而省，所有道路類皆蕪穢不治，逼仄難行。交通既感其不便，運輸尤覺其維艱，是宜就防區劃分地段，規定丈尺，或需購地建築，或就原有路線附益而修葺之。俾車輛得以流通，貨物無虞壅滯，嘉惠行旅，尤其小焉者也。

一曰疏濬河道。江南水利，甲於全國，河渠縱橫，港汊紛歧。不事疏濬，馴致淤塞，妨礙交通，影響農田，視陸路之不治爲尤甚。宜就防區中水路之最關重要者，次第疏濬，俾旱不枯竭，水無泛濫。若淮河，若蘇州河，尤可容納多數之兵工，而爲利滋溥也。

一曰從事墾牧。濱海之區，曠土猶多，則墾牧尚已。荷戈之士，來自田間，農事本其素習，爲之正其經界，時其耕耨，又復羅致牛、羊、雞、豚之屬，慎其豢養，任其蕃殖，地無遺利，即餉有自來，恐將視此間爲第二故鄉，而兵且化而爲農矣。

此三者，兵皆優爲之，無與於民而民不擾者也。余非謂兵而工，遂棄其固有之事也。每日除食息外，以八小時計，工作占三分之二，餘即爲操練時間。遇戒備時，不妨縮短工作時間，一年而見小效，三年而成效大驗，可斷言者。蘇省每年額定軍餉六百萬元，浸假兵工有一百五十萬元之收入，是人民已無形中減去四分之一之負擔矣。依次遞推，軍餉之源，不期而裕，省有之債，指日可償，當局何憚而不爲也？

或曰：子之言，仍不離迂闊之見也。一經徵調，故土未必重來。一遇戰爭，勝負何能預測？兵之不存，工於何有？不知民國十四年來，日尋干戈，幾無寧歲。亂極思治，人有同情，得人民之愛戴，當圖長久之治安。依余意行之，不背寓兵于農之旨，又無擁兵自衛之嫌。世多明達，必有韙吾言者。若夫施行程序，自有具體計劃，不欲多所論列矣。

（原載《太平導報》第一年周刊第十三期，署名“榮宗敬”，一九二六年四月六日）

爲維護紡織麵粉工業生存節略

（一九二七年八月）

宗敬廁身商界三十年矣，所經營者爲紡織、麵粉兩業，敬將兩業之現狀爲明公略陳之。

歐戰而後，華商競設紡織廠，外商知紡織業之有利可圖也，於是不旋踵而外廠林立。我國產棉之區，如蘇之南通、太倉，浙之餘姚，以及陝西等省，年歲豐稔，尚不足供華廠半數之用。自產地至廠，層層捐輸，種種虧蝕。外廠則挾“三聯單”得以自由採辦，不爲我國稅率所束縛。迨製成熟貨，運銷各埠，通行無阻。遇華廠紗價略高，則洋紗源源直接輸入。以視我國之貨物囤積，遵陸則貨物停駛，溯江則到處踏船[①]之痛苦爲何如？今歲印度、美洲棉價驟增，外商若再來華採辦，則華棉勢必繼長增高，而垂絕之華廠，內感管理之困難，外受棉荒之打擊，亦惟有停機歇業，置數十萬工人生計於不顧。於此而言維持，一宜禁止華棉出口，如事實上有所窒礙，宜抽一二五稅以減少出口數量；一勸導工人盡心工作，俾瞭然於工商息息相關，決無獨存之理。華商之生機惟此，華商之屬望亦惟此。此紡織業之大略也。

更言麵粉業，我國麵粉自清季始用機製。外粉進口，載在約章，例所不禁。昔之供給外僑食品者，今則充斥市廛，奪我華商之利。而且獎勵出口，如香港等處則銷澳、美之粉，大連則銷日本之粉。華粉價高，外粉則自產地直接運輸，攫我金錢而去者，每歲不知凡幾。回顧我國麵粉業則何如？小麥產額逐年加增，無如徵稅重疊，交通阻滯，加以人心欺詐，原料往往攙雜灰沙，使

① “踏船”，無錫方言用語，即强制徵用船隻之意。

廠家受無形之虧折。幸麵粉向奉免稅，苟遇粉銷暢旺，尚有薄利可圖。而原料昂貴，粉價隨漲，不悉商情者，不曰操縱，即曰把持。不知潮流所趨，百物昂貴，有不期然而然者矣。惟望出廠稅早日實行，粉稅視麥稅爲輕，保護廠商即所以維持民食。此麵粉業之大略也。

附：中國麵粉業之現狀（一九二八年八月三十日）

吾國麵粉業比較東西各國，尚在幼稚時代，近年受時局影響，營業益感困難。就上海一隅而論，除停業各廠外，開機製造者，僅有十三廠，一晝夜製粉約七萬九千包，銷路以北洋爲大宗。現今吾業認爲切膚之痛苦，厥有兩端：一曰粉稅之特重，一曰外粉之充斥。清季獎勵實業，粉廠乘時崛起，麵粉通行全國，概免稅釐。辛亥而後，並未變更，商民咸稱便利。乃於全國統一、廢除苛捐雜稅之際，忽有麥粉每包徵稅一角之令。邇來敝廠原料昂貴，開支浩繁，金融周轉常虞竭蹶，何來每包一角之贏餘？事關民食，又豈宜抬價居奇，以增食戶之負擔？此粉商所以一再呼籲，邀求豁免或減徵者也。

（原載《申新總公司函稿彙登》，抄錄於上海社會科學院中國企業史資料研究中心，標題為本書編者所加。）

提倡振興工商實業説帖

（一九二八年七月）

工商業爲立國要素，是故世界列強無不注重工商業之發展。我國自清季創辦南洋勸業會，獎勵實業，實業萌芽，即基於此。自辛亥革命以迄於今，無歲不戰，無地不兵，匪盜橫行，水旱迭見，工商業直接間接所受之痛苦，視農民爲尤甚。乃者北伐告成，全國統一，不得不竭誠呼籲，俾工商業同享革命之利益。我廉潔之政府，其垂聽焉！

一曰減輕税率。納税固人民應盡之義務，然必視其力之所逮而徵之，庶幾樂於輸將而無所怨。我國因關税不能自主，商民痛苦莫可告語，乃日用必需之貨物猶復層層剥削，處處留難，提倡國貨之謂何？體恤商艱之謂何？現今裁釐加税，施行有期。商民聞裁釐則遍然喜之，喜數十年之苛政一旦革除也；聞加税則惶然懼之，懼特立名目無貨不税也，懼已税之貨有加無已也。夫裁釐爲一事，加税又爲一事，若不分别緩急，權衡輕重，酌劑盈虚，惟抵補之是務，則加税適成爲變相之釐金，口惠而實不至。商民之感想爲何如是？宜審核貨物之性質及種類，何者爲日用必需，何者爲奢侈消耗，應先者先，應減者減。用人尤宜審慎，手續務取簡捷，貨物加增，税收自裕，剔除中飽，實惠及民。此應請政府注意者一也。

一曰便利交通。軍政時代運兵運餉，所至舟車，商民無與也。原料積滯病在農，熟貨壅塞病在商，工廠則因原料關係作輟無常，因熟貨關係損失尤鉅。夫國家之有交通，猶人身之有脈絡，必脈絡貫通，而後五官百骸極運用之能事。今則陸運車輛猶虞缺乏，貨物堆積，運輸不易；水運則河道淤塞，積久不雨，舟車易位（江北患旱，農民用小車載麥在河道中行）。即在上海之蘇州河，亦可謂航行水道，然往往帆船舟舶相接，魚貫數里，事隔多日，猶待疏通，其他鄉僻之河港可知。現今全國視線所集，願惟裁兵，實行後可規定若干名額，專任築路濬河之事，由鄉而邑而省而國，務使陸行有平坦之途，水行無濡滯之患，一面請交通部整頓路政航政，俾便運輸，然後商賈無遠弗屆，國貨推行便利。治道成梁，古有明訓，經國要圖，無分今昔。此應請政府注意者二也。

一曰防止工潮。工人於廠，猶唇之有齒，關係密切，無逾於此。自工人爲外界誘惑及利用，於是勞資間遂起糾紛，不知廠家集資數十萬或數百萬，創辦工廠，一方面爲國家發展實業，一方面解決工人生活問題。而時局之不寧，金融之竭蹶，捐稅之重疊，在在與廠方以重大之打擊，乃工人不諒，猶復藉故爲難，必使廠方無法維持，而後決心停工。最近如姜案，轟動一時，遷延數月，始告解決。案情如何，又一問題，因姜案而停工之各絲廠，所受損失何可勝數！現今絲繭業已成弩末，何堪再受此重大損失乎！回憶去年工潮最劇烈者爲漢口，廠方當時所受損失亦最鉅，今則勞資兩方回復原狀，可知掀起工潮者非工人之本意，去害羣之馬，拔亂苗之莠，而工潮平矣。本埠工廠林立，五方雜處，良莠不齊，與其止之於已然，不如防之於未然。此應請政府注意者三也。

凡此三者，商民視如當務之急，於民生主義實無背謬。際此百業待興，與民更始，用敢據實上陳，倘承鑒及芻蕘，立予施行，豈惟工商業之幸，家國前途利賴之。

（原件係手抄稿，署名“榮宗敬”，存上海社會科學院中國企業史資料研究中心。）

提倡懇擴植棉說帖

中國以農立國，衣被爲人民日用所需，而近年棉貨進口，除布匹已居輸入之第一位，即棉花一項，其值亦幾近一萬萬兩。據最近海關報告，進口棉花，（民國）十五年值九千三百七十五萬兩，十六年值七千九百八十一萬兩，十七年值六千七百九十八萬兩，國内棉產之不敷自給，於此可見。我國棉產，近年平均約爲七百萬擔，如前去兩年之歉收，當不足此數。而國内紗錠已達三百五十萬枚，以每錠每年用棉二百五十斤計，共需九百萬擔。合之製衣製被之用，至少當在一千一二百萬擔，較之生產，幾差一倍。惟自歐戰後國内紗錠雖增，因營業不利，尚未完全開工，故棉花供求狀況，其差數當不如前述之巨。自去年國内統一，内地商業復興，紗銷驟旺，紗錠固可完全開工，同時各廠增錠甚多，合計華、日各廠約可五十萬枚，預計將來即紗廠銷用棉花已需一千萬擔以外，如國内棉產不隨之增加，則外棉輸入亦將與日俱進，與布匹同爲絕大之漏卮。

中國爲工業落後之國，對於工業品之缺乏，固非一時所能補救，棉花爲原料，以農立國者豈能任其源源輸入耶？更就世界產棉國觀之，產額推美國第一，印度次之，中國、埃及又次之。埃及完全爲長絨棉，專供極精細紡織品之用，茲姑不論。美國有棉田三百萬英畝，產棉二千萬擔。我國據華商紗廠聯合會近年統計，有棉田三千萬畝，產棉七百萬擔，產額僅美国三分之一，也不及印度。然而美國、印度之土地面積，固均視我爲小，我國除山陵川澤，幾乎無地不宜植棉。即以人口密度最大、農業最稱發達之江蘇言，除已有棉田一千萬畝外，據確切調查，尚有可墾以植棉者二千餘萬畝。江蘇如此，他省可知，估計全國荒地之可墾植者，至少當在五萬萬畝以上。若能盡數墾擴植棉，則中國之棉田足與今日世界之總數相若，每年增進國富尤可驚人。故中國推廣棉產，就土地言，其希望真無窮也！

棉貨爲人生必需之品，中國現有之紡錠即以四百萬枚計，其出產數去自給尚遠，將來關税自主，進口税率漸增，輸入棉貨必減，國内紡織業之發展當爲百業之冠。彼時所需棉花更多，産額若不增加，勢必悉數仰求於人。蓋建廠增錠期年可成，而推廣棉產殊非一時所能奏功。今革命已入訓政時期，關税自主已屬不成問題，則爲棉花原料之棉產，其推廣實有不容或緩者矣。

吾人更回顧國内棉產狀況，尤有亟待提倡者。即已有之生產量，亦復漸趨減少。據華商紗廠聯合會統計報告，全國產棉數量，民國七年一千零二十二萬擔，八年九百萬擔，九年六百七十五萬擔，十年五百四十三萬擔，十一年八百三十一萬擔，十二年七百十四萬擔，十三年七百八十萬擔，十四年七百五十三萬擔，十五年六百二十四萬擔，十六年六百七十二萬擔，十七年六百六十一萬擔。近五年之平均數，已較前五年爲減，其原因或以戰亂，或以天災，致農民失所，田畝荒蕪。此外，種植方法不良，收量逐漸減少。若再任其自然，而不亟自提倡推廣，恐并現有之數亦不易保持也。

我國所產之棉皆屬粗絨，雖陝西靈寶號稱细絨，亦僅能紡二十支之紗，較細之紗線，即須購長絨之美棉。近年社會進步，棉織品之需要漸趨精良，紗錠頗多改紡細紗者，銷費美棉漸多，此亦外棉輸入增加之一原因也。據過去國内棉作試驗報告，在黄河流域試種美棉，成績甚著，以其氣候土質宜於美棉。是我國之風土，對於長絨棉種亦極適合，若能力事推廣，將來棉產地位之超越北美，殊無疑義，豈僅自給之目的可達而已。

現在各國對於棉產之推廣改良，皆已積極從事，若英若日，尤爲努力，但皆苦於地勢難期大效。我國已公認爲世界植棉之最有希望者，顧過去以政局不寧，無暇及此，坐視大利委棄於地。兹者革命完成，總理民生四大要需第一之衣的問題，亟待發展。作爲原料之棉產，尤須及早計劃。中央已經成立農業推廣委員會，謀國内農產增進之策，深冀各省農礦廳，督促各縣農場，聯合農民，合力推廣。若能力行不懈，不出十年，中國棉產必增二倍，海關報告亦將一變入超而爲出超，其裨益于國計民生非淺鮮也。

（原載《紡織時報》第六七五號，署名“榮宗敬”，一九三〇年三月三日）

附：建議增集棉產之辦法

一九三三年十二月《國貨》半月刊第二期報導：滬商榮宗敬氏，近對增集棉產辦法，擬有詳細意見書，送交農村復興委員會參考。其內容大致謂：吾國宜植棉之地，有江、浙、皖、贛、豫、魯、冀、鄂、湘、陝等十餘省，應由政府責成各省建設廳，積極擴充棉田，指派農業專員，勸導農民植棉，推廣生產，於兩年內棉產可增加五百萬擔，每擔價值按四十元計算，年有兩萬萬元收益。此外，在棉區應遍設消費、信用等各種合作社，產地應設軋花廠，就地打包等計劃。

在全國工商會議上關於棉紗業的三個提案

（一九三〇年十一月）

一、緩行棉紗特稅案

理由：去年財政部有徵收棉紗特稅之議，派員設局，籌備多時，緣種種形格勢禁，遂未能見諸實施。惟聞政府對於此議，迄未寢止。華商紗廠知政府提出施行之不可免，而疑懼亦終不能去。夫特稅所標理由，爲實行一物一稅，固最合近世稅法原則者也。然在我國今日政治財政尚未統一，國際間不平等條約尚未撤廢之前，而驟然行此，則足以消滅華廠而有餘。何也？以華廠所用原料，各省是否均許免稅運出；又其出品，各省是否可允免稅通行？不特商人不敢置信，恐中央亦未必能保證也。而外商工廠，則有使領、駐軍隨地爲之保護，強弱異勢，其何能久！且華廠今日負擔稅捐，各地情形不同，而必驟使之同科，奪其地利之益，無異剷其根本立足之點，更何能獎商人向內地發展實業，爲國計民生謀哉！故棉紗特稅，在全國政治財政未臻確實統一，外商工廠不受我政令之前，不宜實施，否則徒取自殺。

辦法：請由大會議決，棉紗特稅在全國政治財政未統一前，不得實行，由大會備文呈行政院備案。

二、开拓西北推廣植棉案

理由：我國自產棉花，原屬不敷紗廠應用，近來紡錠益增，供求愈覺懸殊，遂致外棉進口年見增加。據十八年份《海關冊》載：進口棉花二百五十一萬四千七百八十六擔，估值九千一百十二萬四千兩。國人向知棉貨爲漏卮第一位，今原棉輸入竟居第三位，或爲國人所忽視也。查我國地廣人稠，而國計枯竭，設能推廣植棉，似比較發展製造易於爲力；且充裕紡織原料，間接亦促進紡織工業之發達。果能努力從事，則二三年間，即可達到紡織原料無待外求之境，當於國家漏卮有極大補救也。

辦法：我國西北地方寬腴，可利用編遣剩餘軍人，仍以軍隊組織開往西北，從事棉墾。所以開發地利，鞏固邊圉，安插閒散，挽救漏卮，一舉數善。應請大會通過，請求政府，提倡實行。是否有當，敬候公決。

三、軍警各機關及學校制服應採用國貨案

全國通年軍警各機關及學校制服，所需布匹爲數甚巨，各工廠出品雖無精密之統計，然決無求過於供之慮。惟恐貨品質地顏色參差不齊，而價格亦未能平允，致採辦者無所適從，應請鈞部（即實業部）通令各紡織廠，將適用於軍警各機關及學校制服之布匹，製成樣本，克期呈送，以憑按品選購，其價格亦宜按照成本，務求低廉。於樣本上逐一注明，俾選購者一目了然。并請咨照軍警各機關及學校，一律實行採用國貨，庶人人喚起愛國之心，而國貨得以儘量推銷。是否有當，敬請公決。

編者附記：本文摘錄於國民政府實業部編《全國工商會議彙編》第二編，第241～242頁、355頁、378頁，京華印書館一九三一年刊印本。“緩行棉紗特稅”、“開拓西北推廣植棉”二案由榮宗敬與徐國安共同提出，第三案由榮宗敬提出，標題爲本書編者所加。

中國經營實業之困難及其救濟方策

中國經營實業，困難已達極點。知之而不言，言之而不行，則困難永無解決之日，而實業將掃地無餘。某經營麵粉、紡織兩業三十餘年，歷盡苦辛，以至今日。以爲從前種種困難，雖不敢希望完全解決，庶幾逐漸減少。孰意非特不能減少，所感受之困難，視從前爲尤甚，姑舉其大者言之。

一、經濟問題　吾國無資本家，創辦一種實業，無論爲有限性質，無限性質，自訂立章程，招足股本，以迄開始營業，所有資本悉化爲機器、廠房，經濟能力已覺竭蹶萬狀，不得不仰給於銀行錢莊，以資周轉。幸有赢餘，須償欠息，股東之官利，非所計及，遑論紅利！不幸虧蝕，債權逼迫，急於星火，不支則破產以應之。實業界經濟窘迫若此，何堪再受外人經濟之侵略？以故工廠之若存若亡，隨起隨仆，比比皆是。此經濟之困難亟待救濟者一也。

二、人才問題　有專門事業，須有專門人才。然學術與經驗不宜偏重，重理想而略事實，厚新進而薄老成，鮮有不僨事者。現今各工廠新舊人才未能冶爲一爐，時有格格不入之象。是宜設法溝通，以學術補助經驗之不足，以經驗發展學術之本能。無如專門人才本感缺乏，加以狃於習慣，有門戶之見存；用非所習，竟弓冶之互冶。此人才之困難亟待救濟者二也。

三、勞資問題　勞資之關係，猶唇之與齒，皮之與毛，相愛則久，相厄必傷。資方壓迫勞方，在青天白日之下，固屬必無之事，勞方不諒資方之困難，日以壓迫資方爲事，是奚可者？現今展緩施行之《工廠法》及甫經頒佈之《工廠規則》，皆爲勞方計也。爲勞方計，獨不爲資方計乎？資方經濟困難，既如上述，爲自身營業計，爲工人生計計，猶竭力支撑，各盡納稅之義務，自謂可告無罪於社會國家。若勞資間再引起糾紛，使垂斃之實業不能延其殘喘，責任誰屬，自有公評。而社會國家，或恐因此蒙絕大之影響。鄙意勞資問題宜平心靜氣，消弭無謂之爭執，提起互助之精神，改習慣之不良者爲人情之相近者，工廠無停頓之患，即工作無中輟之虞。非然者猜忌愈深，情感愈劣，資方呼籲無門，而又不能禁勞方之事端，惟有束手待斃已耳。此勞資問題之困難亟待救濟者三也。

四、稅率問題 鄙人經營之粉、紗兩業，皆在統稅範圍之內，雖一物不兩稅，而稅率之重，實爲吾國空前之舉。各業想同此困難，不獨粉、紗兩業爲然。成事不說，惟有希望用人行政力求簡單，釐卡時代之勒索留難情事，使之永不發生。而額定稅則外，勿再另立名目，增加負擔。惟一希望，尤在現今稅率作爲暫行稅率，試辦一年，若廠家不勝負擔，應有減輕稅率之餘地。此稅率之困難亟待救濟者四也。

五、保護及獎勵問題 工廠設立政府之下，即在政府保護之中。外人在華經營實業，其保護方法不遺餘力，平時之工作與臨時發生糾紛情事之處置，迥非華廠所可比擬。鄙意工廠既盡納稅之義務，應享保護之權利。無他，求廠方安全，不受無形及意外之損失而已。至獎勵問題，在實業幼稚時代認爲當務之急，但授以虛榮，不如予以實利。例如納稅若干，退還獎勵金若干，既可輔助國貨之推銷，又可杜絕外貨之輸入，出品既多，稅收自裕。此保護及獎勵問題亟待實施者五也。

以上五端，皆人人所盡知，人人所欲言者，苟能依次解決，實業庶有一線生機。尤望朝野上下，不生隔閡，勿以呼籲爲多事，視請願爲具文，瞭然於實業關係國家前途，至深且鉅。現今辦實業者，莫不焦頭爛額，有欲罷不能之勢。整理交通，以便利運輸；永息兵革，以增進農產；提倡國貨，以杜塞漏卮，實業前途庶幾有望！

編者附記：原件係毛筆抄正稿，共七頁，署名"榮宗敬"，未注明寫作日期。按內容推測，應寫於一九三〇年國民政府徵收粉、紗統稅以後。

呼籲華商紗廠互相團結共謀發展

——在宴請全國棉産會議代表時致詞

前晚，華商紗廠聯合會在大觀樓宴請全國棉産會議的各省代表及參與大會來賓，計到八十八人。酒半，榮宗敬起立致詞，略稱：

今天敝會宴請各代表，承蒙光臨，殊爲榮幸，簡慢之處，尚希鑒諒。

現在中國原棉産量固屬不敷，而纖維之粗短尤不合廠需，况近來各廠漸趨向精紡，中棉之需用量乃愈減。中棉之並非不可改良者，如山東美種、天津美種等長絨棉，現在可供紡三十二支與四十二支之用。如在山東、山西、河北、陝西、河南、浙江等省推廣長絨棉，將來結果之圓滿可斷言。不過，改良非短時討論可得具體辦法，請諸位對於此種問題，詳加探討切實之方法，請實業部輔助，收效自易。又廠家用潮次原料，本非所願，但以國内原棉太少，不得已購之。如國内産量豐富，棉場增加，此種流弊即可不禁而自滅。現在我們都是棉業界，應站在一條戰線上。全國紗廠，日商幾佔半數，華商之痛苦乃益深，希望互相團結，共謀中國棉業之發展云。

（摘自《申報》一九三一年三月十七日，標題爲本書編者所加。）

《人鐘月刊·創刊號》序

辦工廠不外製造與營業兩端。營業購進原料、推銷熟貨，往往爲環境支配，而不能支配環境。製造則不然。出品之多寡優劣，繫乎機器之良窳，然尤視乎管理之方法如何。本廠早具科學管理之決心，於保全部最爲注重，冀出品改良，達到全部統一，使一般用戶信仰出品。“申新”兩字，於紡織業中佔有相當地位，不令外人得計。則《人鐘月刊》之印行，不獨一廠之貢獻，亦各廠所宜借鑒者也。方今營業困難極矣，欲製造進步，必先留意管理，成本減輕，貨品精美，將於是刊發行後覘之。是爲序。

中華民國二十年八月　榮宗錦

（原載《人鐘月刊》創刊號，一九三一年九月）

振興實業　發展經濟　以惠民生計劃書

吾國幅員之廣，人民之眾，物產之豐，設有清明之政治，具體之建設，干戈載戢，朝野合作，策久遠之規，躋大同之治，豈不甚善！無如天禍吾國，洪水爲災，災區十六省，災民五千萬，造成空前之浩劫。舉國皇皇，呼號奔走，籌賑機關，聯絡進行，辦賑人員，勤奮將事。而我政府知非寬籌食品，無以救垂斃之人民；非借助他邦，無由得大眾之接濟，爰有向美國購麥之舉。美國總統胡佛一視同仁，立允所請，四十五萬噸合同業已簽訂，救災恤鄰，善意可感。吾人何能作無厭之求，抱過奢之望。無如以五千萬之災民，攤派四十五萬噸之小麥，災民縱沾實惠，於民眾食品猶少裨益。美國種植精良，農產豐稔，輸出四十五萬噸，等於九牛一毛。鄙意宜向美國續購，利率及價格，以前訂合同爲准，付款之期，須商請放寬。美國當局救助災區之心，已昭然若揭，苟誠懇繼續協商，當無拒絕之理。如能達到目的，美麥源源而來，糧食之價格藉以抑平，我政府對於民食恐荒問題，亦得以從容解決。此計劃之應行商榷者一也。

衣食同爲生活要素，有果腹之糧，無章身之具，於民生主義仍得其偏。查吾國產棉之區，占地不廣，紡織業平時恒藉外棉接濟應用。此次水災遍地，棉田亦同受影響，即有收穫，亦當減色。美國棉產既豐，積貯亦厚。是宜援訂購小麥之例，向美國訂購棉花，以濟廠用。俾原料無虞缺乏，工人生計亦得維持。由我政府與美國磋商條件，訂立合同，付款之期須較美麥延長，俾得次第償還，維持國際間信用。此計劃之應行商榷者二也。

進而言之，就今日而言，建設工業實爲要圖。即以紡織一業而論，吾國人口四萬萬，祇有紗錠二百餘萬枚，較諸歐美各國人口與紗錠之比例，我國現有之紗錠，實不能供國民之需求。惟其如此，是以他國在吾國設廠，以遂其經濟侵略之野心，而使我紡織業受重大之打擊。紗布爲人生必需之品，乃至仰給他人，痛心之事，無逾於此！爲今之計，莫如由廠商自動向英國訂購紗錠六十萬枚，注重紡製細紗細線，就原有紗廠力圖擴充，以冀供求相應。應請我政府爲之擔保，其利率應特別減輕，償清之期，多則十五年，少則十年。在彼方貸出機器，屬於營業性質，所處地位，絕無利害衝突。且有我政府擔保，宜無不樂從。吾國如驟增紗錠六十萬枚，加緊工作，出數至爲可觀。我政府振興實業之苦心，庶幾見諸實事。否則，空言抵制，力竭聲嘶，于事奚濟！此計劃之應行商榷者三也。

至於吾國經濟狀況，自庚款退還，已減輕一部分擔負。所欠外債，歷年陸續付與，少數已經償清；其餘外債，距償清之期不遠。釐金數十年積弊，亦已一律剷除。關稅實行自主，統計收入，爲數不貲。連年發行公債，均有確實擔保，且額數並不過鉅。以故市上無需巨額之紙幣流通，而金融自臻穩固之地位。此皆事實問題，而無待嘵嘵者也。

更言吾國工業狀況，在昔工業幼稚，生產落後，無可諱言。謀國之士，無不知富強之策，舍振興實業，其道無由。自一八九五年美國創始科學管理法，各國咸相則效，風行一時。去年，吾國實業部會同工商界組織工商管理協會於上海，上海各廠遂試行科學管理法，果能增多效能，減少消耗。生產事業之合理化，已爲吾國辦工廠者所公認，則他日工業之蒸蒸日上，自在意中。而工廠之添購機器，誠爲刻不容緩之舉。

經濟狀況如彼，工業狀況如此，吾國前途正可樂觀。唯外交吃緊，爲目前最重要問題。然公理必能戰勝強權，況有四萬萬人民爲我政府之後盾乎！誠能一德一心，羣策羣力，採用所陳計劃，使災民無凍餒之虞，實業有蓬勃之象，裕經濟即所以杜侵略，興工業始可以抵外貨。願我賢明當局及國人共勉圖之。

（原載《人鐘月刊》第三期，署名“榮宗敬”，民國二十年十一月）

國人及紡織業應有之覺悟

《紡織周刊》新年號登載關於紡織業之文字，發揮盡致，第就鄙人觀察所及，猶有不能已於言者。

國貨之種類繁多，紗、布之效用最大。紗錠與人口比較，不如各國甚遠。國人對於國貨與洋貨辨別力，本極薄弱，於是外人本其經濟侵略之野心，乘機設廠，原料、工人取諸吾國，製成熟貨推銷吾國，紡織業被其摧殘而無由與抗。自東北事變猝起，抵制之聲浪復興，嗟我國人必至喪師失地而後知有國貨，而後知抵制日貨，不知暴日之囊括我金錢而去者，已不可以數計矣。鄙人惟恐紗、布求過於供，於是有借用外錠六十萬之建議。雖經政府採納，而情勢轉移，復歸停頓。爲問抵制工作如何，則日機之轉動如故，日紗之流通如故。敝廠申新出品，在闤闠中有相當聲譽，甚至有將日紗改換申新商標，以欺國人。愛國心薄弱至此，可爲太息。敢敬告國人曰：國人用國貨，爲當然之事。彼日人者，一煙之微，必吸本國之貨。人生最需要之紗、布，仰給於人可乎？是故人人用國貨，無所謂抵制，更無所謂抵制之久暫。印度甘地提倡手紡，一再入獄，不變初衷。吾國有機製紗、布，可以供給國人，猶未能忘情於日貨，非特愧對甘地，長此以往，恐不爲印度之續而不可得矣。此應有之覺悟一也。

紡織廠資本較他種實業爲鉅。吾國並無資本家，一廠之設立，自建廠屋、定紗錠，以及購進原料、種種設備，金融周轉已極感困難。若生產率不能增加，推銷不能盡利，則紡織業將陷於萬劫不復之地位。推銷方面，國人對於國貨須有相當認識，既如上述。至生產率之能增加與否，全在職員與工人。各廠除聘請少數紡織專門人才外，事無大小，各有所司，全在上級職員之指導與督察，俾收指臂之效。使分工無合作之精神，廠方固受損失，即職員亦何所利！其在工人方面，終歲勤動，溫飽有資，論合作原則，亦宜以勞力易金錢，不宜以無謂之要挾，致雙方趨於極端之地位。永安工潮，事實俱在，可爲寒心。皮之不存，毛將焉附。此應有之覺悟又一也。

鄙人經營紡織業三十餘年，努力奮鬥，不以環境而殊。現今紡織業雖有左支右絀之象，然久亂則治，政府保障，交通便利，金融穩定，棉產豐收，靜以待之，必有達目的之一日。所冀國人及紡織業能徹底覺悟，則工業地位自臻鞏固，廠方基礎不致動搖。若夫建議、辦法、意見、感想、責任如何，內容如何，有諸君之崇論宏議在，概無贅焉。

（原載《紡織周刊》第二卷第三期，署名“榮宗敬”，民國二十一年一月十五日）

棉紗業之困境與救濟方案

呈爲臚陳棉紡織業困苦情形，仰祈鑒核，并予救濟事。

溯自歐戰以後，英、法、德、俄等國，以其農工商品國外市場爲日、美等國侵奪殆盡，於是努力生産，獎勵輸出，以相角逐。其對於外貨也，或重加關稅，或禁止輸入；其對於幣制也，或停止兑現，或禁止金銀出口；其對於工人也，或禁止罷工，或減低工資；其對於經濟也，或減低利息，或長期貸款。彼以此來應對其近數年來釀成之生産過剩、民衆失業，競以生産落後之我國爲其尾閭。

吾國以資金之不能集中，政府之不能維護，民衆之不能團結，以致外貿進口額與年增加。以近年天災、匪禍、內亂、外侮，相繼而作，無時或息，不獨輕重工業毫無創設企圖，甚至主要農産品亦須仰給外國。於是，與此相激相盪之傾銷怒潮，乃向太平洋之西岸澎湃洶湧而來，以工業幼稚之我國當之，幾如摧枯拉朽，莫可抵禦。近兩年來以入超太過之故，內地黄金輸出幾盡，現在貿易全賴少數銀塊、銀圓以爲市易。似此情形，實屬岌岌不可終日，有識之士未嘗不深抱殷憂。

就目前本國工業言，資本較爲雄厚，製品較爲繁多，可以代替一部分外貨者，棉紡織業可稱首屈一指。然自關稅自主以還，各國對我經濟侵略日益加甚，以從前購買我國原料，加工製造，轉售與吾之方法，尚認爲不能徹底也。進而設工廠於吾國，輸入最新之機器，任用熟練之技師，與華廠巍然對峙，上海、青島、漢口、天津，到處皆是，以制我棉業之死命。且彼恃其不平等條約以爲護符，如工人之管理易於就範，捐稅之徵收可以避免（如派銷公債，繳納印花稅、營業稅等）。至於原料之進口運輸便捷，資金之運用息率低微，猶其餘事。凡此種種，即在平時，華廠與之相較，無不相形見絀。況前年長江一帶之鉅災，去年“一·二八”之慘禍，東北已告淪陷，平津時聞警報。現在農民有破產之虞，金融有枯竭之象，更何能與彼全國一系大規模之傾銷相抵抗？是以近數月來，我國紗廠停閉者已有隆茂、同昌、永豫、裕中四家。現全國紗廠因紗、布存積日多，議決自四月二十二日至五月二十一日，每星期六、星期日停止工作，即減工百分之二十三，此係不得已救急之計。若不謀根本救濟之方，恐此後全國紗廠之將停閉者，不在少數。

夫紡織業關係於民生者至大，吾國現有紗錠四百五十萬，而屬於日人者佔二百萬，彼除在我國設廠外，復以其本國棉貨傾銷於我國。近三年來，日本棉紗及人造絲之織品輸入者，平均每年在二萬萬元以上。瞻顧前途，不寒而慄！

第考我國紗廠，不能與舶來品競爭之原因有三：（一）日本輸入原棉無稅，而我國輸入原棉，每百斤須納稅四元二角，即每包原棉須納稅十五元一角二分。（二）日本棉貨輸入我國無出口稅，而我國紗廠所製棉布、粗紗，每百斤須納稅二元七角五分，細紗每百斤三元七角五分。（三）我國受《中日互惠協定》之束縛，不能重加進口稅。

至於不能與在華日廠競爭之原因，亦有六端，茲列於下：（一）日廠恃領事裁判權之保護，不受黨部之干涉與工潮之影響，故訓練、管理日臻於合理化。（二）日廠資本雄厚，貸款利息低微，較之華廠，每包紗成本相差六七元之多。（三）日廠以東棉日信、江商等行爲其採購原料、推銷熟貨之機關，在世界各地遍設分行，原料每擔可省一元以外，熟貨銷行暢旺無阻，無形利益不勝數計，華廠則無此便宜。（四）日本設立紡織專門學校，計達二十四所，人才輩出，技術日精。我國則除南通一校外，別無所聞，人才缺乏，遑言競爭！（五）華廠須攤派公債，負擔印花、營業等稅，地方軍警、教育、慈善、公益等捐款，種種額外開支，不可勝計，而爲日廠所絕無。（六）日廠分設我國者，以近五年爲最多，其機械之新穎，產量之宏多，歐美人聞之，皆爲咋舌。我國號稱有二百五十萬錠，其中十分之四機械，皆在二十年以上。至於最新之廠，足與日人比擬者，不及十分之一，言之可爲浩歎。綜此數因，華廠雖欲振奮自拔，努力改良，實屬戛戛其難。華廠製紗成本每包較日廠高二十元至二十五元，華布每匹較高一元以上。由此以言競爭，寧有立足之餘地！

近即以上海一隅言之，存紗已逾十六萬包，存布一百五十萬匹以上。行見貨品愈積而愈多，即受累日增而日重，實業已瀕危境，工人生計固將滅絕，國家税收亦必停止，其結果蓋有不忍言者。年來抵貨之聲甚囂塵上，而日廠不獨進行如故，且加擴充，誠以成本低廉，故能盡力傾銷，以與華廠競爭，非使之摧毀罄盡不止，其用心之險狠有如此者。往者釐金未廢，內地廠商猶賴税輕，調劑挹注，彼於茲稍留競爭餘地。自改辦統税以來，中外工廠同等待遇，而地方捐税又爲外廠之所無，華廠遂至陷於重圍之中。

政府注重民生，對於棉業想不漠視，從前立法院製定《褒獎條例》，三中全會又經通過《保護紡織實業提案》，屬會翹首企望，未見實施。今日火熱水深，瀕於破產，謹擬救濟方案六則於後。

（一）統税加級：查海關棉紗入口税共分四級，本國紗廠統税，亦請改爲四級，其支數與海關則略有差别，三十三支以上爲第一級，每擔徵税六元；二十三支至三十二支爲第二級，每擔徵税五元；十三支至二十二支爲第三級，每擔徵税四元；一支至十二支爲第四級，每擔徵税三元。棉布税亦應照棉紗等級重量徵收，從前十一、十二磅，十三、十四磅，十五、十六磅共一税率，有失公允，應即停止。

（二）退還統税：上條修正統税，中外廠應一律徵收。對於華廠所收之數，每月月底由鈞部以獎勵名義，以一半退還該廠，於徵税時劃抵，以資補助。

（三）增加關税：查《中日協定》於本年五月十六日滿期，應於是日起，所有從日本進口之棉布、絲光布，照先行關税增加二倍，又人造絲織品增加三倍，再加增本國現行棉紗統税。

（四）退還原棉進口税：查原棉進口税，民國十五年尚係每擔一元二角，現已加至四元二角，擬請對於華廠所收税款，由鈞部以獎勵植棉經費名義，退還半數，交屬會承領。此項退款，由屬會以一半發還納税之廠，其餘一半由屬會津貼各省植棉場爲改良棉種之用，政府得隨時派員指導、監視其進行。

（五）低利貸款：華商紗廠受重利之盤剝，爲不能與日廠競爭之最大原因，應請由中央銀行、中國銀行、交通銀行，各劃鉅款，組織實業貸款，銀行以低利長期貸與各華廠，俾資營運。

（六）取締工會：查日廠每萬錠雇用工人約一百七八十人，華廠在上海者約用三四百人，漢口、天津等處工會勢盛者須用七百餘人，工資相差倍蓰，何能競爭？應請明令各省、市黨部，以後各華廠開除工人，工會不得横加干涉，俾資整頓。

以上所陳，僅能舉其綱要，如蒙採納施行，國計民生受益匪淺，臨穎不勝迫切待命之至。

謹呈

實業部部長　陳

具呈人　上海華商紗廠聯合會主席委員　榮宗錦

中華民國二十二年四月二十一日

編者附記：本文係榮宗敬代表上海華商紗廠聯合會送交國民政府實業部的呈文，原載《中國政史彙編》第二輯第二十二册，標題爲本書編者所加。

改進棉產爲復興農村之要素

自政府主張積極復興農村金融，即組織委員會，以發展農民經濟爲目的，鄙意宜由政府與金融界合作，先從改進棉產入手。何則？棉爲紡織原料，人生日用所需，若不積極改進，金錢流入外洋，豈有底止！

吾國宜棉之地，不下十餘省。官荒私荒，觸目皆是。應由政府責成建設廳，積極擴充棉田，指派專員，切實指導，實行強迫生產。兩年之內，棉產應增加五百萬擔。各省預定產額：江蘇六十萬擔，浙江三十萬擔，安徽二十萬擔，江西二十萬擔，湖北五十萬擔，湖南五十萬擔，河南四十萬擔，陝西七十萬擔，山西五十萬擔，山東六十萬擔，河北五十萬擔。每擔以四十元計算，即有兩萬萬元之收入。漏卮既塞，國家之經濟自裕。

棉區設合作社，注意選種、施肥及培植方法，以合於現時紡織業之需要爲目的。應設軋花廠，就地打包，以絕攙泥和水之弊。政府對於各省交通、道路、水利，各種建設事項，切實注意整理，予農民以特殊之便利。如是，則農村有復興之可能，而工商業間接賴以維持。海內賢達，當不以斯言爲河漢也！

（原載《紡織周刊》第三卷第二十九期，署名“榮宗敬”，民国二十二年七月）

紡織業與金融界

陳光甫先生按語：榮宗敬先生是我國紡織界的鉅子，現在抽暇爲本刊寫成《紡織業與金融界》一文，把紡織業現在所有的困難情形和造成這種局面的原因，分析得清清楚楚，很可以供吾們的參考。本來金融業和紡織業，關係很爲密切，紡織業有紡織業的困難，金融業也有金融業的困難，榮先生是從紡織業的立場而觀察的。現在本行秘書張水淇先生從金融業的立場，也寫了一篇短文。張先生是日本高工紡織科畢業的，現兼任申新一廠總稽核，所述金融業與紡織業的情形，與榮先生一文頗有互相闡發之處，可以參證。

上海銀行以《海光月刊》見貽，展讀一過，因得略知其政策之一斑。光甫先生復詢予對於《海光》之意見。光甫先生爲銀行家，所言自多關於銀行方面，然銀行與各種事業俱有連帶關係。予業紗，故言紗廠。紗廠與銀行，關係尤密切，言紗廠，不能不兼及銀行也。

就紗廠言，在過去半年中，無日不在愁城慘霧之中。花貴紗賤，不敷成本；織紗成布，布價亦僅及紗價。銷路不動，存貨山積。昔在市況不振之際，稍肯犧牲，猶可活動，今則紗、布愈賤，愈無銷路，乃至於無可犧牲。廠家欲減少生產，則有礙工人生計；欲忍痛維持，則又無補救方法。蓋自辦紗廠以來，未有如今年之痛苦者也。

考其原因，則由於外商設廠，日事侵略所致。試觀日人於劫奪東北之時，復以全力傾銷日貨，遂致北方紗廠幾無營業可言，不能不以出品運至南方，貶價脫售。即在山東，日貨亦占百分之八十以上。至於漢口各廠，因長江流域金融不能流通，商業因而停滯，積貨既多，相率歇業。湖南、江西，在昔每日可銷三數百包，今則減爲百件，以至數十件。安徽近亦減半。四川本銷華紗，每日約四五百包，今以內亂頻仍，不及百包。惟南部尚能維持原狀耳。

銷路既滯，積貨益多，紗、布皆發現最低之新價格。然設賣價賤而成本亦賤，則廠家猶可暫時維持，乃業花者每多不識利害，常受日商之利用，每見其放價掠收，以爲日商看高，相率抬價，遂致實在用花之各廠大受其害，而造成花貴紗賤之矛盾現象。所謂"漢奸"不除，紗廠終無生路也。

金融界立於全國各種事業之最前線，不能舍各業而獨立；紗廠亦居全國工業最重要之地位，年來得金融界之種種援助，不可謂不與日俱進。然試察在華日廠，其生產力已與華廠相埒，日紗自由行銷各地，皆有通匯機關販運轉輸，處處便利；而華商無之，即有亦未能充分聯絡，遂使各廠長年困頓，而日即於衰落。金融業與紡織業，休戚相共，若不亟圖以有效之方法互相援助，恐江河日下，終有不可收拾之一日耳。

政府對於紡織業，雖有救濟之表示，然迂緩延滯，迄無切實之行動。國民經濟至今日而凋敝甚矣，紡織業爲國民經濟之根本，若待狂瀾既倒，而後謀挽救之道，噬臍何及？此則不得不有望于金融界之賢達，先爲亡羊補牢之計。光甫先生，有心人也，其以鄙言爲何如？幸有以教我！

附：金融界與紡織業（作者：張水淇）

榮宗敬先生的《紡織業與金融界》一文，把近來紡織業困苦情形明明白白的說出。榮先生是紡織界中鉅子，他的話，我們應當注意的。近來華商紗廠因市價疲滯、營業虧損而減工，各方面解說華商紗廠經營困難的文字也很多，因參酌眾見，將紗廠營業困難的原因，一層層分析起來，可得下列的因果系統圖。

華商紗廠經營困難因果系統圖

<table>
<tr><td rowspan="2">天災蟲害過多
種植方法不良
內地匪亂不靖</td><td>日商購買華棉
運銷方法不良
華棉品質欠缺
稅賦雜捐繁苛</td><td>華棉價貴</td><td rowspan="3">紗布原料昂貴</td><td rowspan="7">紗布成本高</td><td rowspan="11">華商紗廠
經濟困難</td></tr>
<tr><td>外棉價格升漲</td><td rowspan="2">外棉價貴</td></tr>
<tr><td></td><td>外棉徵進口稅</td></tr>
<tr><td>教育程度幼稚</td><td>技術知識粗劣
工人缺乏訓練
工會無理滋擾
使用人員舞弊
經理經營不當</td><td rowspan="2">管理不良</td><td rowspan="4">製造費用增高</td></tr>
<tr><td rowspan="2">國內資本缺乏</td><td>機器設備不善</td></tr>
<tr><td>資本公積不足
借款利息過高</td><td>金融困難</td></tr>
<tr><td></td><td>捐稅過於繁重
意外負擔太多</td><td>缺乏保護</td></tr>
<tr><td rowspan="2">日廠善於經營</td><td>資本公積雄厚
技術知識精良
工人皆受訓練
政府力加保護</td><td rowspan="2">美屬地排日貨
抵貨消沉
成本低廉
日停止金本位</td><td rowspan="2">日貨紗布傾銷</td><td rowspan="4">紗布價格低</td></tr>
<tr><td>運銷機關完備
借款利息輕小
機器設備精良</td></tr>
<tr><td></td><td>海外經濟恐慌
內地災害頻仍</td><td rowspan="2">工商不振
農村破產
喪失國土</td><td rowspan="2">人民缺乏購買力
行銷市場減少</td></tr>
<tr><td>政治不上軌道</td><td>對外暴日侵略
對內戰亂不已</td></tr>
</table>

觀上圖，可見致紗廠於營業困難的原因很多，有國際的關係，政治的關係，社會的關係。這種種關係，不是辦廠者所能獨力改善。但是辦廠者自身的關係也不少，這是必須由辦廠者自己去努力的。

金融與紗廠的關係發生於借款，借款的原因，不用說，發生於紗廠資本的不足。紗廠借到了款，需還本付利。這利息，自當算在生產成本之中。華商紗廠大都以其動產與不動產抵借鉅款，生產二十支紗一件，其生產成本內，利息一項每件常在十元上下。假如金融界借出款項的利息能減低，那末紗的生產成本也減低了。例如二十支紗，每件成本中利息原須十元，若把利率從年息一分減爲九釐，則生產成本即可減少一元。所以從紗廠方面看來，因資本不充足，而要求金融界儘量放款，其借款利息則要求其儘量減低。

可是從金融界方面的見地看起來，銀行錢莊所有資金，係存戶的存款，股東的資本，做經理的必須選擇確能收回本利的地方放款，不能隨意借給人家。政府或國家銀行，可以放出鉅款作救濟之用，私人經營的銀行錢莊，不能把資金來作救濟之用，也不能放鉅款於有危險性的事業。所以銀行錢莊之能不能放款於事業界，問題不在銀行錢莊自身的願意不願意，而在事業本身之有無危險。如何減少事業危險，則須由政府、社會與經營事業者之共同努力。譬如目前華商紗廠之困苦，政府若將現在有利於紡製細紗之日廠的稅則廢改，而於所收統稅中提出一部分補助華廠，使與日廠競爭處於較有利之地位，即可稍蘇華廠之困難。不過，經營紗廠者自身仍須努力，改良管理，研究技術，改善設備，經營合理化，以謀成本之減輕，運銷之暢利，其他種種危害紗廠之惡因，政府、社會當努力解除之，使處於風雨飄搖中之紗廠業，轉變而爲根深蒂固，那末，金融界自也安心放款了。

減低利息一事，在金融界方面也有種種說不出的苦痛。因爲在我國境內，有許多外國銀行，他們所有的資本利率本來很低，他們所收受存款的利息也很小。國人雖幾次三番遇著外國銀行倒閉的風潮，而對於外國銀行的迷信與信仰始終不變，認定外國銀行有其本國勢力保護，可以不受我國政治之影響，寧願以低利率存入外國銀行，因之外國銀行資金的成本便可較輕。論理，銀行存款同在一個區域，是應該一例的，而國人往往存著一種心理，凡是華商銀行的存款，利息就應該高於外國銀行。這種躬自厚而薄責人的心理，使華商銀行難與外國銀行以同樣的利率，吸收存款。而且華商銀行還要以較高利率，自相競爭存款。加以華商銀行常有種種捐稅、派款以及意外的負擔，使其資金成本高於外國銀行，因之放款利息也不能儘量減低。如將華商、外商銀行放款利息高低之原因分析之，又可得下列一圖。

華商、外商銀行放款利息高低之原因分析圖

<table>
<tr><td rowspan="6">政治的影響減弱人民對於華商銀行的信仰

人民對外國銀行的迷信與信仰</td><td>存款利率高</td><td rowspan="6">華商銀行放款利息高</td></tr>
<tr><td>資本利率高</td></tr>
<tr><td>捐稅等意外負擔重</td></tr>
<tr><td>中央或地方政府時時攤派各色款項</td></tr>
<tr><td>華商銀行利息應該較重的心理</td></tr>
<tr><td>同業競爭以高利吸收存款</td></tr>
</table>

<table>
<tr><td rowspan="5">因無中國政治的影響而獲得國人的信仰

國人的迷信與信仰</td><td>存款利息低</td><td rowspan="5">外國銀行放款利息低</td></tr>
<tr><td>資本利息低</td></tr>
<tr><td>捐稅等意外負擔輕</td></tr>
<tr><td>各級政府不能攤派款項</td></tr>
<tr><td>同業不以高利競收存款</td></tr>
</table>

可見華商銀行放款之利率，不能儘量低減的原因也有國際的關係、政治的關係、社會的關係在內，也必須由政府、社會及金融界自身共同努力，方能減低。我實業界與金融界，皆有種種不利之環境存在，我們大家須徹底瞭解這種環境，而努力改造之，那末事業界與金融界愁眉蹙額的日子，方有除去的可能。

（原載《海光》第五卷第八期，上海商業儲蓄銀行編印，一九三三年八月）

談穩定紗價之前途

《紡織時報》記者訪棉統會委員榮宗敬氏，據談，棉統會目前各項工作進行頗力，日來正開始處理籌劃穩定棉紗價值之進行，預料可得相當效果，紗業界對此殊有厚望。蓋觀乎目前紗市之暴跌，若長此繼續，而無妥善之處置，紗業前途將更不堪設想。棉統會對此點特別慎重，決提前計劃，以期加以救濟。至日來華紗市場雖外傳已有抬頭之希望，實際上此種沉悶之局面，固非短期間所能恢復，按棉紗之所以陷於目前窘狀者，其主要原因爲農村經濟破產之結果。一般農民購買力薄弱，致形成生產品停滯之現狀；而城市方面，因不景氣之普遍泛濫，金融界信用放款大不如昔日之易於流通，足以充分扶助產業界，至形成經濟轉輾不靈之情況。棉業之統制與救濟，自非由培養一般購買力及打破經濟滯涸之現狀不可，棉業統制委員會之工作，亦以此點爲進行上之重要原則云。

（摘自《紡織時報》第一〇三二號，一九三三年十月二十六日，標題爲本書編者所加。）

《無錫旅滬同鄉會十周紀念刊》序

無錫旅滬同鄉會成立至今，忽忽十年，宗錦忝任理事長亦已九年。十年中，人事變遷更僕難數。本會會務雖無如何進展，然本互助之精神，爲鄉誼之團結，相維相繫，歷久不渝。此皆理事、評議諸君之協力同心有以致之，於宗錦無與也。

回溯齊盧之戰、"一•二八"之役，以及水災籌賑，本會竭其綿力，儘量援助，既昭昭在人耳目。平時排解之事，幾無日無之，陶理事仞千之力尤多，詳載《大事記》中，可覽而知也。

自今以往，若能於羅致人才、擴充經濟加諸意，會務之發展可操左券。庶幾由二十周、三十周，以至於無窮，此則宗錦馨香禱祝者耳。

（原載《無錫旅滬同鄉會十周紀念刊》，一九三四年鉛印本）

考察豫陝棉業觀感

榮宗敬先生於二十四日晨由滬乘車到徐州，視察市況，午刻赴鄭州，廿五日晚離鄭赴陝，考察棉業概況。據云：

先生此次赴豫、陝視察農產狀況，對小麥、棉花提倡大量生產，庶國內粉廠、紗廠可不仰賴洋麥、洋棉，每歲可節漏帑四五千萬，亦爲流通經濟惟一之出路，深望政府、人民一致協助。

先生云，豫省陝州、安陽等縣之棉種，過去係余在滬選擇良好種子，分送各棉農播種者，迄今數年，品質亦較前進步。以余目光判斷，我國最近棉產，當以河北省爲最佳，惟產額甚少，各紗廠每年約需之數，現仍不敷用，因此不得不購買外棉，惟望國人積極擴大棉場，改良種子，推廣種植，增加國棉，以抵制外棉侵入。

（本文原載《紡織時報》第一一四〇號，一九三四年十一月二十九日，並據《申報》十一月二十一日發表的相關報道進行校訂。）

麵粉與棉紗之市況

日來麵粉與棉紗因價格升漲，市場漸有起色，據該兩業鉅子榮宗敬氏發表談話云：

本人經營之茂新、福新麵粉各廠，前因原料缺乏，曾全部停工。現雖已陸續開機復工，但仍因原料及銷路關係，工作斷續不定。現麵粉市場較過去爲漲，其故因各地麥子均已銷罄，原料缺乏，粉價遂漲。而各廠工作，因之恒無定時。本埠市場銷售已呈減少，祗可以往半數。至國外原料，因成本關係，並無進口。近來市面衰落，食米反較食麵便宜。

關於棉紗方面，因本年各地水災影響，出產亦較昔年爲減少。華商紗廠停工者甚多，市況雖較過去上漲二十元之數（指每件紗之價格），但仍在艱苦維持中。關於申新二、五兩廠復工之事，雖失業工人亟待救濟，但爲環境所牽制，實無可設法。紗市衰敗，無法維持。至實業部將派員設法幫助復工之說，則未有所聞云。

（摘自《錢業月報》第十五卷第十二號，一九三五年十二月）

挽救紗業與棉鐵救國

全國紗業因受外紗壓迫，日趨危殆，紗業界同人正分別交換挽救意見，以謀生存。實業社記者昨特往訪紗業鉅子榮宗敬氏，叩詢意見，據答稱：

我國紗業，歷史甚爲悠久，當南通張謇氏任實業部長時，曾大聲疾呼“棉鐵救國”，繼之聶雲臺氏亦曾積極主張振興紡織業，以救中國。即本人（榮氏自稱）亦絕對主張實踐棉鐵救國之計劃。惟時過境遷，市面漸趨於不景氣狀態，產銷不能平衡，甚至供過於求，其原因係受外紗傾銷影響。迨近年來，華商紗廠營業日衰，今則幾已完全無法維持。目前走私猖獗，紗業益瀕危殆，各廠當局雖在交換挽救意見，但是否即能實現，未可逆料。倘無具體辦法，則高呼自救亦屬徒然。日來全國經濟委員會棉業統制會主席陳光甫氏，亦曾召集會議多次，籌謀救濟紗業辦法，大致已臻具體化，聞俟將來協商妥定後，即將交由宋委員長（子文）分請財政、實業兩部，協議實施云。

（摘自《申報》一九三六年八月八日，標題為本書編者所加。）

交通大學添設紡織科之我見

創辦實業之要素，曰人材，曰經濟。人材之於紡織業，尤爲重要。何則？製造管理，必須有相當學識與技術，而後可以勝任愉快。鄙人創辦紡織業垂三十餘年，經濟之未能餘裕固無待言，人材缺乏，尤時時引以爲慮。南通雖有紡織學校，而求過於供，於紡織業無如何影響。交通大學有悠久之歷史，校譽播中外，人材遍國中，黎校長要溝通教育與實業，特添設紡織科，爲吾業造就專門人材，遠謀卓識，不啻爲紡織業奠復興基礎，而予以無上之助力。

溯自歐戰而後，吾國紡織業雖在萌芽時代，而營業方面，獲利頗豐，殊見蓬勃氣象。自外人經濟侵略日甚一日，以吾國爲推銷紗、布市場，又因時局不靖，水旱頻仍，農村無購買力，都市不景氣，紡織業遂一落千丈，停機歇業，時有所聞。上年棉產增進，農村復興，又承幣制改革，實行法幣之後，紡織業漸有起色。然以人口與紗錠比例，目前華廠紗錠相差猶遠。若不急起直追，紡織業仍無立足之地。政府及金融界有見於此，是以在各省陸續添設紗廠。雖杯水車薪，無濟於事，而紡織業既爲政府及紡織界所重視，以後之發展，即以此爲起點，而未可限其前程。職是之故，造就專門人材，尤爲當今第一要義。

自東瀛參觀紡織廠歸者，僉謂出品如何精良，人事如何周密，不知純係人材問題。得人，則陳舊機器可製造精良之出品；不得人，則機器雖極精良，出品依然落伍。至工廠管理，其責任並不下於製造。一廠範圍之內，大而整個原料，小而竹頭木屑，以及人事之紛紜複雜，何一而非管理之責任！此所以管理重科學化，而於時間經濟，均應有嚴密之注意也。

在數載前，鄙人曾於無錫申新三廠辦養成所，延聘專家教授，並予學生以實習機會，畢業後，大都服務於敝公司各廠，亦能知機器原理與紡織常識，惜受業時間有限，未能深造。現在敝公司各廠正添設紗錠，擴充至相當程度，於紡織專門人材，尤急需羅致。或謂造就紡織人材，非留學國外不可，不知留學習紡織，未易得大量人材。官費固有限制，私費豈易擔負。學成歸國，用其所學，學理經驗未必相符，或有食而不化之苦。則何如借材他國，化吾國一部分之優秀份子爲技術人材，此鄙人所以於交通大學添設紡織科極表同情也。鄙人所辦之紡織廠，在上海者居多數，隨時可參觀或實習，俾學理經驗合一，當爲諸同學所樂聞。一得之愚，敢以質諸校長、教授及同學諸君。

（原載《紡織世界》第一卷第十七期，署名“榮宗敬”，民國二十六年一月。收入本書時，參照《染織紡周刊》發表的同名文章作了校訂。）

《財政讜言》書後

姚君詠白著《財政讜言》，以金融統制爲整理財政之不二法門，不談學理，專講事實，言皆有物，值得欽佩。宗敬就實業界立場，貢其一得之愚，與姚君之宗旨不相背也。

吾國經濟落後，無可諱言，至今日，國民經濟全部動搖。誠如姚君所云，農村復興聲中，現金集中都市，譬諸血液集於頭腦，失其循環作用。農村之崩潰益烈，工商業又爲天災人禍環境所交迫，奄奄無生氣。而金融界放款利率之高，亦爲各國所無。即有贏餘，以之償子，母猶恐不給，況百業衰落，有絀無贏乎！於是，帝國主義者實行其經濟侵略而無所顧忌，舶來品源源輸入，席卷现金而去，入超之數至可驚人。近聞各國有在吾國各大埠設立工廠，避免關稅之企圖。及今不思補救，各國作進一步之侵略，吾國農工商業必陷於萬劫不復。

補救之道奈何？《大學》生衆食寡，爲疾用舒，則財恒足，爲理財原則。吾國現象適得其反，生利者少，分利者多，官所以治民。如冗員，如丐官，皆分利者也。軍所以衛國，擁以自衛、勇於内戰之兵，皆分利者也。餘如駢校機關，雜色軍隊，無一而非分利者。八口之家，仰給於一人，家未有能興者。況以一國之大，什九皆分利者乎！吾國以農立國，無曠土，無遊民，農之生利者衆矣。百工居肆，以成其事，不釀惰工罷工風潮，工之生利者衆矣。商恃金融爲命脈，人民之擁有餘資者，投資實業，更得金融界之低利率貸款，商之生利者衆矣。至如何促其實現，不托空言。

編者附記：本文原件爲油印稿，兩頁，署名“榮宗敬”，未注明寫作日期。

怎樣纔是家庭的快樂

我們從小到老，總脫不了家庭關係，所以一生的幸福，要看家庭的環境。但環境是人爲的，是可以改造的。譬如一條船，家長便是把舵的。舵把得穩，有些風浪，也可以平安過去；舵把得不穩，就是風平浪靜，也可以出事的。現在的人們，被環境支配的多，能夠改造環境的少，所以偶然有些不幸事件發生，整個家庭竟可以陷於苦悶狀態的。

但是，環境實在沒有一定的標準。假定一個人自己忠於職務，起居動作有一定的時間，對於金錢不肯浪費，家人們卻又麻雀（將）、看電影，吃的穿的件件講究，非紅日三竿不肯起床，各人過各人的日子，倒也不一定家庭失和的。你說，這樣的家庭快樂不快樂呢？

又如，家計平常，親戚朋友你來我往，卻有相當的場面，兒女眾多，漸漸長大，每期學費支出要佔收入的一大部分，既不便向人愁窮說苦，而小小的債務又靠近節邊，四面的進攻，也只好咬定牙齒，設法對付下去。你說，這樣的家庭快樂不快樂呢？

又如，男婚女嫁，家長的義務都也盡過，家計倒也不差，然而各打各的主意，不能團結起來做人家，有時爲些不相干的事情，還要爭爭吵吵，使得家長左右爲難。你說，這樣的家庭快樂不快樂呢？

這樣看來，快樂家庭是難能可貴、很不容易做到的。

有人說，小家庭比大家庭容易達到快樂目的，我們何妨不來提倡小家庭呢！小家庭猶如開一爿小小的商店，大家庭猶如創一家大大的公司。小商店資本少，進出小，組織簡單，個人衣食問題自然容易解決；大公司卻包括多少小商店，運用資金，發展營業，小則解決職工生活，大則抵制外人經濟侵略，其精神上的快樂，真是語言難以形容的。兩相比較，你說是小家庭好呢，還是大家庭好呢？

我並不是反對小家庭，大家庭的流弊也是很多的。各人自掃門前雪，對於公家，不肯盡其應盡的責任，男女傭工飽食無事，往往三言兩語挑撥是非，柴米油鹽瑣細的事情沒有責成，不知不覺，公家就有無形的損失。這些流弊，大家庭是不能免的。但是，家長只要以身作則，不做一些腐化的榜樣，公正和平地處分一切，習慣成自然，大家就會知道做人和持家的道理，孩兒們也會懂得祖孫父子，一家骨肉，是不可分離的。

由一個家庭推而至於整個的國家民族，精誠團結，萬眾一體，以愛家者愛國，這種快樂，豈不更偉大嗎！

（原件爲鉛印稿，一頁，署名"榮宗敬"，未注明寫作日期。）

祭族祖椿年先生文

中華民國七年仲冬中澣宜祭之辰，族孫宗錦、宗銓謹以剛鬣柔毛、清酌庶羞之儀，致祭於椿年叔祖大人之靈，而告之以文曰：

於虖！

繄重臣之在國兮，以一身繫四海之安危。

兆姓倚爲屏障兮，強鄰讋其聲威。

惟安內而攘外兮，國乃因之以平治。

苟長城而頹壞兮，勢將傾覆而難支。

若達人之繼起兮，後賢一秉虖前規。

庶寧謐而無慮兮，不然將一敗而不可爲。

念國家之一致兮，齊家原治國之基。

羌族黨之聚處兮，理可由茲以相推。

躬孝友而敦行誼兮，排紛難以無詖。

鄉人資爲矜式兮，乃不得志於時者之所施。

遡吾宗之來錫兮，已六百年於茲。

恃耕讀以嬗世兮，嫺文事而中衰。

迄廣文之崛起兮，乃化雨之及時。

至主政以擢第兮，士人遂爭引以爲師。

作學官之弟子兮，竟聯翩而騰輝。

我公實廣文之介弟兮，伯吹塤而仲吹篪。

譬蘇家之軾轍兮，抑宋氏之郊祁。

既一鬢之聲雋兮，胡秋捷之遲遲？
中侂得而復失兮，屣科第以如揮。
終吾身於韋布兮，爰知白而守雌。
值廣文之謝世兮，主政又早悼夫騎箕。
真盛衰之迭爲倚伏兮，公已如靈光之巍巍。
歎世變之日亟兮，人心陷溺而險巇。
頓莫邪而鮮用兮，銛鉛刀而珍之。
貪伯夷而廉盜蹠兮，鴟鴞翔而鸞鳳不飛。
擲是非於泛悠之口兮，公道將不復可知。
公乃概付諸不聞不見兮，聽道路之相皮。
守忠信篤敬而無怠兮，間肆力於文詞。
規柳歐之峭逸兮，賡韋孟之歌詩。
或持螯而飲酒兮，匪賭墅而圍棋。
知澂清之難望兮，寓經濟虖良醫。
斟中西以絜度兮，杏林遍植於東籬。
淡世情而不問兮，族人乃默聆夫提撕。
雖無言如桃李兮，猶無不視公爲依歸。
如彥方之感牛盜兮，比太邱之道廣而不陂。
受甄陶於無象兮，德化且沁及夫心脾。
喜古稀之將屆兮，膺祿壽以靡涯。
羅孫曾于四代兮，箕疇衍慶以無虧。
際重陽之令節兮，欻與世以長辭。
羌一瞑而不視兮，誠闕憾之靡遺。
是去來之皆有自兮，儻有似夫君子之見幾。
惟鄙人之感愴兮，欲傾吐而訴誰？
荷裁成之厚德兮，遵大路以無歧。
惟曠土遊民之有所規畫兮，擴實業以攸資。

念庶與富之終待夫教兮，爰勉致夫切劘。
策男女之兼事教育兮，乃分別以籌帷。
以我公之首先提倡兮，庭階又蘭桂之多奇。
長公固才德之交重兮，次公更戒慎於無欺。
幸推挽之不遺餘力兮，感橋梓之仁慈。
倘相持於不敝兮，夫豈特不佞所深期。
將族黨均蒙夫餘蔭兮，或庶幾昌盛之階梯。
宅佳城而永妥兮，敬酹酒以陳辭。
倘神靈之不昧兮，當昭格夫烏私。
於虖哀哉！尚饗！

編者附記：本文原載《繩武樓叢刊》第四冊《戊午挽言錄》，署名榮宗錦、榮宗铨，民國二十二年刊印。榮椿年，諱汝棻，字椿年，一字樫岩，或作春巖，生於清咸豐元年辛亥十二月十九日（一八五二年二月八日），卒於民國七年戊午十月十一日（一九一八年十一月十四日），爲榮宗敬、榮德生的族叔祖。子吉人、鄂生，均爲榮氏兄弟創業的得力助手。

賀周舜卿先生七十壽辰

耿耿歲星精，竊得蟠桃去。帝庭不敢居，愁聞王母語。
隨入塵寰來，自擅人間譽。早歲逢寇亂，俶擾無寧宇。
未遑畢詩書，朅來黄歇浦。偕我先君子，朝夕共居處。
其時門戶開，華洋紛焉聚。彼此音鉤輈，格格不能吐。
公曰是何難，石煉天可補。我將通其郵，我惟以學努。
三年果有成，翕然莫予侮。屹立雄商場，信義風聲樹。
所業既蒸蒸，自有仁義附。異地聯鄉情，歉歲成義舉。
十年東埄村，蔚然失故步。市廛望連甍，學校又備具。
居者不苦僻，過者多暫駐。褒獎煊及門，公一弗之顧。
興革盡情陳，冀紓民間苦。饑溺在我懷，仁風到處煦。
天道惟善親，玉樹森廷圃。伯子是通才，慨焉明世故。
我與同議席，自愧寒蟬誤。叔季亦英英，同輩驚乳虎。
度公一掀髯，顧之字悦豫。矍鑠煥精神，七十正初度。
我來壽父執，我心生孺慕。椿庭久蕭條，空有白雲賦。
廿年營工商，遑敢云接武。僅免覆餗羞，猶藉他山助。
桃實三千年，祝公如其數。公壽我亦福，時時賴前著。
摳衣獻斯圖，我心歌且舞。耿耿歲星精，爲公頭銜署。

（本文由榮宗錦、榮宗铨共同署名，民國十年三月）

第二篇

艱辛的創業歷程

《茂新福新申新總公司三十周年紀念册》序

（一）

國於大地，日策富強，紛言無補，當圖啟沃。在昔成周之世，齊於海濱爲僻邑，管子創官山府海之治，而桓公以九合諸侯，炎漢廷爭鹽鐵之利，以佑郅盛。蓋日中爲市，抱布貿絲。我以農立國者，其肇緒所極，固遠在數千禩前也。自科舉興而實學衰，宦途盛而事功廢，積弱之弊勢有由然。遜清末葉，人競功名，政術日墜，憂時之士，間有發爲嫉俗之言，將以致其生利之業者而屢更，戊戌、庚子之政變，又或戢翼斂羽，言之傷焉。夫政以業成，與其斤斤於呫嗶，何如昌利用爲厚生導富源，以觀邦里，于錫山榮宗敬先生，庶幾覯之。

榮氏固錫山巨族，濱陟太湖禮教之邦，重以山水之靈，淑世多學人。先生乃益孟晉以言富強，居嘗以爲人生有恃於衣食，而絺綌之事，麥麵之需，衣食所備。苟無靳者爲己足，則一切治世之經緯可以迎刃而解，披倡之邪說可以不滅而熄，志於斯之有懷未即致也。歲時之暇，蠟屐出其西門，曠觀阡畝之盛，水利所匯，所謂太保墩者，足供機械造粉之需，則夷然動其遠志，遂約賢季德生先生，量度擬議，而鳩資以營其鎡基，時甫光緒二十六年也。

逾年而觀成，微特年有贏計，積之數載，蔚爲巨利。且役斯者，衣食所仰給，亦漸致豐。蓋其振啟者爲至遠，坐其餘羡以營二廠，益宏其堂搆，更六年而營三廠。時正革命之後，人人言新政，昌國貨，其道遂益茂。所以增重於海國者，乃不在壇坫，而在廛市。自茲以還，歷建粉廠十二，紗廠六，資產總額數千萬，工役執事者幾十萬，而營造日精，播傳益遠，十八行省靡不樂與其利，且進而及南洋諸埠，足以徵其籌握矣。

人事忽忽逾三十年，人方以是頌先生，而先生固不封其故步，又將計設儲蓄部，以利同人之需，以厚殖其人足家給之計。然夷覽三十年間經營之陳跡，闢疇萊以至於渠渠夏屋，振振機鳴，巨突凌霄，鱗屋比野，則又顧而色喜之。夫錫邑具山水之勝，多學人所聚，自先生倡實業，更爲吾省富源之所聚。邑人所給瞻者，不特爲己足，且建庠序以宏造就，立園林以適遊觀。國之人聞風嚮往者，敬行仰止；而海舶遠客來斯土者，亦必拓日夕之暇，趨而覘之，以繩其大業。

語曰：三十年爲一世。則先生茲世之功，固不欲以所獲自炫，而興築之盛，近冠里閈，遠振瀛壖，足爲國光，於此覘之矣。充其利者以利國，齊漢之利，寧不易京。更三十年，愚以獲交於先生者，猶將晉一卮，爲先生及賢季壽，用以佐掀髯之一助也。

中華民國十七年二月　史量才撰

（二）

吾國之以實業名家者，南通張氏外，端推無錫榮氏。榮氏所辦實業曰紡織、曰麵粉，設廠之多，行銷之廣，非有雄健之魄力，與夫百折不回之精神，不足以建此利國福民之事業。僕自來海上，即獲交于無錫榮君宗敬。戊辰春，榮君出《茂福申新三十周紀念冊》示余，舉凡廠屋、機器、商標、產銷地點、價格升降精製圖表，朗若列眉，當代名人復以弁言相貺。僕何人斯，而敢贊一辭乎？惟僕與榮君交誼，欽佩之餘，殊有不能已於言者。

夫實業之於國家，猶木之有本，水之有源。若捐稅重疊，運輸阻梗，工潮起伏，皆拔木塞源之道，其隱憂不僅實業凋敝已也。外人知有隙可乘，賈其餘勇，協以謀我。舶來之紗與粉，遂致充斥市廛。君獨竭其智謀，起而與之抗，成敗利鈍，在所不計；險阻艱辛，在所不辭。際此時局不甯，而工人之資以生活者，無慮數十萬。非特實行闡發民生主義，論其慘澹經營之成績，抑亦國家之光已。

僕主三北公司有年矣，航運與實業，關係尤爲密切。若榮君者，僕固無從望其項背，即視南通張氏，亦有範圍廣狹之不同。所望賢明政府維護於上，有識之士贊助於下，事業發展與年俱進，則外人經濟侵略之計不得售。僕之所期於榮君者，爲不虛耳。是爲序。

民國十七年三月　虞和德

（三）

今之談三民主義者，動輒曰“民生”。試問爲民謀生計者何在，率掩口而莫知所對。噫，民豈不爲謀而自能生哉！蓋民以食爲天，無食則啼饑；其次衣，無衣則號寒。饑寒交迫，則民不聊生矣。知衣食之源，實行爲民謀免饑寒者，惟無錫榮君宗敬與其弟德生之所興實業也。

榮君知民之謀生，須農工商通功易事，乃有濟於是。農有麥收而製爲粉，則麥以暢銷生利而得食，不饑矣；農有棉收而製爲紗，則棉以暢銷生利而得衣，不寒矣。工無事而難免饑寒，傭而爲工人以製麥與棉，勞其力者分其利，工以之而得食與衣，不饑不寒矣。商無事而難免饑寒，出而爲商運以銷粉與紗，售其貨者分其利，商以之而得食與衣，不饑不寒矣。此榮君所以於三十年之中，申、錫等處設麵粉廠者十有二，設紗廠者凡有六，爲民之謀生者，不詳且周哉！其魄力之雄，心計之工，震以三十餘年交友，愛之慕之，願社會匡翼之，政府保護之，是則震所馨香祝禱者也。

茲屆《茂新福新申新公司三十周紀念冊》編輯成書，爲贈以序。

戊辰仲春　吳興王震

（四）

《周禮》以“冬官·考工”一記，爲有致用之實，而得時哉之妙所，首揭櫫者曰：“國有六職，百工與居一焉。”是義已定萬斯年國家社會之狀態矣，因而分寄其任，以坐而論道，屬之王公；作而行之，屬之士大夫；審曲面埶，以飭五材，以辨民器，則屬之百工。更申之，通四方珍異以資之，乃屬之商旅；而顧及生產之原，又以飭力長地財，屬之農夫。至於國無逸民，則治絲枲以成之，終遂屬之婦功。此簡義耳，然已涵蓋靡遺，足範方來者已若是，不謂古先哲人若能目驗，今茲情況如冰鑑也。

僕獲交錫山榮君宗敬于滬上有年，深佩其默存周官遺瀍，而於所謂作而行之之士大夫職責，尤歷歷不少放棄者。噫，直古今無二之沈毅君子也。今君之事業固已郁然矣，然僕所罄悉君之經歷艱阨，所謂天之降大任必先苦其心志、勞其筋骨者，終之操心危慮患深，而卒底于達是也。

君與季及其友，以無盡之願，力排萬難，以創興繼立粉廠十二、紗廠六於國内，資産數千萬，工役幾於十萬，爲年亦已三十寒暑矣。即令順應無少梗阻，當亦罷精敝神，昔所偁不遑啟居者，亦可思矣。況如是大業，烏可以無少蹉抑者？顧君百折不撓，堅忍卓絕。金融之亟迫，其運用之敏如故也；材料之阻乏，其配量之洽如故也；工司之擾攘停滯，其調劑安集似尤日起有功也。

僕不敏，竊於仰頌之餘得一義焉。夫以吾國位於摶摶大地之上，與列雄爭生存，面積之廣，人口之庶，必不甘被天演之汰。而競之最烈者，厥爲工商。國富不謀庶於何？有廣於何？有故乎！丁此方茁之業，若少惑於賊吾者之歆動，而引賊作子，物傷其類，是直自戕而已。即如麵如布，吾人不得已而甘舶來者，已亘若干年，凡一箸之餐，一衣之被，孰不欣賞乎他之潔白細膩者。然而一考《關冊》，歲出金錢巨額，直令人有爲之驚踣者。推之他物，稱是麵與布，其大宗耳。幸有所謂作而行之之士大夫如我榮君者，知之悉而痛之深，故於此三十寒暑其難其慎中，闓此偉畧，成此粉廠十二以抵舶麵、紗廠六以抵舶布於千百分之一二。設更有無量沈毅君子如君者，出而繼武，舉凡無量舶品一一舉而抵之。不特抵之，且以其餘輸出之，豈非吾國民所應具之職責邪？抑吾無量之勞力者，先得憬然而悟，方克有濟於事。

原以吾業方萌，人正日持經濟侵略之義以臨我，苟非通力合作，重視國脈，輕視私財，適中謀我者之機，陷而萬劫不復。彼謀我者，設辭固巧極矣。日持先進國工資之率以相衡，往往曰“美也如何”，“英也如何”，“即日也又如何”，“而我國工人薪資及待遇又如何”等等，是固足以聳聽矣。不知吾業方萌，何堪中刈？且生活之費，固尤遠未若人，例如衣食住行，人須日十者，我僅二三而已足，則人之取入者月百，我則月二三十而亦差足以維焉，又烏可以懸人以歆我者？我勞動之眾，設以國家實業爲重，不予營業者以難堪又何妨？先顧公利，留將高率工資、優良待遇，俟諸業務大盛、屏絕舶來，家給人足之時，而取得于自然耶。其日來所盛倆勞資調節之真際，竊以爲在此而不在彼也。

由上所陳，言簡誼誠，勞資之間，如各規其遠大計，均不河漢予說。然抑有進者，則我秉國之鈞之袞袞諸公，亦宜渺思熟慮。我皸手繭足，日出而作，日入而息，毋慮若干眾之血汗勞人，營營擾擾，僅博一飽，家人婦子啼饑號寒者，尚往往而有。其一方號爲實業家，外觀甚壯，乃以時局俶擾，連年於茲，亦每每外強中乾，捉襟見肘，張惶補苴。其受時事、市況之影響，而折閱休歇、損失頹喪者，固不知凡幾。即勉強存在者，無非東挪西湊，甘挖肉補瘡之痛，而無可如何。亦唯日盼國家政治清明，社會人心安定，則業務不難呈剝極而復之觀，受賢有司，調劑保護，提挈振興，斯於積年之茹苦含辛，亦差足藉以因緣酬報。即彼芸芸勞力，亦同被水漲船高之賜。凡種種利益，得以不強求而自至，寧謂不有共同感戴柄國者之愛護耶。然而不及早圖之，則此等良模亦徒形夢想而已。故吾尤願振發有爲之國府，亟於此中一爲綢繆也。其他若金融機關，則宜隨時加以相當維持，勿使受流動之阻滯而隳頹大業。言論機關，則宜盡情予以極力援助，俾政府及社會人士，皆深切瞭解實業爲救國唯一之命脈，使勞資兩方，實行和衷共濟。凡此，所謂植國家千萬有道之長基矣。

茲以榮君舉行三十年紀念，並創同仁儲蓄部，刊志緣起，命爲一言，僕不文，聊抒所懷如此。

馮炳南序

（五）

天道率三十年而一變，惟變之鉅細輕重，則視潮流之趨向而有不同耳。有清末造迄乎今日民國，歐風美雨，澎湃而來，思潮日新，科學日進。此悠悠三十年，實爲新舊蛻化時代，亦古今變革之一大關鍵也。試居今世而觀電炬星繁，城開不夜，豈彼篝燈紡績者所能夢見乎？墨煙繚繞，機運如飛，豈彼碓舂磨旋者所能逆料乎？則據今日之所有，而返觀昔日之所無，科學變革之進步亦彰彰矣。特是商子之言曰："人民可與樂成，難與圖始。"當其時，樸僿之氓，拘守故常，對於破荒之興作，每詫爲"得未曾有"，非阻撓牽掣以梗其前，即非難詰責以繩其後。吾於是不得不驚服榮君宗錦之卓識毅力，卒能排危難，任艱鉅，而創成此絕大規模，爲不可及也。

余識榮君于海上有年矣，凡彼半生經營實業以外，如輔助慈善、教育諸大端，余皆視爲畏友，而自歎弗如。今讀實業紀念册報告所載，三十年間次第開辦紗廠凡六、粉廠十二，投資逾億，收容工役十萬，其間接爲國家稍留元氣，杜塞漏卮，其直接寓養民于惠工之中，維持窮黎生計不鮮如榮君者，嗚呼，雄矣！寖假並世而有魄力如榮君者，接踵而興，師其成法，推而施諸一邑一鄉，其造福殆未艾也。雖然工潮橫决，於今爲烈，勞資齮齕，因應俱窮。自兹以往，時局隱憂孔棘，無往不遺。辦事者以困心衡慮之磨煉，而增益其不能。然則前此三十年，既戰勝艱難，經百折以觀厥成；後此三十年，再接再厲，必更有光大發揚之偉業，收效指臂。躋斯民於正軌，且以軼歐駕美，頡頏彼邦之大實業家，而獨握中華牛耳也，予日望之矣。是爲序。

中華民國十七年三月　穆湘玥

（六）

逐清季年，帝國主義之勢力益張，傀儡吾官吏，以侵陵吾商民。上海爲遠東巨埠，中外之接觸愈緊，則壓迫之事實亦愈數而愈著。樹森嘗引以爲恨，爰於甲辰、乙巳間，糾集商界諸同志，組織商學會，欲合羣智羣力，與外侮相抵抗，勉爲自存之計。明哲之士，翩然來會，于時始識無錫榮氏昆季，握手一堂，晤譚頗洽。語及國勢寖微，太阿倒持，商人所受之痛苦，往往躊躇欷歔，而宗敬則尤有鑒於社會母財之空乏，殖産之衰落，生計之艱難，異族經濟力之膨脹，政府之終無可希望，以爲非吾商民起而自救不可。而自救之策，莫急於注重實業，而於衣、食二端更爲需要。若不早圖，必有起而代謀者，且裕內方能對外，空言抵抗無益也。其辭甚爲痛切，蓋兩君已先於邑中設有茂新麵粉廠矣。樹森聞而怦然心動，感服彌深，迺各相勗，以盡力於實業爲職志。由遜清以達民國，君所屬之麵粉廠日有增加，又開辦紗廠多所。樹森亦從君後，有大維、寶通、寶豐，寶成一、二、三紗廠及寶源東、西兩紙廠之設立。及民國九年，茂新福新申新總公司成立，樹森曾爲詞以發之，追敘昔日商學會初見相勖之言，以引其端，而於資本、人材、藝術三者之缺乏，已有不勝慄慄之感矣。

然試顧當時歐戰初定，各國亟於興復，不暇東漸，食用品物以求過於供，值價騰躍而不已。而儕輩中有志之士，各乘時並起，從事企業，購機築廠，不謀而成，夏屋渠渠而雲層，燈火熒熒而星密，汽車聲嗚嗚而雷殷。於戲，何其盛也！迺不數年間，情勢遽變，與疇昔比例，適爲正之與反。樹森既以主持無狀，不克自支，而視同時興作諸君子，其遭遇之相類，亦往往而有。於戲，又何其衰也！而獨君昆季以堅固不搖之志，搘拄其間，砥柱中流，巋然魯殿，且經營愈廣，發展愈速。迄於今歲，適爲始業之三十年，綜計前後所創辦之麵粉廠凡十二，紗廠凡六，行銷遍及海內外，斥資金數千萬，傭男女十餘萬。近更爲工役員司裕財計，有同人儲蓄部之設，規模宏遠，在他人或感不足，而君昆季迺恢然有餘。於戲，此又何也?

說者爲關稅未能自主，不平等條約未能修改，是帝國主義者之勢力仍在，而十餘年軍閥代嬗，縱橫擾亂，爲帝國主義者之傀儡，以侵陵吾商民，較之清季官吏爲尤甚，使實業界遭種種之損失，故多數不易發達。其說固是，然此類痛苦爲君昆季所同受，非一方所獨受，而何以枯菀異集？說者又爲君氣度卓絕一時，又富有冒險性質，故足以濟事。然吾歷數同時興作諸君子，其魄力亦未嘗不雄厚，而勇往直前之概亦未必減遜於君，而何以得失異途？吾思之，吾重思之，而知君之所以獨優者，計有數端:

涉務，則勤於躬親，而好問必察，遇事有真知灼見之益，往日既卓苦而明習，後雖總綰各廠，席不暇暖，而仍不改其常度，於本業大小市場，每按時蒞止，探其幾先趨勢，或與同業虛心商榷，其於瑣屑而有關係之役，必身預其間，絕不自異自諉。故凡盈虛消長之理，希微曲折之情，均能入深出顯，曾無誤會中隔之蔽，而主宰自定。此爲吾輩所不及者一也。

待人，則忍以自抑，而善交信友，隨時有得道多助之樂。蓋營運既廣，則挹注自繁，在交换之際，不得不賴易中之維持。然金融家之措施，亦正難以揣測。若不得其情，輒格格不相入，而事業因之頓挫。惟君負重以赴功，忍辱以將事，謙尊而光，同塵而和，能生其歡心而樂爲君助。故於泰否相續之交，有指揮若定之素，而形勢自固。此爲吾輩所不及者二也。

有此二者，加之腦系之靈敏，手腕之迅速，暈而知風，潤而知雨，苟朕兆之微萌，斯玄黄之倏變，譬之走馬，凖時而馳，而目標所赴，必君著先鞭。此更爲吾輩所萬萬不及者三也。

明此因果，則雖十餘年來，同遭軍閥及帝國主義者之困阨，而君獨能卓然有以自立之故，可恍然悟矣。

令值三十年紀念之辰，仍追敍當日初見相勖之言，及此際成功之由，爲君昆季慶。邇者國民政府成立，軍閥傀儡之患，當可稍紓。然而關税未能自主，不平等條約未能修改，是帝國主義者之勢力仍在，而兩君之艱辛奮鬥尤未可以或息也。敬進滿觴爲壽，祝君昆季萬歲永存，以與帝國主義者相抵抗；更祝茂新、福新、申新三公司愈益發展，長蒙無疆之庥。此即吾儕當日創立商學會之初衷，而君獨有志竟成也。

敍竟，綴之以辭曰：矯矯二子，實業之雄。卓犖其志，黽勉其躬。衣被天下，食飫寰中。宏沾利澤，更有農工。造端於一，孳乳無窮。層樓疊疊，霄漢高聳。艱辛卅載，力戰成功。十世百世，長樂永豐。

民國十七年五月　武進劉樹森撰

（七）

物競天擇，適者生存。造物酷例，莫可倖免。嘗聞非洲有野馬，必奔馳覓食，以沙漠中水草之區分散，捷足先至，盡食其所有，後至者徒勞無獲，往往力竭斃途中。其疾行者，固未嘗加害於其緩行之同類也，而舉足先後之間，死生以判。可見優勝劣敗，不必有強淩弱、衆暴寡之例方顯也。一落後乘，便難振拔。

吾國自開海禁數十年，國人衣食所需，無不仰給於舶來品，土法出品漸歸天然淘汰，每年漏卮以億萬計，抑且逐年昂進，不知所屆。雖曰條約不平等，政府無切實之保商政策所致，而國人乏實業觀念，不能製造新品，出以替代絕續之土貨，實商戰失敗之一大原因也。吾鄉風氣開最先，求學經商者幾隨地皆有，而尤以榮君宗錦、德生昆季之事業，足以高掌遠蹠，超邁千古。榮君於三十年之間，創設麵粉廠十二處、紡織廠凡六處，綜計資産在三千萬元以上。外則抵制漏卮，内則開發生計，計直接間接恃榮君之事業爲生者，不下百萬人。此非有藉於國家之援助與保護也。且值多事之秋，兵亂頻仍，工商業所受之痛苦，殆有不可言與不忍言者。而榮君以堅忍果毅之力，卒能維護其事業於不墜。如榮君者，殆所謂非常之人歟！

吾憶昔年留學比國時，曾與理財學教授辯難，不承認人滿爲患之説，謂人類竭科學之力，必能有以足食，生齒雖衆，何足爲患？教授亦爲莞爾，無以相難也。以吾國地大物博，邊遠省份地利均未開發，膏腴未盡墾殖，即向稱富庶之區，如江、浙兩省，恐地尚未必盡其利，人尚未必盡其力，苟助以科學之方、機械之力，自可得更進一步之發展，更何至有人滿之患？惟國人通病，在於善因襲而憚創造。善因襲，故祇知攘奪奔走，逐鹿于已成之局；憚創造，則各業鮮見有長駕遠馭之魄力，以開闢新機。民窮國敝，禍亂侵奪，皆此之由。否則，事業日益發達，人人皆有業以自樂，内政自能修明，外侮自無由而至矣。吾故于榮君創業三十周紀念之際，不禁重有所感焉。

蓋以吾國實業人才缺乏，求如榮君之明於物競天演原理，不憚創造艱辛，以成其優勝偉大之建設者，如麟鳳之不可得，坐使國家實業以封以廢，不能與列強爭雄，爲可慨也。抑榮君所辦各廠，平日辦事職工本有存款廠中之舉，收支手續一如普通商店之例。兹屆三十周紀念，榮君與各股東議決，集各廠存款，組織儲蓄部，以嘉惠職工，一切仿銀行條例，釐訂規章，將以樹金融界與實業界互助合作之先聲，洵盛事也。

夫治人治法，本相輔而行。不得人，則凡百事業無由而興；無善法，則成敗繫於一身，事業無由而久。榮君既於儲蓄部有精密之規章與組織，推之於一般廠務，莫不有精密之規章與組織。藉創業者之精神、毅力，董率而厲行之，納人人於一定規道，以養成其服從規章之習慣，使基礎日以鞏固。如是，則目前三千萬之事業，何難擴充至六千萬、一萬萬，或竟三萬萬。即退而言守成，原有基礎自得安如磐石。吾鄉周、祝、唐諸先生，當年均以鐵業翹楚馳譽海上，今則身故而事業亦漸不聞，其故在無精密之組織與規章也。榮君能注意及此，其深謀遠慮尤加人一等矣。吾認榮君昆季爲救國良材，徵文下逮，爰抒管見，以爲祝頌。

中華民國十七年三月　程文勳

（八）

古來成大事立大功者，必有高遠之學識，經久之計劃，沈毅不撓之氣概。其進取也速，其退守也嚴，故其建樹者偉而固。如無錫宗敬榮先生，其殆古之人傑歟！先生生當叔季，憤洋貨之充斥，痛民生之凋敝，慨然有志于實業。謂人民生活唯恃衣食，衣以布爲主，食以麵爲重，爰於光緒二十六年創設茂新麵粉廠，自一廠而至十二廠，由無錫以推而至上海，又推而遠至鄂之夏口、魯之濟南。紡織廠發軔於上海，而遠之至於無錫、常州，又遠而至於夏口，凡爲廠六。榮君殫精竭慮，慘淡經營三十年之久，得有此十八廠之成績，而榮君已垂垂老矣。

且夫實業云者，豈徒營業之實哉。必也運以實力，宰以實心，而無纖毫虛僞之見存其中者也。近世風俗日薄，商人之道德日衰，高者弋名譽獵爵位，次者廣交遊侈聲氣，最下則蓄珍異美田宅以自肥。其身家浮而不實，華而不實，始則金玉其外，敗絮其中，終且銅山西傾，洛鍾東應，身敗名裂，一蹶不振。然而前者仆後者繼，以一身殉、以一家殉而不稍覺悟者，無他，假實業以邀虛榮。虛榮盛而實業衰，迨至實業敗壞，虛榮亦與之俱滅，雖學問冠於一時，聲望重于一國，而猶不免蹈此積習。嗚呼，此吾國實業所由不振，而洋貨所日益充斥，民生所日益凋敝也。余亦商人，兢兢業業，誠不敢以實業自豪，而蟄處故鄉，墨守先業，愧不能有所展布以追隨先生，而欽仰先生五體投地。願祝先生後此三十年儘量發展，使各廠出品流行環球，爲中國塞漏卮，爲商界發異彩，則此紀念之冊僅嚆矢耳，又烏敢以浮文進！

中華民國十七年三月　胡文儒

（九）

人生數十寒暑中，熙熙攘攘，類皆徵逐於聲色貨利、子女玉帛之場，迄老死牖下，不能成一事業，而又必依賴於人以資生活者，不知其幾千萬億。惟吾友榮氏宗敬、德生昆仲，爲吾二十年前貧賤交也。時當遜清光緒季年，予方主錫商會，君昆仲亦甫創無錫茂新第一粉廠。每相遇於申錫車座間，屢出圖相示，籌所以改良及進行方略，處心積慮，孜孜不倦，顧業鉅而力有不逮。邑之先進，其富而老成者，又皆淡漠不之韙，而君昆仲持志甚堅，不稍沮也。及今二十稔，果成紗廠六、粉廠十有二，歲納國賦百有餘萬，職工之恃以舉火者亦數十萬人。推而及於地方公益，若公學、公路、公園與圖書館諸務，無役不從，無廢不舉。此其事業之鉅，固統中國不數覯者。

而君昆仲猶奔走勞苦，不自滿足，夏一葛、冬一裘，迄未見其擁豔姬、厚滋味、蓄犬馬、事樗蒱，以耽安樂者。茲又綢繆及于同人，爲興辦儲蓄之舉，法良意美，至周且備。此其處事則艱苦卓絕，自奉則省嗇儉約，急公則踴躍輸將，待人則推心置腹。苟秉國者而皆若是，則實業振興，餉源無虞缺乏，不必從事于羅掘也。治事者均能如是，則料量精確，措施無或乖戾，不必競尚陰謀也。立身者知皆效法，則戒奢崇儉，積少可以成多，不必臨渴掘井也。

吾不禁於舉世滔滔之日，而猶幸榮氏之有人也。吾不禁於僅僅榮氏之有人，而益盼世之人皆當奮勉效法，不宜嫉視，而必協助以輔成之也。至與榮氏共事諸君，若堯臣、禹卿昆季與丁君梓仁、浦君文汀、志達、春霖諸子，皆一時俊彥，同起患難，亦均爲文川所欽佩崇拜者，爰泚筆而爲之序。

中華民國十七年三月　華文川

（十）

榮宗敬君組織公司，以次設麵粉廠十二，紡織廠六，直接生產之勞工萬七千人，間接者不與焉。歲出麵粉三千萬包、紗十四萬包、布一百七十萬匹。吾國自有史以來五千餘年，工業生産之量未有若斯之偉大者也。榮氏殆天人歟？非也，汽力、電力爲之也。同時南通張氏亦復名聞中外，與榮氏相頡頏之二人者，地位不同，志趣不同，運用母財之法亦不盡同。一以紗業顯，一以麵粉雄，江海奥區，衣食所需，皆仰給焉。何以故？能利用汽、電二力故。

家庭工業時代手指百而止矣，僮工時代手指千而止矣。自人類發明汽、電二力，乃别開一新天地，而大規模之工業興，溢貨無窮，既患市場之太寡，地力有限，又患農産之無多。於是萬目眈眈，競趨海外，恃彼國力，别尋禁臠，而經濟侵略之帝國主義由是起。縮萬里爲咫尺，履大海若坦途，示威樽俎之間，耀武腹心之地。一國得利，羣起效尤，先聲奪人，百計要挾，而不平等條約由是成。由果溯因，非有他故，彼能利用汽、電，而我不能故。不能，故外貨滔滔而來，國財源源而往。甘地無所施其計，杯葛不能遏其流。遲之又久，始有榮氏及類於榮氏者應運而興，購最新之機，造相當之貨，即以其人之盾抵制其人之矛。歲銷麵粉若干萬，即歲減若干萬麵粉之漏卮；歲銷紗布若干萬，即歲減若干萬紗布之漏卮。而上海德商麵粉廠，且因此而不能自存。汽、電競爭，幸得國家免税之保護，主勝客敗，固其宜矣。

抑其效猶不止此，三十年前農産價格，麥一石爲銀幣二圓，今高四倍；棉百斤爲規銀八兩，今高六倍。自工廠迭起，原料日昂，田疇因之日闢，厚利可歆。不待勸勉，遠及秦晉，鐵軌可通，亦有芟夷鶯粟改爲棉田者矣。往時大江南北，産麥畝不過五六斗，棉不過五六十斤。今以價騰之故，不惜加工培壅，斥施母肥，務盡地力，聞老農言，腴田一畝麥可二石四斗，棉可百四十斤。收穫之豐，遠逾疇昔。以是知工商昌熾，即農業繁盛之因；而交通便利，又爲工商昌熾之因。因之中又有因焉，則以汽、電而二力故。

嗚呼，水火相激，磁鐵相感，别有物焉。約束之，利導之，而汽、電之大力生，古人不能知也。假令宇宙間蓄此二力，永無人知，則世變無由而起，一切政教風俗皆如古。初因革損益，真乃百世可知矣。而今不然者，汽、電二力爲之也。自汽、電二力日益發展而世變成，遂令重洋失其險，弧矢失其威，四百兆軒轅之子孫爲彼登俎之魚肉，四千萬方里之國土爲彼國貨之尾閭矣。

今何世哉？汽、電優勝之世也。凡能利用汽、電之國罔不興；不能利用罔不亡，即不亡，亦必不齒於他國，坐受侵掠而已矣。汽、電之在今日，富源恃以闢，武力恃以增，民生恃以舒，國防恃以固。促成帝國主義在此，剷除帝國主義亦在此。即他日最高理想之世界，冀有實現之可能，亦必恃此方而後成。而吾國今日，甫當汽、電萌芽之時。凡能利用汽、電之人，其志固以求利也。而其所得之利，不啻奪自外人之手。爲國家計，收效已宏。竊願吾政府研求增加生產之法，討論減輕成本之方，保護而維持之，俾免風雨飄搖之感，藉收抵制外貨之功。

近今數年，商力凋敝，不得已，則皆假借外債，勉自支持。而某某兩大紗廠已折，而入于日商之手。臥榻之下，眈眈虎視，乘機兼併，無有已時。此後楚弓既失，將不復爲楚人所得矣。烏乎，所謂抵制云者，必當努力製造，使吾國汽、電事業發達至相當程度，而後可以應國人之需求，免外貨之侵略，或且制其死命而有餘也。不然，則是感情抵制而已矣。

民國十七年五月　裘可桴

（十一）

富國之道，千經萬緯，而實業尤爲要素。吾國實業萌芽于清季，當局亦稍稍提倡，創設南洋勸業會，以資觀摩。民國成立以迄於今，其間戰爭頻仍，幾無寧歲。歐戰之際，實予以振興實業之絕好機會，惜乎內憂未已，政府實無餘力可以兼顧。近今辦實業者類皆感受金融、交通、工潮種種困難，抱振奮實業之鉅力宏願者，幾爲之阻。吾讀《茂福申新三十周紀念冊》，不能不重有感也。

榮宗敬、德生昆季所經營者，曰麵粉，曰紡織，發軔於無錫茂新麵粉廠，距今已三十年。榮君獨運商戰策略，以求適合於世界潮流，不因時爲轉移，不畏難而卻步，有爲有守，百折不回。是爲毅力，其不可及者一也。學識經驗，相輔而行，專心致志，庶幾深造，既不入政界，亦不兼他業。子弟大學畢業，則入廠研求，以圖改進，寢饋於斯，孜孜不倦。是爲專門，其不可及者二也。有強固之精神，而後可以成偉大之事業。榮君手創粉廠凡十二，紗廠凡六，總公司實爲樞紐，綱舉目張，有指臂之效，無隔閡之情，出作入息，不間寒暑。是爲真精神，其不可及者三也。具是三端，所以能崛起于商工各界，數十載日新月盛，羣推爲實業專家，無愧色，美矣，茂矣，可謂盛矣。

雖然，猶有進焉。大廈非一木能支，千里亦跬步所積。聯鑣並駈，社會之責也。誘掖獎勸，有司之任也。果人人以榮君之職志爲職志，則舶來品物可絕跡於市廛，國貨經營胥騰躍於都會。由此足國裕民，利不外溢，詎非吾人所奢望而大願者歟！今者和平實現，統一可期，在商言商，在工言工，知必有奉斯册爲圭臬者，豈惟榮君之幸，吾邑之光，抑亦邦家之光矣！

中華民國十七年六月　李澂

（原載《茂新福新申新總公司三十周年紀念册》）

實業家榮丈昆仲創業史

薛明劍

實業家榮丈宗敬、德生兩昆仲，主辦麵粉、紡織事業，凡三十年。居常以衣食救國之旨，昭示同仁。其經過概況，明劍嘗于《人鐘月刊》及《無錫雜誌》曾略陳一二。誠以明劍追隨十有餘年，故見之深而聞之熟。即中外人士見其事業之偉大，魄力之雄厚，亦罔不五內折服，私心嚮往。敬就所知，筆之以備本刊之補白，藉爲今日來園祝壽者之嚮導焉。

宗敬名宗錦，德生名宗銓，邑西榮巷人，幼有大志。父熙泰，精易理，擅計然學，常以"胞與爲懷，提倡民生事業，普濟民眾"爲家訓。宗敬、德生兩昆仲之能以實業世其家者，亦所以繼公志也。

宗敬先生幼年，曾習商於滬上。德生先生年十九，即隨朱君游粵，任關稅職。均能廉潔自守，富責任心，深得當局器重。公務之暇，發奮爲學，日無間，繼之以夜。其好學之心，實爲同儕所不及。越三年回蘇，熙泰公即以家產給兩昆仲，共得一千五百元，即與乃兄合設廣生錢莊，刻苦自勵，歲有盈餘。聞往年公益中學所設之商店、銀行、工廠等，各撥基金一千五百元，即所以紀念其一千五百金創成偉大事業也。

繼思錢莊營業，專恃放款以博微利，不如舉辦實業，以利民生，兼可副乃父之期望。爰即集資設保興麵粉廠於無錫太保墩，時光緒二十六年事也。是時，機器事業尚未發達，經營兩年，無利可圖，合股者均有戒心，不願繼續。兩昆仲抱百折不回之志，爰於清光緒念九年，重集股份六萬元，改組保興廠爲茂新廠，以"兵船"爲商標，冀其如出征之先挫後勝。宗敬先生任滬埠銷售，德生先生駐廠經營。是時所謂機器，僅石磨四部，大如圓桌，即今陳列梅園豁然洞旁，改作圓式茶臺者。每日出粉三百包，經營兩載，備嘗艱困，損失甚鉅，幾至借貸無門。聞者均勸停辦，乃兩昆仲抱大無畏精神，有百折不撓之志。迨光緒三十一年，廠務略見起色，復從事擴充，添裝英國鋼磨六座。是後又經連年挫折，艱於維持，然猶竭力支撑，急求改良出貨，以維營業。宣統元年，遂將石磨拆去，添造廠房，裝置美國鋼磨十二座。因之現款益缺，周轉益難。適是年大水爲災，各廒間積麥，被水浸而起霉味者甚多。茂新知之獨審，凡遇受濕之麥，悉摒棄之。因是麵粉色味較他廠獨優，人漸樂購。翌年，又進大批川麥，粉色愈佳，自是“兵船”牌粉，遂膾炙人口矣。

民國元年，廠基已固，又添裝美國鋼磨十座。旋因歐戰崛起，外國粉廠多半停機，我國麵粉出口甚多，價亦陡漲，粉廠營業大盛。惟忌之者往往多方造謠，意外阻力殊非身當其衝者所能意想及之，兩昆仲卒能應付裕如。民國七年，又添美機十二座，由是每日夜出粉達八千包矣。

自民國元年起，本廠因逐漸添機，力事擴充，而在外地所設之聯廠，有王禹卿、王堯臣、丁梓仁、浦文汀諸先生之相助爲理。其進行之速，尤足驚人。在滬埠者，曰福新第一、第二、第三、第四、第六、第七、第八，凡七廠，每日夜可出粉六萬餘包。在漢口者，曰福新第五廠，每日出粉一萬三千包。在濟南者，曰茂新第四廠，出粉三千包。復在錫改建惠元麵粉廠，曰茂新第二廠，出粉七千包。總計四埠凡十二廠，每日夜共可出粉八萬餘包。於是“麥粉王”之名，喧傳國內外矣。

光緒三十年，更鑒於衣之重于民生也，因出其餘力，倡議集資創辦振新紗廠。經辦十年，旋因有限公司卒難發展而辭去，另辦申新紡織廠。在滬曰申新第一、第二、第五、第六、第七、第八、第九廠，在無錫曰第三廠，在漢口曰第四廠，總計紗錠在四十餘萬枚，每日成紗達千件之多；布機四千餘架，每日成布萬餘疋。尤足供吾人以紀念者，歐戰以還，華商紡織廠之不能維持而售歸外人者，數見不鮮。未聞外商紗廠之售與國人，有之，惟兩先生之收買日商恒昌源紗廠爲申新第二廠，收買英商東方紗廠爲申新第七廠，是實足爲華商紡織界第一榮事！

昆仲於民國九年，就上海江西路建設茂新福新申新總公司，由宗敬先生總理其事。十七年，適值創業三十周紀念之期，爰復集資百萬，添設儲蓄部，以便同仁，而利社會。

合計賴先生手創實業直接生活者，不下十萬人，而其間接者，更仆難數。國計民生，關係非鮮。

回憶榮丈昆仲之創業，既無雄厚貲力，復經顛連疲困，幾至難以自立。而卒能奮其精神，竭其毅力，措置裕如，遇有困難，夜以繼日，終至戰敗不良之環境，而成今日之偉業。此實兩昆仲具有遠大之目光，更有百折不回之精神，勤儉克己，有以致之也。是實足爲吾人立身處世之好模範，抑有感於衷而不能已於言者。

榮丈昆仲之服務社會事也，兩昆仲以一已經營所餘，辦有公益中學一所，先後用去達二十五萬餘金；又設競化女學四所，公益小學四所，申新小學二所，工人子弟學校一所，申新職員、機工、女工養成所各一處。前後辦學二十四年，在校受教育者，合計共有數萬人。並設大公圖書館，藏書十一萬卷，以便學子之瀏覽。更闢東、滸兩山及小箕山而爲梅園、錦園，終年開放，任人遊覽，以示與人同樂之意。復設有農場、工場等，以供研究農工事業。此爲榮丈昆仲對於教育上所盡義務之一。

光復以還，更就本鄉築開原路，並與陸君等築通惠路，先後已成者，共有八十餘里。近年更聘工程專家，設千橋建築公司，修築各地橋樑數十餘處。是蓋總理民生主義之道路政策，而爲榮丈昆仲對於社會上所盡義務之二。

德生先生任職第二屆省議會議員時，對於國家民生事業，莫不極盡貢獻，亦可見榮丈昆仲之關心國家社會事業矣。

榮丈昆仲之服務社會，已如前述，而其個人好學之心甚殷。每日雖百事紛紛，仍必日閱報紙數種，故能洞明世界大勢。每有所得，必托人轉陳當道，先後不下數十次。最著者，如民國元年及十三年之全國實業會議，先生曾提出"棉鐵救國"、"民生救國"等案。民國九年，復出資助李石曾、郭秉文諸要人，周遊各國，要求退還庚子賠款；並派榮君月泉赴美購辦紗機之便，請求該國當局，向世界和平會議提議縮減各國軍備等要案凡三。各國對華經濟共管之說起，亦曾力陳利弊於國際，以盡國民外交之責。並對萬國拒毒會議提議禁止造磷質紅頭火柴，及希望世界協助中國禁煙等要案。復於民國元年間，著有《無錫之將來》及《理財芻議》等書，深得社會之歡迎。前年，鑒於世風日下，青年墮落日眾，又復手訂《人道須知》綱目，出資延聘吳縣江霄緯、丹陽荊夢蝶兩先生，分別編輯成書，先後凡數版，印刷數萬冊，分送各學校，以備學生課餘補充之用。最近，復刊印唐蔚芝先生《五德箴》及《禮記撮要》、《朱子節要》、《聖學宗傳》、《敘文彙編》等分贈各界。是皆足爲吾人模範而資表率者也。

更有足爲吾人深念不忘者，榮丈昆仲當創業時，非午夜不寐，早晨六時起身，視爲終年常例。事繁時，往往僅購粗點充饑，絕不稍自寬假，數十年如一日，其律己之嚴如此。惟御下甚寬，即有過失，每多原諒。其度量之宏大，更非常人所能及。然見子侄輩稍不合，每嚴責不貸。是故一門子女，謹嚴一如父風，絕無時下習氣。由是更知家庭教育之不可忽也。

茲值榮丈宗敬暨陳夫人六十杖鄉之期，用本所知，書之以爲我祝壽諸公及實業界同人勉。文之工拙，非所計也。

編者附記：本文原載《杖鄉導遊錄》（一九三二年九月），爲榮宗敬先生六十壽慶刊印。收入本書時，參照《公益工商中學校友會紀念冊》（一九二九年一月）、《無錫雜誌》第十三期（一九二九年四月）、《人鐘月刊》第三期（一九三一年十一月）等書刊發表的同名文章作了校訂。

茂新福新申新創業史

佩　水

上海和長江三角洲聚集著中國百分之八十的工業。自遜清以來，實業人才輩出，但以張季直和榮宗敬、榮德生兄弟規模最爲宏大。無錫這個“小上海”，產生的人才尤其不少。先有周舜卿氏，遜清時在無錫創立中國通商銀行，並開辦鐵廠，這是無錫工業的萌芽。然後有楊、唐、榮三個系統：楊藕芳受張之洞影響，在無錫創立業勤、廣勤二個紗廠，唐氏家族則創立了慶豐、麗新二個紗廠，以產陰丹士林布聞名。薛福成之後人，則以永泰絲廠的生絲聞名全世界。但綜合無錫工業傳統的，卻推榮氏家族，在紡織業、麵粉業界均占領導地位。

以麵粉起家

榮氏紡織事業的創造，是在麵粉事業獲利以後，故爲了敍述紡織事業的興起，必須追敍其麵粉事業。

無錫的梅園，存有石磨四副，這就是榮家起業之物。光緒二十五年冬季，榮宗敬之弟德生因朋友朱仲甫的介紹，就廣東補抽稅局的總賬，當時作爲外人食品的麵粉，竟可以免稅，實際中國人也吃，故進口數量特別大。光緒二十六年庚子事變，榮德生返無錫，榮宗敬在上海開廣生錢莊，見增裕、阜豐兩廠匯款收購麥子，生意頗佳。時德生已不想做官，朱仲甫又告老返鄉，乃商量開辦實業，決定設麵粉廠。並擇定無錫西門外太保墩，有荒地二十餘畝，一水縈洄，交通便利，建粉廠極爲合適，於是榮氏兄弟集股經營。經過劉坤一的贊助，打破了聚訟阻礙，太保墩上豎起了粉廠的煙囱。由朱仲甫招股，分十三股，每股三千兩，共三萬九千兩，叫“無錫保興麵粉廠”，光緒二十八年二月正式開工。明年朱仲甫去廣東，無意再辦，即另招新股三萬五千兩，麵粉廠改名“茂新”。榮宗敬駐滬任銷售，榮德生經理廠務，此時粉廠係用石磨。出貨的麵粉很白，有人認爲有毒，要摻土粉纔能銷行，生產量日出三百包。開工後的兩年，艱辛極了。光緒三十年才添了六部英國鋼磨。光緒三十四年又創茂新第二廠於無錫惠山浜。[①]宣統二年，再行擴充，設十二部鋼磨，並克服了資金的困難。宣統三年大水，霉麥易磨壞粉，乃特加注意，產品特良，銷路大暢。民二年茂新基礎漸鞏固，添了十二座美國鋼磨，民三年又在一廠之旁添了第三廠。[②]

歐戰爆發，外粉不來中國，茂新的產品供不應求，又加了十二座鋼磨，每日出粉八千包，盈餘加爲資本，資本額增爲一百二十萬元。於是茂新就由無錫發展至上海，組織福新麵粉廠。民二年創福新一廠於上海新閘橋，廠地十五畝，建六層樓的鋼骨水泥建築，保險設備俱全，機器全是美貨，每日夜用麥二千四百擔，出粉四千八百包。出品爲綠寶星，綠兵船，紅寶星。福新二廠成立於民五年，設于莫干山路，最初租用中興粉廠，資金十萬兩，粉機一千筒。民八年創立茂新四廠於山東濟南，民六年設福新三廠于上海小沙渡路，設四廠於二廠附近，又創設五廠於漢口礄口。民八年創設六廠於上海新垃圾橋，九年設七廠於上海大通路口，設八廠於上海東京路。其中漢口福新五廠，資本三十萬元，由李國偉主持，有鋼磨二十二座，每日出粉六千包，產品爲牡丹，民十四年鋼磨擴充十六部，每日加產五千包，成爲華中麵粉業之巨擘。

榮家共有十二家麵粉廠，戰前每天供應十萬包麵粉，當時全國總產量六十萬包，到民國十八年止，他們握有了全國六分之一的產量。榮宗敬、榮德生發軔於無錫的三個茂新廠，集大成於上海福新七個廠、漢口一個廠。無錫、上

---

① 一九一六年，租辦無錫惠元麵粉廠，改爲茂新二廠，一九一八年購買產權自辦。

② 一九一六、一九一七年，租辦無錫泰隆、保新麵粉廠，以茂新三廠、茂新四廠名義營業，租期兩年，期滿歸還原主。一九一九年，在茂二旁建立茂新三廠，專磨苞米粉，不久停辦，後茂新三廠附屬於茂新一廠。

海共日出八萬包，漢口出一萬二千包，榮氏兄弟因此有“麵粉大王”之稱號。

棉紡織業之締造

榮家開始經營棉紡織在光緒三十二年。榮宗敬、榮德生兄弟鑒於日俄戰爭時紗布昂貴，利用茂新麵粉廠盈利，創立振新紗廠，股東有榮瑞馨、榮華生、鄒靜山等，資本三十萬元，紗錠一萬二千枚。經營並不樂觀，榮氏兄弟將振新股份與榮瑞馨在茂新的股本對調，退出振新。歐戰發生，榮氏兄弟利用茂新的利潤，於民國四年成立申新紡織無限公司。廠基爲上海白利南路，以三十萬元買來的一個油廠，設備只有一萬二千三百七十六枚紗錠，布機二百五十臺，另有一個軋花廠。民國五年，紗業大賺錢，申新收買上海恒昌源紗廠（原日商日信）爲申新第二廠，設上海宜昌路。民國九年，申新一廠又析爲南北二廠，生產力增加五倍。民國八年，在無錫西門外五洞橋建申新三廠，並投資專紡廢花的民生紗廠。民國九年，創設四廠於漢口礄口宗關。

民國十年到二十年，世界大戰已結束，受洋紗競爭，紡織業漸不景氣，但申新反利用時機，擴大事業。民國十三年創設五廠於上海楊樹浦高郎橋（收購德大隆記紗廠），民國十四年設六廠於常州南門外，係租辦武進常州紗廠，後購上海厚生紗廠改建。民國十八年，購英商楊樹浦路東方紗廠爲七廠，八廠爲一廠同人於民國十九年公議，將盈餘撥款訂購英國潑拉脱整套新紡機五萬錠，裝於一廠之旁，廠房、機器完全新造，係申新完全新創之一廠。九廠於民國十九年創立，購盛昇頤氏之三新紗廠機器，在澳門路新建廠房開工。

民國二十年，申新的規模到了頂點，當時直接控制九個廠，合辦一個廠。控制之紗錠四十三萬三千一百二十枚，布機四千七百七十七臺。到抗戰前夕，申新錠子爲六十一萬九千六百八十八枚，布機五千九百八十二臺，線錠四萬九千七百三十八枚，資本約在三千四百萬以上。其中有二十一萬紗錠係收購而來，甚至有英商紗廠和日商紗廠，股東爲王堯臣、王禹卿、丁梓仁、浦文汀、浦文渭及榮氏家族。

申新採各廠分別負責制度，各廠廠長總攬廠務，上海各廠廠長每日中午必赴總公司向榮宗敬總經理請示。但各廠仍個別經營，會計獨立，各有股本，照股分紅。總公司實爲榮宗敬威望之化身，當時各廠採購及銷售成品，都在總公司進行，故總公司成爲申新花紗布的市場。

申新因連年擴張，過於迅速，所需資金多向銀行通融。一九二九至一九三〇年世界經濟危機，農村凋敝，紗布滯銷，申新情形極爲困難。但榮宗敬在如此艱難困苦中，並不氣餒，仍克服困難，繼續奮鬥。幸賴無錫申新三廠及茂新、福新麵粉廠各單位營業較佳，互相挹注，得以度過難關。

迄二十五年，全國經濟好轉，農村豐收，通貨膨脹開始，紡織業亦稍有轉機，紗布供不應求，營業甚佳，債務償還過半。惟二十六年“八•一三”戰爭，申新之復興乃告中止。

抗戰爆發，申新五、六、七廠處戰區，先後停工，爲敵人佔領，抗戰勝利後始復工。一、八廠在滬西周家橋，國軍退出閘北時，受敵機轟炸，損失甚巨，遂即停工。淪陷後敵人佔領，由日商豐田紗廠接收，爲敵軍管理開工。八廠機器一部分歸併於一廠，一部分被搬往豐田紗廠，故八廠已不存在。二、九兩廠因爲在租界，繼續開工。太平洋戰爭後，爲日軍佔領，軍管理四個月後發還。因棉花缺乏，只局部開工。其工廠整理部分（機器廠）工作母機，如德國製造之精細車床，均爲敵人劫奪。

無錫申新三廠，在國軍撤退時，事起倉卒，未能搬遷，將公益機器廠工作母機遷出一部分至重慶復工。三廠織布部分，被敵人澆上柴油，焚燒毀損一空，紗錠亦部分損失，勝利後纔接收開工。

漢口申新四廠，自武漢撤退，將紗錠分別運至寶雞及重慶、成都三地開工。其中寶雞約二萬錠，成都數千錠，重慶萬餘錠，勝利後留原地。漢口則另定新的紗錠，籌備復工。

抗戰期間，維持總公司，而將戰前債務償歸者，爲申新二、九兩廠。

（原載《紡織周刊》第八卷第二十七期，一九四七年十一月三十日，收入本書時略有刪節。）

廣生錢莊

榮宗敬、榮德生先生的事業是從辦錢莊開始的。先由金融資本轉向麵粉工業資本、再轉向紡織工業資本。所以在敘述申新紡織事業之前，必先敘述茂新、福新麵粉事業，而麵粉事業的資金，實源於金融事業——廣生錢莊。當然就其規模來說，乃是紡織事業最大，金融事業最小，但金融事業實爲其最初之根本。中國之一切事業均係由小而大，持籌握算，操奇計贏，又爲金融事業者之特長，榮氏昆仲苟未先從事金融事業增長歷練，其基礎必不如是之堅實；他們到處留心，知人善任，則也是其成功的另一要素。

光緒九年（一八八三）榮熙泰先生（宗敬先生之父）隨太湖水師提督王青山至粵，次年在粵遇見其族叔榮俊業，時在總督張之洞之營務處任職。有朱仲甫者，廿四歲以知府到粵候補，年四十未得一差，由榮俊業之力得磨刀口釐差，并薦榮熙泰同朱去，薪金三十一兩八錢，榮氏與朱氏之關係從此始。光緒十二年，隨朱調三水河口大差，翌年又隨朱到肇慶府知府衙門任總賬，後又回三水，至光緒二十一年底方離粵，先後十餘年，頗有積蓄。

榮宗敬先生於光緒十三年春在申入源豫錢莊，十五年秋榮德生先生入通順錢莊，均在永安街。十七年宗敬入南市森泰蓉爲先生，專理錫、澄等地匯兑，光緒廿年甲午因戰事收歇。德生十八年秋滿師，次年隨父赴粵，在三水幫賬，月薪廿元，廿一年底隨父回錫。廿二年二月，自設錢莊於上海鴻昇碼頭，資本三千元，自出一半，招入一半，取名“廣生”，兄爲經理，德生司賬，二月初八開市，匯款每日數千，不久於無錫設分莊，德生任經理，月薪八元。六月中，榮熙泰謝世。廿四年廣生股東三人因三年無餘利，各將股本五百元撤去，於是廣生爲兄弟獨資。廿五年秋德生又往粵任職，廿六年夏回申。

光緒廿六年六月，八國聯軍破天津，光緒西行，上海小麥北運，廣生匯兑甚佳，日餘二百，是年結餘四千九百兩，滬上各業惟麵粉廠增裕、阜豐兩家獨好。時朱仲甫由粵返申，倦遊歸來，亦欲從事實業，乃合資創設保興麵粉廠，兄弟二人各入股三千元，即取自廣生。三十一年秋振新紗廠成立，兄弟二人各入股三萬，亦取自廣生。三十四年終，因無暇兼顧，將廣生收歇，人欠尚有四萬餘，於明年收回。

編者附記：本文原載申新史料研究委員會編《申新系統企業史料》第二編第一期，一九五六年十月油印本，原文未注明寫作時間和作者姓名。

茂新麵粉公司史略

光緒二十六年（一九〇〇）夏，榮宗敬、榮德生兄弟見麵粉廠營業獨佳，且無捐稅，時國内不過四家：天津貽來牟，蕪湖益新，上海增裕、阜豐。廣生錢莊有盈餘，頗有從事麵粉之意。適朱仲甫先生宦遊歸來，亦有意實業，乃決定從日産粉三百包入手，集股三萬元（每股三千），朱、榮各認一半，兄弟二人六千，再招股九千。朱任立案，並擇定無錫西門外太保墩廠基。十月立案，用股東名朱大興、伍永茂，因即取名"保興"。江蘇商務局局長吳碩卿，與朱粵省同寅，故順利立案，並得專利十年。購地十七畝，每畝六十至一百元，臘月初一成契。定購機器由宗敬先生在上海辦理，計六十匹馬力引擎一部，法國煉石磨子四部，麥篩三道，粉篩二道。股份多出三股，爲十三股。廠房由洋行繪圖，廿七年二月初八破土，從事建廠，不意封建勢力作梗，枝節横生。

正月間，地保潘阿昌即問德生先生：曾否見過圖董江先生？德生先生因事忙，二月初才去見他，江圖董心中不快，即具稟呈縣，謂"擅將公地、民田圈入界内"。經查對，並無其事，由朱呈商務局令縣保護。知縣孫襄臣即稟上峰核示，總督批示有"士爲四民之首，立論尤當持平，煙囱既隔城垣，何謂文風有礙"等語。本可了事，對方又以"有礙風水"聯名數十人，二次呈縣。知縣見具名人多，諭令遷移。乃一面上訴，一面建廠。六月十六日，常州府親臨查勘，地方士紳反對依然。知府不敢作主，亦向上峰請示。十月，第八次督批謂："知縣辦理無方，摘去頂戴，具呈阻撓各人，查取職名，聽候詳參。"於是有溫某出任和解，地方上所提條件爲三：不許將駁岸伸出，不許將煤灰抛入河中，不許高放回聲。一一許之，乃註銷完案。自二月至十一月，拖延十個月，臘月中旬試車，辦麥八百石，每石二元八角五分。廠房、公事房共約二萬元，機器二萬三千元，股款三萬九千，透支四千。

保興麵粉廠於光緒二十八年二月初八正式開工，一日夜用麥一百三四十石，出粉三百包，每石開支四角，袋扯二角。二號粉售一元四角，較土製粉尤廉，銷路仍不暢，亦士紳中傷之故。朱總經理本無決心，其左右更無實業思想，復因喪子，意興索然，粤省瞿藩臺又邀其去粤，乃將廠事交盧少棠。總賬房鎮江人黄某有專營之意，年終無盈虧。廿九年榮、盧意見不合，決定改組，加入祝蘭舫四千，張石君四千，榮氏昆仲增至二萬餘，合爲五萬元，將保興股份了結，原呈人朱大興、伍永茂，留茂改新，即名“茂新”。張君任名譽總經理，德生經理，宗敬批發經理。三月重新開工，總賬房黄辭去，至年底有開支無餘利。

日俄大戰後，東省粉銷甚暢，因係石磨，價提不高，乃有改鋼磨之意。光緒三十一年四月，滬甯路滬錫通車，以四千兩向怡和洋行定購十八寸英磨六部，每日可出粉五百包，其餘輔助機器自行仿造。五月初拆去邊房，接造三層樓，八月初五試車，初六出粉，連石磨日出八百包，運申銷行甚好，每日餘五百兩，年終餘六萬六千兩。除南順泰倒賬八千，實餘五萬八千兩。宣統元年，拆去石磨，裝美機，價十萬。宣統二年二月開工，商標改用“兵船”。民元壓倒老車牌，年終盈十二萬八千兩。添機之事，實冒險爲之。民七添美機十二座，一日夜出粉八千包，資本增至一百二十萬元。後添茂新二廠，此名一廠。

榮氏昆仲以錢莊兼營麵粉，仿效者不少，宣統三年，無錫有麵粉廠五家：茂新、九豐、泰隆、惠元、保新。是年春，茂新再添新機，用大馬達，將舊機拆去，日出五千包，成本減輕。民國三年，上海福新已發展至三廠，民四申一、福四開辦。民五，以每年二萬元租無錫同和錢莊之惠元（時已停工）麵粉廠爲茂新二廠，日出二千包，年終一、二兩廠餘十六萬八千餘元。民六以十六萬元買下，民八添美機十一座，一日夜出粉五千袋。民十五冬，工人加油不慎，毁於火。次年春，在原址惠山浜建鋼骨水泥廠房，購新式美製鋼磨十八座，日出粉八千包，後又加二千，爲一萬包，馬達用申三電。

民五租泰隆爲茂新三廠，馮屺懷任經理，兩年後原主孫姓收回自辦。民八辦苞米粉廠，附入茂二，仍名茂三。民十因既乏原料、復少銷路，即行停辦，十四年復開，十五年與茂二同毁於火。茂二重建，茂三未復。後又附一廠，抗戰時，又與一廠同毁於敵。

民國六年夏，租保新爲茂新四廠（至此無錫五家麵粉廠除九豐外，均歸榮氏），原租與張覲銜，再三商量，允租二年，即延榮月泉任經理，出數由一千五百包增至二千包，月月有利。期滿後，被大豐陸維鏞以十三萬八千元買去，最後以四萬餘元歸馮屺懷，拆往蚌埠。民五，在漢口設福新五廠，並欲在河南、山東爲茂新設分廠。德生先生即偕華棟臣往開封、鄭州、新鄉等處考察，本擬在新鄉車站租地，豫紳王某已稟部立案並專利，不願與之爭，乃往山東，在濟南城外十王廟購地十六畝。民國八年九月，建五層樓房，民十完成，計廿五萬元。九月五日裝美國腦大克鋼磨十二座及三百五十匹馬力煤氣引擎一部，仍名茂新四廠，日出三千包，商標亦仍用“兵船”牌。濟南原有麵粉廠三家：豐年、惠豐、滿洲，三家産量僅及茂四，經理張文煥。後因工人發動飛輪不慎，修理半年，損失八萬。後濟南麵粉廠增至十家，全恃外部銷納。民十四後，營業極爲困難，張經理辭職，廠亦停，次年秦芹生任經理，又開工。

茂一、茂三，抗戰期間全毁，茂二由日人軍管理，尚完好。勝利後，茂一在原址重建，歷時兩年，一九四八年四月十七日開工，全部機器係英國魯濱孫廠承製，有複式鋼磨三十座，每日産粉五千包。茂三則虚有其名，一九四七年曾租辦無錫順豐德麵粉廠開工。茂一、茂二兩廠於一九五四年八月一日公私合營，時只二廠開工。濟南茂四，在抗日戰爭及解放戰爭中，因離城較遠，未受損失，一九四九年八月起租與茂興廠營業，惟對機件保養甚差。一九五六年一月十八日，批准實行公私合營。

茂新於光緒三十年以資本六萬元呈部註册，民國八年增資爲六十萬元，呈北京政府註册給照。國民政府成立後，於民國十七年以茂新機器麵粉無限公司名義，向全國註冊局註冊，領得第一類（四）第一三六〇號執照，二十二年修改章程，呈實業部登記。

民國八年註冊時股東及出資金額如下：

股東姓名	股份金額	股東姓名	股份金額
榮宗敬	275000	楊六笙	3000
榮德生	274000	楊菊生	5000
項仰斯	15000	楊少棠	3000
查仲康	10000	榮梅春	2000
王禹卿	7000	榮炳泰	3000
楊經笙	3000	共 計	600000（元）

編者附記：本文原載申新史料研究委員會編《申新系統企業史料》第二編第一期，一九五六年十月油印本，原標題爲《茂新面粉廠》，未注明寫作日期及作者姓名。收入本書時，參照相關檔案資料作了校訂。

茂新麵粉各廠概況

茂新第一麵粉廠

本廠自開辦迄今，屈指三十年矣。此三十年中，雖盈虧互見，而主其事者大抵苦境多而樂境少，未嘗有足以自逸之日也。溯夫始創十年中，經營締造，歷盡艱難，而經濟之支絀，人事之周章，尤在在無樂觀可言。其次十年，雖基礎粗定，營業漸佳，而擴充之志甚堅，所負責任益大，精籌詳畫，夙夜操心。最近十年，則範圍既廣，管理愈難，兼以時局多故，營業胥受影響。途長負重，一己之安危得失，巨萬工人之生計所繫。故本廠經理人之苦心孤詣，有非外界所得盡知者。茲將本廠創辦之歷史，暨三十年來之經過情形，略述於下：

光緒二十五年冬，本廠廠長榮德生先生，應朱君仲甫之招，赴粵任補抽局總賬。日理稅務，知麵粉入口，載明條約，爲洋人食品，得免捐稅。輸入之數，獨冠各物，名爲外人所需，實則華人之需要亦頗巨。次年庚子匪亂，遄返里門，過香港，亦見洋粉爲大宗營業。時先生與乃兄宗敬先生所設之廣生錢莊，營業頗佳，因欲以其盈餘，爲創辦工廠之基本，興業之心由是而日超堅定矣。廣生莊由申至錫之匯兌極盛，稽其款項之來由，則大半皆增裕、阜豐兩廠辦麥所用。前既見粵省洋粉之充斥，今又見蘇省機粉之暢銷，因知粉廠一業，關係民食所需，倘在無錫産麥之區建設一廠，必能發達。秋後朱君由粵卸事回蘇，世味飽嘗，宦情恬淡，有心興業，以順潮流。遂乘此時機，以粉廠必有發展之說進，朱即允爲分任招股，共得十三股，每股三千兩，即於冬間立案，取名“保興”，購定西門外太保墩基地十餘畝爲廠基。

次年建造廠房，至二十八年二月正式開工。翌年朱君又因他事至粵，無意再辦，即另招新股三萬五千兩，改名“茂新”，以“兵船”爲商標[①]，宗敬駐滬總理銷粉，德生經理廠務，此時機僅石磨四部，每日出粉三百包。經營兩載，備受艱困。

三十一年，廠務略見起色，即從事擴充，添裝英國鋼磨六座。此後因原料歉收，外粉競賣，又連年挫折，幾至難於維持。幸經理人竭力支撑，急求改良出貨，以維營業。宣統二年，遂將舊機拆去，添造廠房，裝置美國鋼磨十二座，因之現金益缺，周轉愈難。宣統三年，大水爲災，各棧廠間積麥，有爲水浸及而起霉味者，其粉即味惡而難下咽。本廠知之獨審，凡遇受濕之麥，悉屏勿入，出粉色味較他廠獨優，人漸樂購。次年又進大批川麥，粉色更佳。自是“兵船”牌粉遂膾炙人口，而爲買客所歡迎矣。

民國二年，廠基已固，又添裝美國鋼磨十二座。旋因歐洲戰起，外粉出數銳減，供不應求，我國麵粉出口甚多，價亦陡漲，粉廠營業大盛。民國七年，又添裝美機十二座，由是每日夜出粉達八千包，資本亦以盈餘所得，增加至一百二十萬元。自民國二年起，本廠固逐漸添機，力事擴充，而因餘力所及，在外埠所設立之紗、粉各聯廠，其數亦在十外。是可知本廠經辦人之不辭煩勞，志在振興實業，維持工人生計，不以牟利爲目的矣。

本廠創辦之經過，固如上述，其營業情形，則可别之爲二：一曰收麥，一曰銷粉。在十餘年前，粉廠極少，原料之收買，專恃本埠，已能敷用。年來粉業發達，各廠競爭購辦，價格固倍於從前，收數則反形不足。滬埠各廠在求過於供時，尚賴洋麥輸入爲接濟。錫地則情形不同，舍本埠外，便須至鄰近各縣及皖南、江北等處設莊收買，運費既大，蝕耗尤多。至不得已時，原料購辦爲難，便須停機以待，本廠近年頗感受此種痛苦。若不急謀增加産額，便利運輸，則將來機粉成本有加無已，影響於粉業前途者至大。本廠銷粉向以滬埠爲大宗，江西路五十八號即本公司之總批發處。其銷售至國外

① 有資料記載，茂新廠初期使用“飛虎”及“帆船”牌商標，至宣統二年改用“兵船”。

或他省者，大都均由滬轉；內地則錫、寧、蘇、鎮、杭州五埠，亦均設有批發處，專爲本廠售粉。以前粉價尚能以成本爲定衡，近年交易所興，買空賣空之空氣恒能左右市面，而使廠家受其極大之影響，斯亦年來粉業不振之一大緣因也。

茂新第二麵粉廠

本廠在無錫西門外惠山浜，原名惠元，民國五年，由一廠出資租辦，有鋼磨十座，每日出粉一千七百包，租約兩年。期滿後，惠元股份悉數售與本廠，廠權即因之轉移，即改名曰“茂新第二廠”，加裝美機十一座，每日夜出粉共六千包。十五年冬十月，機器及機房盡毀於火。十六年春，收拾燼餘，另在原址建造鋼骨水泥機房，定購美國最新式鋼磨十八座，現在房屋已經工竣，機器亦均裝齊，此次新麥登場時，已照常開機矣。

茂新第四麵粉廠

濟南爲南北重鎮，膠濟、津浦兩路之所交會，素爲産麥之區，亦北省有名之都會也。本公司有鑒於此，思乘歐戰期間於對外貿易有所發展，遂於民國八年九月，於濟南膠站之北、陳家樓之西，先後購地十六畝有奇，建設五層廠屋及倉庫、辦公用屋等，共費洋二十五萬元。九年五月，裝置美國腦大克式磨粉機十二部，及最新式三百五十匹馬力之發動煤氣引擎一部，招集職工二十四名。另建營業處房屋於濟市最繁盛之普利門內，總共費洋二萬三千元。

九年五月，開機工作，日出麵粉三千餘袋，以黃、綠、紅、藍、白“兵船”爲商標。其時麥價百觔四元，粉價亦近三元，且其産額不敷市銷，蓋以當時粉廠僅有豐年、惠豐及日人所設之滿州廠三家而已，總三廠之所出，僅與我等。方期年豐麥賤，有所進展，豈意工人失措，發動齒輪橫遭毀碎，修理半年，始克蕆事，綜計損失不下八萬元，此爲我第四廠最不幸之厄運。

嗣後同業競爭日烈，二三年間，濟市粉廠增至十家，機磨達百餘部，每日産額將近四萬，粉業之盛，可見一斑。而其發達之所以如斯之速者，未始非由我茂新第四廠爲之先導，有以增進促成之也。

查濟市人口僅三十三萬，南人與日僑仍多食米，窮苦土民則食高粱，食面之家僅三之一，日銷粉不過四千袋左右，其餘全恃外埠以銷納。十四年後，烽煙雲起，運輸奇困，加諸軍隊增多，財源日涸，軍用省鈔，相繼發行，錢商兑換，例有折耗，牌照房捐，層層擔負，生活增高，開支加大，資本小者相率停業。現雖有豐年、民安、同豐、成豐、惠豐、華慶、恒興等七廠，然時作時歇，若存若亡。際此困頓之局，我四廠之能屹然不動，始終如一者，豈偶然哉！

編者附記：本文按《茂新福新申新總公司三十周年紀念册》所載茂新麵粉各廠概況資料摘編，標題爲本書編者所加。《紀念册》中没有茂新三廠的記載，參見本書第103頁《茂新麵粉公司史略》一文。

漫話梅園石磨

陳文源

在風景秀麗的無錫梅園念劬塔東面滸山之巔，有一片平坦的廣場，遊人來到這裏，一眼就可以看見，廣場南邊並排放置着三張黄褐色的圓形石桌，桌面上齒痕斑駁，排列有序。這些石桌，原來就是我國近代民族工業的先驅、著名的愛國實業家榮宗敬、榮德生兄弟在二十世紀初創辦的第一家企業——保興麵粉廠使用的三爿石磨。

榮氏兄弟出身於無錫西郊榮巷一個亦農亦商的小康人家，父親外出謀生，母親在家務農。他們小時候在鄉里讀私塾，並且學會了各種家務和農活。到十四五歲，先後去上海當錢莊學徒，自立謀生。後來，榮德生還一度隨父親到廣東做稅務工作。一八九六年三月，他們在父親榮熙泰籌劃下，投資一千五百元，招股一千五百元，在上海鴻昇碼頭租房，開設了一個小小的廣生錢莊，這就是榮氏兄弟攜手創業，成爲民族資本家的起點。

这时，正值中日甲午戰爭以後，榮氏兄弟面對中國日益深重的民族危機，受到西方社會經濟政治思想的影響，逐漸萌發了實業救國的思想。他們根據我國“民以食爲天”、“民生以衣食爲本”的古訓和清政府關於銷售麵粉可以免稅的規定，决心創辦實業，並從麵粉著手。經過多方勘察調查，從一九〇〇年起開始籌建“保興麵粉廠”。這個廠坐落在無錫西門外梁溪河畔的太保墩，一九〇一年初動工興建，次年陰曆二月初八（陽曆三月十七日）正式投産，是我國最早的民族資本機器麵粉廠之一，也是榮氏兄弟經營實業，創辦民族工業的開端。

當時，榮氏兄弟既沒有雄厚的資本作後盾，也沒有政治背景做靠山，只能同長期在廣東做稅官、卸任回鄉的世交朱仲甫合作，分別在無錫、蘇州兩地招股三萬九千元，其中兄弟倆各出三千元。按照榮德生的說法，由於資金有限，買不起價格昂貴的鋼磨，只能定購了四部法國石磨以及三道麥篩、兩道粉篩和六十匹馬力引擎一臺。全部設備耗資二萬三千元，加上購地、建造廠房及其他費用二萬元，合計四萬三千元，透支了四千元。保興麵粉廠建成後，雇工三十餘人，每晝夜用麥約二萬斤，生產麵粉三百包。這個廠規模小，設備簡陋，產量低，質量也不理想，以致有人認爲它還不能稱作近代企業，而只是一家“機器磨坊”。但它作爲榮氏兄弟創辦實業的第一步，確是後來榮家企業百丈高樓的奠基石。

一九〇三年，朱仲甫因保興麵粉廠獲利微薄而喪失信心，退股而去，榮氏兄弟即把“保興”改名爲“茂新”，增資添機，於一九〇五年購置英國鋼磨六部，擴大生產，使麵粉的產量、質量都有了明顯的提高。一九一〇年，他們再次添機，並拆去石磨，改建廠房，全部換上了當時最新式的美國鋼磨，日產麵粉達到三千包，相當於建廠初期的十倍。正是在這個基礎上，榮氏兄弟在辛亥革命以後十年間，相繼在上海、漢口、無錫、濟南創辦了福新麵粉廠八家，增設了茂新麵粉廠三家。這十二家麵粉廠擁有粉磨三百零一部，日產麵粉能力七萬六千包，約占全國民族資本麵粉廠生產能力的百分之三十一，成爲聞名中外的“麵粉大王”。榮氏兄弟“從四部石磨起家”的故事，即由此而來。

四部石磨，上下八爿，一九一〇年拆下後，開始放在廠裏，梅園開闢後，於一九一五年被移至園中。一九二七年，在梅園滸山東興建了豁然洞和敦厚堂景點，將山頂平整爲廣場，被闢作網球場和高爾夫球場。在廣場南側，設計澆注了八個水泥座子，將八爿石磨放置其上，一方面供遊人觀賞品茗，同時也用以教育子孫後代，不忘前輩當年創業之艱辛。從此，“梅園石磨”便成爲沿太湖風景園林中一處獨特的歷史文化景觀。

石磨直徑一百二十二厘米，厚十五厘米，中間有一個下方上圓、直徑二十二厘米的孔，材料爲矽質灰岩並夾以燧石岩，十分堅硬，被稱作“煉石”。其中兩部，上下四爿，於一九六四年經榮毅仁同意，分別爲北京中國歷史博物館和南京博物院徵集、收藏，留下的四爿在“文化大革命”初期被作爲“四舊”砸毁。一九八五年，在“梅園石磨”消失了將近二十年之後，根據梅園老工人提供的線索，在敦厚堂兩側的圍牆石基中，找到了零星的和比較完整的摺扇形磨石十四塊。爲了使石磨恢復原狀，梅園管理處派專人前往南京博物院查看原物，證實石磨確由若干塊摺扇形磨石用鐵箍緊箍而成。於是，園林工人將劫後倖存的十四塊磨石按原樣拼裝，用鐵箍箍成了石磨三爿，缺損處用顔色相近的水泥填補，重新放置在浩劫中未遭損壞和搬走的水泥座子上。從而，保存了這一處反映我國近代工業發展的重要歷史文物。

據有關史書記載，在二十世紀初，天津的貽來牟、杭州的利用、蕪湖的益新等麵粉廠，使用的也是同類石磨，但都沒有保存下來。惟獨無錫榮家的石磨，保存完好。筆者曾先後陪同日本東京大學、美國康奈爾大學等多名學者前來參觀，他們都對此表示讚賞。可惜的是，梅園現存的三爿石磨，放在露天，任憑風吹雨淋，其中有一爿已被掀翻在地，中間有一道明顯的裂縫，希望有關部門採取有效措施，切實保護這一珍貴的工業文物。

編者附記：本文原載《無錫文博》一九九二年第一期，文章發表後不久，作者又在無錫市政協第八屆第五次會議上遞交了《採取切實措施，保護梅園石磨》的提案，得到有關領導的重視，交由無錫市園林管理局承辦。同年秋，市園林局和梅園公園管理處將三爿石磨移至樂農別墅前。爲防止風化，又在二〇〇〇年對石磨表層作化學塗膜處理，藉資保護。收入本書時，個別文字作了校訂。

福新麵粉公司史略

福新一廠　茂新四個廠實際只三個（茂三缺），且大部爲榮氏資本，比較簡單。福新則不同，不但廠數多，且係與他人合資，其次第命名亦頗曲折。民國元年（一九一二），茂新的兵船與阜豐的老車齊名，榮氏對麵粉事業有興趣，亦有信心。這時浦文汀、浦文渭欲辦打米廠，因文渭係熟手，榮氏主張仍做麵粉，王禹卿附和，乃決定“租地、租屋、欠機，由小而大”之方針，向鄭培之租地、租屋，十一月定名爲“福新”，定美機二百筒，日産一千二百包。榮氏兄弟二萬，浦氏兄弟一萬二千，王氏兄弟八千，共計資金四萬元。榮宗敬爲總經理，王堯臣、浦文渭爲正副經理，浦文汀辦麥，民二夏季開車。廠在閘北光復路，後創福新各廠，追溯此廠爲一廠。

福二　民國二年五月，由錢少伯介紹，租中興麵粉廠爲福新二廠，因係租用，暫名“中興恒記”，未稱“福二”。是年冬，在中興之東，購地十六點九九二畝，每畝一千五百五十兩，自建六層廠房，是爲福二。日夜加工，民國三年十月十六日試機，廿六日正式開幕，一日夜出粉四千三百包。民國八年七月廿七日，因走電毁於火。前此在五月間，即擬擴建新廠，曾向茂生洋行訂愛立司麵粉機全套，生産能力名爲二千筒（每筒可出粉四包），而各機加寬，實可出三千筒；另一千五百匹馬達一具，計美金三十六萬元，即以此作復興二廠之用。九年六月，新廠造成，十月機器裝齊，廿六日試機，一日夜出粉九千餘包，後漸增至一萬二千餘包。廠房建築，全部仿照福新七廠，亦爲八層樓。

福三　民三在福新一廠之後建一新車間，名福三。民十一年，福新一廠失慎，本廠與民六租辦、民八收買之華興廠“福六”，併爲福一，以補其缺。故今之福一，即昔之福三；今之福三，即民十五年三月收買之興華製麵廠。

福四　民國二年租辦中興，本擬作福二，後因自建福二，且逐漸購地與中興接連，即以中興暫作福四。民國九年正月，買進中興爲福四。故今之福四，即昔之中興恒記。八廠、二廠依次在其東，雁列成一字形，東西一千三百餘尺，八廠居中，二、四廠如兩翼，頗爲美觀。中興在上海麵粉廠史上爲第六家，機器、房屋均老，戰後將機器拆去，改作倉庫，解放後機器亦出售。所謂二、四、八廠，現只餘二、八兩廠。

福五　民國五年，茂新一、二，福新一、二、三、四，營業均佳，集資三十萬，於漢口礄口購地，增設福新五廠。榮宗敬任總經理，時楊少棠在漢辦麥，即兼任經理。民七福五完工，李國偉入廠。民國八年，榮月泉將保新（原茂四）結束，以五萬元入股福五，任經理，楊少棠任批發經理，李國偉任廠長。有六百匹馬力蒸汽機一座，機磨二十二座，民國八年十月正式開工，一日夜出粉六千包，商標爲紅綠"牡丹"，是爲老廠。民十四於老廠之旁另建新廠，添機磨十六座，一日夜出粉五千包。十六年春，添一千瓩透平發電機一座（後申四亦用此電）。抗戰軍興，本廠部分遷重慶，廿八年一月廿三日，以慶新名義首先在渝開工，後又在天水、成都建分廠，於後方民食頗有貢獻。漢口福五，勝利後名福新第五麵粉公司漢口廠，一九五四年三月一日公私合營。同年四月九日，與申新第四紡織公司漢口廠合名"公私合營漢口申福新有限公司"。

福六　光緒二十九年，保興改茂新，祝蘭舫入股四千元。祝在怡和洋行任買辦，有意自辦麵粉廠，即在錫金公所碼頭左首，建華興麵粉公司，資金四十萬兩，有英機三十二寸六部、十八寸四部，每日出粉一千二百包，爲上海第三家。民國六年，福新租爲第六廠，查仲康任經理，民國八年買下，日出三千包，屋小機老，餘利無多。福一失慎後，即以此廠與福三合併爲福一，補其缺，此後福六空有其名。

福七　民國八年，購入成都路德商波爾文打包廠地十八畝，建福新七廠。資金三十萬元，榮氏昆仲各三成，王氏兄弟各二成。王禹卿任經理，王堯臣、張春霖爲駐廠正副經理。廠房建築爲八層，工部局因之開特別會議，令底脚須開深打樁。造成計一百七十萬兩，生産能力一萬八千包，總面積三十畝。每日用麥七千七百市擔，出粉一萬四千包，每月用電四十三萬六千五百度。主要設備有馬達三座，機磨五十二部。一九五一年五月出售，即今之國營上海麵粉廠。

福八　民國八年五月，福二未失火之前，即以美金三十六萬元，訂愛立司麵粉機二千筒，爲辦新廠之用。六月，開始籌建鋼骨水泥大樓，爲新廠廠房，廠名並未確定。是年七月底，福二失慎，即以前訂之愛立司粉機作復興二廠之用。八月，托榮月泉在美直接訂購腦大克麵粉機一千五百筒，並指明由上海恒豐洋行經手。九月繪圖打樣，開基建築，正式定名爲福新八廠。七月，續訂腦大克粉機一千五百筒，是爲第二副。十月，廠房大致完工。因是年小麥奇歉，亦不急於開工。十年二月中，在慎昌洋行所訂之馬達兩隻方到，四月粉機裝齊，五月馬達裝齊，十七日試機，六月初六正式出粉，一日夜出粉五千五百餘包。六月中，第二副粉機到齊，七月二十日開始裝置，十月初馬達到，未裝。十一年三月初七，第二副裝竣。十二年四月初八，馬達開箱，五月二十九日裝竣，六月初一試機，初五正式出粉。八廠自八年六月籌建，至十二年六月開齊，先後歷時四年。

福三、福六　民國十五年三月收買興華製麵廠，中國銀行經手，分十年付清。以次序論，應爲福新九廠，因原福三、福六改爲福一，故將此廠名福三、福六，以補其缺，後逕稱福三。廠在閘北西光復路，面積三十餘畝，廠房占面積五分之一。前爲公事房及東西兩棧，後爲五層樓，全部鋼骨水泥，機件購自美國華爾夫廠，一日夜用麥三千擔，出粉六千包。經理曹啓東，廠長王秋舫。廠房空地頗大，施伯安任職兩路管理局時，由華衛中接洽，將路軌接至棧房，山東、河南來貨可直卸棧房。堆棧六所建成，另立營業組織，茂新、申三均有資金，名“福新棧”，即由福三代管。

福新八個廠，除福五在漢口另成一單位外，在上海者福一成一單位，二、四、八成一單位（後二、八），三、六成一單位，福七成一單位。上海四個單位：一、二八、三、七，由福新麵粉公司管理之，不稱總管理處，總經理前爲榮宗敬，後爲王禹卿，解放後爲榮毅仁，一九五五年十月一日公私合營。

民國八年，福新第八廠創建，合茂新四個廠，計有麵粉廠十二家，故榮氏兄弟當時有“麵粉大王”之稱。戰前十二個廠，有機磨三百三十五部（精確點當以積寸計），占全國百分之二十九；日產九萬八千包，占全國百分之二十四點七五；年產二千一百萬包，占全國百分之二十八。時全國有麵粉廠一百零六家，若以民八時情況比較，則其比重當更高。

榮氏對麵粉事業本有遠大計劃，所選地點均在水陸交通極便之處，計有吳淞藴藻浜、南京三叉河、漢口碪家磯。民九由錢印霞經手，以三萬八千元在藴藻浜購地三十餘畝，後增至六十八畝；南京、漢口亦均購有土地。因國內外局勢不穩，復因致力紡織，無暇及此。所購廠基空地，後多由國家徵收。

編者附記：原載申新史料研究委員會編《申新系統企業史料》第二編第一期，一九五六年十月油印本，原標題爲《福新麵粉廠》，未注明寫作時間和作者姓名。收入本書時，依據相關資料作了校訂。

福新麵粉各廠概況

福新第一麵粉廠

本廠創設於民國二年二月間，在閘北光復路，坐北朝南，毗連英租界，南瀕西蘇州河，地當水陸孔道，運輸便利。全廠面積約占地十五六畝，廠房爲六層樓，長八十四英尺，闊四十八英尺，高七十八英尺。全部牆壁均用鋼骨和水門汀築成。屋頂有蓄水櫃，可容水量三千加侖，凡安全自來水龍頭及保險門等，設備俱全。公事房在廠房之南，其西有棧房四所，均係二層樓。廠中機器咸購自美國。全部原動力爲四百三十匹馬力之馬達兩具，構造均極精良。每日夜共計用麥二千四百擔，出粉四千八百包。商標爲綠“寶星”、綠“兵船”、紅“寶星”、紅藍“蝠壽”等。所用小麥，購自江南、江北、山東、安徽等省，均選最優之品。而于製造工作，尤悉心研究，力求精良。故所成麵粉色白質韌，馳名遐邇。十餘年來，行銷日廣，凡國内各大埠以及東西洋列邦，莫不爭購“寶星”、“兵船”、“蝠壽”等牌麵粉也。

福新第二、四、八麵粉廠

福新第二、第四、第八三廠，雁列成一字長形，東西袤長一千三百餘尺，南爲莫干山路，西沿東京路，北臨蘇州河，水陸交通均極便利。至於建築之壯麗，規模之宏大，尤推各廠之冠。三廠全景，正中爲福八廠房，右爲福二廠房，左爲福四廠房。廠前馬路爲莫干山路，其後即西蘇州河也。

福新二廠始創於民國三年，屈指已十有五年矣。最初係租辦中興粉廠，嗣後購置廠東沿河曠地，並增設廠房、公事房、棧房、修機間等，於是規模粗具。當時資金不過銀十萬兩，製粉之機亦祇一千筒。開廠未及數載，歐洲戰禍連綿，國外工廠生産力鋭減，華粉遂乘機運銷各國，粉業發達，於斯爲盛。本廠際此營業鼎盛之時，乃力謀擴充，續設福新四廠、福新八廠，以應社會之需要。於是三廠鼎立，遂成我國麵粉業範圍最大之工場。此雖有賴時機之促成，然苟無雄厚之魄力，敏捷之手腕，固不足以赴之也。

福二現有粉磨四十八，福四有磨三十二，福八有磨五十六，三廠共計有粉磨一百三十六座，每年用麥約需五百餘萬擔，造粉約計九百九十萬包，商標以“六蝠盤壽”爲主。最初所用原料，僅限江南各埠，其後即達於大江以北，今則魯、皖諸省均往採辦。但求品質之佳，路途迢遠，在所不顧。而於製造方法，更不憚盡力改善。“蝠壽”牌粉之所以能膾炙人口者，豈無故哉！

福新第三麵粉廠概況

本廠創設於民國十五年，在上海小沙渡浜北，前臨蘇州河，後依滬杭線，原係興華廠舊址。因鑒此廠地址適宜，運輸便利，乃於丙寅三月間購進，名曰“福新三廠”。若照次序而論，固係第九，因福新一廠前遭失慎，故將原有三廠改爲一廠，即以本廠爲第三廠。

全廠面積共計三十餘畝，廠屋則占十分之二。前爲公事房，東西兩棧附焉；後爲機房，爲五層樓，長一百八十英尺，高八十四英尺，闊五十英尺。全部牆壁及梁柱，純用鋼骨水門汀築成。廠内有自流井，屋頂有蓄水櫃，可容水量四千加侖，凡安全自來水籠頭及保險門等設備俱全。廠中機器係購自美國華而夫廠，全部原動力爲五百匹馬力之德國馬達兩座。每日夜共計用麥三千擔，出粉六千包。商標與福新第一、二廠相同。所用小麥，採自蘇、皖、魯、兩湖等省。原料既良，出品自精。加諸本廠對於製造方面日事研究，宜乎顔色白而經線長，爲各邦人士所歡迎。

今春在廠東購地七十餘畝，由茂福申新總公司名義建築堆棧六所。復在滬杭路上闢一支路，東接堆棧，西達粉廠，運輸之便，莫與倫比。前途發展，殊無涯涘也。

福新第五麵粉廠

漢口據長江上游，輪軌交通，百貨雲集，爲吾國中部唯一之商埠。論者比之美國之芝加哥，堪稱確當。總經理榮宗敬有鑒於斯，於戊午年買地於礄口上游之宗關，建立福新第五麵粉廠。集資三十萬元。規劃經營，鳩工庀材，悉由李君國偉主其事。越年工竣，一切設備均臻完善。原動力爲六百匹馬力蒸汽引擎一副，裝置磨子二十二座，日夜出粉六千包，以“牡丹”牌爲商標。榮君月泉先期由總公司派往歐美考察實業，購辦機器，時適回國，乃被任爲廠經理，李君國偉爲協理，楊君少棠則主營業諸務（楊君少棠於丁卯秋間辭職，由總公司派華君棟臣接任）。

己未十月，正式開機營業，於工作注意研究，故出品精良，粉色潔白，不數月而暢銷於此省各埠及湘、贛等省。時大戰甫終，歐洲各國需糧甚殷，乃由洋商購運“牡丹”牌粉數十萬包，前往英、荷等國接濟，銷路益形暢旺。乃於乙丑年籌謀擴充，添購毗連廠旁基地，建造新廠。購置日夜出粉五千袋之磨子十六座，其他配置機件，均擇其最新式而最精良者。翌年春，並定購一千啟羅華次之發電機一座。同時在漢購進歆生路基地二百十餘方，建造福新里市房。又在前英租界湖北路購地八十餘方，以爲建築營業部之用。

詎六月間大水爲患，廠後積水數尺，工程因之阻滯，逾月始退。七月杪，國民軍到漢，首先奪獲漢陽之黑山，該山適在廠之對岸，相隔衹數百步。而在漢口一方面之北軍，列陣於廠後大堤之上。兩軍對峙，本廠適在火線之中，槍炮不絕，歷一晝夜，廠房中彈六七處。幸戰事不一日即告結束，否則將不堪設想矣。統計丙寅、丁卯之間，有形無形之耗損實屬不貲。設能政治漸復清明，交通恢復，苛稅免除，則漢口商務之孟晉，不能以道里計也，豈獨本廠蒙其利哉！

福新第六麵粉廠

本廠在北蘇州路，南面臨河，兩旁文極司脫路，水陸交通均臻便利。全部機棧均係西式樓房，統計有四五十間，地積三畝餘。該廠係祝氏所創辦，原名

“華興”。民國六年招租與本公司，遂改今名。至民國八年乃正式轉移，永歸本公司營業。由是力謀整頓，廢棄從前之老式引擎，改用工部局馬達，各部機件亦大加改良。更於機房對面添造三層樓棧房一所，使機力增加，貨儲無患，內部煥然一新。每日夜製成粉額，遞加至四千餘包。所用原料均選購各產區最良之品，故所出麵粉質純色白，酵韌俱足。十餘年來，推銷日廣，頗受外界歡迎也。

福新第七麵粉廠

本廠創設於民國九年九月間，在上海英租界大通路底，坐南面北，南接新閘路，北瀕西蘇州河，地當水陸孔道，交通便利。全廠面積共約三十餘畝，廠房爲八層樓，長二百十六英尺，寬五十三英尺，高一百十二英尺。全部牆壁及樑柱，純用水門汀和鋼骨築成。凡保險門、安全自來水籠頭等，各項設備俱全。屋頂更有蓄水櫃，可容水量一萬加侖。公事房在其北，其左右兩旁爲一、二、三、四、五號粉麥堆棧，均平其頂，以備夏秋間曬麥之用。由二號棧斜達河岸，懸架空中形如天橋者，麵粉輸送機也。

廠中機器咸購自美國。全部原動力爲六千伏而次高壓，一千二百匹馬力之大馬達，亦係美製，構造均極精良。每日夜共計用麥七千擔，出粉一萬四千包。商標爲綠“兵船”、綠“寶星”、紅綠“天竹”、紅綠“牡丹”、紅藍“蝠壽”、綠“漁翁”等。所用小麥，均選購大江南北各產區最良之品。而于製造方法，尤力事研究，精益求精。故所成麵粉色白而質韌，經線長而酵素足。六七年來，推銷日廣，凡國內各省、南北洋諸大埠，遠及東瀛、西歐，莫不爭購“兵船”、“寶星”、“天竹”、“牡丹”、“蝠壽”、“漁翁”等牌麵粉也。

以上所述，僅就本廠一部分而言。每月製成麵粉已達四十餘萬包，若合福新八廠及茂新四廠而併計之，則其所成粉數，每日統計八萬餘包，每月共有二百四十餘萬包，實占全國粉廠造成麵粉額之過半數焉。

（本文按《茂新福新申新總公司三十周年紀念冊》所載福新各廠概況摘編而成，標題爲本書編者所加。）

茂新福新在中國麵粉業之地位

丁彦章

凡事創始難，持久尤難。溯茂新創始以來，忽忽三十年，福新亦幾及二十年。其間人事之遷變，時局之遞嬗，商業之盈虚，消息殆不可以僂指計。而茂新、福新順自然之趨勢，奮鬥以迄於今，其在我國麵粉業佔有相當地位，可斷言也。

按茂新凡四廠，每日平均用麥八千五百餘擔，成粉一萬六千七百包。福新凡八廠，每日平均用麥三萬六千二百擔，成粉七萬零五百包。茂福新合計，每日平均用麥四萬四千七百餘擔，成粉八萬七千二百餘包。“兵船”、“寶星”、紅藍“蝠壽”，紅緑“牡丹”等商標，蜚聲全國，名聞遐邇。品質之純潔適口，固已遠駕舶來品之上。猶憶歐戰時運銷國外，西人爭先採購，其明證也。

惟以關税不能自主，國貨終難暢銷。舶來之品且以我爲尾閭，如南洋則仰給於澳、美，北洋則採購自日本。我粉業之受重創，固不獨茂新、福新爲然也。加諸内戰頻仍，麥田漸變爲荒墟，交通阻梗，運輸困難，猶其餘事。所幸政府洞悉商艱，豁免税釐，華廠於困頓之中，猶有來蘇之望。倘統一可期，和平實現，非特茂新、福新得以增進固有地位，當亦我粉業同人所馨香祝禱者也。

更有進者，三十年前大江南北產麥之區猶少，自茂新創設後，始陸續派遣廠員，分赴各處勸導種麥。榮君宗敬更歲集鉅資，補助農事試驗場。良以生齒日繁，需粉日增，麥產若不增加，勢必採自外洋。原料竭蹶，粉業前途必更難振作。金錢之漏卮，固無論矣。是以推廣種麥，增加原料產額，實爲今日要圖。蓋原料富足，成本自輕，而粉銷亦易。吾知粉業同仁，必有韙余言者。愚與粉業關係較深，追隨諸君子與聞廠務，不敢謂辦理已臻美善，亦惟有於出品、營業，勤慎將事，以冀增進茂新、福新固有之地位焉耳！

（原載《茂新福新申新總公司三十周年紀念冊》）

◎　一九二一年在無錫榮巷建立的公益農事試驗場地界碑

無錫榮氏企業家族及其起家的麵粉業

企業精神和傳統

抗戰以前，全國現代化的工業，十分之八九集中在沿海各城市，特別在上海和長江三角洲一帶。在這許多新興的工業城市之中，無錫占着一個顯要的地位。“小上海”的雅號，充分代表了它在中國民族工業中的地位。這並不是偶然的，無錫自有它的企業精神和企業傳統。

一位出自世家、受過高等教育，而服務於工商界的無錫人，客觀地提出了他的看法：第一，要從無錫人的性格上去求解答。一般的無錫人，喜歡獨立，喜歡創造，這種愛好自由的精神，極容易轉變成爲企業精神。第二，無錫有比較長久的企業傳統。無錫企業界的開路先鋒，都是些世家子弟。他們創導於先，事業一成功，一般人起而仿效，極易造成風氣，以後聰明才智之士紛紛投身工商界，日積月累，使無錫成爲僅次於上海的工業城市了。

無錫工業的興起，當溯源於清末。那時候有一個無錫人周舜卿氏，在他本鄉創立了通商銀行，這是中國第一個商業銀行。後來清室成立大清銀行的時候，多少章則法規，都是參考通商銀行的。周舜卿氏後來在無錫開辦鐵廠，這可以說是無錫工業的萌芽。繼鐵業而起的就是紗業。在這個事業中，最成功的有楊、唐、榮三個系統。楊氏的創始者是楊藕芳氏，他在光緒二十年時在湖北紗布局工作，當時張之洞氏對於新工業的熱誠，使楊氏受到很大的影響。後來他回到無錫以後，就創立了業勤和廣勤兩個紗廠。其中以廣勤的技術最爲精良，開無錫紡織業風氣之先。以後無錫唐氏家族亦努力於紡織業，他們成立了慶豐和麗新兩家紗廠。慶豐的技術已很進步，而麗新的規模更爲宏大，紡紗和織造的過程是完全的。它出產的陰丹士林布是相當的出色。同一時期，薛福成的後裔，在中國絲業的發展上，亦有相當的貢獻。他們所創辦的永泰絲廠，在產品的標準化上，曾用過一番苦功，因此出品特別精良。過去世界上有三大生絲出口國，中國、日本和意大利。而中國絲之能夠在國際市場競爭的，就是薛氏一家而已。因爲技術和經營的成功，後來上海、無錫的絲業，都歸薛家接辦，因此他博得了"生絲大王"的盛譽。在這許多企業家族之中，屬於後起而事業規模最大的是榮家。他們稱雄紡織、麵粉兩業，而業務規模遍及東南，在戰爭中且深入西北，可稱爲無錫企業家族中最有勢力和最有希望的家族。

棉紡織業的努力

榮氏家族在棉紡業上的努力，遠在光緒三十二年的時候。創業者榮宗敬、榮德生和他的家族們，乘着日俄戰爭紗布昂貴的時機，利用他們茂新麵粉廠的盈利，創立了一家振新紗廠。當時加入的股東有榮瑞馨、榮華生、鄒靜山等人，計有資本三十萬元，有紗錠一萬二千枚，當時即行開工製造。但是經營了幾年，發展並不樂觀，榮氏兄弟就把他們在振新的股本和榮瑞馨在茂新的股票對調，暫時退出了無錫的紡紗業，而轉向上海自己創業。這幾年可算是一個實驗時期，收穫了極有價值的經驗。歐戰給了他們一個絕好的機會。而茂新的利潤使他們擁有了充分的資金，所以申新紡織公司就在民四成立，這是中國紡織史上唯一的紡織無限公司。當初開創時的規模並不算大，廠基是三十萬元買來的一個油廠，設備方面只有紗機一萬二千三百七十六錠，布機二百五十臺，另外再附設一個軋花工場。但是民五正是中國紗布業飛黃騰達的時期，申新也大得其利。民八收買了上海恒昌源紗廠爲第二廠，舊廠則改稱第一廠。民九第一廠又分爲南北兩部，生產力增加到開工時的五倍。到民國十一年，申新第三廠在無錫開工，同年並投資於專紡廢花的民生紗廠，又在漢口建立第四廠，就是戰時內遷申新廠的底子，這時候申新的生產力是開創時的十倍。

從民國十年到二十年是中國棉業不景氣的時期，多少次等的紡織家都被恐慌的洪流所淹沒，但是申新主人以其特有的企業能力，在這個不景氣的時代中反而擴大了事業的規模。在這十年之中，有時收買舊廠，有時添建新廠，到民國二十年，申新的規模已經發展到了頂點。當時直接控制的有九廠，合辦的有一廠，租辦的有一廠。直接控制的九廠，共有紗錠四十三萬三千一百二十枚，布機四千七百七十七臺。到抗戰前夕，申新九個廠子的紗錠，已陸續增加到六十一萬九千六百八十八枚，布機五千九百八十二臺，此外尚有線錠四萬九千七百三十八枚。以資本而論，約在三千四百萬元以上。如果以物價平均漲五百倍來計算，申新當時的資產在目前可值一百七十萬萬元，在華商紗業中是無人可比擬的。

抗戰像一陣狂風，使中國八十年苦心培育的民族工業之花，遭受空前的摧殘。申新在上海、無錫的八個工廠，一個都沒有內遷，都受到犧牲和停頓。僅有漢口的第四廠，由於經理李國偉、章劍慧等主持內遷，決定分遷川、陝。結果申新四廠的機件，分成兩批向陝西、四川兩路內遷。由於川江水運的艱險，喪失了一部分機器。靠着工作幹部的熱誠，最後分別在陝西寶雞和陪都重慶設廠，寶雞廠的錠子約爲重慶廠的四倍。

以上是榮氏家族努力於紡織業的簡短歷史。榮氏的起家，是靠了麵粉業，但是沒有紡織業上的光輝成功，榮氏的實力和聲譽不會有今天這樣高。所以就榮家而論，麵粉和棉紡，好像是車之兩輪，鳥之兩翼，相輔相成，相得益彰，對他們是一樣重要的。

起家的麵粉事業

在無錫的梅園中，至今存有石磨四副，供人觀看，這是榮家的紀念品，表示他們是以麵粉起家，同時亦表示開創之初，技術簡陋，能獲得今日的成就，真不知經過多少的艱苦和奮鬥！

榮氏之創辦麵粉廠，是由於一種偶然的機會。當光緒二十五年冬季的時候，榮宗敬氏的胞弟榮德生因着朋友朱仲甫的介紹，做了廣東補抽局的總賬，當時麵粉因爲是在華外人的食品，免稅進口，因此入口的數量爲各物之冠。不過他很明白，享受這種麵粉的不止是外人，國人亦是喜歡的。到光緒二十六年，因爲庚子事變，遄返故里，那時榮宗敬氏正在開設廣生錢莊，而榮德生已經無意仕進，恰好朱仲甫亦告老還鄉，朋友間商量結果，決定先開麵粉廠，興辦實業。由於當時風氣閉塞，創辦時還遇到不少阻力。例如當時本地的士紳，就認爲廠用的煙囪，有礙邑中的風水，聚訟阻止，縣官包庇，幾乎不能興工，最後還是由於劉坤一的力量，才能開工。

等到出貨以後，又有小人中傷，說麵粉白而有毒質，以致售粉之時，不得不混合土粉，方能銷出。當第一個廠開辦的時候，由朱仲甫招股。一共有十三股，每股三千兩，資本總額是三萬九千兩。成立無錫保興麵粉廠，買無錫西門外太保墩基地十餘畝爲廠基，於光緒二十八年二月正式開工。到明年，朱仲甫拆股去廣東，榮氏乘機增股，又招到新股，麵粉廠改名“茂新”，用“兵船”作爲出品的商標。在工作的分配上，由榮宗敬駐上海負責銷售，榮德生經理廠務。這時候粉廠的設備真是簡陋，只是後來陳列在梅園裏的四部石磨而已。當時的生產量亦很小，每日不過出三百包。開工以後兩年，艱苦倍嘗。

到光緒三十年，業務始有發展，於是即刻擴充，添了六部英國的鋼磨。但是以後幾年，因爲原料歉收和外粉競爭，使公司的業務困難萬分。不過由於不折不撓的精神，克服了一切的困難，到宣統二年的時候，再度擴充，又添了十二部美國鋼磨。接著就克服了因爲增加設備而引起的資金困難。到宣統三年，大水爲災，茂新各棧房間的積麥，有爲水浸而起霉味的。這種浸水的麥，如果用以磨粉的話，這種粉就會有難以下咽的氣味。茂新主持人目光遠大，願意犧牲一些目前的小利，爲公司長期的信譽打算。結果這些水浸的麥全數不用，茂新出品的色味，比較其他各廠爲優，於是信用大著，銷路大增。奮鬥到民國二年，茂新的基礎已經逐漸鞏固了，因此再度擴充，又添了十二座美國鋼磨。

歐戰帶給了茂新以黃金的機會，在中國麵粉市場上，供給者只剩下了幾家國貨廠商。茂新爲應付市場上的需要，又一次加了十二座美國鋼磨，每日夜出粉達八千包，資本亦以累年盈積所得，再作投資，增加到一百二十萬元。從民國二年起，茂新已有餘力，在外添廠，很明顯的，是歐戰使茂新有急劇發揚光大的機會，也正是由於茂新一貫不斷的努力，才使它能夠充分利用好這個機會。

福新麵粉廠就是歐戰時期高度利潤的產品。其中福新一廠，就在民國二年二月，成立於上海閘北的光復路，廠地共占十五畝，廠房是六層樓的鋼骨水泥建築。裏面裝有三千加侖的蓄水櫃，保險設備一應俱全。機器完全是美國貨，十分精良，每日夜用麥二千四百擔，出粉四千八百包。出品的商標是綠寶星、綠兵船、紅寶星等，馳名一時。福新二廠成立於民國三年，最初是租用中興麵粉廠，當時資金十萬兩，製粉機一千筒。到歐戰發生以後，市場上需要大，才設立四廠和八廠，成爲中國製粉業上最大的工場。總計以上三廠，共有粉磨一百三十六座，每年用麥五百萬擔，製粉九百九十萬包。

至於漢口的福新的五廠，是成立於民國七年，資本三十萬元。由李國偉氏主持一切，它規模宏大，具有鋼磨二十二座，每日夜出粉達六千包，它的商標是“牡丹”。在歐戰以後，牡丹有着很大的榮譽，當時歐洲的善後救濟，它亦參與，數量在數十萬包以外。到民國十四年再加擴充，新的鋼磨又增加了十六部，產量亦加了每天五千包。因此，福新五廠乃成爲華中麵粉業的重鎮。這家廠是很幸運的，北伐期間，雖然兩軍對峙，炮彈打到廠旁，但是談不上重大的損失。不過在某一武漢混戰期內，無形中的金錢損失則不在少數。

粗略的統計，在抗戰以前，榮氏家族控制下的麵粉廠，每天能供應十萬包麵粉。“麵粉大王”的大名，實在是當之無愧的。不過，在戰前中國的榮氏麵粉廠，並不是毫無困難。例如原料，他們需要在皖南江北，設莊收買，運費蝕耗，一切還不必談，有時原料萬一接濟不上，而洋麥不易買到時，只好停機以待，這樣消耗了生産力，亦是提高了成本。此外交易所成立以後，買空賣空的風氣隨之而興，往往能夠左右市場，使廠家受到很大的損失。但是雖有這些困難的存在，依然不能阻止榮氏家族粉業的蒸蒸日上，最後握有全國六分之一的生產量。從茂新到福新，四十年的歲月中，可以看出他們穩健而扎實的作風。

福新戰前的規模

麵粉業在我國民族工業中，是比較有光明前途的。在抗戰以前，我國幼稚的民族工業，在門戶洞開的情況下，幾乎毫無例外的遭受外國工業的壓迫，但是麵粉業卻是一個例外。除了東北銷售一部分日貨之外，這個工業幸運地避免了外來暴風雨的打擊。在戰後，國力和威望多少可以給民族工業一些掩護，麵粉工業的發展，更是多了一重保障。再從另一個角度去看，國民的生活程度有日漸提高的傾向，麵粉的需要量只有一天一天的增加。這種光明的展望，當然可以給我們民族工業以希望和鼓勵。

研究中國工業史的人們，不會忽略福新麵粉廠的成就。無錫榮家這個企業集團，由麵粉業做到紡紗業，而創業者榮宗敬、榮德生氏“麵粉大王”的盛名，指明他們是以麵粉工業起家的。在今天，茂新、福新、申新三個系統，是三位一體，集中經營。以性質來區分，茂新、福新是麵粉，申新是紡紗。榮家的發迹，開始於茂新，這家工廠的發軔，遠在光緒二十六年。但是，集榮家麵粉業大成的是福新麵粉廠。福新創立於民國二年，一共有八個工廠，其中七個廠設在上海，一個廠設在漢口。福新的範圍和生產力，可以從下面的數目字上看出來。抗戰以前，全國各廠的麵粉總生產力是一天六十萬包，而福新一家就有十萬包，占全國生產量六分之一。在這十萬包中，上海七個廠占八萬包，漢口一廠占一萬二千包，以規模及生產能力而論，雄居華中麵粉廠中的首席。

福新在抗戰時期

全面抗戰的烽火，改變了一切的局面，福新的事業發展亦在大時代中改變了一個方向。上海的七個工廠由於戰局演變的過於迅速，全部沒有內遷。國軍西撤以後，他們曾受工部局的委託，一度開工，以濟市民，現在則因爲資金和其他的問題，大部陷於停工的境地。到今日爲止，廠房和機器還沒有受到毀損，不過將來的命運如何，就很難說了。漢口廠在民國二十七年開始內遷，但是到了河南柳林，由於運輸上的緣故，機器亦並沒有全部內運。最大部分是運到寶雞，在那裏成立了戰時的福新麵粉本廠，每天的生產力是二千包，只有漢口廠的六分之一。有一部分機件運到了天水，在隴西邊地建立了分廠，每天的生產量是四百包。至於重慶分廠，也只有五百包的生產量。三廠產量的總和，僅僅是二千九百包。比起抗戰前夕來，只有百分之三的生產力。這種觸目驚心的比較數字，足以表示雖然抗戰使國家前途成爲無限的光明，但無疑已經付出極重的代價。就工業一部門而論，要趕上戰前的水平，亦需要極辛苦的工作和努力。

福新渝廠就在彈子石江畔，它是民國二十八年一月開工的。就廠房和外面的佈置來看，表示他們是急於開工，一切是急就章。福新粉廠和申新紗廠設在一起，在管理上也是一個組織。福新今日的規模甚小，一共只有三個職員和十九個工人，因此和申新在一起辦理，在事務的處理上自有許多的方便。自從民國三十一年起，政府開始統制麵粉，重慶五家最大的麵粉工廠，都受政府的委託，由政府供給原料，作定量的加工。全重慶區規定每月的加工數量是七萬包，福新負擔十分之一的數量。這個規定的數字，並沒有達到它最大的生產量，因爲如以一天五百包計算，一月應有一萬五千包，把休息日假期算入，每月亦可產一萬四千包左右。在廠方觀點而言，這無疑是一種損失。不過政府之限定產量，自亦有其苦衷。因麥子是平價供應的，政府多供給，即政府多賠錢，這一點廠方是完全諒解的。

不過，和氣而精明的黄廠長認爲，在目前的價格下，政府如將産量提高，在成本的計算上並不會虧本，而工廠的生産力則可因之而儘量發揮。就人民福利而言，亦將大有裨益。現在市民要買麵粉，除了有特別門路和買黑市之外，簡直困難萬分。他認爲現在重慶最賺錢的麵粉廠，是日出五十包、一百包的小廠，他們不在政府統制的範圍之内，可以市價出售而博得高利。至於受到統制的大廠家，業務的情形趨於單純，他們由政府供給原料，由他們加工，再由主管機關配銷給市民，資金、原料等種種本來是麻煩的課題，現在都不用擔心了。好處是安定，壞處是缺少了企業上的刺激因素。

談到工人，百分之九十五是本地人。福新因爲與申新合辦，工人管理和待遇都是一樣的。他們的待遇按能力、服務年資而分等級，從一千多元到六千元不等。以福利設施而言，有職工子弟小學，亦有醫藥設備。就整個環境而論，一切設施不能和平時相提並論，不過那裏的自然環境，比上海和漢口的都市生活要好得多，這些因素，直接有裨於工人的健康。談到工人的效率，四川的工人往往不能長期的工作，原因是他們的體格太差，在繁重的工作上，他們遠不如下江的工人。過去廠方曾設法訓練工人，結果一年之中提高了百分之五十的效率，但是想再進一步的提高效率，結果是沒有成功。因爲許多進步了的工人，爲了改善生活而跳了廠。

一個工廠的辦事效能，可以從它的秩序和整潔的程度上反映出來。福新渝廠今日的規模很小，所有的資產只有六七百萬元，工廠的各部門亦可一覽無餘，就規模而論，僅是過去事業的一個影子而已。不過就其廠房、辦公室的整潔和辦事的迅速有序看來，依然保持着過去雄視東西時的氣概。

福新將來的動向

福新不會留在四川的，因爲這裏麵粉的市場上，供應已經達到了飽和點了。在（民國）三十一年以前，市面上的麵粉是供過於求，廠中常有存貨。戰時人口羣集西南時尚且如此，將來人口一疏散，銷場當然更小了。然而戰後的福新將往何處去？一位總公司的秘書錢先生，對於這個問題提出了具體的答覆。他假設有兩種情形：假定上海的七個工廠不被破壞，福新的元氣大部未受損害的話，他們將以此爲基點，加以擴大而改進，並將勢力擴大到華中。在過去，他們本來預備在衡陽設立工廠，因爲戰局突變而未成事實，將來自不難辦到，這是一種可能性。假如上海的工廠已遭受破壞，他們將向華北和西北各地發展，那裏一則是產麥區，原料的供給便利，二則是陝甘在戰時都有工廠存在，可以作爲將來發揚光大的起點。不過，面對着麵粉業光明的遠景，亦有許多困難問題需要解決，這不僅是福新一個廠的問題，而是面對中國麵粉工業界的共同問題。

首先是技工問題。通常在麵粉業中，一個日出五千包的工廠，大概需要十五個技工。這在抗戰以前，本來沒有問題，但是在抗戰過程中，許多技工升爲職員，有的利用戰時繁榮的時機，自己去辦了麵粉廠，因此技工成了難求的寶貝。到將來戰事勝利，中國麵粉界還要恢復到一天六十萬包的時候，全國將痛感技工的缺乏。補救之道，不外有兩個：一是訓練新的技術工人，以備將來的需要，不過這個工作現在就得着手，而且還得大批訓練。過去實業界人士多有舉辦過這種訓練班的，福新廠的主人即爲主動者之一。還有一個辦法，是訓練職員擔任技工，這個方法只要用得得當，一樣是行得通的。

第二是戰後麵粉的品質問題，主要是滋養的成分問題。在抗戰以前，大家所注意的是粉色是否夠白，戰後人們所要求的是麵粉內的養分是否夠多。現在外國製的麵粉中，已經用特種機械化學的方法，加入各種養分，使麵粉成爲很滋養的食品。因此國產的麵粉，如果不能在此點上急起直追，將來在銷售上一定吃虧。現在麵粉界對此已加注意，有的已經着手研究。

榮氏家族的麵粉事業，已經有四十年的歷史，紡織亦有三十年的歷史，長期累積的經驗，是他們最大的憑藉。戰爭使他們的事業受到了挫折，但僅僅是一個挫折而已。這個企業家族，已有充分的力量和意志，來進行戰後的大計劃。未來中國麵粉業的動向，還要相當的受兩種因素的影響：一是國外的租借法案，一是中國糧食工業公司的業務方針。如果在戰後相當時期，繼續實行租借法案，對遭受戰禍的國家供給麵粉，則民族麵粉工業將又是一番情形。而事實上這種可能性也很大。至於中國糧食工業公司，可算是一個規模很大的國營公司。它將來極可能插足麵粉業。如果如此，一定要發生很大作用的。

（原載重慶《新世界》一九四四年十一月號，收入本書時個别段落略有調整。）

振新紗廠創業經過

榮宗銓

振新紡織有限公司創於清光緒三十一年七月初七日，在上海北京路壽聖庵之西廂發起成立，時因榮瑞馨先生方爲其先人營齋事也。參加發起者張石君、葉慎齋、鮑咸昌（原大豐布號股東）、榮瑞馨、徐子儀及先兄宗敬與余，共七人。即席認股，發起人各認三萬元，共二十一萬元，其餘向外分招，至年終截止，僅得六萬零八百元，共爲二十七萬零八百元。明年開始建造，至光緒三十三年二月初八日正式開工，一切完成，建築廠房及定購紗機一萬錠，共需三十三萬餘元，資金不敷之款，已由董事墊付。開工後，營業方面流動資金全靠調度，向行莊往來。

至是年中秋節，已欠裕大祥三十餘萬兩，董事會推余爲廠經理，兼管茂新。接事後，一月之間，售去存紗，兩月内全部出清，盤存通扯，並不虧折。廠中經濟調度，初由總經理張雲伯負責，不數月，雲伯去申，以後一切即由余主持，歷經困難，均經設法克服。

宣統二年幾乎不保，三十七天内每日往來錫滬之間，奔走聯繫，想盡方法，借款籌墊取贖，幸得轉危爲安，堅心毅力，爲衆所共見。由此遂加強信念，專心事業，擴大生産。鑒於茂新以冒險添機而解決困難，則此廠欲圖發達，非添機不可。正籌慮時，而辛亥革命事起，廠中經濟匱乏，營運資金無法周轉，停工數月，採用發行“工資票”代替現金的辦法，以渡過難關，獲得開工，漸形轉機。

民國元年，營業稍好，余又生添機擴充之想，以爲必須加添機器，減輕開支，方能解除困苦。後獲得新機圖樣，即決定添錠一萬八千枚，計英金三萬三千二百五十磅；又動力一千三百五十啓羅華特，連同馬達及一切設備，計英金一萬零五百鎊。當時每磅約合銀十元左右，講明欠款，先付定銀一成，其餘九成，每三個月付一成，於民國元年十二月初五日簽字，至民國四年十月初四日，共分十次付清，即現在轉動之紗錠設備也。另建新廠房，由西人馬勒打樣，共用去建築費六萬八千元。新錠到後，盡力經營，如期交款，如數還清。至此，余即辭退，因與董事不合也。

回憶此公司創立已四十六年，經歷人事變遷，老機已毁，所謂“新機”，即現存之紗錠一萬八千枚，亦垂四十年矣。按照一般紡織理論，紗錠使用三十年即應改去，如此老機，爲日無多，心頗憂之。月前閲報，知廠中主事者，現已訂購新機二萬錠及一切設備，不勝欣幸，有厚望於將來。再經四十年，發展擴充，前程無限。爲自身及事業計，日後子孫均可從事於此，無憂衣食；爲國家社會計，則增加生産，供應人民需要，兩得其益；同時因此廠開創甚早，啓發人才不少，女工尤多。後來各處紡織廠陸續開出，均來振新招致，使一般人民對工廠企業能有所瞭解，漸成風氣，裨益國家社會匪淺。所望新機早日裝就，快睹成功，余敢爲各股東慶，爲企業前途慶，並爲國家社會慶也。

編者附記：本文原載申新史料研究委員會編《申新系統企業史料》第六編第二期，一九五七年一月油印本，收入本書時，據《無錫文史資料》第二十輯發表的同名文章作了校訂。據史料記載，一九五一年十一月十日，無錫振新紗廠爲添購新錠召開董事會，會上推舉榮德生先生任董事長，先生力辭，而後撰寫此文，記載該廠創業經過。手稿原存無錫茂新一廠蕭宗漢先生處，由單念澄先生送交上海申新史料研究委員會。

申新紡織各廠創建史略

申新一廠之創立與申新八廠之附設

申新一廠創辦經過：本廠創辦於民國四年春，在滬西白利南路周家橋，購得油廠舊址二十四畝，中有公事房兩座，單層廠房一所，屋宇雖舊，建築尚固。本廠考察該屋尚堪應用，遂即重行修葺，改作廠房。向安利洋行訂購英式紡紗機細紗錠一萬二千九百六十枚，並將油廠所有之製油機多種及五十匹小引擎一座、鍋爐一隻拆除，另建本廠引擎間、爐子間、修機間、軋花廠等，暫資應用，於同年十月開工，定名爲"申新紗廠"。

後因日事擴充，地基不敷，即在廠旁逐年購置空地，添辦各部及工人住房一百八十四幢，實占地共有四十餘畝。六年創設布廠，購布機三百五十架，七年又購布機七百六十架，合前共有布機一千一百十架。所出布匹，除銷售各埠外，餘悉自製粉袋，供給本公司各麵粉廠應用。即上所用商標，亦由本廠購機自行印刷。八年建設新紗廠，在慎昌洋行購得美式細紗錠二萬五千九百二十枚，並置二千二百匹馬力之新式馬達一具。隔河尚有空地五畝，日來正在規劃建築新式樓房，以備本廠職員創辦俱樂部之用。

本廠創辦後，因歷年措置得宜，故營業頗稱發達。平時尤注意管理，故在時局紛擾時，他廠皆呈不安之象，而本廠獨能正常工作，未受絲毫損失。至於工務方面，亦力圖革新，以求出品之精良。

當本廠尚未開辦時，四周一片荒土，既無所謂市鎮，更無所謂馬路。迨本廠建築工房以後，工人日夜往來，頓形熱鬧，始有人在本廠附近建造房屋，開設店鋪。工部局亦將原有土路改築柏油路，交通便利，商市漸盛。工廠之能促進市政，於此可見。

申新八廠之附設：申新八廠雖有其名，實際上是一廠之一部分，由一廠統一管理。民國十八年，永安紗廠添新錠，申新亦添新式潑拉脱新錠四萬，一時無適當廠址，即將一廠老布廠拆去，再擴購土地若干，另建二層鋼骨水泥廠房。十九年一月招標，由公記營造廠承造，一百九十個工作日完成。全部造價三十四萬四千八百五十兩。二十一年又添紗錠一萬零四百枚。

抗戰前之申一與申八：申新一、八兩廠，實際是一個廠，廠基總面積一百三十畝二分（一廠第八十一號地内有盛恩頤土地一畝餘係租用）。至抗戰前夕，兩廠合計有紗錠十二萬二千八百七十六枚，一廠有布機一千零九十一臺，在當時爲我國民營紡織廠中規模最大的一個。申新九廠成立後，以申九爲最大（十三萬餘紗錠）。

申新紡織第二廠概略

本廠廠基，坐落上海公共租界西區，前臨宜昌路，後沿蘇州河，水陸運輸均極便利，計地二十四畝一分七釐。原屬恒昌源牌號，民八陰曆三月，由本公司購入，定爲申新紡織第二廠。原有機器房屋，僅北廠一部，即於四月中起，增造鋸齒廠房，添購勃拉特紗機，合舊有勃拉特、道白生，計錠一萬六千九百九十二枚，是爲北廠，占地六百七十七方。復於北廠右側，新建鋼骨水泥三層樓房，民九三月工竣。裝置美國維定及沙克絡機，計錠一萬八千四百零八枚，是爲南廠，占地二百七十方。動力原用引擎，自本公司經營後，即改用工部局電氣，各部安設馬達，運轉靈便，且較經濟。居地之正中者爲工務室，室左爲工人食堂及休息所，右爲鍋爐間。南廠之東爲公事室，室前樓房爲職員宿舍；右爲物料所、修機間、雜工間。南廠之南爲花紗棧、軋花間。此外，廠門左側建有工房五十幢及職員家屬住宅。廠門右首，沿宜昌路建有市房、工房五十幢，俾服務人員咸得安居樂業。此本廠創辦及佈置之大概情形也。

全廠機正開齊，適值歐和告成，鐵血戰鬥之幕甫閉，經濟競爭之劇隨起。加以内戰不息，苛税繁興，紗市因即一落千丈。國人凡於此時新建或擴張之廠，大都停歇倒閉。本廠尚克繼續維持，且能力謀光大者，其故可深長思也。

前夏長江交通阻塞，紗積不銷，因即利用此時機，五月停廠，八月改組，將北廠各機重行整理排列，並添最新式潑臘脫清花機，添購道白生大引伸細紗機，補充鋼絲條子粗紗頭、二、三道，以增其力量，專紡三十二支、四十二支細紗，以供市場。對於搖紗，則概改用附有分縷及搭頭器者，上正開車。人員分配，工作方法，悉從良規。以故紡出各紗品質優美，備受用戶歡迎。現猶積極鑽研，或能於整理舊廠史中，一放異彩也。

申新紡織第三廠概略

本廠創辦經過：

本廠位於無錫西門外梁清溪兩岸，界無錫、開原、揚名三市鄉，有申新、勸工、太平三橋架於上。河之東南爲紗廠，東北爲布廠，西岸爲公事房、職員宿舍及發電、軋花、修機等部。全廠占地九十二畝六分有奇。南通太湖，北毗運河，加以錫湖輪船，往返便捷。滬寧車站，相去咫尺。水陸交通，堪稱便利。本廠地勢之優越，可見一斑。

本廠創設於民國八年秋間，最初就華昌舊址建立公事房。翌年正月，建築電機間、鍋爐間、修機間等處。二月續建紗廠，十月告竣。而紗機因受歐洲罷工影響，一再延緩，直至十年五月中旬，始陸續裝置。十一年正月初四，正式開工。是年五月，復建織布廠，隨時裝置布機，至十月正式開機。十七年春，復擴充布廠，添裝布機。最近共有美機細紗錠二萬六百枚，英機細紗錠三萬四百枚，共計五萬一千枚。近更添置好華特大牽伸細紗機三千錠，合計共五萬四千錠，布機共九百部。此外，調劑室内乾濕者有冷熱等噴霧機，調和氣溫者有通風穴、吸風管、電扇等。全廠電燈，均係磨沙及無反射光者，藉以保護工作者之目力。並有救火機以防火患，升降機以節勞力。此皆本廠重要之設備也。

近年於工務上力求革新。民國十一年，副經理榮君鄂生東渡考察，以爲改良之借鏡。十四年春，復聘汪君孚禮爲總工程師。十五年，先後派助理榮君仲詔及總管薛君明劍，赴日本切實考察。惟是吾國紡織業尚在幼稚時代，加以工友囿於成見，墨守舊章，偶有更張，往往發生誤會。本廠幾經改革，備歷艱辛，今幸漸次就緒，略見成效。先難後獲，於茲益信。

挽近風俗日趨浮華，尤以服裝爲甚。外人揣摩社會之時尚，鈎心鬥角，日新月異，故所織布匹，式樣新穎，種類繁夥，以之運銷我國，藉關稅之協定，致暢行而無阻。通都大邑，窮鄉僻壤，五光十色，目爲之迷。是故我國紡織工廠，亦非注意整理染色，不足以言競爭。故增加整理、染色等工程，爲本廠預定計劃之一。其他如擴充職工宿舍，開闢申新市場，創設俱樂部、職工保險部以及消費合作社等，均次等推行，以臻完善。

本廠建築概略：

紡紗部，南北約長五百餘英尺，東西寬二百餘英尺，占地十八畝有奇。分兩大造，前造計屋一百三十二間，後造計屋一百三十六間，均係鋼筋水泥建築，底腳悉用三和土。四周鐵窗，則嵌以鐵絲玻璃。門則鐵條裝成，所以彌火患也。内外墻壁，復用水泥粉飾，屋頂及近樓板處，均開有風洞，流通空氣。計此項工程，歷一年許。始克告成。

織布部，原占平地六畝五分，共計二百二十八間，每間長二十英尺，闊十二英尺，俱係磚砌鋸齒式之平房，上覆瓦楞鐵皮，齒頂裝窗，用鐵絲油光玻璃，蓋取其光線較充足也。近復在原址南面，添建新機間一所，可容布機四百架，計長二十六丈四尺，闊十丈零四尺，占地二畝六分，作氣樓式，取簡省也。

電機部，建鍋爐間一層，電氣廠二層，底腳俱用鋼筋水泥，牆壁均和水泥磚砌。屋宇高爽，光線充足。同時建築者有進水井一口，深十六英尺，徑十二英尺；煙突一座，高一百八十二尺，底腳四十立方尺；並有方棚間二層。

軋花部，計磚砌房屋七間，與花棧房毗連。

棧房，河東棧房計二座，占地二畝，均緊接紗、布廠。該房檐高十五英尺，每座東西闊九丈六尺，南北進深六丈。兩座共十六間，均係磚砌，四周復開鐵窗，用以堆積花、紗及布匹之用。棧之東北隅有角尺式過樓，可通織布部及紡紗部之成包間。除所紡之經緯紗得由此逕送織布部外，其已成包之紗，更可由此直達棧房，無雨雪之阻礙，且省人工時間，便莫甚焉。河西亦有棧房三十六間，其檐高則與每間長闊相等，亦用三和土砌成磚墻。除靠南第二節七間現作軋花部之用外，餘均用以堆棉花。又花下腳棧房十一間，粗下腳棧房十四間，皆貼近西棧房。

公事房及職員宿舍，就公事房建四層樓洋房一座，頭層爲公事房，二、三、四層爲職員宿舍，占地二十六方丈，四周均用磚砌。工人宿舍，河東有十一開間平房二排，又十三開間樓房八排；河西亦有平房一排，計二十一間，又八開間樓房一排，計十六幢，統計上下宿舍三百三十一間，可容工人二千餘。

申新紡織第四廠概略

庚申年，總經理榮公因鑒紗市頗振，而漢鎮集陜、豫、湘、鄂四省之花，由是而輸往下游者年四五百萬擔，而棉紗之供給均來自申廠，故決計添辦申新第四紡織廠於漢口。適宗關旁有隙地二千六百餘方，爲皖人李綏福之產，情願出讓，即以福新第五廠名義購入。又向祥興洋行定購道白生紗錠一萬五千枚，命李君國偉主持造廠、規劃機件事。辛酉春間，開始建造廠屋。進行至二月間，屋基均已完畢，而祥興洋行因英國機廠增加工資，要求多增機價，總經理未允，故將訂機合同取消，房屋工程因之中止兩月。迄四月間，改向慎昌洋行定思克羅惠而之紡紗機一萬四千七百八十四枚，八月間交貨。該時廠房亦已完工，即從事裝置機器，壬戌二月初九日開工。該時武昌裕華、震寰亦陸續開廠，致工人頗難招覓。春夏兩季只開一萬一二千錠，秋末冬初全廠始開齊。

癸亥、甲子兩年，因花貴紗賤，營業未如人意。且機匠固守陳法，不知改良，故特向上海方面聘請專材，大加整頓，出數由是日增。此爲我廠革新之初步。惟出數雖增，錠數尚感不足，乃向思克羅惠而增添紗錠二千八百十六枚，合前共計一萬七千六百枚。同時又向三井定豐田布機二百七十三臺，布廠於乙丑秋間動工，年底裝機，丙寅四月出布。福新五廠之麵粉袋，全由布廠供給。原動力本係蒸氣機，旋以用煤頗費，故又與福五共購一千基羅華次之透平發電機一副。是爲四廠工務上改進之大概。

滿望營業從此蒸蒸日上，不意丙寅夏季江水泛濫，廠旁均成澤國，不得已停工八日，損失不貲。秋間新花上市，正擬力圖恢復，而南北戰爭又相持於武漢，我廠適在戰線之中，炮火連天者兩日餘。幸同仁及工人支持得力，未受重大損失，而因是又停機二十日。迄八月十七日開工後，工潮迭起，日以打倒資本家爲標榜，每日出紗祇十一二件，岌岌有不可終日之勢。七八月間，又受國庫券及中央票之損失，勢已不能支持，而工人復要挾不准停廠，困苦情形達於極點。幸九月二十二日重行開機後，聘請蕭倫豫先生爲技師，更添置思克洛大引伸細紗車七部，合成二萬錠。工作漸有改良，至年底出數已能恢復乙丑年之情狀。深望以後時局敉平，庶辦實業者不致虛耗精神，損失資產，而工作者生計亦有所資。抵制外貨，發展實業，胥賴乎是。

申新紡織第五廠概略

本廠創於民國三年，原爲德大紗廠，民國十四年夏曆三月由本公司購得，定爲申新紡織第五廠。廠基坐落上海東區華德路高郎橋堍，前面及左側均沿直通黃浦之小河，水陸運輸便利。計占地二十七畝八分四釐。原分南、北兩廠，北廠裝置英國赫乍靈敦紗機計一萬五千七百二十錠；南廠裝置美國沙克洛紗機計一萬零三百六十八錠，及赫乍靈敦線機計二千八百八十錠。兩廠之中，前爲和花清棉間，後爲搖紗成包間，皆係鋼骨水泥所建之樓房，構造堅固，光線充足。兩廠上下均可相通，管理極便。即於是月下旬運轉北廠，五月初旬運轉南廠。

惟原有機器配置尚未完備，故復添購勃拉特清棉機、沙克洛梳棉機及頭、二、三道粗紡並精紡各機。又南廠精紡，每機僅二百八十錠，工人分配、地面排置等均不經濟，因概接長，改爲三百八十四錠，現計一萬四千二百零八錠。北廠亦復添購赫乍靈敦精紡機二部，現計一萬六千九百零八錠。

廠門右側爲二層樓棧房，再進爲電氣變壓所、物料所、職員宿舍，更進爲新建三層樓公事房。公事房前爲二層鋼骨水泥棧房。此外，廠前沿華德路爲職員家屬住宅，高郎橋西沿華德路建有工房八十幢。十五年冬，復添購眉州路底基地四畝七分三釐，建設工房七十二幢。

此創辦及佈置之大略情形也。

開工即有專家計劃，再添置最新式潑臘脱紗機一萬錠，專紡三十二及四十二支雙線“寶塔”，二十、十六、十支“人鐘”各紗，備受用戶歡迎。近更精益求精，冀副愛用國貨諸彥之雅意云。

申新紡織第六廠概略

本廠係租辦常州沙廠。該廠創於民國九年三月，地址在武進縣小南門外御史橋南首，門臨運河，離車站約六里。有英錠八千枚，美錠六千六百二十四枚，一切設備均稱完善。當定購機械時，正值歐戰未了，紗業鼎盛之際，故造本極鉅。迨工程告竣，開始營業，紗市已一落千丈，竭力維持年餘，卒因周轉爲難，遂告停業。十四年夏，本公司總經理榮君以與該廠主有友誼關係，允協商輔助，乃出資十五萬元租辦。期自乙丑年六月起，至丁卯年十二月止。原約刻已期滿，今又續租兩年。當本廠接手時，因停機已久，整理設施，頗費經營。工務上亦大加整頓，卒使所出“仙女”紗，屹然爲市上上等牌子。惟因時局關係，所獲甚微。每年約出紗萬件，需用原料約在三萬五千擔之譜云。

第二期租約屆滿後，又續租兩年，至一九三一年六月歸還原主，即在上海購買厚生紗廠，申新紡織第六廠遂正式成立，由榮氏自辦。（詳見本書第155頁《申新第六紡織公司正式成立及開工雜記》）

申新紡織第七廠概略

本廠原名瑞記紗廠，係由德商創辦，但英人亦有投資，成立於光緒二十二年，歸瑞記洋行經理。歐戰後併于英人，乃由安理洋行經理，改稱東方紗廠。近以連歲虧折，勢難支持，故於十七年夏停廠出售。

本公司爲增高我國工業地位計，爲維持貧民生活計，爰於十八年一月購入，旋即開工。廠址在上海楊樹浦三十六號，前臨馬路，後通黃浦江，大小船舶均可直靠棧房碼頭，交通便利，無逾於此。門沿楊樹浦路，西側爲二層樓之公事房及宿舍，次爲鋸齒平房布機間及鋼骨水泥二層樓準備間，更次爲三層樓之物料所及染色間。東側爲二層樓之北廠，上排細搖，下排鋼條粗紡各機。次爲清棉部，再次爲鋼骨水泥三層樓之南廠，上排廢花機，中排細紗，下排鋼條粗紡各機。由北廠細紗至準備，搖紗至成包，及南北兩廠之間，均由天橋可通，以故全廠運搬管理極其便利。黄浦江邊，則有最新式之四層鋼骨水泥棧房在焉。

全廠地面，計有六十六畝六〇三；對面沿平涼路，尚有職員住宅及棧房等，計地二十一畝五一五；總計地面八十八畝一一八。紗機共五萬三千八百四十四錠（英國愛沙里司所製），布機共四百五十五臺（英國肯里公司所製）。南廠、布廠均用馬達傳動，惟北廠係用一千二百匹馬力之引擎，現亦改用馬達矣。所有組織、管理、設備以及機器排列配置，悉採最良方法，積極施行。紗則精紡二十、十六支"龍船"、"人鐘"、"招財"及六支"鐵錨"牌等，布則精織九、十、十一、十二、十三、十四、十六磅平斜粗細"雙聚寶盆"及"四平蓮"等，此外並織三磅至四磅半重之"得勝"牌各色絨毯。開工未及數月，而品質優美之譽洋溢於用戶。蓋接收伊始，即由紡織專家主持計劃，種種出品莫不力求精良。此本公司之所以時自勖勵，堪爲愛用國貨諸彥敬告者也。

更有進者，現全國三百六十餘萬錠，上海約占一百九十餘萬。而此一百九十餘萬中，華商僅有七十七萬餘，喧賓奪主，可爲痛心。蓋從來祇見華廠出售于外人，未有華商收買大規模之洋廠者。有之，實以本廠爲矯矢（申新二廠亦由洋商售出，但原僅八千餘錠）。伏冀政府及各界同胞，對此棉業歷史上最關重要之廠，勤加鞭策，羣力維護，俾早健全發達，庶臥榻之側，漸絕他人鼾睡，衣被所需，悉自供給，則匪特本公司之幸，實我國無疆之庥也。

申新紡織第九廠之購辦與遷建

申九之前身：上海機器織布局（通稱洋布局）於光緒十四年（一八八八）工竣，十六年（一八九〇）開車，有紗機三萬五千錠，布機三百五十臺，廠址楊樹浦路，是爲中國有機器紡織工廠之始，總辦楊藕芳。經營不久，光緒十九年九月全部毀於火。這時，洋布局成立之後兩年，尚有華新廠與南洋織造廠先後繼起。南洋初本招股，乃無應者，惟機已運到，資金猶虛。光緒廿年（一八九四），武進盛宣懷集資改組，就洋布局原址興辦，易名爲“華盛紡織總局”。廿三年盛氏自任督辦，有商股八十萬兩，紗機六萬五千錠，布機六百臺（一云紗錠六萬四千五百五十六枚，布機七百五十臺）。後盛氏據爲私有，於光緒廿五年改名“集成”，宣統年間改名“又新”，辛亥革命恐被查抄，聘英人H.C.Marshall 爲總理，並向香港註冊，懸英商牌號。民國二年十二月，改名爲“三新紗廠”。居民以該廠出品爲洋布，與土布有別，仍以“三新洋布局”稱之。上海電車公司敷軌至其地，亦以“洋布局”爲站名，於是三新洋布局之名乃遍傳遐爾。時産權已盡歸盛氏，資本爲規元一百五十萬兩，有紗機六萬九千錠，線錠六百枚，布機一千臺，規模之大，一時無兩。盛氏故後，小輩無意經營，乃將“三新”以八十萬兩押於滙豐銀行，滙豐對紗廠經營既不熟悉，對工人又無辦法，只得仍租與盛氏開車。

美商大來公司爲擴展營業，擬在滬建造船塢，以三新紗廠之地大（二百四十畝）而濱江最爲合適。於是大來向美商中國營業公司接洽，中國營業公司以一百廿萬兩從滙豐銀行贖出，擬以每畝三萬兩轉售大來，可得七百二十萬兩。中國營業公司目的在地皮。出空了地皮，才可發一筆大財，故願將地上各物廉價出售。以後，這一産權又轉到沙遜洋行去了。這時的三新紗廠，經營管理仍爲盛氏，而盛氏在國民政府奠都南京之後，恐又有被查抄之可能，故盛氏亦擬從速擺脫此廠。但這一大紗廠，工人二三千，事實上難於關門不管，又不能拆屋以售地皮。在此情況下，不開紗廠者不能買此廠，只有廉價售與棉紡資本家，於是申新以四十萬兩購得此廠。

申新承購：民國廿年春，申新以四十萬兩購得三新紗廠的全部機器廠房，然有一重要條件，就是三年之內一定要出空地皮。這一廠的代價可謂特廉，但在當時紡織工業不景氣的情況下，除榮氏外，無人承購。申新購此廠時，並沒有很好的計劃，最初還可能想把好的機器，拆之分與申新各廠。後見清花間機器尚是新添，其他各車間機器亦可運轉；同時在接收之際，原三新紗廠的工人請求一律復工，頗費周折。這時的紗市，雖然並不好，但如經營管理得好，仍有利可圖，乃與出讓人訂定租屋三年之約，決定就原地開工生産。榮宗敬先生聘吴昆生爲經理，吴士槐任工程師，經過處理工人糾紛、物資清查、出售廢銅爛鐵（據回憶共得價三十五萬兩）、擇優録用工人以及種種籌備工作，民廿年四月八日正式開工生産，是爲申新九廠。

申九創業後，情況還很好，費很小資本，辦很大紗廠，成本輕，利潤高。民二十一年“一•二八”之役，僅停工月餘，未蒙其他損失。由於企業獲利，是年新添了好華特紗機一萬一千二百錠，線錠一萬二千一百八十枚，此項紗線新機均於是年安裝生産。三新紗廠棉紗商標有“採花”、“金雙馬”、“得利”、“紅團龍”、“藍團龍”，棉布有“圈三雞”、“富貴”、“人塔”，計八種。申九商標，仍沿用三新之“雙馬”及“富貴”，布添“草牛”、“馬狗”兩種，甚爲消費者所歡迎。自洋布局及南洋至申九，凡六易其名，變遷如下：

上海機器織布局↓

南洋織造廠 → 華盛 → 集成 → 又新 → 三新 → 申九

遷建新廠：民國廿二年春，申九廠基租約期滿，地主居奇，續租亦不合算，即按原定計劃，遷建新廠。新址在今之澳門路一五〇號，福新第二麵粉廠之後面，占地六十畝，以限於面積，乃鳩工將工場設爲三層鋼骨水泥建築。原議以一百萬建廠，一百萬遷修，向英商麥加利銀行借得款項，由營造廠張繼光承造。廿一年動工，廿二年秋完竣，建築費二百四十六萬元，電氣裝置一百餘萬元，連添配機件及一切雜用，共約五百廿萬元，廿二年九月開工。

編者附記：本文按《茂新福新申新總公司三十周年紀念册》及申新史料研究委員會編《申新系統企業史料》第二編第一期（一九五六年油印本）有關申新各廠概況文稿摘編而成，并參照《無錫雜誌·工商號》等刊載的相關資料進行校訂，標題爲本書編者所加。

申新紡織各廠概況

山　禾

申新第一、第八紡織廠

申新第一廠在上海白利南路一七七二號，創辦於民國四年，民國五年開工，資本三十萬銀元，首任廠長嚴裕昆先生。嚴氏逝世後，由榮偉仁、王雲程、榮爾仁等分任廠長。抗戰前共有紗錠七萬二千八百枚，布機一千五百臺。

八廠係位於一廠之傍，係一廠同人就盈餘項下撥款籌建。於民國十九年創立，機器購自英國潑來脫廠，廠房均係新建。迄廿六年，共有紗錠五萬枚，一切業務、行政、廠務均受一廠管理，故一、八兩廠實爲一個單位。

"八•一三"滬戰爆發，一、八兩廠適當軍事要衝，遭敵機轟炸，投中炸彈六枚。時廠中正在開工，工人死傷二百餘人，職員亦有數名受傷。嗣即停工撤退，由國軍據守，與敵軍隔蘇州河作戰。後遭敵軍佔領，委託豐田紗廠軍管理，迨勝利後始告接收。八廠受敵軍轟炸拆卸，所有機器設備、房屋全部毁滅，現已不復存在。一廠紗錠只剩四萬餘枚，布機一千臺。被豐田拆去之紗錠及馬達一百餘隻，迄未收回。綜計一、八兩廠房屋、機器損失三分之二，係上海申新各廠中犧牲最大之廠。

勝利後經努力修補，現已恢復紗錠四萬七千八百三十六枚，布機一千零五十臺，現任經理王雲程，協理榮鴻慶，廠長駱儀甫。八廠亦計劃恢復，已向國外訂購紗錠四萬枚，布機三百臺。申一現有工人約二千六百人，紗布用"人鐘"商標。(申新八廠後來沒有恢復——編者注)

申新第二、第五紡織廠

申新二、五廠亦爲一個單位。二廠在上海小沙渡宜昌路五十二號，創立於民國八年，係購自恒昌源紗廠。第一任廠長爲朱仙舫先生，戰前有紗錠四萬一千枚。五廠在上海華德路高郎橋堍，原爲德大紗廠，民國十四年爲申新購得。由朱仙舫兼任廠長，戰前有紗錠四萬九千餘枚，線錠一萬二千枚。

二、五兩廠民國廿四年時因經濟不景氣，曾一度停頓，後由上海及中國銀行爲主體之申新一、二、五、八廠銀團管理，以委託經營之方式，聘榮爾仁爲廠長，改組復工，即竭力整頓，對生産技術及經營管理努力改進，營業漸見起色。不料滬戰復起，五廠因陷戰區，遂即停工；二廠因在租界，仍繼續維持。在戰爭初期，亦曾中有流彈，鋼絲車部分稍受損壞，惟即修復。太平洋戰爭爆發後，日軍進駐租界，曾遭佔領，停工四月餘，後雖發還復工，惟整理部分之工作母機均被劫去。

五廠於民國三十一年發還，接點後，廠房、紗錠設備約各損失一半，線錠及辦公室、物料房、倉庫、工房、宿舍等全毁，剩餘機器主要配件完全散失，修補整理，迄勝利後始局部復工，至三十五年年底開齊。同時向美國 HMB 公司定購二萬餘錠，三十六年春末已到達裝竣，大部開工。俟零件到後，即可全部開工，連舊有紗錠整理後，全部可達六萬紗錠（現有紗錠五萬六千二百十六枚，線錠五千零四十枚）。廠房、宿舍亦在興工修建中，將來並擬建設織布廠，二、五兩廠各設織機五百臺，現已有最新式的 DRAPER 廠製自動織機一百臺到滬。

二廠在抗戰時期積極從事生産，迄三十一年，已將所有前欠債務完全還清，一、二、五、八廠銀團亦因此宣告結束。

二、五兩廠經理現仍爲榮爾仁先生，協理顧鼎吉。該廠應用新式科學管理，對技術改進及勞工福利特別注意。

申新第三紡織廠

第三廠位於無錫西門外梁清溪兩岸。河之東南爲紗廠，東北爲布廠，西岸爲公事房、職員宿舍及發電、軋花、修機等部。創設於民國八年，建屋裝機，迄十一年春紗廠始正式開工，十月布廠正式開機。向由榮德生先生任經理，副經理榮鄂生先生。連年擴充，迄戰前共有紗錠七萬一千錠，布機一千四百七十八臺，發電機三套，容量共達七千二百瓩，軋花車有八十臺，爲戰前無錫最大紗廠。

抗戰軍興，三廠爲國輸將，除代織軍布外，復製就大批軍服，捐贈國軍。迄無錫淪陷，廠中尚留有軍衣，爲敵軍所悉，恨之切骨，乃澆柴油縱火焚燒。除紗廠廠房因係鋼骨水泥建築，未被燒毀，損失約二萬紗錠外，其餘布廠、軋花廠、倉庫、公事房全部燒毀。敵軍佔領後，將該廠發電機復工，供給無錫全城電氣，復又將一千六百瓩之發電機二座劫奪他運。淪陷期間，紡紗部分從未開工。

勝利後該廠收復，僅剩殘破紗錠五萬枚。重要配件均毀缺不全，四千瓩之發電機，亦被使用陳舊，能率上只有一半。勞工自治區之工房亦破舊不堪。經兩年來之修復，紡機陸續開工者已有六萬一千錠，布機七百二十臺。廠房重建，電力添置一千瓩新機二座，已可開工；另柴油引擎四百瓩二座、一百五十瓩一座，新築油池設備，可貯油千餘噸。電力除自給外，尚將餘電分售戚墅堰電廠，轉售當地工業之用。

三廠現任經理榮一心、協理唐熊源，工人約三千四百人。現正另建容納四萬紗錠之廠房，向美國定購之四萬新紗錠已到廠，正在裝置中。同時建造面積五十萬平方英尺之新倉庫一所，軋花廠亦已裝竣，所購最新式的康悌能脫爾式軋花機，每小時可軋五包棉花。

申新第四紡織廠

戰前概況：中新四廠地處漢口礄口宗關，係購地建造，紗錠亦係向慎昌洋行所定，於民國十一年開工，經理李國偉。戰前共有紗錠六萬枚，布機一千餘臺，漂染廠一所，發電機二部，容量共四千五百瓩。

內遷經過：民國廿七年武漢危急，四廠奉政府之命撤退內遷，即將紗錠設備拆卸，計一萬錠運抵重慶，五千錠運抵成都，二萬五千錠遷抵陝西寶雞；其餘二萬錠因未及拆遷，淪陷敵手，後不知被拆運何處，迄未尋獲。布機遷出四百臺，三百臺運抵寶雞，重慶一百臺，發電機三千瓩一部亦遷赴寶雞，另一千五百瓩一部則裝船後翻沉江中。其餘布機、整染廠均被敵人毀拆，損失殆盡。抗戰期間，申新在寶雞設鐵工廠，自製紡機，曾造紗錠八千枚。又因敵機轟炸，在山洞內開掘工場，裝置紡紗設備，成爲抗戰時期中國唯一的地下工廠。重慶廠受敵機轟炸，亦有相當損失。戰時申新在後方生産，供應民用軍需，頗具功績。

各廠現狀：勝利後，內遷各廠仍照常生産。現渝廠有紗錠一萬零八十枚，布機八十臺；蓉廠有紗錠三千二百枚，布機三十臺；寶雞分廠有紗錠二萬六千枚，布機四百六十臺，現正計劃從山洞中搬出，新廠屋在建造中。漢口四廠，廠屋戰時爲敵軍佔據，改充汽車修理廠，勝利後由軍政部接收，迄今年三四月間始完全讓清，尚須大加修葺。李國偉先生勝利後即返漢口主持復廠工作，抗戰時定購美國紗錠二萬枚、瑞士製四千瓩發電機一座，均已到達，現正裝置中。今後計劃漢口擬恢復六萬錠，已向國外訂購；布機裝置一千臺，擬在寶雞自製。

四廠現任經理李國偉，副經理華棟臣、李冀曜、章劍慧、瞿冠英、李統劼；漢口廠長厲无咎，寶雞瞿冠英，重慶黄乙青，成都孫鎮域。

申新第六紡織廠

第六廠原係租辦常州紗廠，該廠地處常州小南門，因周轉爲難停業，榮總經理於民國十四年出資十五萬元租辦，原約滿後又續租二年，至民國二十年退租，另將上海厚生紗廠購下。嗣將紗錠設備遷上海楊樹浦河間路二十九號，並加意擴充。迄廿六年，已有紗錠七萬三千枚，線錠五千五百枚，布機九百臺。"八•一三"滬戰爆發，因適處戰區，翌日即不能進出，辦公室房屋全部燒毀，紗錠損失數千枚，布機二三百臺。嗣由敵軍管理，委託上海紗廠開工。原存棉花及紗布製成品，均被劫盜取用。三十三年日軍發還，機件損壞不堪，經整理修補，至勝利後方開工。辦公室重建，新添自動織布機一百臺，紗錠改裝大牽伸，現有紗錠六萬五千零四十枚，線錠四千八百十二枚，布機六百二十八臺，工人二千三百名。擴充計劃已定英國 PLATT 紗錠二萬枚，明年可到。今年三月間，又收買毗連之國光印染廠，繼續工作，暫時沿用國光廠名，不日即改併一體，稱爲申新紡織印染第六廠，仍用"雙喜"商標，此爲申新各紡織廠附設印染設備之先聲。

六廠經理榮鄂生先生，本任三廠副經理，因租辦常州紗廠，調任六廠經理，主持迄今。

申新第七紡織廠

七廠在上海楊樹浦路四百六十八號，原名瑞記紗廠，係由德商創辦，歐戰後併與英人安利洋行經理，改稱東方紗廠。民國十七年夏，以連歲虧折，勢難支持，停廠出售，申新乃於十八年一月購入，旋即開工。華商收買大規模洋廠者，以本廠爲嚆矢。七廠接辦時，共有紗錠五萬三千八百四十四枚，布機四百五十五臺，迄戰前未有增添。抗戰發生後，該廠因在敵軍區域，被日軍佔據，委託日商公大紗廠經營復工。迄三十三年始發還，紗錠被拆剩三萬餘錠，機器配件亦多散失。勝利後復工，去年購得瑞士利他新紗錠一萬枚，已有五千裝竣開工，其他俟配件到後即可開工。現該廠共有紗錠四萬五千八百三十六枚（開工者四萬枚），線錠八千四百枚，布機二百九十五臺。

七廠總經理榮鴻元，經理榮鴻三，廠長榮錫忠。

申新第九紡織廠

申新九廠係購自盛宣懷所辦之三新紗廠，原址在楊樹浦路八十七號，有紗錠六萬九千枚，線錠八百八十枚，布機一千臺，申新於民國二十年四月接辦。後因房地產發生糾葛，榮宗敬先生乃將澳門路原擬建造麵粉廠之地基劃出，建造鋼骨水泥廠房，並將三新設備遷入，任吳昆生爲廠長。

抗戰發生後，申新各廠中，能托庇租界繼續開工者，僅二、九兩廠而已。九廠經連年擴充，紗錠最多時曾達十四萬枚，爲全國紡織廠中（國營紡建公司亦在內）擁有紗錠最多之廠。太平洋事變後，曾被日軍佔領四月，整理部分貴重工作母機多被擄劫。該廠現有紗錠十三萬零三百八十枚，線錠一萬四千二百七十八枚，織布機八百十七臺，所産各色“雙馬”棉紗，爲名聞全國之標準紗。

該廠現任經理仍爲吳昆生先生，協理陳品三、吳中一，廠長吳士槐。

（原載《紡織周刊》第八卷第二十七期，一九四七年十一月二十日）

《新無錫》有關申新三廠勞工事業的報導選録

一九三四年九月十七日

申新第三紡織廠，年來對於勞工事業鋭意進行。與工會合辦之勞工自治區，除晨夜校、初高各級小學、各種養成所外，並有娱樂部、合作社、職工醫院等之組織。最近爲歡迎女工家屬到廠參觀起見，特於昨日發出通知云：

徑啟者：本廠爲培養女工德性品行起見，特聘女教師多人，管理女工宿舍，每日早晨晚間，並教授識字計算。宿舍中飲食起居，一切設備，莫不完全。並准寄宿女工之家屬，隨時可以到廠監察。兹定於九月十六日開始，每日下午二時起，專誠招待女工家屬至本廠女工宿舍參觀。希貴家長準時駕臨，指示一切爲幸。

一九三五年一月九日

我國著名職業教育家黄炎培（任之）等，爲參觀申新勞工自治實驗區及遊覽小箕山（錦園）、梅園、寶界橋等名勝，於昨日下午由滬來錫，榮德生、薛明劍等在車站迎迓，雇車導黄炎培等至申新三廠，參觀各項設備。黄氏對於該廠之現狀及職業教育問題，頗多詢問。

一九三五年一月二十二日

本邑申新三廠紡織産業工會，對於工人子弟教育素極熱心，于本年（一九三四年）秋季創辦申新高級小學，函請薛明劍爲校長，並延請優良教師數人擔任教職，頗得學生家長之信仰。現聞該校原有五年級一班，學生計五十餘人。此次寒假期内，擬再擴充一班，招收五年級插班生。即日起開始報名，考期每日上午。凡本廠工人子弟，學費概行免收，外界學生亦減收半費，以故清寒子弟前往報名者，頗爲踴躍。

一九三五年十一月二十九日

邑人榮氏昆仲所創之申新第三紡織廠，設於本邑西門外。年來鋭意改進，不遺餘力。廠當局鑒於欲求出品優良，業務發展，當從訓導工人，安定其生活，力謀勞資切實合作著手，爰有闢置勞工自治區之設，委由胡鳴虎君爲區長，而由總管薛明劍君總輔其成。

其最初萌芽，尚在五年以前。當時僅設勞工小學校，以推進工人教育爲基礎。至二十一年冬，方正式成立自治區，劃廠址以南之廠基餘地爲區址。次第成立勞工子弟完全小學及晨校、夜校、男女工人宿舍、醫院、膳食部、合作社、托兒所等。舉凡工友生活上、教育上所需要者，莫不次第興辦。此外，更予工人以副業之指導，如授養兔、養雞、園藝、音樂、縫紉等，亦提倡不遺餘力。數載經營，成績斐然。年來外部參觀者更絡繹而至，莫不譽爲“蘇省工廠自治之模範”。

昨爲該區三周紀念，申三主人暨總管、自治區長等，特於昨日午間分柬招待新聞界同人暨黨政領袖、地方人士，舉行紀念聯歡。縣党部負責人、縣公安局長、土地局長、教育局長，暨各報社長、記者等，均被邀出席，并參觀全部自治區概況暨車間工作情形，至五時許始散歸。

一九三六年七月二十三日

國際勞工局中國分局局長程海峰，於上月偕同國際總局特派員伊士曼氏到錫，視察各廠。程氏等視察後，對於吾邑申新、華新各廠一切設施，非常欽佩，近日特由程氏致書申新等廠當局答謝。略謂：貴廠規模宏大，組織完善，尤以關於工人福利事業之自治區，足樹國内工業界之模範。伊氏對之尤爲讚美不已，具徵借箸代謀，無微不至，欽仰曷極等語。可見吾邑工廠地位，年來確有相當進步也。

一九三六年十月一日

本邑西門外申新第三紡織廠開辦之勞工自治區，全區教育男女工人有三千人之多，對於勞工教育頗多特殊成績。本學期定於今日分男、女二區開學，共分十六級，除由申新小學各級教員兼任各項普通功課外，並由該廠總管理處處長與自治區區長聘定李本善、茅琮擔任汽車駕駛與修理科，潘月芝、夏光傑擔任救護學，胡素琴擔任造花，蔡文華擔任照相學，孫月珍擔任養雞學，張和擔任養兔學，張定遠擔任縫紉科，並推定蔡文玉爲女子部主任，談供宸爲男子部主任。報名入學者，共有二千餘人之多。

一九三六年十一月十四日

吾邑實業家榮氏昆仲會同該廠分工會，於四年前就申新第三廠內，辦有職工醫院一所，迄今成效卓著。本年勞動節，建三層樓一幢，爲該院新院舍，由中國建設工程公司設計，許順昌營造廠擔任建築，刻已正式完成。聘定談家棖爲院長，夏子和爲醫務主任。更聘中醫鄭濟青、西醫盛振傑擔任中西醫務，潘月芝主任看護。最近更備有愛克司光鏡，爲我邑醫院所罕見。凡治療、診察、手術、驗血等室，莫不悉備。同時足供病人百餘名之住宿，計分男女調養室、傳染病室、普通病室、外症室等，實爲全國勞工界獨一無二之設備云。

一九三七年一月十四日

前濟南市市長、現任山東省政府顧問、陸軍中將聞承烈氏，於十一日由鎮蒞錫，考察工農事業。昨日上午，聞氏參觀申新勞工自治區。午後，繼續參觀申新紗廠全部，并參觀省立教育學院、恒德油廠、茂新二廠，遊覽惠山、梅園、小箕山（錦園），於晚間乘車離錫赴滬。

聞氏臨行對記者表示：申新三廠勞工自治區設備之完善，在全國工廠中不易多見。廠方對於勞工業餘享受之打算，可謂無微不至。榮先生（宗敬、德生）、薛先生（明劍）之辦事精神，殊堪欽佩。

一九三七年二月一日

本邑申新三廠之勞工自治區，注重勞工福利事業。茲悉該區爲紀念歷年因公殞命之王天保、秦泉生、徐和尚、吴培元、張雨濤、堵榮寶等六工友起見，特築功德祠一所，定於今日（一日）舉行落成典禮。先於昨日晚間舉行暖祠表演，由該區女子部第一、第三兩部在該區大禮堂表演《大路》、《蓮花落》、《月兒彎彎》、《半夜敲門》、《寒夜》、《復活的玫瑰》等節目，參加者有各界來賓及全體工友，共有四五千人之多。並悉今日上午九時在申新工會舉行追悼會，十時即由申新工會恭奉神主，並全體執事，過望城橋，走煤屑路、黄泥垟，在黄泥橋下家屬路祭。途經北長街進南門城，走新生路，在公園路由同人公祭，走復興路出西門，走棚下過西新橋，經振新路入自治區，行入祠典禮，禮畢奉祀，午刻安位。聞今日儀仗頗盛，有馬吹開銃、旗傘鑼鼓、粗細樂等，備極哀榮。

（本文依據《新無錫》報一九三四年至一九三七年發表的有關申新三廠勞工自治區的報導摘編。）

申新第六紡織公司正式成立及開工雜記

汪孚禮

申新紡織公司之屬廠有九，人盡得而知之。第一、第二、第三、第四、第五各廠，遠在十餘年前，或六七年前，早已正式成立；即第七、第八、第九之有廠，亦不自今日爲始。何第六廠之正式成立，而獨遲在第七、第八、第九三廠之後乎？緣申新所屬各廠，可分爲三種性質：一曰新辦，如第一、第三、第四、第八各廠是也；一曰收買，如第二、第五、第七、第九各廠是也；一曰租辦，如以前之第六廠是也。新辦者固屬永爲己有，收買者亦已取得所有權；惟租辦者有一定租期，期滿可由任何一方提出解約。以前申新第六廠，係租辦常州紗廠，既非新辦，亦非收買。最初租辦三年，嗣由雙方同意，續租三年，今夏期滿解約。故申新之有六廠，雖遠在六年以前，而因在租期中尚無自主之權，不得謂爲正式成立。上海厚生公司，固一規模宏大之紡織廠也，停頓經年，廠主無繼續辦理之意。最初某日商有意承購斯廠，卒以廠主不願及爲國人所反對，不克成爲事實。嗣有華商多人，或思租辦，或願合股，或欲收買，均以需資過巨，或營業無把握，事垂成而忽中止者屢矣。本公司榮總經理昆仲，因第六廠業已解約，九廠缺一，正思辦一新廠以補之。經友人之勸說，遂毅然決然以重價承受斯廠，改爲申新第六紡織公司。原在九廠中惟一租辦而且期滿解約之第六廠，至是遂得補實，而宣告正式成立矣。

榮總經理昆仲，素以衣被民生爲宗旨，提倡國貨，尤具宏願。念此廠規模宏大，倘得早開一日，即可早塞一日之漏卮。上月二十一日甫簽合同，原約十一月一日正式移交，依常理視之，須在移交後方可籌劃開工事宜。而愛國具有同心，當此抵制外貨之時，羣思早日開出，於是從權辦理，即於二十三日宣佈開工。除聘定榮鄂生、李迪先二先生爲正副經理，曾祥熙先生爲總工程師及各技師、各主任而外，復承總經理昆仲及各少東不棄，調余前往相助，函催甚急，義不容辭。二十三日下午，隨爾仁先生赴申，至則鋼絲間已開始工作矣。是夜，總經理宴客，席上言及欲於一星期內，即在未正式移交之前，完全開齊。詢余“是否可以辦到？”余思以停頓經年之廠，具有紗錠七萬餘枚，且車間毫無留下花紗，求於一星期開齊，頗有難色。惟允盡力速開，至多以二星期爲限。席散後，留宿曾總工程師家中，籌商達旦。除設法避免各種障礙外，凡可以從速開出之點，提綱挈領，作爲臨時條規，在此一星期內，按步就班做去。翌早與曾總工程師分電申地各至好，凡關於工務事宜，請其直接間接幫忙。幸承一一允諾，私心爲之大慰。於是督率車間各部，一面揩掃，一面運轉。同時，在外面招致男女工人，終日成羣而至，即登記，即工作。有幾何花卷，即開幾何鋼絲；有幾何棉條，即開幾何併條粗紗；有幾何粗紗，即開幾何細紗。進而至於搖紗打包，無一不是如此。從未有中遭停頓者，真所謂水到渠成，不費幾何功夫也。甫一星期，全廠開出。未到正式接收之日，襲用舊日商標之“歡喜”紗，已到市上銷售矣。出貨如此之速，用戶均爲之驚異不已。且因出品優良，皆大歡喜云。

車固於一星期之內開出矣，人多而雜，整理方面，尚欠清爽，此固爲一缺點。而尤感困難者，前厚生停廠時，因欲不久開出，車上皮輥未曾收下裝箱。經過霉天熱天，沾潮已甚，一旦運轉，皮呢均易脫殼，每日竟損壞至五六千隻之多。而尤以精紡間皮輥爲甚，幾非全部調換不可。然皮輥間工人有限，日夜趕做，尚來不及。因托在申相識各廠友，請其派人前來相幫，或持皮輥殼子前往該廠工作。直至第二星期之末，始大致將全廠皮輥配齊，得以減少空錠。又傳動皮帶，亦與皮輥犯同一弊病，時常落下，不獨膠接費時，有損出數，而物料之多耗費，此亦占其大宗也。

紗廠開至細紗時，布廠亦開始工作。先開筒子、經紗、漿缸，約三四日，即一面穿筘裝盤頭，一面卷緯織造。因恐車停過久，生活難做，先織十一磅粗布一批，爲申新一廠買去，作麩皮袋用，據云身骨甚好。內有豐田式布機二百部，開工二日後，即分日夜班。第一批十一磅粗布了機，即改織十二磅細布。其餘七百部他式布機，先盡長日工開足，再開一部分日夜班，改織一部分細布。因漿缸祇有三部，不敷全部日夜工之用。且美式布機五百部，頗多損壞，非大加修理一次，頗不易織細布也。

車開齊矣，自第三星期起，即從事整理。由曾總工程師會商各技師及各主任，規定每部下腳，總計若干；每項下腳，至多不得超過若干。現在之實量，將來之標準，均一一爲之開出，俾資遵守。又規定機匠、女目、男女工人之總人數。以二十支爲標準，每萬錠扯用三百二十人，外面雜工亦算在內。支數扯細，則再酌減。凡可用女工之處，盡量招用女工。如清花間之喂花，鋼絲間之管車，粗紗間之掮紗，細紗間之搖車，布房間之看布，各部之掃地等工作，皆以女工任之。至於工資一項，最大幾何，最小幾何，亦有詳細之規定。凡可以論貨者，均論貨計算；不能論貨者，則論工。惟皆係日薪，並無所謂月給也。

此次開工如此之速，得在滬申新各廠之助不少。不獨各部主要職員及機匠，多由各廠分來，或臨時借用；物料不足，隨即挪移；一時不及印就之工折報單，亦皆借來通用。而近在貼壁之第五廠，尤肯與以種種便宜。花卷粗紗，盡量借給。星期停工之日，則爲多開半工。該廠廠長榮偉仁先生，每日親來籌商一切，獲益尤多。因之此廠爲申新所有，在一星期之內完全開出，固可辦到。設爲其他公司所收買，則不僅無此便利，恐亦無此勇氣。至於申新以外之各廠，如恒豐、永安、鴻章等，亦承直接間接爲之幫忙，則尤令人感激不置也。

經理鄂生先生，即以前租辦常州紗廠時代之申六經理也。所出"仙女"牌紗，在申新各廠中首屈一指，極爲用戶所歡迎，售價恒比"人鐘"高數兩。其富有開工廠之經驗，自可不言而知。副經理迪先先生，對於上海紡織業情形極爲熟悉，且曾在無錫申新三廠與鄂生先生共事有年，感情極稱融洽。此次一堂重聚，可謂相得益彰。又偉仁先生，以少東資格兼任稽查，本數年來辦廠之心得，督率同人，努力工作，當不讓其主辦之貼鄰申五，專美於前。將來難弟難兄，必于此申五、申六見之也。總工程師曾祥熙先生，爲富有學識經驗之斯業專家，不僅與厚生有數月之因緣，且曾服務申新。整理二廠、七廠，具有相當之勞績，素爲榮總經理所器重。此次重逢舊主，必克有所感奮，大展抱負，而獲優良之結果也。他如紗、布、原動各技師及各部主任、監工人員，均爲後起之秀，朝氣勃勃，勇往直前。事業賴人才而成，申六前途之光明，可於此而預卜也。

此廠有紗錠七萬零七百七十六枚，織機九百二十架，廢紡機四部，計一千六百八十錠。規模之大，在申新各廠中，除申九殆與相等外，無有出其右者。而機器之新，僅遜于申八。且具有沙谷落威最新式單程清花機五套，尚爲中國紗廠所僅見。又全部精紡機，均爲四線羅拉之大引伸式，在申新各廠中亦爲特色。至於廢紡部，鋼絲精紡，機器嶄新，價值頗巨。精紡機且係走錠，尤開申新之新紀元。只求整理得宜，出品出數之優良，均有十分把握。惟布機則稍劣耳。

此廠占地甚廣，惟房屋之建築，除紗廠二棟外，多零星散漫，工務上頗欠聯絡。又車間機器排列失宜，工作亦感不便。一日與曾總工程師相商，須先就簡單而易行者，從事整理一次，以利工作。俟有良好機會，再作大規模之整理。同時就現有空地及不適用之房屋，另建新屋或改造之，估計全廠可擴張至紡錠十萬枚，布機二千架。廢紡部及其他修機、雜工各部，仍有相當地點以容納之。此事如得竟成，則將來之申六，迥非以前常州時代之申六可比也，且拭目以視之。

厚生開辦有年，且經一度改記矣。余於厚生時代，曾往參觀二次，走馬看花，不曾留何印象。此次因入申新範圍，且被邀前往幫忙，勾留達三星期之久。庭園也，房屋也，機器也，各種設備，固皆一目了然，即人事之變遷，亦多有可供尋考陳迹。敢武斷而言之曰：厚生失敗之原因，係犯在“有聞未之能行唯恐有聞”之弊。例如細紗筒管嫌長，即換去錠子數萬枚，將筒管改短；細紗滾筒嫌小，即將百餘部滾筒換大；雙線生意不好，即將線機改紗機；視細紗機三線羅拉爲普通，即改爲四線大引伸式。諸如此類，不勝枚舉。每有一度之改革，動需數萬金，或數十萬金。前者尚可生利之具，視同廢物，棄而不用；後者認爲有大利可圖之新具，又似無精通此道之專家以善用之，結果亦徒有其名，而不得其實。年復一年，數百萬元之資金，自易歸於消滅。加之以生意疲敝，遂終至不堪收拾矣。

余於此對於以前厚生廠當局氣魄之雄大，十分欽佩；而爲一種善意所驅使之擴充或改造之不盡得當，以至於失敗，則又不勝爲該廠當局惋惜，而深表同情者也。今已歸申新所有矣，我申新開工廠之主旨，素採緊縮政策，不願過事更張，適與以前厚生相反。從此截長補短，申新所負之責任甚大，楚弓仍爲楚得，前厚生廠當局，亦不必失望也。

（原載《人鐘月刊》第一卷第四期，一九三一年十二月一日）

申新紡織第九廠規章彙編

（中華民國二十六年一月訂）

一、總則

一、本廠設正副廠長各一人，管理全廠一切事務，由總經理聘任。

二、本廠設工務、事務兩部，以下分設各科。

三、每科設科長一人，科員、辦事員無定額。

四、科長承正副廠長之意旨，有統率及監督全體科員以下辦事之責任，如有不聽指揮、屢勸不悛者，須隨時呈報，不得徇情隱瞞。

五、各科平時應取得連絡，於業務上可以互助，不致發生隔膜。

六、凡不屬於各科之事，除由正副廠長委託或指定辦理外，概由庶務科辦理。

七、凡職員志願入本廠工作者，須先試用三個月，填具試用保證書。期滿，本廠認爲合格者，即行換填正式保證書，由保證人及介紹人簽名蓋章，擔負銀錢以及一切行動之責（保證書由本廠印就備填）；不合格者，隨時解雇。

八、凡工人志願入本廠工作者，試用合格後，應填具保單，由保人簽名蓋章，其一切行動均由保人完全負責（保單由本廠印就備填）。

九、本廠對於職員及工人之解雇，按照普通慣例，參酌所在地政府頒佈之法令而行。遇有特別情形時，本廠並得稟陳統轄官廳，酌核辦理。

十、凡本廠職員、工人解雇後，其保單須二個月之後方得發還。

十一、本總則，凡隸屬本廠之職工應一律遵守之。

十二、本總則，如有未盡事宜，得隨時由本廠正副廠長修改之，呈請總經理核准。

二、職員規則

（一）通則

一、凡本廠管理工務之職員，應于各該班上工前十分鐘進廠，下班時須待次班職員接替及工人放工後，方可出廠。

二、凡工務職員在班時出入車間，由記錄時間者隨時登記，每日送至廠長室閱看，查察其勤惰。

三、星期日，職員須輪流值班，計工務員□人、事務員□人，以便遇事接洽。

四、各職員在辦事時間如有親友因要事探訪，接待不得過二十分鐘，並不得留宿。遇有必需通融之處，須得廠長之允准。

五、各職員辦理簿記報單及各科往來繕條，均須簽名蓋章，以專厥責。

六、各職員有事出廠，應遵照告假規則辦理。

七、職員應力戒之點：（甲）鴉片；（乙）賭博；（丙）酗酒；（丁）鬥毆；（戊）調戲婦女。以上五點，犯者立即解雇。

八、職員應注意之點：（甲）廠中公物宜愛護，私物宜整潔；（乙）借用他部物件，不得任意攜取，須簽條聲明，隨時歸還；（丙）不得任意涕唾及隨處狼藉茶水；（丁）夜間除臨班者外，應準時就寢，勿高聲談笑，妨礙他人；（戊）當夜班者，日間應睡眠酣足，俾晚間工作不致倦怠；（己）半夜飯非臨班者不得附膳；（庚）除吸煙室之外，概行禁止吸煙，惟賓客不在此限。以上七點，違犯如過三次者，即予以相當之懲戒，再不悔改，即行解雇。

九、本廠職員，在試用期內未調換正式保單之前，任何方面辭退者，無享受年終花紅酬勞金及積儲金之權利；在既換正式保單之後，自請告退者，如有特殊情形酌量辦理外，年終之花紅酬勞金，概不照給。如廠方辭退者，除因特別事故不能照給外，得享受以上之權利。

十、職員住宅，除自己房産外，所租之屋須離廠址在三里以外。

十一、職員如有營私舞弊、損公曠職等情，輕則予以懲戒，重則立即解雇。至於廠中因此而受之損失，應歸該員之保證人完全負責。其在同部分辦事人，若知情不報者，即以同謀論。

十二、職員與工友，不得發生金錢上一切任何關係。

十三、職員除婚喪大事外，其餘繁文褥節一概免除。致送份洋，一元爲限。當事者亦不必請酒，以免糜費。練習生在練習時期進益式微，對於各同事毋庸應酬，以示節儉。

十四、工務職員服務在十年以上，並升任至考工者，廠方認爲精力減低時，當畀以相當職務，以示眷念同人之意。

本則如有未盡事宜，得隨時修改之。

（二）職員告假規則

一、各職員服務時間，不得告假。如遇要事，須先聲請事由，得廠長之允許派員代理後，方得離職。

二、各職員於請假前，同事中須互相商酌先後，俾免人手缺乏之虞。

三、各職員有事請假，須向事務部領取假單，注明事由及日期，先得主管科長及事、工兩部長簽字後，再請廠長核准，方可離廠。銷假時，亦須填寫銷假單，送事務部查核。

四、請假期限，每月以三天爲率，多則扣薪，少則升俸。如全年不請假者，除例假照升外，再照全年薪水升一成，所有分派紅利等，亦照數合算。

五、各職員請假出廠時，應將事務部所掛名牌移掛門房，登記出入時刻；回廠時，帶回原處。如有不掛名牌者，以曠職論。

六、職員病假，如經正當醫生證明，廠長核准，得減半扣薪。

七、逢廠中休息日照常工作者，另訂例假輪代之。

八、事務員辦公時間與工務員同，爲每天十二小時，其時間以工作情形而定。惟會計科有時工作超過十二小時，故會計科職員偶在五時至八時有事離職，准予免扣。

九、科長及科長以上，有超過規定工作時間之義務。

十、值夜班之職員如有疾病，須經本科之科長證實，方准請假。

十一、職員如遇婚喪大事而請假者，本埠以十天爲限，外埠以十五天爲限，逾期照扣。女職員婚喪病假與男職員同，惟生產特准例假一個月，薪水照給，逾期照病假半扣。產後三個月不到廠服務者開缺，但平日有功績者，得停薪留職三個月。

十二、職員寓居本地者，除得廠長特許外，每旬只可兩天外宿，過限須扣假，其時間規定下午六時後方准離廠，早晨八時前必須到廠。如有特別事故，早走及遲到者，均不得超過一小時，逾時亦須扣假。臨行之前，須先呈明本科科長，且須招呼同事代爲照料。但值夜者，在班時不得享此權利。至家眷不在本地者，不准在外住宿。如有必要之事，須預先聲請允准後，方得通融，否則以曠職論。

（三）職員積儲金規則

一、本廠職員自二十六年一月份起，其薪水一律普加百分之五，撥作積儲金，彙存銀行，依照銀行利率結息，由本廠發記名存摺。

二、此項積儲金，須連續存滿三年以上，於退職時方得發還。如中途解雇或自退，除特許發還外，本廠得將是項積儲金充作附設醫院之經費。

三、此項積儲金，如連續存滿三年以上，因正當事由退職時，如本廠認爲成績優良，得照所存數目加倍酬給，以示優異。

四、此項積儲金存摺，不准賣買、出讓及抵押，否則作爲廢紙。

五、此項積儲金存摺，須憑本人支取，別人拾得作廢，如由家屬負責人持摺來取，本廠認爲不知底蘊者，須覓相當妥保，方可照付。

（四）職員宿舍規則

一、職員宿舍由廠長指定每室室長一人，以維持各項規則之責任。設有違背規則之處，當勸導之，不聽則報告廠長。

二、引火物品不得攜入，並禁止在舍內燒煮食物。

三、凡親戚友好，不得引入宿舍，須至會客室接見。

四、不得在宿舍內薙髮、洗衣，果殼、唾涕須隨時施之固定盂內，不可隨地抛棄。

五、舍内拂拭、揩洗、沖茶、倒水，均由茶役承值，不得另差外人（如工人等），設茶役不聽差喚，可告知庶務科，施以懲罰。

六、在宿舍内不得任意高談嘩笑，擾害他人安寧。

七、舍中已指定之鋪位及裝置之各件，均不得私行更改、擅自調動，設因他種關係必須改動者，當由舍長告知庶務科，陳明廠長，派員會同查明，確有改動必要，准許後方可變更。

八、如購買點心、飯食等，須至膳堂就食，不得攜入宿舍，以免蚊蠅羣集，有礙衛生。

（五）職員眷屬宿舍規則

一、廠内建築職員眷屬宿舍，爲便利公私兩益起見，以期專心辦公，減少顧慮，免除房租高貴，節省日用開支。凡本廠職員，均有享受住宿之權利，但房屋稀少，勢難普及，只能先盡要職者居住。一有空戶，以次遞補，權衡均操諸本廠。

二、本宿舍除應供給者外，當酌取房金，藉以貼補修理及水電等用，絶無小租頂首等名目。所有房金，以發薪日支付。職員如欲居住，須告知庶務科，轉報廠長，一經允許，即可居住。如已指定之房屋，不得自由更改。

三、本宿舍係供給在職人員居住，退職後限兩星期内搬出，不得停留。

四、本宿舍只能限於本身眷屬之居住。

五、職員眷屬居住宿舍者，須受廠規之拘束，倘不遵章守法，即可取消其居住之權利。

六、本宿舍内對於吸食鴉片、酗酒、毆鬥、賭博，完全禁止（麻將牌之類亦在禁例），如果查出，勒令遷居，絲毫不能徇情。

七、職員眷屬除居住之外，不得干預及妨害廠中各項事務。

八、本宿舍除水電之外，其餘一切柴火、煤炭、電爐、電竈、電扇等類，均須自費。惟電燈一項，每幢裝有電錶，限定每月用電十五度，過限則照章收費。

九、職員眷屬膳食欲向廚房包飯者，先至庶務科接洽，不得直接授受，並須規定客數，不得以多報少，未滿十五歲者作半客論。查有不實之處，廠中有停止之權。

十、本宿舍內，不得豢養家畜等類，並須注重個人清潔，以重衛生。如發現有礙衛生情事及妨害公衆安寧者，均絕對禁止之。

十一、宿舍公物務須愛護，如摧殘損壞，照市價賠償。

十二、宿舍內攜物出廠門者，均須至庶務科領取出廠門證，否則門警得阻止之。

十三、庶務科有隨時入本宿舍查察之責任，如查有不合規則之處，須婉言勸導。若不聽從，即報告廠長。

十四、如有例外之事發生，廠中得隨時酌奪辦理。

十五、凡居住廠內之職員眷屬，遇疾病，可至本廠醫室診治，不取診金，僅收藥費。若欲另請醫生，須預先告知庶務科知照門警，方可進廠。至病人危篤之時，則須移入本廠太平間，以求左右鄰舍之安全。

三、各部（科、室）辦事規則

（一）廠長室辦事簡則

一、本廠設正副廠長各一人，掌理全廠事務，有督率及進退全體職工之權。

二、正副廠長委定事務正副部長各一人、工務正副部長各一人、稽核一人、稽查一人、辦事員三人（兼職）。

三、工務部長輔助正副廠長辦理廠務。

四、事務部長暫由正副廠長自兼。

五、廠長因事務殷繁，得臨時委派各部職員兼辦之。

（二）會計科辦事規則

一、本科設科長一人、出納員一人，記賬單員及練習生無定額，辦理全廠賬務、月終年終結算及關於全廠各科賬表格式、記賬科目之擬訂，並指示各科登賬方法之事項。

二、收付現金，憑各科記賬憑證，由出納員驗明廠長及稽核員、各該科科長印鑒，方可收付。如有不屬各科經管者，由出納員繕製記賬憑證，屬於付出各款，先經科長、稽核員及廠長蓋章後，方得照付。所有收入者，在停止收付時間交科長、稽核員及廠長蓋章後記賬。

三、本科出納員如違背本科規則第二條之規定，當由科長及出納員各個人負責。

四、發給存工憑各科存工單，由出納員驗明各科科長印鑒後，在存工薄上核對加蓋登出印鑒後照付。發出預墊工資，由出納員驗明工賬科科長印鑒後照付。在止發時間，由出納員繕寫記賬憑證，交科長、稽核員、廠長蓋章。

五、各科購物須先領取現金者，由各科繕條，不滿百元者，由出納員驗明各科科長印鑒照付；百元以上者，須驗明廠長之印鑒照付。但至翌晨九時前，須由各科繕寫記賬憑證，由出納員驗明稽核員及本科科長、廠長之印鑒後，餘款交清，將領取現金之便條交還。倘延期不交，由出納員報告科長，呈請廠長處理之。

六、凡關於貨物之進出、收付各款之轉賬，各項賬目由各科繕寫記賬憑證，及總公司代理收付各款，照總公司來代理收付款報告書，由本科繕就記賬憑證，經科長、稽核員蓋章，再由廠長驗明蓋章後記賬。

七、如有預支及暫宕之款項，非經廠長簽字蓋章者，作爲違背本規則論，應受賠償處分。

八、本科庫存現金，每月至少檢查一次。檢查日期及檢查人，由廠長臨時派充之。

九、本科所保存之記賬憑證，無論何人不得攜出。如他科認爲有查封之必要時，應自攜賬薄至本科查封。

十、本科所有各項賬目以及各科交來之報告單等，均須按日登記清楚，不得延擱。如因他科手續遲緩者，本科須負責催促。凡對內對外各務，不論繕寫信條，收付款項，必經本科支配者，須隨時辦理，以期敏捷。

（三）棧務科辦事規則

一、本棧設科長一人，科員、練習生無定額。

二、科長負驗花之責，遇有貨品方面不能確定時，當請示於廠長。花衣到廠時，須督飭棧司挖取大樣，呈送廠長詧閱，俾得派員烘驗水分。

三、收進花衣，須分批堆楂。付至清花廠時，由廠長派員過磅，棧房及清花廠職員會同監秤之磅碼，逐批分結，與原來分斤比較，以明餘虧，惟包皮照來碼無升降。

四、花衣到廠，一經驗定，須隨時起卸，不得稽延。其收貨憑證，照例由科長等蓋印，再送會計科及廠長簽字。

五、所有紗、布兩廠，每日轉來貨物，須檢點清楚，分別堆楂，不得混誤。並應時常察看，見有潮濕，或翻或曬，以透空氣，而免發熱。

六、紗布下腳，均憑總公司棧單出貨。如因特殊情形欲出貨者，得由會計科繕條蓋章，並由廠長簽字，先行發貨。俟向總公司取到正式棧單，即將該憑條調回棧單時，先寫聲請書交出貨人，至徵稅處調取稅單，然後照單挨包上編號，或依楂腳先後，挨次發貨，隨填憑條，向門票處調換出廠門票。

七、每日收付貨物，須隨時登記，存數結出，除填報告呈送廠長外，並須繕就記賬憑證，彙送會計科，分別覆核入冊。

八、貨棧房一經進出，須隨時落鎖，無故不得擅開。將晚時須巡視一周，以昭鄭重。無論何人，不得吸煙，其餘引火物品，亦不准靠近。如有明知故犯，一經查出，須受相當處分。

九、各種廢料下腳，如欲售出者，須將顧客領至廠長辦事處，講明價目，另行派人，會同本科辦理。

十、工人上下貨物，不得有貼力等種種名目，暗中需索，須嚴行禁止之。

（四）物料科辦事規則

一、本科辦事，分記賬、收貨、發貨三股，設科長一人、正股員二人，副股員及練習生無定額。于責任上及名義上，雖分股擔任，但於事實上，自科長至副股員，均須互相助理，不得藉分股名義互相推諉。

二、本科平日所需備之物料，完全歸總公司五金部購辦。設有機件（如翻砂機器等類）於事實上必須廠中接洽及現購者，當呈報廠長處理之。

三、凡經常物料，平日由記賬、收貨、發貨二正股員共同負責留心，以免耽誤工作。如物料將用罄時，須互相關照，由正收貨股員開明辦貨單，交科長蓋印，再呈廠長核准後，方可購辦。如工務處指明添購之物件，其添購單須經工程師等蓋印，其辦法同上。

四、所有收貨、發貨二股正股員，每三月一對調，由廠長派員會同照賬檢點物料一次。

五、本科科長遇有請假時，將鑰匙、圖章及公務上之重要文件，交與記賬正股員收受代理，其餘手續，照本廠職員請假規則辦理之。（物料科之回單、印章，交於記賬員保管之，以資便利。）

六、記賬股逐日將收付賬目繕就記賬憑證，連同收入之貨單及付出之領單，一併彙送會計科，分別覆核入冊。所有五金部或店家送來之清單等，須隨時核對，不得延擱。（此項憑證及店家月結清單，由記賬人會同科長負責蓋章。）

七、收貨股於收貨時，先將解單與辦貨單存根上之品名、數量核對，相符乃開始收貨。凡貨物之美惡以及輕重、尺寸、厚薄、式樣、顏色等合格與否，均須同有關係之部分嚴格驗明，如有不合，立即退換。對於價目一項，須隨時注意比較，如有認爲不符者，一面以本科名義函問（總公司）五金部，一面呈報廠長，如有不能確定者，當請工程師及保全科等評判之。

八、發貨股於發貨時，當先審查領貨單上印章等手續是否完備，然後照發。如有疑點，得以止付，但須與來人聲明理由並指導之。其發出之物料，當依各貨購進時間之先後，挨次應用。對於工務部領取物料，如果關係工作上緊要之件，雖在深夜，發貨股員亦當照付，不得推諉，以重工作。

九、用煤亦爲物料之一，所有記賬、收發等手續，均照上定規則辦理。收進則派副股員磅進，添磅人亦歸本廠自己派人任之，付出由副股員監碼照發。至於煤質之好壞，由事務部另派專員驗看，惟本科有幫同審查辦理之責。

十、各種廢料下腳如欲出售，須將顧客領至廠長辦事處，議定價目，另行派人，會同本科辦理之。

十一、每種物料，均須用《存數表》表示之，進出並隨時加減，便於一目了然。

（五）工賬科辦事規則

一、本科設科長一人、助理一人，正副工賬及製表員無定額。

二、所有一切工賬手續，須每班當日記清，不可延積。每屆發給工資期，須於二天之前將結數報告會計科。

三、凡辭退工人領取工資時，如果工務上之手續已經完備，應隨時結出，俾便領取。

四、工人如有罰扣工資，均憑各科報單分別扣除，立簿登記，款歸會計科存儲。

五、工人遺失工摺，應由該管職員備條蓋章，經過考工及工程師簽字後，方可照補。

六、每日早晚工人上工時，本科須輪派科員二人，監收工摺或臨時試驗證，如無此項憑證，應令巡丁制止進廠，放工之前發還工摺。每星期至少有二次，須本科工賬員親赴機間，查對飯單號碼，依次發給。如有不符，即當扣留徹查之。

七、日常工作一經核定，非由考工及工程師知照，不得更改。

（六）庶務科辦事規則

一、庶務科有管理全廠雜務、衛生及督察巡丁、廚司、茶役、清道、工房、宿舍之責。

二、本科設科長一人，庶務員□人、女庶務員□人，均歸科長分別指派，各負其責。

三、庶務科組織分爲四股：

（甲）人事股　管理茶役、雜役、代辦用品、收付各物、職員婚喪喜慶之禮份、來賓參觀訪問之酬酢，以及工友家屬之接見與留宿、廠中職工出入之名牌等事。

（乙）整潔股　管理全廠清潔衛生，查察所存之生財、廢料、修理房屋、道路，以及佈置、設備等事。

（丙）警衛股　管理巡警、門房、抄紗、保衛、消防，以及頭門出入一切事務。

（丁）膳宿股　管理職員、工友、養成工等之膳食、茶水及宿舍，其他如洗衣作、理髮室等附屬之。

四、本廠於大門内設問訊處，常駐庶務員數人，以監督進出各項事務。

五、本廠庶務科辦事處設立於二重門内，以便查察。來賓到廠，先由科長招待，詢問事由，再行報告。

六、全廠消防器具，應由本科時常督飭小工整理清潔，不得離開原置之處，並每逢星期日由庶務員實行試驗，遇有損壞，立即修理。

七、本科若向物料科領取物件，應在領單上注明何處所用，由庶務員蓋章後，再經科長蓋章、事務部蓋章，方得前往領取，以昭鄭重。

八、全廠房屋如有漏水及玻璃破碎等情，趕令工匠修補，以避風霜雨雪之侵入。

九、廠外四周，每日須督察雜務小工掃除清潔；以及全廠各地或窗檻上，遇有筒管、鐵件車上所用之物件、白花、紗頭等等，須責令掃地者隨處收拾，送歸各部。

十、在本科範圍之内應辦之日常物件，須填寫記賬憑證，向出納處支領款項。如特種用品及價值高者，先由科長陳明理由，經廠長允許，方可置辦。

十一、全廠食堂内，按日督飭茶役、小工等打掃清潔，所用之飯碗匙筷，均須沖洗拭淨。

十二、本科對於廚房，應當格外注意清潔，並按日往查採辦之食品，認爲不鮮潔者，責令立即換去，以重衛生。

十三、工房内工人住宿，庶務科須憑工務部已由工程師或科長蓋章之憑證，並依照工房章程分別安置。如由工務部開除之工人，須限其在□日内遷出，不得多延時日，以徇私情，庶務科須負完全責任。

十四、職員宿舍須常巡察是否整潔，每舍所有公用器具有無浪用、損壞等情，並督飭茶役時時整理。倘有職員不顧公德，須婉勸之，如不依從，報告廠長。

附：問訊處規則

一、問訊處人員暨一切事項，均隸屬於庶務科。

二、派定職員三人，專司頭門出入一切及人事、整潔、警衛之事，日夜分任管理。

三、問訊處人員對於內外各種事務，必須以事事謹慎、處處謙和、方便他人爲宗旨。

四、男工單身宿舍近在咫尺，須專司管理。如有發生一切不規則之行爲，當就近勸告或禁止。若一時不能解決之事，即報告科長處理。

五、工友遷入工房，所帶之雜物、器具，如有本廠認爲不合衛生及非必要者，概行拒絕搬進。

六、在他處宿舍如查見有不合之事，亦當校正或報告，不得以非我之職責而漠視之。

七、設應接室於問訊處，如有賓客來廠，不論爲公爲私，須先招待至應接室問明來意，隨即飭人通報或電話通知所訪之人，得有本人回音，然後引入會客室。

八、設有男女工友會客室各一所，有探訪工友者，須問明來意，分別引入會客室，再飭茶房招到本人接見。非經問訊處允許，不得引客至宿舍。如有親屬於事實上必須至宿舍者，或遠道而來須留宿者，均訂有另章。

九、男女工友會客時間，夜班者以下午四時至五時三十分，日班者以下午七時至八時三十分爲止。如遇真正特别要事，則不在此限。

十、如有工友家屬請求參觀宿舍者，既經允准，應給予許可證，方得參觀，並須將姓名記入簿冊。若欲參觀工場者，不屬於本處範圍之內，須由工務各科同意後，請求廠長核准，發給參觀證，方得入廠參觀。

（七）醫室規則

一、本醫室凡廠中職員、工友均可就診，概不收費，惟屬於普通病症之外者，其藥劑則須自備。至於病者自願另請醫生者，本廠概不給費。

二、凡本廠職員、工友患病者，經醫生診察後，其病在二十四小時內不能痊愈者，方得住療病室。

三、診察時間，在夏季每日自上午六時至下午六時，在冬季每日自上午七時至下午七時。惟輪值夜班者，則自上午十一時至下午十一時。若急症，不拘時刻，隨到隨診。

四、本廠患病之工友欲來診治者，須先向其本科領班處填寫診察券，再至診察室就診。惟券中須注明病者之姓名、年歲、工號、病類，俾易明瞭。惟下班後居住工房內者，其診察券則由庶務科填給。

五、凡逢廠中例假，停止診察。惟急症不在此限，其住療病室者，亦照常診察。

附一：療病室規則

一、本療病室以房屋有限，設備簡單，且無隔離病房，是以只能收容急症及普通病症，其他如精神病、天然痘、霍亂、白喉、猩紅熱、腦膜炎、痧疹等症，易於傳染者，概不收納。

二、本廠職工經醫生診斷，確實如在二十四小時內不能痊愈者，則進療病室診治之。

三、病者自入療病室後，其被褥悉由廠中供給，不得自由攜帶。

四、如遇病者之家屬欲親自陪伴者，必須經醫生之許可，亦只能以一人爲限，伴者之膳費須自給。

五、凡職員、工友進療病室三日後，病仍未痊愈，經醫生證明，得以續假。如至九日而仍不愈，只能回家調養。設經醫斷定，認爲短期中可以痊愈不必出廠者，得通融之。倘短期中再不能愈，當由本廠醫生指送設備完善之醫院治療，不願者聽其病。若因公而發生者，治療費由廠方擔負。凡進療病室之後，飲食悉由廠中供給、醫生支配，不能任意添購各種食品，致傷病體。

六、凡在療病室中，不得任意高談闊論，妨害他人安寧，有失療養之旨。

七、探望病人之時間，規定上午八時三十分至九時三十分，下午二時三十分至三時三十分，夜間八時三十分至九時三十分，過時概行拒絕。

八、凡在療病室之病者，如願另請醫生診治者，則廠中概不給費。

九、探望者入病室時，須緩步低聲，以免妨礙病者安寧。如有帶進之物品欲贈給者，非經醫生檢查許可，不得給與。

附二：看護服務規則

一、凡在醫室服務時間，須穿著制服，隨同醫生施行按數脈息、測量體溫、調敷藥品、包紮創傷等各種手續。

二、每日於診務之前後，須負醫具清毒及器械整理之責。

三、對於病室內之病人，須依時視察，並檢驗體溫、按數脈息、敷洗瘡傷、包紮創口，以及遞給湯藥、檢點飯食等事。

四、在病房內，須遵醫生之囑託，施行各種治療手續及佐理病人之盥洗櫛沐，指揮茶役整理床褥、灑掃拂拭等事。

五、每逢廠中休假日期，輪班給假。如平日有特別事故請假者，須先向醫生陳述事由，經許可後方得出外，但回廠時間不得過下午九時。

六、請長期假者，如逾一月，薪金照數扣除，並須覓人代替，以重職務。

四、工友宿舍管理規則

（一）總則

一、本廠工友宿舍共分四區：女子養成工爲一區，單身男工爲一區，單身女工爲一區，附帶家屬者爲一區。

二、本廠工房，非本廠工友概不租借居住。租定之後，不得私自轉租或頂替。除本廠真正工友居住外，並不得兼作他種使用。

三、本廠工房分鋪位、房間兩種，其分住人數另訂之。

四、工友租借鋪位及房間，須憑工務部工友居住證及工友居住志願擔保書，並貼附二寸照片一張，方可由庶務科支配居住。既經指定，無論何人不得再行說項調動移居。

五、凡工友一經告退或解雇，在獨身者以三天爲限，附帶家屬者以七天爲限，依限遷出，不得逗留，致違定章。

六、所有租金，於每期發工資時按價照扣，於房租之外，並無其他小費。

七、宿舍中之自來水、電燈，均由廠中供給，惟須依照規定時間關閉之。

至電燈盞數及燈光支數，不得私自更動，如違定章，當施以相當之懲罰。

八、房間裝修及鋪位，不得擅自更動。居住之工友，倘有違背約則及妨害公衆安寧等情者，當即勒令遷出。

九、租居宿舍之工友，不准吸煙、酗酒、賭博及藏帶危險犯禁物品，不得在宿舍内豢養家畜等類，以重清潔，並不得與不正當人往來。

十、租戶如有違背本約則者，當即加以警告，而仍不改者，亦勒令遷出。

十一、工友出入須憑名牌，於出廠時必先交於大門口庶務科，歸則攜掛於原處，並須聲明何時回廠，至遲不得過規定關閉大門之時間。如有要事外宿者，亦必預爲聲明，惟養成工不在此限。

十二、養成工如出廠，照養成工規則辦理之。

十三、凡住宿之工友，不得向廠外包飯，須在本廠指定之包飯處承包，於事前可請求各科領班具條，通知庶務科辦理。

十四、本廠在宿舍外，備有公共會客室，居住之工友均可至此室接待親友。

十五、居住宿舍之工友，如有遠道之女親屬必須留宿者，須告知庶務科，俟呈明允准後，方得留宿一宵。翌晚尚須留宿者，必再行請求。至於男親屬，則因無此設備，概行拒絶。

十六、如工友疾病，即入本廠之醫室診治，認爲重症者，或送回家中，或送入設備完全之醫院療養。設不幸病至危篤者，則移入太平間料理之。

十七、工友宿舍内，本廠負檢查之責任，以防私藏違禁物品等情。每月須行幾度之檢查，既彰工友行爲之正當，尤昭本廠辦事之嚴密，而免外界之物議。

十八、本廠各處所置之消防器具，不得擅自移動。所有公物，均應保護，倘有損毁，須照價賠償。如屬故意毁壞者，除照廠規罰戒外，尚須賠償損失，並勒令遷出。

（二）養成工宿舍（一區）規則

一、本宿舍專爲女養成工而設，其中起居一切，完全由女庶務員督察管理之，並在本區設立管理室。

二、宿舍之中鋪位及設備，均由廠中支配，不得自由更動。

三、養成工之被褥、枕席等，無須自帶，悉由廠中廉價售給，便於整齊清潔，其價則由工資上分期扣算。

四、養成工來廠時，須先至廠中指定之理髮室將髮修整，再入浴室沐浴，俾形體潔淨，庶不妨礙公衆衛生。

五、宿舍中每室派定室長一人，每日依照值日輪派單督率值日者，按時灑掃，揩洗門窗、戶牖、鋪位、地板等，以資清潔。如有值日者因事因病請假，則由室長代理之。

六、晨起後，各人之床、被褥，應照規定之形式，鋪疊整齊，不得參差紊亂，有礙觀瞻。

七、睡臥時，須各歸自己鋪位，不准私入他人之室及二人同臥。熄燈之後，並不再行談話，有礙他人安寢。

八、室內不准忘形嬉謔、口角謾罵、恣意狂笑、怪聲叫喊、吸煙賭博、隨地涕唾，並不准私藏引火之物及不衛生之物品。

九、本宿舍設有沐浴室、盥洗室、衛生廁所、洗衣服處等，惟浴布、肥皂、面盆、手巾、牙刷、草紙之類，須各人自備，或向本廠所設之消費合作社購買。若衣服無暇自洗，可送管理室交洗衣作洗滌。自洗者須在洗衣室洗滌，不得曬涼於臥室、走廊等處。

十、凡養成工入廠時自帶之衣服等，須由庶務科檢驗，如污穢不潔，有禁止攜帶入舍之權。

十一、養成工膳食由廠中代辦，即在宿舍內之膳堂就食，其膳費於每期發給工資時扣除。

十二、養成工之家屬來廠探訪，須至會客室接見，惟男家屬絕對不能導遊宿舍。如女客遠道而來，須留膳宿者，則廠中備有留客室可暫時住宿，以二宵爲限。留膳者，可告女庶務員，但客數不得過二人，飯資暫行登記，至發給工資時，由本人工資上扣除之。

十三、養成工之請假者，須由家屬來領，方准出外。若須住宿於外，亦須家屬預爲聲明。惟出外時當先告知女庶務員，俟轉呈允准後，再領取名牌，掛於大門口庶務科，歸則攜回，掛於原處。

十四、倘自行告退或已解雇者，在三日之內，即須搬出，不得延宕過期。

（三）單身女工宿舍（二區）規則

一、本區宿舍專爲單身女工而設。

二、本區由女庶務員管理區内之住宿、膳食、清潔衛生及女工出入之名牌等，並在總弄口設立女警崗位，慎防一切閒雜人等混入。

三、每幢房屋内派定室長一人，專管本幢屋内女工之起身、睡眠時刻及輪流值日灑掃、拂拭門窗地板、倒洗淨桶等事。

四、宿舍内洗滌之衣服，須至曬臺上曬涼，不得繫掛於走廊及室内，以免空氣污穢，致礙衛生。

五、在弄内設有糞洞，以便值倒糞穢之用，惟不得將糞穢傾於陰溝等處。其時間，規定日班女工上午五時至七時傾倒洗滌，夜班女工限於下午五時至七時，過時即將糞洞關閉，不准傾倒。

六、本區内女工之膳食，由本廠指定之廚房承包，飯金暫定每月每人五元，每桌七人，借用房内爲餐室。如有宕管帶入居住之人數適合每幢之規定，而欲自行燒煮飯食共餐者，亦可准許。但燒飯處限定於竈間内，不得另設行竈各自分燒，或在室内用火油爐燒煮。若欲出外購買菜蔬之人，須領取自己之名牌或通行證，交於大門口之庶務科，歸則攜回，以資查考。

七、在本區住宿者，於臥室内不得隨帶洋燭、洋燈、火爐、火柴等及一切引火之物，以防危險。

八、本區宿舍内，備有床桌椅凳，凡來居住者，概不准攜帶各項家具。所有個人之被褥衾枕，亦須經庶務科檢查是否清潔，方准帶入。且本廠亦備有被褥枕席，廉價售與，日後在工資上扣算。如欲購辦，可向工務部請求具領。

（四）家庭工房（三區）規則

一、本廠設立家庭工房區，爲優待責任工友著想及便利廠方起見而設。

兹訂定宿舍規則於後。

二、凡責任工友夫婦皆在廠中工作者，或男責任工在廠而欲附帶眷屬者，均須於本廠工程師及工程師以上認爲合格而允准者，方可居住。但責任工因事解雇，其眷屬亦當依照限期，隨之遷出。倘其眷屬仍在本廠工作，當遷入單身女工宿舍內居住。

三、居住各户對於衛生均宜注重，須時常將室内打掃清潔，庶務員得以隨時查察。若屢勸不悛，仍污穢不堪、有礙衛生過三次者，則庶務科立即呈明勒令遷出。

四、各户膳食如欲向本廠指定之廚房包飯者，其價每月每客□元。各户若欲自行燒煮，只准在廠方所置之竈上輪流燒煮，不得另設爐竈，有違廠章。

五、各户每夜至九時須一律熄燈安寢，不得長夜談笑，妨礙鄰居。

六、在本區弄内設有糞洞，以便傾倒糞穢，不得傾倒於陰溝等處。傾倒之時間，規定在上下午五時至七時，過時即將糞洞關閉，不准傾倒。

七、洗滌衣服後，須曬涼於曬臺上，不得繫掛於栅下及室内，以免空氣污濁，致礙衛生。

八、同居各户均要謙讓和氣，倘因事發生糾葛，須先報告庶務科，從事勸告。若互相毆鬥或爭吵謾駡，庶務科可不問孰是孰非，即日限令雙方出屋，毫不徇情。

九、各户之有子女者，均須嚴加管束，不得任其逐鬧遊玩，致有爭吵謾駡之舉動。

十、居住工友出入廠門，除本人有名牌繫掛於大門口庶務科外，其眷屬出入，亦須同樣辦理，以防閒雜人等混入。

（五）單身男工宿舍（四區）規則

一、本區宿舍專爲單身男工居住而設。

二、本區由庶務科人員專管本區内之一切事宜。

三、宿舍内每室派定室長一人，專管室内工友之起身、睡眠時刻以及輪流值日灑掃、拂拭門窗地板等事，如有值日者因事因病請假，則由室長代理之。

四、本區内之工友膳食，不得自燒，並不准外包，須由本廠指定之膳房承包，每月每客暫定□元，每桌六人，限在宿舍内所設之膳堂就食，飯金則於每期發給工資時扣除。

五、在本區住宿者，於臥室内不得隨帶洋燭、洋燈、火爐、火柴等一切引火之物，以防危險。

六、本區宿舍内備有床桌椅凳，凡來居住者，概不准攜帶各項家具。所有個人之被褥衾枕，亦須經庶務科檢查是否清潔，方准帶入。且本廠亦備有被褥枕席，廉價售與，日後在工資上扣算。如欲購辦，可向工務部請求具領。

七、本區宿舍爲三層樓屋，各種設備均極完善，各工友對於廁所、浴室、盥洗室等，均須愛惜保護，維持其清潔，切不可任意糟蹋，有礙公衆衛生。

八、居住本區之工友，絕對禁止闖入第一、二、三區宿舍内，違者開除，勒令遷出。

九、本區如遇有特别事故發生，須即報告庶務科斟酌辦理，不得私相爭執，有違廠章。

（六）工友會客室規則

一、在工作時間，非有特别事故，概不會客，以免妨礙工務。

二、會客時間不得過二十分鐘。

三、工場、宿舍等處，非經本廠允准，概行謝絕參觀。

四、本會客室絕對禁止吸煙，並不得隨地涕唾，以重衛生。

五、如有在本室喧嘩爭吵等情，立即勒令退出。

（七）工友遠道家屬女賓留宿室規則

一、本留宿室，有鑒於本廠男女工友遠道家屬來廠探訪子女、弟兄、姊妹、姑嫂等，爲其無親戚在申，人地生疏而設。惟地方狹小，不能多設鋪位，故非得以上之真確情形者，恕不留宿，並應遵守下列規條。

二、本留宿室，因方便各工友之女家屬遠道來者而設，惟房間只備一間，鋪位稀少，不便久留，只能以一宵爲限。

三、每一工號留宿者，不得過兩人。該室若遇客滿，本廠實無從位置，恕不招待。

四、所有飯食，由留客之人向庶務科領取飯票，引至食堂共食，飯賬暫時登記，俟發給工資時再行扣算。

五、茶水供給爲茶房應司之職，向無酒資賞錢之例。倘有茶房從事需索者，請告庶務科，當即斥革。

六、煙酒賭博，高談嘩笑，有妨礙他人者，概行禁止。

五、機務練習生規則

（一）本廠練習生以造就紡織人才、備作基本職員爲宗旨，工讀務求實際，管理不辭嚴緊，俾得公私有益。

（二）練習生體格健全耐勞，而無不良嗜好者爲合格，其程度於招考時隨時訂定之。

（三）每日服務時間，所有揩車、平車等，完全與機工同等工作，並由保全部職員指導之。

（四）練習生分紡、織兩廠，由工程師調派工作，各就其部分輪流實習。

（五）練習生每日清晨六時進廠，十一時午餐，過十二時進廠，五時後休息，晚間七時至九時上夜課，俾得學識與經驗並進。

（六）練習生練習年限，規定兩學期，每一年爲一學期。第一學期期滿時，由工程師考試學識，並會同保全部全體職員，評判平日工作之成績，如及格者方得升入第二級。至第二學期及格者，作爲畢業，升任職員。惟在三年內不得向廠方辭職，否則須償還練習期內廠方所供給一切之損失。如屬有意違犯廠規，以遂其辭退之目的者，亦須向保證人追償上列之損失。

（七）本廠派定保全部職員數人，管理考察練習生平日工作時之勤惰、休息後之品行，造表記錄。如有怠惰、放縱等情，由管理員加以勸告。如仍不知改悔者，應即呈報廠長，視情節之輕重，施以相當之罰戒，並通知其家屬。

如經二次罰戒以上，仍故態復萌者，及有意違犯廠規者，立即令其退學，並追償練習期内廠方所供給一切之損失。

（八）練習生在練習時期，除由廠方津貼月費外，並得享受與職員同樣之待遇，以資獎勵。惟積儲金照本規則加增二年，須存滿五年以上。

（九）練習生平日除疾病及家中有要事外，不得請假。每逢星期日，如欲出外購物等情，須經廠長或工程師之允許，方可出廠，惟以四小時爲限。夜間不准出外，如家在本市者，休息日回家住宿，須有家長之證明書，每月以一次爲限。

（十）練習生每一學期請假以二十天爲限，過期當將月費按日照扣，請假過六十天者留級。

六、工務部女指導員規則

（一）女指導員係直接指導女工工作法及輔助職員管理事務，其地位在女工之上、職員之下。凡指導員及主管職員，均應認明各個地位，通力合作，互相尊重。

（二）女指導員應以體格强健、品行端方、公正勤懇，並確有指導能力者爲合格。

（三）女指導員分一等、二等、三等及試用四級，其每日薪給暫行分别規定如下：一等員，日給國幣一元零一分至一元零五分；二等員，日給國幣九角一分至一元；三等員，日給國幣八角一分至九角；試用員，日給國幣七角一分至八角。

（四）任用女指導員，由主管職員擢選，經考工主任核准後，即爲試用員；在三個月試用期内，其一切情形均合於第一條及第二條諸款者，呈報工程師核准後，任作三等員；再經繼續工作六個月，成績確有進步者，升爲二等員；嗣後，益能專心研究，貢獻改良方法數種，而能用功讀書者，升爲一等員。

（五）一、二、三等女指導員之升格及解雇事宜，均須經工程師核准後施行。

（六）一等女指導員如粗通文墨，服務在一年半以上，確係勤懇耐勞，公正端方，成績卓異，未曾違反廠規者，得由考工主任及工程師呈明其平日工作情形，經廠長加以考試，酌量選錄爲本廠職員。

（七）女指導員因便於接近女工，應負添雇女工及防止女工偷竊、毀壞廠物與不良行爲等之全責。

（八）女指導員婚喪病假與職員同，惟生産特准例假一個月，薪水照給，逾期照扣，連續請假三個月以上者，即行解雇。

（九）女指導員於職務上如不能與職員合作，及品性不良者，得呈准工程師，隨時解雇之。

七、來賓參觀須知

（一）來賓參觀，須得廠長或副廠長之許可，方得派人引導，憑參觀證入廠參觀，時間不得過久。

（二）凡團體參觀，須分班進廠，每班不得過十人，藉免擁擠，應詢各項請舉代表接洽。

（三）來賓參觀工場，請勿攜帶童僕及吸食煙捲，並勿靠近機器，以防危險。

（四）參觀人如有正式調查事件，須於參觀之前預先聲明，得廠長或副廠長同意，當派人答復。

（五）如遇修理機器及停工休息之期，謝絕參觀。

編者附記：本文原件爲一九三七年二月的鉛印本，由原上海申新第九紡織廠檔案室提供。

申新第九紡織廠福利概況

遜清光緒十六年（一八九〇年），吾國首創之機器紡織廠“洋布局”，建立於上海楊樹浦路，歷年迭經更革，迄民元而產權歸於盛君宣懷，定名爲“三新洋布局”，擁有土地三百畝，紗錠六萬九千枚，布機千臺，規模之大，甲於全滬。民國二十年春，三新紗廠售予榮公宗敬，而廣大基地之產權，則已屬於美商中國營業公司。廿二年春，因租期屆滿，不得不遷地築屋於今址，佔地僅六十餘畝耳。

是年，不景氣之浪潮遍襲百業，吾國經濟困難達於極點，營運周轉全以抵押爲挹注；加以建築廠房，運輸機器，各項開支，不容或緩，於是債務負擔，更爲倍增。而原定計劃中之工人福利設備，如：一、爲免工人送飯攜飯之勞而設之大規模廚房與膳堂；二、爲求容納大量養成工及無力僦居之外來工人而設之大規模宿舍及工人家屬住宅；三、爲解除員工疾病痛苦而設之比較完全之醫院；四、爲免工人出外購置高價什物而設有近似合作社之非贏利商店；它如理髮店、水灶等等，無不勉力完成，爲國人工廠中創一先例。而歷年以來，吾廠工友莫不安心工作，上下翕然，足徵上述各項設施，對工友精神上、心理上發生良好之作用，爲廠方苦心孤詣之莫大慰藉。

其後數年，吾廠經濟能力及空間環境許可時，更逐漸擴充工友宿舍及醫院，增設完全小學，免費教育員工子弟，汰除舊式房屋，闢園地爲員工蘇息疲勞之需。一方面拓地添建公寓式大廈，容納更多工友住廠，爲我工友解決戰後最嚴重之居住問題，俾免因無住所而不能工作和生活。近更造托兒所，擴充飯廳，其中附設電影場，改組商店成爲合作社。種種設施，雖未達到理想境地，自譾竭其駑鈍，努力未敢後人。茲舉其主要設施，略述於後。

工餘娛樂：本廠男女工友寄宿廠內者，約有三千五百多人，每人每天休閒時間（除星期日及料理私生活不計外）平均以三小時計，可積成一萬零五百小時，殊足驚人！若能善用之，則公衆與個人必有所益；若不能善用之，則不善之事必有所生。本廠有鑒及此，特就各區宿舍中各闢一娛樂室，設置乒乓球、中西棋類、收音機、管弦樂器，以及有益于身心健康之書報雜誌。時而各自娛樂，時而選手比賽，若逢盛暑，電扇轉動，滿室生涼；時屆嚴冬，爐火融融，四圍如春。調劑精神，蘇息疲勞，于公于私，交受其益焉！

商店區：本廠集數千人於一處，作息於斯，寢食於斯，實成一小小的社會，故凡個人生活日用所需者，無不略備一二，以期適應此小社會之需要也。計已成立者有消費合作社、理髮店、縫衣店、修鞋店、洗衣作、大餅店、水果店、水灶各一。

醫務科：爲保障職工身體健康，本廠醫務科之各項設備，凡屬普通醫療所需者，已屬粗具規模，配備有辦公室、候診室、診療室、手術室、螢光室、牙醫室、配藥室各一間，男、女病房各四間，職員病房、特別病房、婦產科房、接產室、醫生臥室各一間，護士臥室、浴室、廁所各二間。對於工友疾病，悉心醫治，一應供給，概不取值。

本廠設有職工子弟學校，取名“惠工小學”，分幼稚及一、二、三、四、五、六年級，共七個學級進行教學，屬義務教育，一律免費。

然時代進化，本無止境，關於工廠福利設施，苟能更臻完善，因而有助於社會問題之解決，發生決定作用，循至對國家前途有所裨益，則豈僅企業界之幸！爰編是篇，以供有心人之考核，願社會先進，有以教我！

編者附記：本文按原申新九廠檔案室收藏的五份相關打印稿摘編而成，原文均未注明寫作日期，按其內容推斷，約寫於一九四六至一九四七年間。

申新九廠參觀記

徐　常

屢經艱辛的歷史

申新第九紡織廠的前身是三新紗廠，民國十九年，榮宗敬氏購得該廠的全部機器。廠在楊樹浦，有紗錠六萬九千枚，布機一千臺，廿二年纔遷到現在的廠址——澳門路一四〇號。遷移後第二年因花貴紗賤，上海棉紡織業普顯不景氣現象，該廠亦不能例外。爲了求資金上的融通，就交由交通銀行管理。凡銀錢出入及成品產銷等等，都由交行派員監理，兩年後情形始告好轉。這是該廠創辦以來最困苦的時期。廿六年戰事爆發，不久國軍西撤，該廠於廿七年至三十年間藉租界的特殊地位，維持小康局面。太平洋戰爭後，敵軍進據租界，該廠亦被占領軍管理，停工達四個月之久。後雖發還，因原料缺乏，亦僅能局部生產。直到勝利後，黄金時代降臨，棉紡業始能大展所長。從二十七年到去年九月，該廠絡續增添紗錠至十三萬八千八百枚。但後因廠房太擠，拆除了八千枚，現在開工的紗錠有十三萬零三百八十枚。這在我國紡織業中，可謂首屈一指，擁有紗錠數目最多的了。布機亦有八百十七臺。爲配合本刊的《申新公司特輯》，記者特地前去參觀了一下。

我們由九廠工程師張貢陪同參觀。走近廠房，沉重的機聲越來越響，一進入機間，連對面講話都不易聽到，衹看見萬機轉動，滿屋飛絮，女工們的黑髮上沾滿了白花。她們各自守着自己的崗位，緊張而繁重地工作。我們從棉花進入輸棉管，一直看到紡成紗、織成布，深覺“一衣一裳，當思來之不易”。從棉花到打成包的紗，要經過清花、梳棉、精疏、併條、初紡、再紡、精紡、騰紗、搖紗、打包等十個步驟。要是顧客們對紗（四十支以上）需要光滑一些的話，那末在打包以前，還須經過燒毛的程序。由紗織成布呢，也要經過絡紗、整經、漿紗、穿筘、織布、驗布、刮布、折布、打印、打包等十個不同的步驟。

自製紡織機的計劃

從棉紡成紗，由紗織成布，既有這許多程序，每一個程序就非有特殊的機械來擔任不可。九廠現有的各種紡織機器：清花機十八臺、梳棉機四十二臺、精疏機十二臺、併條機四十九臺、初紡機二十四臺、再紡機三十七臺、簡紡機四十一臺、精紡機十三萬零三百八十錠、騰紗機六十九臺、搖紗機四百八十臺、撚線機二十九臺、大鋼令撚線機十四臺、車胎布機二臺、自動織布機三百臺、普通織布機五百十七臺、燒毛機一臺、成包機十四臺、大包機二臺。機器中最新的爲一九四〇年製造，最舊的是一八九四年製造。

爲了汰舊添新，增進生產效率，該廠擬有一個五年計劃，預備在五年內自造紡織機器來替代現有的一八九四年和一八九五年的舊機。現在紡織機器製造廠正在擴充建造，一個月內就可落成。這個計劃預定在一九五一年底完成。到目前爲止，自製的新機已有併條機二十六臺，尚有十臺在製造中。清花機亦已着手製造，準備先製二十六臺。簡紡式粗紡機尚在繪樣中，將來預備先製三十餘臺。普通織布機亦正在改造成自動織布機，預計六個月內可完成，明年起準備添造布機，以二千臺爲目標。

工人的生活與工資

有了機械設備，還須轉動這許多機器的工人。九廠現有六千五百名工人和一百九十名職員。每個工人能管二十支紗錠四百枚、四十二支紗錠六百枚，自動布機二十臺、普通布機六臺至八臺。每枚紗錠每日夜（二十小時）平均產紗0.8磅至0.9磅，因爲紗錠有好壞，工人有熟練與不熟練的緣故。不過這個工作效率，在民營紗廠中還算比較高的了。

工人的工作時間分日夜兩班，各十小時。雖因電力供應困難，最近每周能開五個日班、七個夜班。工人的工資底薪最少九角，最多二元四角。普通紡紗工人的工資爲一元五角至一元七角,織布工人的工資爲一元四角至一元六角,再乘每月市政府發表的工人生活指數。上月份普通工人可拿到二百萬元左右。而廠方每月的工資開支就得百餘億,職員薪水亦要十來億。工人食宿都由廠方供給,不過每日得扣除二升米的配價。

工人辛苦了十個鐘頭以後,要是沒有舒適的休息場所及醫藥等設備,工作效率是不會高的。九廠對員工們的福利非常注意,戰時特在廠旁新建四層大廈,作爲工人宿舍,其規模之宏大約可容納四千人,內部清潔整齊,樓前有花園、草地。還有俱樂部和閱覽室,有工餘補習班,有浴室,有免費看病的醫院,有免費看護小孩的托兒所(六十個位置)和接生室。所以工人們在緊張工作之後,有整潔的休息場所。

名聞遐邇的金雙馬

全廠的紗、布產量,約能月出棉紗六千多件,布四萬二千匹。自己織布所需的紗,兩萬枚紗錠就足夠供給,其餘六分之五的產紗則出售。產紗的支數從六支起到一百二十支都有。商標有二十一支金雙馬及各色雙馬、得利圖和紅團龍;布則有富貴、漁翁得利、草牛、馬狗等。尤以二十一支金雙馬品質最佳,名聞遐邇,不但爲國內複製廠所樂用,亦爲國外市場所歡迎。自本年三月迄今,外銷于南洋各地及近東諸國者,已達二千件之多。布則以富貴爲著,品質雖不能與十二磅龍頭細布相比,但外銷印度無不歡迎,外銷額亦達十萬匹左右。

二十一支金雙馬紗所以能聞名近東市場,自有其原因。這就不得不來特地介紹一下該廠設備上及管理上的特點了。

(1)普通紗廠由細紗直接搖紗,而該廠完全經過筒子機,然後再搖紗,其好處是原來由細紗經過筒子機再搖紗,每件二十一支紗內的斷頭大概只有二百個,由細紗直接搖紗,斷頭常常多至九千六百個。斷頭次數的比例爲一與四十九。要是每次斷頭就要短紗三碼的話,那末經過筒子的每件紗僅短缺六百碼,而直接搖紗的就要短缺二萬八千八百碼。這是多大的差距!而且經過筒子機搖紗，對於絞紗長度方面，可以維持確定的標準，同時亦可使棉紗的支數準確，難怪爲一般複製業所樂用了。

(2) 對於各工程間的一般工作法，常利用休閒時間，儘量訓導工友，除去工作上足以影響品質的各種陋習，使“標準工作法”成爲每一個工友日常習慣的方法。

(3) 廠中工友宿舍，足容百分之六十以上的工友住宿，加以設備的完善，工友住廠後，流動性就減少。這樣，廠方平素的訓練既不致徒勞，產物的品質亦得以經常維持。

(4) 清棉工程採單程式，就原有各種不同型式的機械，加以改組與聯繫而成。比起一般廠家須經頭道、二道，甚至三道的複雜工程來，清棉效率要大得多。

(5) 棉條機採用“均條法”換筒工作，使棉條均勻，效率良好，對於成品條杆及強力方面都有好處。

走馬看花地瀏覽了一番，所得的印象是沉着、緊張，一切都在有秩序地進行。而管理該廠的經理是六十三歲高齡的吳昆生先生。他自二十二歲迄今從未離開過紗廠，積四十年之經驗，再加學識豐富，協理陳品三、吳中一及技術精湛的吳士懷廠長等輔佐，纔能做出這樣的成績。

（原載《紡織周刊》第八卷第二十七期，一九四七年十一月二十日。收入本書時，個別文字作了校訂。）

申新在中國紡織界之地位

朱仙舫

古者男耕婦織，民生大經，杼簨緯簨，各家咸備，章身之物，自供自求，數千年來，國計固裕如也。互市以還，輸入機製棉貨，歲歲增加，物美值廉，羣趨若鶩。而我國原有手工紡織，淘汰殆盡，漏卮日增，生計益蹙，其孰有甚於斯者乎？李文忠[①]怒焉憂之，爰於光緒十四年創立機器織布局於上海，翌年又與盛宣懷氏集商股而成紡織新局，是爲我國機器紡織廠之嚆矢。

而自下關條約[②]成，外人得在通商口岸設立製造工廠。一八九五年，東方、怡和、老公茂（現改公大二廠）等始創於滬上，是爲歐人設立紡織廠於我國之先河。一九一一年，内外棉創設第三廠於滬西；一九一三年及一九一四年，又復增設第四、第五等廠，是爲日人創設紡織廠于我國之權輿。蓋自茲鼎足競爭之勢已成，而國人紡織即日陷於四面楚歌之境矣。

光復告成，張南通[③]出長農商，提倡棉業益力，加以英國捲入歐戰漩渦，輸入棉貨驟減，於是萎靡不振之斯界，頓呈佳象。而以裕民生計爲己任之榮總經理宗敬，乘時組織申新紡織公司，始設一廠于滬西白利南路，繼設二廠于宜昌路，再設三廠於無錫，復設四廠於漢口，又設五廠于滬東華德

① 李文忠，即李鴻章，死後清朝廷賜謚"文忠"。

② 下關條約，即馬關條約，一八九五年日本強迫清政府簽訂的關於結束甲午戰爭的不平等條約。

③ 張南通，即張謇，字季直，江蘇南通人。清末狀元，提倡實業救國，曾創立大生紗廠及中國第一所紡織專門學校。民國成立後，首任實業總長。

路，更設六廠於常州。不數年間，突飛猛進，遂成今日我國斯界重鎮焉。

謹將申新各廠開工年月、所有紗錠、布機，並全國中外紗錠、布機總數，列表如下，諒亦留心國計民生諸彥所樂睹也。

一九二八年申新各廠概況表

廠別	年別	廠址	紗錠（枚）	布機（臺）
申新一廠	民五	上海陳家渡	38880	1110
申新二廠	民八	上海宜昌路	35400	
申新三廠	民十	無錫西門外	51000	904
申新四廠	民十	漢口宗關	17600	273
申新五廠	民十四	上海華德路	31160	
申新六廠	民十四	常州小南門外	14264	
合計			188304	2287
全國華商紡織廠			2033588	13859
全國英商紡織廠			205320	2348
全國日商紡織廠			1302676	13981
全國中外紡織廠			3541584	30188
申新在全國華商紡織廠所占百分率			9.2%	16.5%
申新在全國中外紡織廠所占百分率			5.3%	7.5%

統觀上表，有令人之于申新不得不力加維護者。即申新之能隆興，實不啻我國紡織業之大隆興。雖謂我國經濟地位得由是而固，人民生計得由是而安焉可也，請詳陳之。

衣爲人生要素之一，防寒蔽體，捨此末由。而我國民眾尤以需用棉織物爲最多，毛絨絲麻，則爲數甚微也。茲將我國民國元年至民國十年，紗、布產額、輸入額及銷用額，表示如下。

表一（單位：千包）

年別	棉紗產額	棉紗輸入額	銷用額
民元	267	769	1036
二年	400	900	1300
三年	531	831	1362

續表

年別	棉紗產額	棉紗輸入額	銷用額
四年	531	868	1399
五年	834	800	1634
六年	867	667	1534
七年	900	367	1267
八年	1100	466	1566
九年	1340	434	1774
十年	1500	400	1900

表二 （單位：千匹）

年別	粗布產額	輸入粗布	輸入整理細布	銷用額
民元	2466	3500	9349	15315
二年	2691	5200	12508	20399
三年	2893	5600	11559	20052
四年	3523	3000	11947	18470
五年	4063	2300	11021	17374
六年	4288	2700	13000	19988
七年	4914	2300	10482	17696
八年	5040	2400	15188	22628
九年	5265	2500	16049	23814
十年	5564	2300	11624	19488

據是而觀，我國近十年間棉貨銷額增加之速，令人心驚。第此只就海關能有統計者言之，其在當地製造、銷售及鄉間手工紡織，猶未與焉。蓋人類愈進化，則需用棉織物愈多。此證諸歐美而有以明其然也。

查世界紗錠總額，約與人口相等，英合每一點二人有一錠，美合二人共一錠，法合六點三人共一錠，日合十二人共一錠，印度合四十人共一錠，我國則每二百人僅有一錠（依華商所有紗錠計算）。他姑勿較，即須能與印度比，亦必擴張至千萬錠以上而後可。故我國棉業前途，頗饒發展之餘地也。

更進而究其與國民經濟之關係，則今之袞袞諸公，終日奔走呼號，或事宣傳指導，或事籌謀策劃，非爲國計民生乎？今之武裝志士擐甲執兵，不惜犧牲性命以赴之，非爲國計民生乎？等而下之，鈎心鬥巧，爭權奪利，至以人民供犧牲，此民賊之爲私人生計者也。搶掠盜竊，鬥毆殘殺，此強悍之迫于生計者也。形容枯槁，面目黧黑，此庸弱之困于生計者也。此特舉其一二言之也。若欲悉數，則更數僕而不能盡。要之，國人生計緣何如是困難？則以經濟枯窘故。經濟緣何枯窘？則以漏卮太巨故。漏卮緣何太巨？斯即不得不太息痛恨於棉貨之輸入矣！且國人之最傷心疾首者，固莫過於庚子賠款及歷年所舉外債也。然試查所欠總額，約二十五億元耳。若就民元至民十棉貨進口價值而統計之，竟達三十四億元矣。苟於上述十年間毫無外國棉貨輸入，則除抵還外債外，尚有九億元之剩餘。又我國對外貿易，恒屬入超，現金流出甚巨。若於上述十年間進口貨中除去棉貨，則出入兩抵之外，出超實在八億元以上。嗟我國人，果甘坐視經濟破產，束手待斃，斯亦已矣。藉曰非然，則亟須力謀紡織業之擴張，且以足供本國需要爲至少限度，庶能保持國家經濟地位，解決人民生計，是其關係重要爲何如耶？

夫我國棉業之發展，既大有可爲，且於國民經濟又復甚形重要，此申新之所以不畏艱險，竭其全力，勇猛精進，常圖擴張，外期杜塞輸入漏卮，內冀戰勝臥榻壓迫，藉求所負使命之完成。惟茲事體大，必有政府力加保護，國人羣策維持，俾克健全發展，然後可臻隆盛之域，則非惟申新之幸，亦即斯界之幸，抑尤我國國計民生之大幸也。

（原載《茂新福新申新總公司三十周年紀念冊》）

三十年來之中國紡織業

張則民

吾國以農立國，耕織並重。植棉之區，農事之暇，杼軸機聲，恒達戶外。彼時原料也，紡紗也，織布也，幾可謂出諸棉農之一家。迨有清之初，西人東來，挾其製造品與俱。鴉片之戰，江甯海關約成，國外棉製品始大行於我國。迨光緒二年，進口棉貨一項，其值已達一千七百三十七萬七千四百十三兩之鉅。即棉紗亦十一萬九千二百擔，估值二百八十三萬八千八百三十三兩。機器優於手工。喜精厭粗，人之恒情。且以洋布一入中國，銷路日盛，而織布者亦以洋紗色美而質勻，漸取以代土紗。我國舊有土布土紗之銷途，遂爲外貨所奪。然我國機器紡織業之動因，亦於斯時起。

首倡紡織廠之議者，爲合肥李鴻章，洋布局首先成立，光緒十四年工竣。後兩年，華新廠與南洋織造廠先後繼起。華新原營軋棉，至是改業紡織，與商合辦，易名紡織新局。織造廠初本招股，乃無應者，機已運到，資金猶虛，遂由武進盛氏集資改組，名曰“華盛”。茲三廠者，實中國棉紡織廠之嚆矢。惜洋布局成立未久，遽毀於火，餘二廠歷盡艱辛，屹立至今。昔之紡織局，即今之恒豐紡織新局；昔之華盛，即今之三新也。

上述三廠，初皆官辦，一廠既毀，其他二廠亦以營業不振，奄奄無生氣。主事者初無若何目的，迨夫興志既闌，遂亦置之。故在光緒十四年，振興棉業之空氣甚濃，不久即復歸岑寂。甲午一役，馬關約成，允外人在國內設廠，向之運銷紗布之洋商，乃紛起組織紗廠。光緒二十一及二十二年間，上海共成七廠。以國別言，則英商二，即怡和、老公茂是；德英合資一，即瑞記是；中英合資一，即鴻源是；華商三，即裕源、大純與三泰是。除華商三廠，餘均爲在滬之英、德商洋行所經營。此七廠中，以怡和組織爲完善，成績亦好，迄今仍存，而以怡和稱。其他六廠，早已屢屢更主易名。如瑞記，初由德英商合資，後純屬英商，更名東方。英商之老公茂，於民十五售於日商，而稱公大。華商之裕源，於民七歸日商之內外棉，爲第九廠。中英合資之鴻源，同年歸日商日華，爲第一廠。華商之大純，歸日商上海紡績會社，爲第一廠。此外，尚有一廠，由日商三井收買，名曰“三泰”，後亦歸上海紡績會社，而稱第二廠。[①] 綜此七廠，今爲日人有者凡五。

甲午一役，國勢日替，外貨源源輸入，漏卮日巨。棉布進口值近五千萬兩，棉紗亦近是。有識之士心焉憂之。既鑒於外商在華設廠之相迫，復動於南通張氏棉鐵救國之偉論，內地紡織業乃如春雲之乍展。惟風氣未開，民智尚塞。鉅萬資本之工業爲國人所未見，而公司招股亦屬創聞。故舉辦一廠，資本、人才，兩告缺乏，慘澹經營，遠非近年可比。數年間，在蘇有上海之裕通（光緒二十四年）、南通之大生（光緒二十五年）、無錫之業勤（光緒二十一年）、蘇州之蘇綸四廠；在浙有杭州之通益公（光緒二十五年）、蕭山之通惠公及寧波之通久源三廠。

南通大生，創議於光緒二十一年，與無錫楊氏所創之業勤，同爲內地紗廠之權輿。喚起國人興實業、重棉紡織之興味，茲二廠實與有功，而以大生爲最。大生自倡議至開車，凡五年餘，中經艱阻，屢瀕絕境。張氏求實業教育、棉鐵主義之實現，持百折不屈之精神。集股不足廿四萬，卒撥官機二萬四千錠爲官股，始底於成。開機之後，雖經紗布不振之秋，猶獲鉅萬之利。至申辰年，復撥官機二萬四千錠，增集商股三十三萬兩，以成大生第一廠。國人至斯乃稍稍知棉紡焉。而所謂官機者，乃南皮張之洞所訂，共四萬八千錠。南皮由鄂調寧，機亦運寧，寧不能設，則又運滬，儲楊樹浦席棚中者三年，擱置不用者前後且五年矣。而運費、棧租、保險月息、洋匠月俸統計

①三泰紗廠之命甚短，不過二年，其先似爲華人所組織，原名已不可考，爲日商三井洋行購得，始名“三泰”，未幾即歸上海紡績會社。——本文作者原著

之，殆八十三萬兩焉。

以上所述各廠，除外商外，多半爲官商合辦。所謂合辦者，官商合資，由官督而商辦之。惟裕源、裕通與業勤三廠，完全商辦。故以今日所有之各紗廠言，商辦最早者，當推業勤。裕源爲朱氏（鴻度）所創，鴻度既逝，其子幼鴻繼。復創裕通，而以裕源歸其兄視濤。皆以經營不利，日漸不振。裕源於民七併於日之內外棉，裕通於民六由寶通承辦，復於民十盡毀於火。浙省三廠，在寧波之通久源，於民六毀於火，其廠址則售於和豐（和豐曾擬辦第二廠，後未行）；杭州之通益公，即前租辦之鼎新，與蕭山之通惠公，迄今如故。惟通益公因鼎新租期已滿，無人接辦，現尚在停閉中。此外尚有裕晉一廠，亦無錫楊氏在光緒二十三四年間所興辦。時晉撫爲胡聘之，欲興實業，以晉產棉，奏設紡織廠，而委楊藝芳督辦其事，擇地於新絳，機已運絳，廠亦垂成，乃以胡氏去位而罷。其機後復運南，爲崇明大生第二廠購去。故裕晉一廠，垂成而廢，亦中國初期紗廠之一也，故附及之。

江、浙兩省內地紗廠之所以發動最早者，以上海外商紗廠競起，而大利不可不爭，而江、浙又產棉甚豐，原無待外求也。次江、浙而開廠經營棉業者，厥惟鄂省，時爲光緒二十九年。是年鄂督張之洞在武昌創辦絲、麻、紗、布四局，紡、織各據其一。庚子以還，國勢大衰，各國對華野心日著，羣挾其經濟侵略之主義以淩我。光緒三十一年，進口棉貨值一億一千五百十七萬七千三百十四兩，爲過去未有之高額；棉紗亦值六千六百二十七萬五千六百三十九兩。南通張氏棉業救國之說，遂愈爲人重視。於是光緒三十二三年間，各地紗廠又復有一度之勃興矣。

光緒三十二年至三十四年之三年間，國內所成紗廠凡九。而此九廠，亦均在江、浙兩省。上海計三廠，爲振華（三十三年）、九成（三十三年）及同昌（三十四年）。其他在蘇省境內者，有崇明之大生第二廠（三十三年）、無錫振新（三十二年）、常熟裕泰（三十二年）、太倉濟泰（三十二年）及江陰利用（三十二年），在浙省者爲寧波和豐（三十三年）一廠。

振華，初由怡和西人扣福氏與華人徐祥林所組織，扣氏旋即退出，遂純屬華商，今則爲薛氏所經營。九成一廠，變遷最多，廠名亦屢更。初名九成（三十三年），由華人與日信洋行合辦，適日本某紗廠毀於火，購其剩機，益以新購者若干錠而成。未幾由日人獨資經營，更名日信。至民國五年，日信停辦，乃由祝蘭舫等購得，更名恒昌源。民八由申新購得，改稱申新第二廠。日商紗廠爲華商所購得者，厥惟此廠，此亦過去中國棉紡織史中之異彩也。同昌爲朱志堯氏所辦。氏以同昌油廠尚多餘地，乃兼營棉廠。朱氏固彼時熱心實業者之一也。南通張氏創辦大生既大效，而崇明亦以重棉稱，張氏乃以大生所獲之利一部分，合新招之股，辦大生二廠於崇明。其機之一部，即購自前述垂成而罷之裕晉。太（倉）、常（熟）亦蘇省產棉之區。於此期間，先後成三廠。三廠僻居内地，規模上亦稍小，皆不過萬餘錠。利用一廠，中間曾以資金不充出租一次，今已增資自營，成績尚佳。裕泰、濟泰兩廠，出租改名者多次，迄今仍在租辦中也。

宣統間，僅河南安陽成立廣益一廠，此爲北方有紡織廠之始。在此期間，棉紡業又承前度之勃興而入於停頓時期。其原因爲革命日亟，清室瀕危，百業俱稍阻頓，不僅棉紡已也。惟日人之在華實地經營棉紡，實發軔於此時。宣統三年，内外棉在上海建第三廠，其第一、第二早成於日本國内。外商在華創辦紗廠，前已言之，始於光緒二十一年之怡和等，日商三井，固亦於二十六年購廠經營，惟自建紡廠，則自内外棉第三始。清末日本棉紡織業已蒸蒸日上，對華貿易漸有與英、印爭雄之勢，英、印棉紗進口逐年減少，英紗乃由光緒十八年之八萬八千四百三十九擔之最大額量，降至於宣統二年之五千一百四十七擔，印度亦由光緒二十五年之一百九十萬六千四百二十擔，減至宣統三年之一百零五萬八千二百六十三擔。而日本紗則由光緒二十五年之一萬九千一百四十八擔，增至宣統二年之九十三萬七千九百零八擔。日紗進口，《關冊》自光緒二十年始列專欄，十年之間，長足進步，越英而追印度，實可驚駭。在華紗銷既奪印、英之地步，乃進而就華設廠，就地取棉，製而售之。内外棉是日本紡廠中之巨擘，乃首建分廠於滬，果然收效速而且巨。今内外棉在華之廠，上海十一，青島四，紗錠共達三十三萬枚，爲國內日廠之冠。故此期間，中國紗廠雖未有發展，而日商則已活動，在我國棉紡織業中，植其基礎矣。此誠談我國棉紡織史者，所應注意者也。

民國肇興，英、日在華棉製品之競爭益烈，雖南通張氏長農商，頒棉業條例，顧以鼎革初成，國是未定，國人雖懷企業之思，殊未敢率爾從事。故在民元、二年，棉紡業初無若何之進展。迨民三穆抒齋、穆藕初氏設德大於滬，民五榮宗敬氏成申新第一廠，徐靜仁氏成溥益，鄭培之氏成鴻裕，悉在滬上。此外山東魯豐亦於民五成立。而在光緒中葉經營紡織之楊氏，其哲嗣翰西君，在無錫成廣勤。榮氏、徐氏、楊氏，皆今日中國棉紡織業之領袖，其注重棉業，固已甚久，然自建廠則從此始。又民七以後，中國紗廠有極蓬勃之發展，其動機亦於此時孕之。

自洋布局成立之光緒十四年，迄民國六年止之三十年間，國內所成棉紡織廠，計華商凡二十八，內焚於火者有洋布局及裕通二廠，爲日人購得者有大純、三泰、裕源，僅餘二十三廠。英商五廠，除一廠爲日人所得外，僅餘四廠。日商自創四廠，合購諸華、英者共得八廠。綜計三十年間，華、英、日商所成三十七廠，其發展進程，誠屬甚緩。迨民國七年，情勢頓變，至民國十一年，所增紗廠超過舊有一倍以上。我國過去棉紡織史中之黃金時代，實在此時，顧後之敗徵，亦伏於此，容述於後。

中國人口爲全世界冠，而僅有三十餘廠、百萬紗錠，本不足以應需求，故棉貨進口與時並進。民國二年，各種主要布匹（本色布、市布、粗布、細布、粗細斜紋、洋標布）之進口，計英國七百十六萬七千五百二十六匹，美國二百二十八萬一千一百二十三匹，是其明證。故彼時中國棉業貿易，仍以舶來品爲主，國產不過占其微弱之一部分耳。迨民國三年，奧塞失和，英、德、法、意諸國均入戰禍，繼而美國又復牽入。夫此數國者，皆以棉製品輸入我國者也。戰事彌漫，工業乃停，而海上運輸亦復阻滯，向之源源供給遠東之棉貨，頓形減少。民七爲歐戰將終之時，中國主要進口棉布，計英國九十七萬一千三百二十五匹，美國十萬零三百零九匹，較之民二，英減爲八分之一，美則不及十分之一。雖日本乘時崛起，努力於棉紡織業之發展，對於中國市場，尤竭其力之所能，奪英人之地位而代之。顧日本與中國，同爲棉紡織後起之國，不過其進步稍速。歐戰固予以勃興之機，然製品一時亦不能驟增。日本主要棉布進口，民二計五百七十一萬六千五百九十四匹，民七增至七百萬零五千零八十八匹，所增僅足補向時美國進口而已。更言棉紗，民二進口英、印及日本之棉紗，共二百六十八萬五千三百六十三擔，民七則爲一百十一萬四千六百十八擔，亦減一半。在歐美方面，棉貨固隨出產減少而大俏，而我國市場驟減偌大之供給，致棉紗一項，曾由百兩而躍至二百兩以上，其暴漲爲空前所無。過去三十年所成諸廠，歷久奄奄不振者，茲皆頓然起色，盈利年餘百萬，企業者乃踵起而營紡織廠矣。

歐戰起於民國三年，其明年棉市即猛漲，各處創辦紗廠之聲，已頻傳耳鼓。惟彼時東西洋交通不似平時之易，而紡機出產之英、德，又皆爲主要之戰國，且日本同時亦增紡廠，紡機爲日人所得者占大多數。初訂貨者尚有少數餘機應求，後訂貨者遂多不能如期交貨。新廠成立開工之遲早，乃受售機國輸出時間問題之支配，其坐失時機，折損虛耗，固無論矣。所最受打擊者則歐戰時金價九先令，戰後漸貴至三十四先令，各廠以機件未到，先令不結，致機件成本超過預算一倍以上。成本既昂，周轉不易，獲利尤難，循至虧耗停閉者，比比皆是。所受影響之巨，至堪痛心。綜此一期間歷年所成之棉紡廠，計民國七年四廠，八年三廠，九年五廠，十年十六廠（内一廠今爲日人所有），十一年九廠，十二年三廠，十三年三廠，十四年一廠（現爲日人所有），十五年一廠。自民七年至十一年之五年間，所成紗廠三十有七，與過去三十年適相等，可謂盛矣。此五年中，以民十與十一年所成紗廠獨多。蓋民八以後，歐戰既停，前訂之英、美紡機，今始逐漸運到也。民十二以還，棉市已入反動時期，而新廠猶年有增加，則民十、十一年間所組織而不得不開工者也。

民七以前，國内所有紗廠，均集於較大之商埠，且多偏於長江一帶。而江、浙尤多。民七以後，始漸向内地各方分佈，蘇省除滬、錫、崇明外，常州民十有大綸、常州二廠。黄河流域，昔僅安陽廣益一廠，至民七天津裕元及華新津廠成，此爲天津紗廠之始。天津爲北方唯一棉業市場，現有紗廠凡六，其在天津附近者，則十一年所成之華新唐廠及同年石家莊之大興紗廠也。河南民九鄭州有豫豐，民八武陟有成興，民十衛輝有華新衛廠。豫省産棉甚豐，又近陝西，經營棉紡，其利最厚，故設廠較多。山東青島，於民九成華新青廠，青島今有日廠凡八，而華廠僅一，即華新青廠是。青島有魯棉供給，亦良好棉紡之地，喧賓奪主，可慨也已。安徽蕪湖民八成裕中，江西民十五成久興。漢口民八成漢口第一，民十成申新第四，民十一成震寰、裕華。漢口爲中部之棉業市場，鄂因産棉，陝、豫棉亦以漢爲集合地，而紗銷亦鉅，宜乎紡織業。惟近年武漢多故，影響商業，各廠殊受打擊。如漢口第一以債務關係，現已爲利安洋行管理矣。湖南長沙民十成湖南第一廠。奉天民十二成奉天廠，東省銷費棉貨爲量甚鉅，日人極力經營，先後亦成三廠。山西新絳之大益成、陝西夏口之泰豐二廠，則僅有計劃，尚未觀成。於此可見，此一時期不僅棉紡業有大量發展，且漸普遍於國内産棉之區。陝、晉棉産豐而且優，經營棉紡，獲利操券。大益成及泰豐二廠，迄未實現者，殆實西北頻年戰爭之賜也。

各省新廠既紛然競起，或已開工，或正在建築間，而棉業可貴之黄金時代，已隨歐戰而俱逝，我國紡織業之悲境遂接踵而來。盛衰興伏，固事理之常，獨我國紡織業之不振，出於天定者尚少，出於人事者實過半焉。歐戰後世界金融紊亂，銷費量減，生産過剩，棉業與他業同，寧能獨異！而我國則捨此以外，尚有三種重要原因：（一）過去棉紡之發展極遲緩，茲以三數年間，廠數驟增一倍，其興也暴，過剩情形固不能免。更以日本竭其全力，謀執遠東棉業牛耳，中國棉紡之發展實非所願，乃力持其經濟壓迫，與我角逐。一面以國内所製棉貨竭力對華推銷，一面在中國大建紡廠。日人在華經營紡織，前已言之，而在歐戰後，其猛進亦殊無異於國人所經營，計民七成四廠，八年、九年各二廠，十年十廠，十一年六廠，十二及十三年各四廠，十四年一廠，共成三十三廠，其競爭之烈可想見矣。（二）華廠多半匆促成立，資金本不甚充裕，又復有金價及紗機遲到之故，資金皆極薄弱。即開工較早而獲利者，亦多盡量分紅，未嘗稍留餘力，一值市況不良，即呈捉襟見肘之勢。（三）民十以後，内戰不已，凡東南富庶之區，幾無一不遭蹂躪，人民瑣尾流離，有求一飽而不可得者，更無購置衣被之餘力，致紗銷日疲，紗價乃不能隨世界棉市以俱進，虧損隨之矣。

綜此數因，棉紡業之困苦顛連，乃爲各界所僅見，其不幸而犧牲者固可悲痛，其幸而存在者，日處驚風駭浪之中，外感經濟之壓迫，内受工潮之播蕩，其一種黽勉圖存之苦況，歷六七年而不衰，誠足令人低徊興感，而深祝其日起有功也。

如斯，則對於大有造於我國棉紡業已往先哲及當今鉅子，不可無一言以彰其烈，且亦本篇所許也。

（一）南通張嗇公（即張謇）。當嗇公創設紗廠之時，風氣未開，民智丕塞，南通僻處海濱，更無鉅商大賈足相掖助，僅以在籍翰林往來於滬寧官商之間，既成復輟，荏苒五載，始集商股二十餘萬、撥官機二萬零四百錠以經營之。當時之艱苦，誠有履險縋幽分寸失足之勢。迨廠成利見，復以餘力而成二、三兩廠，墾殖鹽荒以裕原棉，復立學校以培人才。而其他實業機關，直接或間接由棉業而發生者，無慮數十，各省之聞風興起以興棉紡業者乃日衆。故張氏有造於我國棉紡業，其功最不可沒。而其創業之難，亦我國棉紡史中所僅見者也。

（二）衡山聶雲臺先生。先生經營紡織新局既著成效，復以餘力擴一新廠。先生於紡織機械，研究有素，更復資遣學子，紛往歐美，實地練習，故人才輩出。而紡織新局技藝之精，恒爲同業所借鑒。先生猶以爲未足也，思更組一最完善之廠，爲世界率。乃復親往歐美，實地考察，半載歸來，而大中華紗廠因之以成。舉凡一切計劃組織，由廠之打樣以至於辦事細則，靡不有極精密之研究。民十廠成，中外人士無不歎爲觀止。不幸以市況窳敗，竭蹶而停。先生於新棉業尤多主張，惟未盡行，固不獨先生之不幸，抑亦我國棉紡業之最不幸事也。惟此後各廠於紡織技術，稍稍知所研究，紛紛聘用技師，而廢除工頭制，實先生有以啟之。而當時由先生延致及造就之紡織人才，幾無一不爲人所重，其裨益於斯界，即此一端，已非淺鮮矣。

（三）無錫榮宗敬先生。榮氏之投身紡織業，實自光緒末年主辦無錫之振新始。當時海内多故，百業凋萎，先生昕夕經營，成效大著。至民國初年，乃事擴充，曾由紡錠一萬枚增至三萬枚，計所獲利，且達七八十萬兩。詎即因此爲董事所忌，憤而走滬，集資創申新第一無限公司，蓋深痛股份有限公司之不可與成事也。乃不數年，成效又大著，更以餘資收買恒昌源爲申新第二，復於無錫創申新第三，漢口創申新第四，其時紗錠已達十三四萬枚，而紗市亦由極盛而入於恐慌時代，時局又紛亂益甚，先生猶能堅持不衰，而成效益著。然所經之艱苦困難，亦非恒人所能忍受者。至民十四年，更以餘力購買德大爲申新第五，復租辦常州紗廠爲申新第六。蓋先生至此，共有紗錠十九萬枚，布機亦二千數百臺矣。在我國紡織界中，要以申新之規模爲最巨；而在我國紡織史中，亦以先生爲歷經艱阻而終告成功之第一人也。

（四）上海穆藕初先生。先生初在美研習植棉，學成返國，助抒齋先生辦德大而效著。貝、薛二氏創厚生，更延先生主其事，效亦大著，乃復集資創豫豐於河南鄭州。鄭州爲豫、陝棉之集中點，於廠最宜。然爲兵家必爭之地，故中原有事，鄭州必首當其衝，而豫豐之爲累深矣。先生既精於農，又深慨夫我國紗廠日衆，原棉不足，乃竭力提倡植棉，期有以改良其品質而擴充其產額也，果著明效。迄今我國棉產日增，而豫、魯等省棉質日有改進，未始非先生提倡之力也。

以上所述，皆我國棉紡業數十年發展之大概情形。以我國幅員之廣大，人口之繁庶，區區一二百萬錠之棉紡，雖十倍此數，猶嫌不足。是則今日之中國棉紡業，雖謂爲尚未脱離萌芽時代，固無不可，然而今之主持棉業者，幾無不左支右絀，極盡應付之苦，日以脱離爲幸。夫豈斯業佳朕，顧其中亦實有其困難之點，而非局外人所能瞭然者。本國棉產不敷，不得不購用外棉，而未嘗獲政府之掖助。經濟不充，不得不吸用外資，而未嘗得金融界之諒解。更況臥榻之旁，他人鼾睡，處心積慮，日思有以謀我。而我又無卵翼爲維護之者，一任其風雨飄搖，自生自滅。此皆事之在人者也。若其在我者，則人、財之難得，技術又嫌未精。縱苟有一二人材，又往往未能盡其長以竟其功。而爲之股東者，遇有患難，大都畏縮不前，深恐置身爲累。遇有利益，反競相爭攫，絕不肯稍留餘地，以爲萬一之備。凡此種種，幾數十年如一日。主持其事，欲保持應付之不暇，更何足與外競，而我國棉紡業危矣！深望今之執政及廁身斯業諸君子，懲前毖後，力圖奮發而有覽於斯文也。

（原載《茂新福新申新總公司三十周年紀念冊》）

申新紡織公司過去的回顧和今後應取的方針

汪孚禮

申新降生於民國四年，至今才滿十七歲，不獨在東西各國紡織界算是後進，單就中國來講，也是個年輕的後生。最初四五年，因受着歐戰的餘蔭，祇要棉變成紗，紗變成布，都有大利可圖，辦理完全不完全，似乎用不着顧慮。所以接着第一廠而第二廠、第三廠、第四廠，次第産生，到民國十年，就具有紡錠十四萬枚，織機一千一百架，當時在紡織界，已屬後生可畏了。但是民十以後，紗市漸漸地疲敝下來。接着二三年，不僅難於擴張，連舊有的規模，也有岌岌可危之勢，眼見着紡織界偉人志士，接二連三地失敗下來。時乎時乎，稍縱即逝。榮總經理昆仲，竟以鎮静的態度和堅忍的志向，妥加調度，除在金融界多方設法以求維持現狀之外，而且認爲工務方面，有改良的必要，遂決意從此根本上着手。鄙人即當時由上海申新紡織總公司具名，被聘爲紡織技師者。時爲民國十四年春，距今恰恰有七年的光陰了。

當時申新紡織總公司所屬之廠有四，而其規模最大的，當推無錫申新第三廠，計有紡錠五萬一千枚，織機五百零四架，在申新公司中佔有極重要的位置。鄙承總經理昆仲不棄，派來三廠服務，榮幸奚如。但念及申新在中國紡織界所負的使命，極其重大，鄙人既被聘爲紡織技師，且其動機是在改良工務。邇時年正強壯，精神極佳，急要努力一番，以副總經理昆仲的期望。滿腔熱血，勇往直前，不到兩個月工夫，工務果日有起色，私心方引以爲喜，不料在三月底發生部分職員和機匠抵制工務改革之事件。

榮總經理昆仲見理既透，立志亦堅，念此種紡織工業，有關國計民生，終有大大發達的一日。在這艱難困苦的時候，一面將原有的四廠力加整頓，一面收買已經停頓的上海德大紗廠，改爲申新第五廠，並租辦常州紡織公司，稱爲申新六廠，共計又添了紡錠四萬枚。邇時六個工廠，分爲三種辦法：第一廠、第二廠，仍照舊法辦理；第三廠、第四廠，正在新舊衝突；惟此第五廠、第六廠，既爲從新組織，當然非照新式的做法不行，免得將來一事兩做，再蹈三、四兩廠改良的覆轍，虚擲光陰。於是將第三廠、第四廠因改良而不安於其位的各新職員，派往第五廠、第六廠服務，於體恤職員之中，寓勵精圖治之意。果然五、六兩廠開出，成績較別廠爲優，第五廠所出“寶塔”牌，第六廠所出“仙女”牌，膾炙人口，有由來也。

三廠從事件解決以後，新進職員單剩鄙人和保全部主任毛翼豐君。雖承廠當局多方維持，得以相安於無事，但要改革其已深的積習，仍屬勢所難能，不得已單就技術方面之可改者改之，人事問題只好暫置不問。鄙人雖素性躁烈，既已再來，難言再去，經多度之折磨，於委屈中求全，竟漸漸地氣平而心安了。如是者一年，雖無多大的成績可言，而環境卻已改良不少。

總經理昆仲睹此氣象，頗覺可喜，乃於十五年夏季，乘暑假之便，命少東偉仁、溥仁、爾仁昆仲及王啓周君，從鄙人學習紡織。鄙人雖在大病之後，元氣尚未恢復，但見此翩翩公子，在這十分炎熱的時候，竟能下此身段，做功實研究的工夫，精神也提起不少。於是爲之半日上課，半日領往車間實習，雖揮汗如雨，亦所不顧，實值得可敬可佩。

事業既日見擴大，非有專門的人才去主持，決難維持於不敗。總經理昆仲有見及此，囑託鄙人代爲物色，待遇特別從豐。數年以來，斯界人士多樂於供職申新，未始非握髮吐哺之誠意所致。鄙人更承不棄，三四年前，凡有關於紡織工務上的計劃事宜，總經理雖遠在滬濱，屢致函札相商，不恥下問。鄙人也不自知愚昧，並且不避嫌疑，輒知無不言，言無不盡，乃什九蒙其採納，漸漸地見諸實行。不才如余得此知遇，有不勝榮幸之感。自民國十六年起，總經理昆仲見紡織業到處需才，專由外面聘人，頗不容易，擬辦一職員養成所，招收工校畢業生，由自己加以培植。乃聘斯界鼎鼎大名的朱仙舫學兄和蕭松立君主持其事。學生業已招好，爲第五廠工潮所阻，未曾辦成。適五廠有改組消息，鄙人和爾仁、啓周二君會商，推薦朱仙舫兄爲五廠廠長，隨請二君赴申，向總經理徵求同意，幸得如願以償。申新廠之由紡織專家主持，當以此爲嚆失。仙舫兄學識、經驗、才幹，高出鄙人萬倍，屢向總經理言及，此後關於工務上的計劃，可即與仙舫兄就近相商，況三廠工務繁忙，諸待整理，倘得專心從事，或可容易見效。果然仙舫兄能者多勞，而五廠，而二廠，而七廠，身兼數職，措置裕如，在總經理昆仲得到輔助之處固多，鄙人更樂得而藏拙不少。

偉仁、溥仁二君，自十六年畢業以後，即在上海方面幫助總經理做事，而尤注重廠務。同時總公司又加入二少東輔仁先生，年少老成，且都具有最高的學識。從此總經理得以專心在營業或金融上妥加調遣，絕無顧此失彼的情事發生。又爾仁君也從那年爲始，正式在三廠服務。車間空氣日見緊張，凡從前所要改良的地方，大家都知道，再難因循延宕了。於是一步一步地除舊，一件一件地布新，兩年來鄙人所積鬱的心思，到此時也得以大白。在這一年之內，申錫兩地，添此數名健將，且由外面招致了不少的專家，以前有事業缺人才，而今人才已不成問題，反嫌事業太少。於是就原有各廠分別地擴充起來，東也添裝數百架織機，西也加置萬餘枚紡錠，更於民國十八年，收買英籍東方紡織公司，改爲申新第七廠。民國十九年，就第一廠附近，創設第八廠，機器一色，完全嶄新。到了去年，尤爲突飛猛進，既收買三新紡織公司，改爲申新第九廠；復因第六廠期滿退租，收買厚生紡織公司，將它補充起來。其他各申新，且仍在添機不已。人家創設新廠，不知要費去幾許心力，方告成功，甚至半途而廢者，而申新不知不覺，成爲今日之局面，這是何等的光榮！

目下申新的局面，連新添而將到廠的機器在內，計有紡錠五十萬枚、織機六千六百架，線錠五萬六千枚，和最初情形相比，頗有記錄的價值。考第一廠開辦時候，單有紗錠一萬三千枚，今已擴充到三十八倍半了。用十七年來平均，每年約添三萬錠之譜。到了民國六年，方在第一廠創設布機，邇時也不過具有三百五十架，今已擴充到近十九倍了。用十五年來平均，每年恰添四百四十架。至於線錠，則在民國十四年，收買德大改爲申新第五廠時，方有二千八百八十枚，今已擴充到約十九倍半了。用七年來平均，每年恰添八千枚。

倘將此紗錠、織機、線錠各總數，攤做九個廠計算，則每一工廠可有紗錠約五萬五千五百五十五枚，織機約七百三十架，線錠約六千二百二十枚。照此情形，申新在紡織界不斷的努力，且具有宏大規模，已可想見。倘進而和中國紡織業來比較，則申新在中國紡織界所占的地位，更可知其重要了。

全中國華商紡織廠共爲八十四個，計有紗錠二百五十萬枚，織機約二萬架，線錠約十二萬枚，用八十四個廠攤派，則每廠只得紗錠三萬枚、織機二百三十多架、線錠一千四百多枚，比之申新，每廠紗錠少一倍弱，織機少二倍強，線錠約少四倍半。更進而言總數，則申新之爲廠，雖然祇有九個，占不到全國華商的九分之一，但是具有紗錠五十萬枚，恰占二百五十萬枚的五分之一；織機六千六百架，約占二萬架的三分之一；線錠五萬六千枚，約占十二萬枚的二分之一。以申新一個公司，而在全國佔有如此重要的地位，則中國紡織業，以申新爲首席代表，也未嘗不可。申新果能興盛，中國的紡織業自然興盛起來。申新倘不幸而漸漸地衰敗下去，中國的紡織業或者竟致於一敗塗地也未可知。是則申新在中國紡織界所負的使命何等重要！範圍愈大，今而後更不得不切實注意了。申新本身固不要說，凡直接或間接和申新有關係的人們，都應作如是想。試在下面擇要寫出幾條，以供大衆的參考。

民國成立以後，政府天天談建設問題，其實當道要人，除卻替他們自己建設幾套西裝，建設幾棟洋房，建設幾百畝幾千畝土地而外，不知還建設了些什麽事情。別的姑且不說，單就紡織工業而論，豈不是久已聽見了要建設什麽專門學校和細紗工廠嗎？直到今日，專門學校在哪裏？細紗工廠在哪裏？天天在那裏鬧意見爭權利是忙，這些事情，恐怕早已置諸腦後了。政府不能建設，還不要緊，凡商人憑自己的力量所建設這有關國計民生的紡織工業，總要特別地保護纔好。而今非但不來保護，往往將這些廠家當作爲富不仁的資本家看待，公債啦，特別捐啦，八小時工作啦，其他在目下爲廠家所不能擔負的種種問題，天天在那裏發生出來，強人去做，南轅北轍，試問建設從何處說起？政府果有誠意，極盼望對着國中的新式工業，尤其是占新式工業中的最大紡織業，切實注意纔好。

創設紡織工廠，是要巨額的資金，當然非一人所可爲力。況辦廠性質，除固定資本之外，流動資本並不限定要廠家完全預備的，銀行錢莊和其他與廠家有來往的商號店家，都隨時有通融或接濟的義務。東西各國工商業的發達，莫不是由此合作性質而來。中國則大不然，銀行、錢莊、商號、店家，都以盤剝利息爲能事。且恍惚以廠家爲對象，廠家生意興旺，大家爭着借放，稍遇着疲敝的市面，即毫無情義可言。非獨不肯再行借放出來，前者由自己情願通融的資金，到此時也催還甚急，甚至脅逼關廠，或竟將廠產拍賣，報章所載，這是常見的事情。外國金融界對於國計民生有關的實業，往往加以扶助。而中國的實業，尤其是紡織工業，反往往爲金融界所逼倒。紡織工業不發達，這也是個很大的原因。申新公司並不是富有偌大資財者，徒以榮總經理昆仲是個可靠的企業家，經驗既豐，信用也好，一文錢做數文錢的事實，漸漸地能將局面擴大起來。來日方長，深盼望金融界放大目光，繼續地加以援助。

勞工已成了世界問題，我國當然也不在例外。但是問題的性質卻有些不同。因爲別國勞工，都是嚷着失業，或受着機器發達的威迫，用不着許多勞工，因解雇而失業；或爲了生產過剩，廠方無法維持，因倒閉而失業。像這樣失業的現象，暫時尚爲我國所無。我國的勞工問題，不在失業而在無業。第一，機器不能自造，當然談不到入了機械工業的時期。縱向別國買來，還是不大善於使用，別人本可使用三十年，我只能使用十年或十五年之久，別人祗要一人來使用，我卻要二三人或四五人，由此足以證明可不受機器的威迫。第二，我國生産落後，除卻小部分原料而外，所有工業品，大抵供不應求，源源由外國輸入，而尤以棉貨爲大宗。雖間有關廠的情形，都是爲辦理不佳，絕非生産過剩的緣故。所以東西各國，對於勞工問題，天天在那裏談救濟，而根本上已無安插許多勞工的餘地，總是救濟不來。中國則大不然，解決勞工問題，祗要從無業中引到有業的路上去。將來怎樣，固屬另一問題。單就目下或不久的將來而言，覺機械愈發達，愈能多用勞工，生産愈多，愈能抵制帝國主義的經濟侵略，而勞工的出路愈寬。同是個勞工問題，性質卻有如此的分別！極盼望從事勞工運動者和勞工本身，能在此層加以深切的認識，切莫專唱着

“勞工神聖”，忘卻了“匹夫有責”的國家大事。紡織工廠，可收容許多勞工，尤爲推板不起。

榮總經理昆仲既認定，發展事業必需學有專攻的人才。數年以來，對此人才問題，所以特別注意。除隨時聘請紡織專家以主持現有各廠的工務外，子侄輩也加以深切的培養，或留學，或考察，或實地見習，毫無姑息或驕縱的情形。現偉仁、溥仁等昆仲四人，分任總公司或廠方的要職，各能勝任愉快，這就是學有根柢的原因。不獨對於子侄輩爲然，凡親戚或廠方職員中的優秀青年，也分别資送歐美、日本，專修紡織學科，或逕入有名紡織廠實習。且從民國十七年起，正式開辦紡織職員養成所，招收國内工校畢業生，半授課、半實習，畢業之後，分派各廠服務，大都爲可造之才，現已辦到第四屆了，不久或將擴大其組織。此外，爲培植實地工作人員起見，又設有機工養成所、藝徒學校、補習學校之類，有時或逕由廠方招收練習生，施以特殊的訓練。總之有一相當之事，必備一相當之人，既種原因，自結其果。現從經理、廠長、技師，以至主任、監工輩，殆無有不稱職之人。然而人既衆多，用非容易，有守舊的，有尚新的，有專攻的，有改業的，有學自外國的，有自己養成的，有自聘請或由熟人介紹而來的，有和廠主本有親戚、同鄉或本家關係的，形形色色，不一而足，稍有成見，流弊無窮。倘能以勞績爲前提，作爲黜陟的標準，則士爲知己者用，當可各盡其才，既無何等怨言，也不致有何僥倖了。

申新所屬的工廠，有爲自己創辦的，有從别家買進的。創辦了，買進了，見有空地，或遇着機會，再把它擴充起來。機器最老的已有了四十多年，最新的方在途中運送，先後湊合許多紡織機，設立了九個工廠。除卻第一廠和第八廠同屬於一個公司以外，每一個工廠成爲一個公司，雖不像普通紡織公司組織得有甚麽董事會，但經濟各自獨立，究和一個整個公司的性質不同。或者有些占優勝的地方，然而不利之點究所難免，將來也許有改正的必要。看下面所寫的幾段事實，當可知其大概了。

申新公司的商標，誰也知道是“人鐘”。“人鐘”紗、“人鐘”布、“人鐘”線，在市面上的評判，只算個中等牌子，比“人鐘”爲劣的别家紗、布、線固屬不少，但是較“人鐘”爲優的也多。在不深知申新的人們，以爲申新所具有紗錠、布機、線錠，多則多矣，卻是不精。殊不知今日的申新，除卻日本人勾結漢奸所假冒的“人鐘”出品之外，真正“人鐘”的紗、布、線，市面上不見其多。並非各廠的出數不多，因爲除開公用的“人鐘”，各廠都有自用的特別商標了。這些特別商標之中，有自認比“人鐘”爲好的，也有自認比“人鐘”爲次的。用次於“人鐘”的商標，怕爲着本廠的貨色不佳，連累到其他各廠，這是商業上應有的道德。然而，信本廠貨色比別廠爲好的時候，也決不肯帶犧牲性質，用普通的“人鐘”商標出售。於是乎甲廠也用個較好的商標，乙廠也用個較好的商標，各自抬高本廠的價值。例如紅“人鐘”、“金鐘”、“四平蓮”、“好做”、“特別好做”、“寶塔”、“金雙喜”、“金雙馬”、“元寶”、“紅雞”、“人槍”之類，都從這個心理脫胎而來。此外和“人鐘”不同的商標還多，合計不下五十種，都有代表申新出品的資格。所以市面上的“人鐘”紗、布、線，充其量不過占申新出品的二三成，其餘七八成，則都改用各廠中自有的特別商標了。除卻少數的幾個特別商標，如“美人”、“得利”等，售價比“人鐘”略低以外，大抵都比“人鐘”爲高。有的在特殊地方，竟比市面上售價最高的某商標還好，“人鐘”更是趕不上。一方面固足以表示申新出品有長足的進步，但從另一方面說，偌大一個公司，對此公用的“人鐘”商標，竟沒有嚴格規定的標準，吩咐各廠去照做，以至甲廠做出來的“人鐘”，未必和乙廠相像；即在同一廠內，夏季冬季也有不同，既足以減少用戶的信仰心，更難於鞏固公共的勢力，殊非大公司所應有的現象。

申新擁有如許的紡織機器，且分設了九個工廠，各廠又不同在一隅，應市面的需求，當然不許只紡一種紗、只織一種布爲止。大概紡紗的支數，自四支起，而六支、八支、十支、十二支、十四支、十六支、二十支、二十二支、二十四支、三十二支、四十支到六十支；織布的種類，從六磅起，而九磅、十磅、十一磅、十二磅、十三磅、十四磅、十五磅、十六磅、十八磅、二十二磅等，或粗或細，或番布或氈毯，各色俱全，用戶取之，極其便利，在公司方面，也樂得即産即銷，少擱利息，一舉兩得，何樂不爲。但從另一方面說，申新全體，多紡紗支，多織布類，固無不可。倘在一個工廠之內，也要多紡多織，則有許多不便，多備原料，多耗物件，多費人工，都足以增加出品的成本。最好約集各廠專家，加以詳細的研究。某廠宜於紡細紗、織細布，某廠宜於紡粗紗、織粗布，某廠宜於粗細兼營，一一妥爲規定，非至萬不得已的時候，不許輕率變更。由此各照規定的章程，專心研究，不獨技術管理容易求得進步，原料物件都可少備，人工常有定額，不愁或多或少，在成本上也不知輕省了許多。而今之申新，並非如此辦法。市面的利益所在，甲也要紡，乙也要織，今日翻細，明日翻粗，徒貪一時之便宜，不顧無謂的損耗，其結果仍是害多而利少。固然申新各廠多係臨時湊合，並不是由最初的整個計劃而成，要指定某廠專紡某種紗支，某廠專織某種布匹，一時尚談不到。但要謀久遠的利益，在可能範圍之內，總須有相當規定，使漸漸的趨於簡單纔好。

申新目下雖已具有紗錠五十萬枚，但是所紡的紗支仍是粗多而細少，平均支數常在二十支以下，每日可出紗一千二百件，每件用棉作爲三擔半，合計每日應用到四千二百擔棉，其數量不可謂不鉅了。因爲用棉數量極鉅，要終年用花不變，是不容易辦到的。然而原棉爲紗廠命脈所關，至少也須有相當的規定。要紡某種紗號，應配某種花衣。某種紗號要紡若干包，應配某種花衣若干擔。某廠機器，必須配用某種花衣，方爲適宜。某種花衣，至少須和若干成，生活方纔好做。凡此種種，都與出數、出品和成本有密切的關係，事前應有通盤籌劃，不可稍有疏忽的地方。申新對於此層，尚覺不曾辦到。紡紗支數，既難確定，買進花衣，當然無一定的標準可言。今日紡十六支極爲相宜，明日紡二十支，則就有些將就了。況進花有前後，價值自然不同。同一名稱的花衣，也多少有些優劣。假使甲乙二廠，同時都用得着這種花衣，惟不愛物美而價廉，捷足者遂爲其所得。用花不能統一，未始不是"人鐘"紗布不能統一的一個原因，實有注意的必要。

每個工廠，職員用到數十人或百餘人，當然要有一定的組織。所謂組織，連名稱、人數、權限等等，概行包括在內。申新各公司的組織，除卻屬於營業、賬務部分可謂大同小異而外，各廠各樣，毫無一定的標準。單就名稱而論，同一職務，或稱經理，或稱總辦，或稱廠長。此經理、總辦、廠長之下，或再設有副經理、副總辦、副廠長一人至二人，或叫做協理、駐辦或助理。甚至經理之外，同時設個廠長。更有設兩個廠長而不設經理的，真所謂長其所長是了。工程方面也是如此。有總工程師或總技師，有工程師或技師，有副工程師或副技師，或者三項人員同時設置，計總工程師一人，工程師一人至數人，副工程師一人至數人；或者不設總工程師，單設工程師一人，副工程師一人至數人；或者單設總工程師，而不設工程師或副工程師，此則不知總在何處；或者單設副工程師，而不設工程師或總工程師，此又不知副於何人。有的明明是工程師或副工程師，偏可特許其離開總工程師，獨立執行工程職務。有的明明是總工程師，偏只許其管理一部分工程。又工程師之外，或有總管的設置。所謂總管，當然無所不管，工程自在其內。此外更有主任、副主任或總領班、四領班、雙領班等。名稱雖異，意義殆同，再用不着多舉了。以具有同一性質的工廠，執行同一職務，名稱竟大有不同，人數也有多有少，多少且不是以廠的大小爲標準而分的，用意如何，本不容易知道，更不敢多有批評。但覺組織紛歧，假使非心地光明如總經理昆仲者主持其間，難保不發生流弊呢。

申新所屬的九廠，乃陸續成立的，或者機器極老，或者機器極新，或者不舊不新，或者新舊參半，有英式，有美式，有瑞士式、德國式、日本式，而英、美式的各家機器，又幾乎無所不備，除第八廠爲完全嶄新的英式勃拉脫和第四廠爲新舊參半的一色美式沙谷洛威以外，其他各廠，至少有兩種機器，甚至有多到七八種的，工作情形既感不便，物料種類更覺麻煩。且各廠成立的時期不同，成本有輕有重；又工廠所在的地點不一，民情、習慣、市場、時局等等，大有變遷。雖然同號申新，而辦理實有難易的區別。年終結賬，或虧或賺，且其所虧所賺的程度，未必即刻可以代表辦理該廠者能力的高低。有的所賺不多，甚至虧本，但是辦理者的能力，或還比別廠多賺錢的辦理者爲高，或至少也不相上下。譬如甲廠每件紗的利息，只扯八兩，而乙廠竟扯十六兩。又如丙廠就地買進的原料，比丁廠每擔低二元，而其售出的紗，因特殊情形，或反比丁廠高二至三元一件。更如戊廠所在地，工人運動極爲激烈，常有非辦理者所可抵抗的怠工、罷工或花紅、獎賞等意外的要求，而己廠方面工人則都能守分工作，終年相安。此外地方政局的安危，貨料運輸的遠近，工人能力的優劣，意外災患的有無，莫不和一廠盈虧發生密切關係。一進一出，聚少成多，一年計算下來，數目遂變大了。不能説某廠賺了錢，就是能力高；某廠賺得最多，就算能力最大。反之，不賺錢或竟虧本的廠，也不能説那辦理者能力一定爲低。此理既明，各廠辦理者本身，賺固不得自驕，虧亦不必自餒。但是實在能力薄弱，也難聽其藉故推諉。最好就各廠狀況，定出種種等級，一項一項作成詳細的比較，則某也能力高，某也能力低，一見分明，再沒有貪功或取巧的餘地了。

齊家有齊家的方法，治國有治國的方法，辦理工廠也有一種辦理工廠的方法。申新在紡織廠的當中，總算辦理不錯，當然有種良好的方法存乎其間。但是廠不相聯，各有各的辦理方法。別的姑且勿論，單言工作。日本紡織廠在未開工的時候，即聘請技術專家，就各項工作的範圍，定出一種最有效力的方法，名曰“標準工作”。先從職員爲始，切實訓練，再逐漸訓練工人。運轉部應該如何如何，保全部應該如何如何，凡關於工務上的各項工作事宜，雖小至掃地揩車，莫不有精密的規定。譬如某處應加何油，某油眼每日應加油幾次，每次應加幾滴，先由某油眼起，加至某油眼爲止，所走的路線都有一定的規矩。每壺盛油幾磅，每滴有幾格林，指定的車號加完，竟可不多不少。又如精紡部落紗，某組應落幾部，某組應有幾人，第一次落某某車，第二次落某某車，某也向東，某也向西，某也在南，某也在北，某也在中，隨時依規則而變化。如此之類，不勝枚舉。總以達到增加出數、提高出品、減少消耗爲目標，上下執行，竟當作國家的法律一樣。倘若一個公司有幾個屬廠，這標準工作法是各廠都要遵守的。因此，但看其工作法爲如何，即知道該廠爲某公司的屬廠了。目下申新各廠，對於此點尚無標準之可言，雖間有大同小異或相同的地方，也不過偶爾湊着，並不是公共規定的。根本上方法不同，也可發現不少，甚或各是其是，還談不到有趨向一致的可能。“人鐘”紗布的不能統一，除原料外，這也是一個重要的原因，誰謂工作法可以疏忽呢！

上面所寫的幾段事實，雖目下不見有多大弊害，但無形中所受的損失，稍加估計，當不在少數了。因有種種的牽制，絕非枝枝節節可以解決的。倘能下一大決心，將現有八個公司實行合併起來，則所有不統一的各問題，都可逐漸的迎刃而解。日本紡織業有今日的發達，除鍾淵、內外棉、日清、富士、日華各公司，大致爲自己逐漸擴充而來以外，大日本、東洋各公司等，都是由許多工廠合併而成爲一個大公司，魄力既大，發展遂速。以素稱紡織先進的英國，也被其逐出遠東市場。又英國孟卻斯德棉業界同人，眼見着紡織業日趨衰敗，爲挽回劫運起見，曾於不久的過去，聯合五十個公司成爲一個大公司，以增加對外競爭的勢力。又最近英國勃拉特等紡織機器製造廠六家聯合，業已見諸實行。總之，近年東西各邦，極力提倡合理化，許多公司合併，就是含着合理化的意思。俄國以全國爲中心，提倡實業，更具有偉大的計劃，所謂“五年計劃”、“新五年計劃”，正在那裏雷厲風行。我國當此潮流，豈可獨落人後？別業姑且不論，至少在申新範圍中的紡織業，應早日合併起來，除去現有的缺點，再圖進一步的發達纔好。明知許多公司實行合併，不是容易的事體，但要樹立百年的大計，起而在世界市場上相競爭，捨合併而成個極有力量的大公司以外，實無別路可走，雖排萬難去做，也當不辭。何況申新各公司，都爲無限性質，既無董事會，又少零星股東，目下一切大權，本已爲總經理昆仲所支配。但將各廠資産和負債的現況，約集各項專家，詳細調查，公平估計，或升或折，將股額分別派定，即算合併告成。此後訂立一種極完全的章程，給各廠公司去遵守，買賣、製造和其他一切連帶的事項，都惟這申新總公司的命令是從，何廠盈，何廠虧，公共計算，不是一廠所私有。認爲某人不宜辦甲廠，可調乙廠去做；若是實在不稱職，只好請其另圖高就。到了那個時候，因爲有詳細和明確的比較，成績究爲何如，本人也容易知道了。

申新逐年擴充，到了去年，更有長足的進步，紗錠加出三分之一，布機加出二分之一，線錠則加出二倍以上，實在的經濟力量，鄙人雖不是深悉，恐怕不容做如許的事體。但是總經理昆仲所有多年辦廠的經驗，信用一天高似一天，一方面見紡織業已有轉機，都願意出來相助，所以不知不覺，東成西就，遂成爲今日的局面了。然而市面不可常靠，世態究屬炎涼，市面興隆，大家爭來湊合，倘若疲敝下去，彼目光如豆的金融界，未必有設法維持實業的心思。假使自己沒有力量去維持，牽一髮動全身，不獨是公司的不幸爲止，最好暫留一步，將現有局面積極的加以整理，照目下所出紗、布、線的數量，市面果無大上落，有一年半載工夫，當可補充經濟力量不少。到了不帶危險性質的時候，蓬蓬勃勃擴充下去，從申新過去的歷史來推測，早已有幾分把握了。

全世界具有紡錠一億六千萬枚，平均每十個人有一個錠子去供給。我國人口四萬萬，要辦到四千萬紡錠，在世界上方纔不會吃虧。但目下尚衹有紡錠二百五十萬枚，當然有大大擴充的餘地。紡織大本營的英國孟卻斯德，正鬧着大不景氣，頗有人提議銷毀千萬枚紡錠、十萬架織機，其形勢何等危急！然我國反現着興旺的氣象，近且繼續添錠不已。彼之敗，我之興，不必要完全消滅別人，但求自己不吃虧就好了。應該有的四千萬枚紡錠，減去已有的二百五十萬枚，就全中國而言，尚有擴充十五倍的可能性。目下申新在中國的紡織界，紡錠佔有五分之一的比例，依此比例推算，當可擴充到紡錠八百萬枚，其他線錠、織機，也當然可同樣發達。此語雖過於誇大，然而並非一定辦不到的事體。天下無難事，只怕有心人。機會之來，沛然莫之能禦，衹要養精蓄鋭，靜以待時好了。況中國紡織業中的毛紡、毛織、麻紡、麻織和絲紡之類，比棉紡織更爲幼稚得很，即退一步單就棉紡織而言，也不過是紡紡粗紗、織織粗布罷了。所謂三十二支、四十二支、六十支，雖不可說是粗紗，還算不得細紗，外國人衹叫做“中號紗支”。至於普通所說的十二磅細平細斜，更算不得是什麽細布。倘真要與世界紡織市場相角逐，像這些毛紡、麻紡、絲紡、毛織、麻織和棉紡織中的真正細紗、細布，都要急起而直追。這種問題，這種責任，環顧國中紡織界，試問有誰來解決？誰來負擔？最初創辦的時候，總帶些試驗性質和研究性質，不會馬上成功。在資金薄弱的，本屬無此氣魄，有力量者，縱能念頭轉到，恐怕也無此耐心。惟望在中國紡織界已得有較穩基礎的申新，起來解決這問題，擔負這責任！

（原載《紡織周刊》第二卷第十期，一九三二年三月十八日，收入本書時略有刪節。）

榮君月泉派赴歐美考察麵粉紡織業記略

當歐戰之季，中國各項實業頗有發展之象，而紡織、麵粉兩業尤有蓬勃之勢。本公司從事兩業，歷有年所，得此時機，急謀發展。深知歐美機製工作日新月異，欲資師道，非從實地考察不可。

榮君月泉曾遊學海外，熟悉彼邦情形，因特派赴歐美從事考察。時歐戰甫終，各國方開和平會議於巴黎，中國亦派員列席。上海總商會以歷年受稅則不平等之束縛，國計民生交受其困，乃委榮君順道赴法請願，遂於民國八年三月八日乘“春陽丸”放洋。

四月抵美，留美凡兩閱月。先後赴明尼波黎斯、印第安那及密爾華紀等處調查麵粉事業。明尼波黎斯爲美國麵粉業之中心，其最大之粉廠，日夜可出粉至八萬數千袋。印第安那及密爾華紀，均以製造粉機及電機著名。榮君詳察各廠之所長，定購新式粉機若干種；又一千六百啟羅華次之發電機二副，爲無錫申新三廠之用。繼至麻省，該省爲美國紡織業薈萃之處，製造紡織機之工廠，多在其地。

五月渡海赴英，旋即轉赴巴黎，爲取消不平等稅則事，屢謁王、陸諸使，詳陳利害。兩使以此事關於吾國大計，允於和會中提出。榮君始復赴英，以孟哲斯德爲英國紡織業之中心點，特駐其地從事考察凡三閱月。所謂蘭開夏州者，其氣候土地最宜於紡織，由此知天時地利實爲造成此世界紡織業發祥地之主因。英國共有紗錠五千餘萬支，大半在孟哲斯德附近之二三百里內。而在奧爾屯一鎮，已有一千餘萬錠之多。當歐戰時，各機器工廠多改製軍械，時值戰事甫終，各工廠皆未回復原狀。中、日各國爭購紡機，多不能如期供應，交貨期限有遲至兩年外者，亦可見當時遠東紡織業風起雲湧之一斑。

臨行時，榮君特向好華特白羅廠定購細紗機三萬錠，交貨期限爲十二月，即今日無錫申新三廠所置者是也。九月二日，渡大西洋繞道坎拿大，而至三藩市附輪回國，於十月十三日抵滬。

（原載《茂新福新申新總公司三十周年紀念册》）

◎ 一九一九年三月三日，歡送榮月泉先生（前左四）赴歐美考察紡織、麵粉工業，並爲申新三廠購置紡織機器。前右三爲榮宗敬，左三爲榮德生。

協助榮宗敬榮德生創辦及經營茂福申新各企業的主要人員一覽表

姓　名	合作關係及擔任的主要職務
朱仲甫	蘇州人。無錫保興麵粉廠創辦時的主要合作股東，任總經理。
王禹卿	無錫人。茂福申新創業時期的主要合作股東。曾任無錫茂新麵粉廠銷粉主任，上海福新第七麵粉廠經理，福新第三麵粉廠營業部長，福新麵粉公司經理兼營業主任，福新麵粉公司總經理。
王堯臣	無錫人。茂福申新創業時期的主要合作股東。曾任上海福新第一麵粉廠副經理、經理，福新第三麵粉廠經理，福新第六麵粉廠副經理，福新第七麵粉廠廠務經理，申新第一紡織廠副經理。
浦文汀	無錫人。茂福申新創業時期的主要合作股東。曾任無錫茂新麵粉廠辦麥主任，無錫茂新第一、第三麵粉廠顧問。
浦文渭	無錫人。茂福申新創業時期的主要合作股東。曾任上海福新第一麵粉廠副經理。
丁梓仁	無錫人。茂福申新創業時期的主要合作股東。曾任上海福新第二、第四、第八麵粉廠經理，上海申新第二紡織廠經理。
張叔和	無錫人。一九一五年榮氏兄弟退出振新時，任振新紗廠經理，請榮德生代理；協助榮氏兄弟在上海購得周家橋的廠房、地基并入股，創辦申新紗廠。
榮鄂生	榮氏兄弟的族叔。曾任無錫茂新麵粉廠文牘兼稽核，無錫申新第三紡織廠副經理，租辦的常州申新六廠經理，上海申新第六紡織廠經理。
榮月泉	榮氏兄弟的族兄。曾任租辦的無錫茂新第四麵粉廠（保新）經理；漢口福新第五麵粉廠創辦時入股，任該廠經理，後兼任申新第四紡織廠經理。一九一九年三月，被委派赴歐美考察麵粉、紡織工業，并順便爲無錫申新三廠在美、英訂購機器。後調任總公司五金部主任。
陸輔仁	亦作陸輔臣，無錫人。上海福新第二麵粉廠股東。曾任無錫茂新麵粉廠總賬，茂新第二麵粉廠經理。
項仰斯	無錫人。曾任無錫茂新第一麵粉廠麥務主任。
張文煥	無錫人。曾任濟南茂新第四麵粉廠經理。
查仲康	無錫人。無錫茂新麵粉廠、上海福新第二麵粉廠及申新第一紡織廠股東，曾任福新第六麵粉廠經理。
嚴裕昆	無錫人。上海申新第一紡織廠股東，曾任該廠總管、經理。
榮惠卿	無錫人。上海申新第一紡織廠開辦時的股東，并任經理。

續表

姓　名	合作關係及擔任的主要職務
朱仙舫	江西人，紡織專家。曾任上海申新第二、第五、第七紡織廠廠長。
孫蔭午	無錫人。曾任無錫茂新第二麵粉廠副經理，漢口申新第四紡織廠股東。
張春霖	無錫人。漢口福新第五麵粉廠股東，曾任上海福新第三麵粉廠麥務主任，福新第七麵粉廠副經理，茂新福新申新總公司麥務部主任。
榮吉人	榮氏兄弟的族叔，曾任租辦的常州申新第六紡織廠副經理。
華棟臣	無錫人。曾隨榮德生去河南、山東選地，爲籌設茂新四廠作準備；後任漢口福新第五麵粉廠副經理，申新第四紡織廠副經理。
楊少棠	無錫人。無錫茂新麵粉廠、上海福新第二麵粉廠、申新第一紡織廠股東，曾任無錫茂新麵粉廠辦麥主任，參與漢口福新第五麵粉廠籌備，任經理，後改任批發經理。
馮屺懷	無錫人。曾任租辦的無錫茂新第三麵粉廠（泰隆）經理。
秦芹生	無錫人。曾任濟南茂新第四麵粉廠經理，漢口福新第五麵粉廠總務主任、麥務處主任。
曹啟東	無錫人。曾任上海福新第三麵粉廠經理。
王秋舫	無錫人。曾任上海福新第三麵粉廠廠長。
榮永達	無錫人。上海申新第一紡織廠開辦時的股東，任副經理，後任經理。
王啟周	無錫人。曾任申新第一紡織廠代理副經理。
薛明劍	無錫人。參與無錫申新第三紡織廠籌建，任總管，申新三廠管理改革和創辦勞工自治區的主要倡議者和執行者。
汪孚禮	湖南人，紡織專家。曾任無錫申新第三紡織廠、上海申新第六紡織廠總工程師，申新三廠管理改革的主要執行者。
沈泮元	浙江人，紡織專家。主持創辦無錫申新職員養成所。
吴昆生	無錫人。曾任上海福新第三麵粉廠副經理，申新第九紡織廠經理、廠長。
陳品三	無錫人。曾任上海申新第九紡織廠協理。
榮永吉	無錫人。曾任上海茂新福新申新總公司五金部主任。
華衛中	無錫人。曾任上海茂新福新申新總公司電氣部主任。

（陳文源、榮華源依據相關資料編製）

榮宗敬榮德生的子婿抗戰前在茂福申新各企業任職概況表

姓　名	任職概況
榮鴻元	榮宗敬長子，名溥仁，上海交通大學畢業。曾任上海申新第二紡織廠副廠長、廠長，茂新福新申新總公司花紗營業部主任。
榮鴻三	榮宗敬次子，名輔仁，上海聖約翰大學畢業。曾任上海申新第七紡織廠副廠長，茂新福新申新總公司同仁儲蓄部主任。
榮鴻慶	榮宗敬三子，名綱仁，抗戰前夕尚在上海讀中學。
榮偉仁	榮德生長子，又名鴻增，上海交通大學畢業。曾任上海申新第二紡織廠副廠長、廠長，申新第五紡織廠廠長，申新第一、第八紡織廠廠長，申新改進委員會主席。
榮爾仁	榮德生次子，又名爾根，公益工商中學畢業。曾任無錫申新第三紡織廠工務員、助理員、副經理，上海申新第一、第二、第五紡織廠廠長。
榮伊仁	榮德生三子，號一心，美國羅威爾紡織學院畢業。曾任無錫申新第三紡織廠副經理。
榮毅仁	榮德生四子，又名繼增、紀曾，上海聖約翰大學畢業。曾任無錫茂新麵粉廠協理。
榮研仁	榮德生五子，又名研曾、研增，抗戰前夕赴美留學。
榮紀仁	榮德生六子，又名守仁、紀震，抗戰期間赴美留學。
榮鴻仁	榮德生七子，抗戰期間尚在上海讀中學。
王雲程	榮宗敬三女婿，美國羅威爾紡織學院畢業。曾任上海申新第一紡織廠副經理。
李國偉	榮德生大女婿，一九一八年赴漢口參與福新五廠、申新四廠創建，曾任兩廠協理，後任廠長、經理。
李冀曜	榮德生四女婿，曾任上海申新第七紡織廠廠長。
唐熊源	榮德生五女婿，美國羅威爾紡織學院畢業，曾任無錫申新第三紡織廠副經理。
楊通誼	榮德生六女婿，美國麻省理工學院畢業，曾任無錫茂新麵粉廠協理。

（陳文源、榮華源依據相關資料編製）

茂福申新總公司概況

茂新公司批發處本附設于南市廣生錢莊，嗣後遷至三洋涇橋臨平里。民國九年，自建新屋于江西路。維時福新、申新公司次第成立，翌年遷居，是爲茂福申新總公司。分庶務、文牘、會計、粉麥、花紗、五金、電氣、運輸各部，近復添設同仁儲蓄部，概由總經理總其成。各廠經理於製造方面各負責任，而於採辦及推銷，皆聯絡進行，呵成一氣。以故本埠各廠經理依時集議，事無隔閡。而總公司與外埠各廠，恒用郵電傳遞消息，外埠各廠亦如之。蓋總公司之地位，猶人體之有腦，各廠則五官百骸，其關係似唇齒，尤爲密切。是以總公司對於各廠無分軒輊，酌盈濟虛，以冀平均發達。所望各廠營業順利，歲有贏餘，則不特總公司之幸也。

（原載《茂新福新申新總公司三十周年紀念冊》）

茂福申新各廠之創立及其與總公司之關係

（一）榮公宗敬生前事業　榮公宗敬於前清光緒二十七年，即偕介弟德生先生，并連合諸友人，在無錫創辦茂新第一麵粉廠（茂新第三麵粉廠係由茂新第一麵粉廠出資設立，附屬於茂新第一麵粉廠，特此附注）。嗣於民國二年，復連合諸友人在上海創立福新第一麵粉廠；同年，復在上海連合創設福新第二麵粉廠及福新第三麵粉廠。民國四年，又在上海連合友人，創立申新第一紡織廠（申新第八紡織廠即爲申新第一紡織廠出資設立，故附屬於申新第一紡織廠，特此附注）。民國五年，又在無錫連合創設茂新第二麵粉廠。民國七年，又在漢口連合設立福新第五麵粉廠。民國八年，在濟南連合設立茂新第四麵粉廠；同年在上海連合設立福新第六、第八麵粉廠。民國九年，又在上海連合設立福新第七麵粉廠。以上各廠，均爲合資設立之無限公司，而由榮公宗敬任總經理。

榮公宗敬復於民國八年獨資設立申新第二紡織廠；同年，又在漢口連合創設申新第四紡織廠。民國十年，在無錫與友人連合創設申新第三紡織廠。民國十四年後，在上海次第獨資設立申新第五紡織廠、第七紡織廠、第六紡織廠、第九紡織廠。榮公宗敬於民國二十六年，就申新第九紡織廠與介弟德生先生内部劃定資本，并對於該廠有功人員准出資加入股份，以資獎勵，訂立議單。後於民國二十七年加入外股，向香港政府註冊，爲有限公司。惟於民國三十年撤銷註冊，另訂議單，爲合夥性質。又於民國三十一年由德生先生就申新第二紡織廠與榮公宗敬承繼人内部劃定資本，訂立議單。

至茂新福新申新總公司，係由茂新批發處改組而成，爲榮公與介弟德生先生獨營之事業，其目的爲求各廠經濟圓活，而向各廠爲營運拆放。因其營業對象不過茂新各粉廠、福新各粉廠、申新各紗廠，故定名爲“茂新福新申新總公司”。

（二）茂新福新申新總公司與申新第一紡織廠及其他申新紡織各廠、茂新麵粉各廠、福新麵粉各廠之關係　茂新福新申新總公司爲一對於茂新麵粉各廠、福新麵粉各廠、申新紡織各廠之營運拆放機關。如上所述，故對於申新第一紡織廠，一如對於其他茂新麵粉各廠、福新麵粉各廠、申新紡織各廠，僅有營運拆放關係，而各自獨立。關於此點，試查閱申新第一紡織廠之賬簿，與總公司營運拆放結有存欠，并計利息，決不能將申新第一紡織廠視爲總公司之分公司。該廠既與總公司各自獨立，則與總公司有營運拆放關係之其他茂新麵粉各廠、福新麵粉各廠、申新紡織各廠，更無牽涉。

編者附記：本文原件爲油印稿，未注明作者姓名和寫作日期，標題爲本書編者所加。

一九二八年茂新福新申新各廠一覽

一、茂新麵粉廠概況

茂新一、三廠 地址無錫西門外太保墩，電話一六，光緒二十七年（一九〇一）創辦，經理榮德生，技師李世友，資金一百二十萬元（茂二在內），每年用麥六十萬擔，產粉一百二十萬包，粉磨三十六座，商標兵船，職員三十六人，工役二百四十人。

茂新二廠 地址無錫西門外惠山浜，電話四六八，民國五年（一九一六）創辦，經理陸輔臣，副經理孫蔭午，每年用麥三十萬擔，產粉六十萬包，粉磨十八座，商標兵船，職員二十四人，工役一百六十人。

茂新四廠 地址濟南十王殿北陳家樓，電話一八〇三，民國八年（一九一九）創辦，經理張文煥，技師包文高、林福生，資金二十五萬元，每年用麥三十萬擔，產粉六十萬包，粉磨十二座，商標兵船，職員二十一人，工役七十九人。

二、福新麵粉廠概況

福新一廠 地址上海閘北光復路，電話北二一三三，民國二年（一九一三）創辦，經理王堯臣，副經理浦志達，技師鄔珠貴，資金五十萬元，每年用麥六十萬擔，產粉一百二十萬包，粉磨十五座，商標寶星、六蝠盤壽，職員二十人，工役八十人。

福新二廠 地址上海西蘇州路，電話西四三一，民國三年（一九一四）創辦，經理丁梓仁，技師羅子章，資金一百九十萬元，每年用麥五百零八萬擔，產粉九百九十萬包，粉磨四十八座，商標六蝠盤壽，職員七十六人，工役四百九十四人。（附注：本廠資金、每年用麥、產粉數及職員、工役人數，包括福新四廠、八廠在內。）

福新三廠　地址上海小沙渡底浜北，電話閘北四四四，民國十五年（一九二六）創辦，經理王堯臣，副經理吳昆生，技師張文彬，資金三十萬元，每年用麥八十萬擔，產粉一百五十萬包，粉磨二十四座，商標兵船、寶星、六蝠盤壽、牡丹、天竹、漁翁，職員三十人，工役一百人。

福新四廠　地址上海東京路，電話西一二九，民國二年（一九一三）創辦，經理丁梓仁，技師羅子章，粉磨三十二座，商標六蝠盤壽。

福新五廠　地址漢口礄口宗關，電話二〇〇九，民國七年（一九一八）創辦，經理榮月泉，副經理李國偉、華棟臣，技師華邇英，資金一百五十萬元，每年用麥一百一十萬擔，產粉二百萬包，粉磨三十八座，商標牡丹，職員二十二人，工役一百八十人。

福新六廠　地址上海北蘇州路新垃圾橋，電話北一九〇〇，民國八年（一九一九）創辦，經理查仲康，副經理王堯臣，技師張文彬，資金四十萬元，每年用麥六十萬擔，產粉一百一十萬包，粉磨十八座，商標兵船、寶星，職員二十人，工役二百四十人。

福新七廠　地址上海大通路，電話西四六六二，民國九年（一九二〇）創辦，經理王堯臣、王禹卿，副經理張春林，技師王曉蒙，資金一百五十萬元，每年用麥二百萬擔，產粉四百萬包，粉磨四十九座，商標兵船、寶星、六蝠盤壽、天竹、牡丹、漁翁，職員三十七人，工役二百四十人。

福新八廠　地址上海莫干山路，電話西一八八四，民國八年（一九一九）創辦，經理丁梓仁，技師羅子章，粉磨五十六座，商標六蝠盤壽。

總計　茂新、福新十二家麵粉廠，資金七百五十五萬元，每年用麥一千一百三十八萬擔，產粉二千二百一十萬包，有粉磨三百四十六座，商標六種，職員二百八十六人，工役一千六百九十九人。

三、申新紡織廠概況

申新一廠　廠址上海白利南路，電話西七〇二七，民國四年（一九一五）創辦，廠長嚴裕昆，副廠長王啟周，技師鄭人奎，資金三百萬元，錠子三萬八千八百八十枚，織機一千一百一十部，每年用棉十萬擔，出紗二萬七千餘件，布六十萬匹，紗商標人鐘，布商標人鐘、雙鐘、三鐘、四鐘、五鐘、三星，職員九十六人，男工一千四百八十人，女工三千二百六十八人。

申新二廠　廠址上海宜昌路，電話西二八四，民國八年（一九一九）創辦，廠長朱仙舫，副廠長榮溥仁，技師曾祥熙、朱應奎，資金一百九十一萬七千元，錠子三萬五千四百枚，每年用棉九萬四千五百擔，出紗二萬七千件，紗商標人鐘、美女、天女散花、童子軍，職員五十六人，男工二百二十八人，女工一千五百三十六人。

申新三廠　廠址無錫西門外五洞橋，電話六三六，民國十年（一九二一）創辦，經理榮德生，副經理榮鄂生、榮爾仁，技師汪孚禮，資金二百萬元，錠子五萬一千枚，織機九百零四部，每年用棉十四萬七千擔，出紗四萬二千件，布一百零五萬匹，紗商標人鐘、四平蓮、好做，布商標四平蓮，職員九十七人，男工一千二百人，女工二千八百五十人。

申新四廠　廠址漢口礄口宗關，電話三二四二，民國九年（一九二〇）創辦，經理榮月泉，副經理李國偉、華棟臣，技師蕭松立，資金一百萬元，錠子一萬七千六百枚，織機二百七十三部，每年用棉五萬五千五百擔，出紗一萬五千件，布十二萬三千匹，紗商標人鐘、四平蓮，布商標雙喜，職員五十人，男工四百五十人，女工一千三百二十人。

申新五廠　廠址上海楊樹浦高朗橋，電話東一九七，民國十四年（一九二五）創辦，廠長朱仙舫，副廠長榮偉仁，技師黃炳奎，資金一百七十八萬元，錠子三萬一千一百一十六枚，每年用棉八萬五千二百擔，出紗二萬四千件，紗商標人鐘、寶塔、童子軍、福字，職員五十七人，男工四百三十九人，女工一千一百六十三人。

申新六廠　廠址常州小南門外，電話二五四，民國十四年（一九二五）租辦，經理榮鄂生，副經理榮吉人，技師盧大綸，資金十五萬元，錠子一萬四千二百六十四枚，每年用棉三萬五千擔，出紗一萬件，紗商標人鐘、仙女、報喜，職員三十八人，男工一百五十人，女工一千人。

總計　申新六個廠，資金九百八十四萬七千元，錠子十八萬八千二百六十枚，織機二千二百八十三部，每年用棉五十一萬七千二百擔，出紗十四萬五千件，布一百七十七萬匹，職員三百九十四人，男工三千九百四十七人，女工一萬一千一百三十七人。

（依據《茂新福新申新總公司三十周年紀念冊》資料摘編）

一九三二年茂新福新申新各廠一覽

一、茂新麵粉廠概況

茂新一、三廠　廠址無錫西門外，光緒廿七年創辦，經理榮德生，機磨三十六座，年用小麥六十萬擔，日產粉八千包，職員三十六人，工人二百四十人。

茂新二廠　廠址無錫西門外，民國五年創辦，經理陸輔臣，機磨十八座，年用小麥三十萬擔，日產粉六千包，職員二十四人，工人一百六十人。

茂新四廠　廠址濟南十王殿，民國八年創辦，經理查仲康，機磨十二座，年用小麥三十萬擔，日產粉三千五百包，職員二十一人，工人七十九人。

二、福新麵粉廠概況

福新一廠　廠址上海北光復路，民國二年創辦，經理王堯臣，機磨十五座，年用小麥六十萬擔，日產粉五千五百包，職員二十人，工人八十人。

福新二廠　廠址上海西蘇州路，民國三年創辦，經理丁梓仁，機磨四十八座，年用小麥五百零八萬擔，日產粉一萬四千包，職員七十六人，工人四百九十四人。

福新三廠　廠址上海小沙渡底浜北，民國十五年創辦，經理王堯臣，機磨二十四座，年用小麥八十萬擔，日產粉六千五百包，職員三十人，工人一百人。

福新四廠　廠址上海東京路，民國二年創辦，經理丁梓仁，機磨三十二座，年用小麥見福二，日產粉七千包，職員見福二，工人見福二。

福新五廠　廠址漢口礄口宗關，民國七年創辦，經理李國偉，機磨三十八座，年用小麥一百一十萬擔，日產粉一萬二千五百包，職員三十三人，工人二百二十人。

福新六廠　廠址上海北蘇州路，民國八年創辦，經理王堯臣，機磨十八座，年用小麥六十萬擔，日產粉五千五百包，職員二十人，工人一百二十六人。

福新七廠　廠址上海大通路，民國九年創辦，經理王禹卿，機磨四十九座，年用小麥二百萬擔，日產粉一萬四千包，職員三十七人，工人二百四十人。

福新八廠　廠址上海莫干山路，民國八年創辦，經理丁梓仁，機磨五十六座。年用小麥見福二，日產粉一萬七千五百包，職員見福二，工人見福二。

總計　茂新、福新十二家麵粉廠，共有機磨三百四十六座，年用小麥一千一百三十八萬擔，日產粉十萬包，共有職員二百九十七人，工人一千七百三十九人。

三、申新紡織廠概況

申新一廠　廠址上海白利南路，民國四年（一九一五）創辦，廠長榮爾仁，副廠長王雲程，紗錠七萬二千四百七十六枚，布機一千六百一十臺，每年用棉十萬擔，職員九十六人，工人五千六百六十七人。

申新二廠　廠址上海宜昌路，民國八年（一九一九）創辦，廠長朱仙舫，副廠長榮溥仁，紗錠五萬六千七百四十四枚，線錠七千一百四十枚，每年用棉八萬四千五百擔，職員五十六人，工人二千一百二十一人。

申新三廠　廠址無錫西門外，民國八年（一九一九）創辦，經理榮德生，副經理榮鄂生，紗錠六萬五千枚，布機一千四百七十二臺，每年用棉十五萬擔，職員九十七人，工人四千一百一十八人。

申新四廠　廠址漢口礄口宗關，民國九年（一九二〇）創辦，經理李國偉、副經理華棟臣，紗錠三萬枚，布機四百一十臺，每年用棉八萬七千擔，職員五十人，工人二千四百人。

申新五廠　廠址上海楊樹浦高朗橋，民國十四年（一九二五）創辦，廠長朱仙舫，副廠長榮偉仁，紗錠四萬七千四百八十八枚，線錠一萬六千零三十二枚，每年用棉九萬擔，職員五十七人，工人二千三百三十七人。

申新六廠　廠址上海河間路，民國二十年（一九三一）創辦，經理榮鄂生，副經理李迪先，紗錠七萬六千零四十枚，線錠二千五百七十二枚，布機九百二十臺，每年用棉十三萬擔，職員九十六人，工人三千五百六十人。

申新七廠　廠址上海楊樹浦路，民國十八年（一九二九）創辦，廠長朱仙舫，副廠長李冀曜，紗錠五萬九千八百四十八枚，線錠一萬三千六百零八枚，布機四百四十八臺，每年用棉九萬七千擔，職員五十四人，工人三千四百八十人。

申新八廠　廠址上海白利南路，民國十九年（一九三〇）創辦，廠長榮爾仁，副廠長王雲程，紗錠五萬零四百枚，每年用棉十五萬七千五百擔，職員五十六人，工人二千二百八十人。

申新九廠　廠址上海莫干山路，民國二十年（一九三一）創辦，廠長吳昆生，副廠長陳品三，紗錠八萬零五百五十六枚，線錠一萬零八百六十枚，布機九百臺，每年用棉十八萬八千擔，職員一百二十人，工人五千二百人。

總計　申新九個廠，共有紗錠五十三萬八千五百五十二枚，線錠五萬零二百一十二枚，織機五千七百六十臺，每年用棉一百零八萬四千擔，職員六百八十二人，工人三萬一千一百六十三人。

編者附記：本文摘自申新史料研究委員會編《申新系統企業史料》第二編第一期，一九五六年十月油印本。根據相關資料查證，上述資料節錄於一九三二年《申新紡織、茂新福新麵粉無限公司之工廠概略》一文，該文原件未能找到。

批發處、辦麥處、辦花處一覽

一九二八年的記載

蘇州茂新批發處，地址山塘橋醃豬河路，宣統三年（一九一一）開辦，主任榮仲華，每年批銷麵粉三十萬包。

無錫茂新申新批發處，地址北塘錢家弄口，主任榮顯鏞，每年批銷紗二萬件、布五萬匹。

常州申新批發處，地址青果巷，民國十六年（一九二七）二月開辦，主任于智文，每年批銷紗六千件。

鎮江茂新辦麥處，地址義渡碼頭，民國二年（一九一三）開辦，主任朱蓉人、陳涵初，每年採購麥子八萬擔。

南京茂新批發處，地址下關鮮魚巷，民國元年（一九一二）開辦，主任榮漢臣，每年採購花衣四千擔、麥子八萬餘擔，批銷紗三千件、麵粉六萬包。

太倉申新辦花處，地址浮橋，民國七年（一九一八）開辦，主任榮靄臣，每年採購花衣六萬擔。

太倉申新辦花處，地址六渡橋，民國七年（一九一八）開辦，主任許鳴皋，每年採購花衣四萬五千擔。

杭州茂新批發處，地址拱宸橋，民國五年（一九一六）開辦，主任榮炳泰，每年批銷麵粉八十餘萬包。

平湖茂福申新批發處，地址東門外南廊下，民國十七年（一九二八）正月開辦，主任黃松年，每年採購花衣四萬五千擔、麥子一萬擔，批銷紗三千件、布八千匹、麵粉六萬包。

常熟福新辦麥處，地址小東門東市河，民國八年（一九一九）開辦，主任龔旭初，每年採購麥子二十八萬擔。

常熟申新批發處，地址大東門，民國十一年（一九二二）開辦，主任劉勤圃，每年批銷紗二千七百件。

常熟申新辦花處，地址支塘，民國十年（一九二一）開辦，主任查仲康，每年採購花衣四萬五千擔、麥子三萬五千擔。

揚州福新辦麥處，地址便益門外，民國四年（一九一五）開辦，主任曹炳南，每年採購麥子四十餘萬擔。

高郵茂新辦麥處，地址南門外，光緒三十四年（一九〇八）開辦，主任汪瀾，每年採購麥子三十萬擔，批銷麵粉二十萬包。

姜堰茂新辦麥處，地址下灞河，光緒二十九年（一九〇三）開辦，主任龔旭初，每年採購麥子二十萬擔，批銷麵粉七千包。

泰州福新辦麥處，地址東臺縣溱潼鎮，民國八年（一九一九）開辦，主任陳文波、陸孟韜，每年採購花衣二千擔、麥子二十萬擔，批銷麵粉一萬包。

濟南茂新批發處，地址商埠十王廟。

九江申新批發處，地址環城馬路西一區二十一號，民國十六年（一九二七）開辦，每年採購花衣五萬擔、麥子八萬擔。

漢口福新申新批發處，地址歆生路鼎安里，主任華棟臣。

總計十九處，每年採購花衣二十五萬一千擔、麥子一百六十六萬五千擔，批銷紗三萬四千七百件、布五萬八千匹、麵粉一百四十三萬七千包。

（依據《茂新福新申新總公司三十周年紀念册》資料摘編）

一九三六年的記載

此時，余兄弟所辦企業，除所營之二十餘廠外，在全國各大都市，均有支店及聯絡站。在浙省則杭州、寧波、紹興、溫州、臺州、楓涇、平湖、嘉興、湖州；在粵省則廣州、汕頭；閩省則福州、廈門；沿長江則鎮江、南京、蕪湖、安慶、九江、南昌、武漢、沙市、宜昌、萬縣，而至重慶；平漢路則駐馬店、許昌、鄭州、新鄉、開封、彰德；隴海路則由海州、徐州、靈寶、西安，而至咸陽；津浦路則浦口、蚌埠、濟南、德州，而至天津、北京；在關外則瀋陽、營口、旅順、大連；在魯省尚有青島、煙臺、濟寧；在湘省則有長沙、衡陽；在本省則蘇北之東臺、南通、高郵、泰州、溱潼、姜堰、海門、揚州，江南之太倉、江陰、常州、蘇州、宜興、溧陽、川沙、崇明，以及浦東之大團、周浦等地。非辦麥即銷粉，非辦花即銷紗銷布。海外，近則（香）港、澳（門）、日本、南洋羣島，均有交易；遠則英、德兩國之機械與零件，美國、坎拿大、巴西、澳洲之棉、麥，時有進出。

（摘自榮德生《樂農自訂行年紀事續編》）

茂福申新總公司及各廠各機構職員籍貫統計

總公司，60人： 無錫41人，蘇州2人，江陰3人，太倉2人，上海2人，常熟1人，靖江1人，海門1人，六合1人，江寧1人，安徽4人，浙江1人。

茂新第一、三麵粉廠，35人： 無錫30人，蘇州1人，常州2人，江陰1人，溧陽1人。

茂新第二麵粉廠，25人： 無錫21人，蘇州1人，江陰3人。

茂新第四麵粉廠，22人： 無錫14人，蘇州1人，常州1人，山東4人，安徽2人。

福新第一麵粉廠，22人： 無錫17人，蘇州2人，浙江3人。

福新第二、四、八麵粉廠，73人： 無錫57人，蘇州4人，太倉2人，常州1人，川沙1人，安徽2人，浙江2人，甘肅2人，貴州1人，不詳1人。

福新第三麵粉廠，29人： 無錫26人，嘉定1人，太倉1人，浙江1人。

福新第五麵粉廠，26人： 無錫20人，蘇州1人，上海1人，儀徵1人，江寧1人，六合1人，浙江1人。

福新第六麵粉廠，23人： 無錫18人，蘇州1人，嘉定1人，海門1人，浙江2人。

福新第七麵粉廠，41人： 無錫28人，上海1人，嘉定1人，鎮江1人，浙江10人。

申新第一紡織廠，99人： 無錫59人，蘇州13人，上海5人，常州4人，南京1人，江陰1人，宜興1人，丹陽2人，揚州1人，浙江6人，安徽6人。

申新第二紡織廠，53人： 無錫22人，蘇州2人，鎮江1人，南京1人，南通1人，常州1人，太倉1人，揚州4人，淮陰1人，浙江2人，安徽2人，湖南7人，湖北2人，江西4人，四川2人。

申新第三紡織廠，96人：無錫89人，靖江1人，江陰2人，寶應1人，溧陽1人，湖南2人。

申新第四紡織廠，52人：無錫31人，江陰1人，常州1人，靖江2人，南匯1人，徐州1人，天津1人，浙江6人，湖南6人，安徽1人，江西1人。

申新第五紡織廠，56人：無錫31人，上海1人，蘇州1人，太倉1人，高郵1人，南匯1人，揚州1人，六合2人，浙江4人，湖南9人，安徽2人，江西2人。

申新第六紡織廠，41人：無錫21人，上海1人，蘇州3人，常州8人，丹陽1人，靖江1人，揚中2人，常熟1人，宜興1人，浙江1人，山西1人，。

申新第七紡織廠，105人：無錫33人，上海1人，蘇州2人，南京1人，太倉1人，常州2人，常熟1人，揚州2人，寶應1人，寶山2人，江陰2人，靖江1人，淮安1人，海門1人，泗陽1人，江西12人，浙江11人，湖南13人，安徽2人，湖北3人，四川7人，雲南1人，廣東1人，福建1人，河南1人，山東1人。

申新職員養成所，1人：無錫1人。

蘇州茂新批發處，6人：無錫5人，江陰1人。

無錫茂新申新批發處，5人：無錫5人。

鎮江福新辦麥處，6人：無錫3人，揚州1人，松江1人，安徽1人。

南京茂新批發處，6人：無錫4人，蘇州1人，常州1人。

太倉六渡橋申新辦花處，9人：無錫8人，太倉1人。

太倉浮橋申新辦花處，19人：無錫14人，太倉4人，安徽1人。

杭州茂新批發處，8人：無錫3人，浙江4人，安徽1人。

常熟申新批發處，6人：無錫1人，江陰3人，常熟1人，蘇州1人。

常熟福新辦麥處，5人：無錫4人，浙江1人。

常熟支塘申新辦花處，22人：無錫17人，太倉2人，常熟3人。

揚州福新辦麥處，2人：揚州2人。

高郵茂新辦麥處，8人：無錫6人，浙江1人，嘉定1人。

姜堰茂新辦麥處，9人：無錫7人，浙江1人，泰縣1人。

泰州福新辦麥處，4人：無錫3人，六合1人。

九江申新批發處，3人：無錫3人。

漢口福新申新公司營業部，23人：無錫16人，鎮江1人，南通1人，上海1人，南京1人，丹徒1人，浙江1人，湖北1人。

（本文依據《茂新福新申新總公司三十周年紀念冊·總公司及各廠各機構職員名錄》摘編統計）

勸告同仁儲蓄宣言

現今風俗，競尚奢華，生計益形困難，若不從“節儉”二字著想，于個人生存問題，恐有絕大危險。但節儉非可托諸空言。如何可以達到節儉目的？如何可以得到節儉利益？舍儲蓄外，別無良法。惟是儲蓄談何容易，非有卓著之信用，切實之保障，與夫優厚之權利，則儲蓄有名無實，不能得多數之同情。本公司有鑒於此，就三十周紀念之際，創設儲蓄部，便利同仁。應勸同仁注意者，厥有三端。

一、儲蓄與同仁之關係　同仁辛勤所得，或不足以養贍家室，“儲蓄”二字，似覺難言。但于無可節儉之中，別籌一節儉之法，小而煙酒，大而酬酢，以及起居服御，能減省若干，即儲蓄若干。日計不足，月計有餘。《語》云：積少成多，子母相生。積累不已，既可得取攜之便，復可備不時之需，習慣自然養成儉德。此應勸同仁注意者一也。

二、同仁儲蓄與本公司之關係　本公司自創設以來，儘量發展，迄今粉廠凡十二廠，紗廠凡六廠，平時於工作及營業積極進行，早已共見共聞，無待贅述。同仁在本公司範圍以內，休戚與共，利害相關。今辦同仁儲蓄，是本公司之愛護同仁，亦即同仁之愛護本公司。至防止利權外溢，尤其餘事。此應勸同仁注意者二也。

三、本公司同仁儲蓄與社會之關係　本埠儲蓄機關隨處皆是，然於實業界發生關係者絕少。本公司所辦儲蓄，是以儲蓄輔助實業，即以實業保障儲蓄。社會而有維護實業之決心，對於同仁儲蓄，必有無形之贊助。此應勸同仁注意者三也。

總之，同仁儲蓄於公於私，有百利而無一弊，望同仁加以考慮，互相勸告。節有用之金錢，獲無量之利益，處以恒心，出以毅力，爲實業儲蓄創一新紀元，諒同仁不以斯言爲河漢也。

（原載《茂新福新申新總公司三十周年紀念冊》）

◎ 一九三二年在無錫刊登的同仁儲蓄部廣告

榮氏兄弟的社會事業

一、路政建設

總經理榮公宗敬及其弟德生先生，平時以振興實業之餘緒，從事于路政之建設，二十餘年來，成效卓著。無錫之開原馬路即爲兩君所倡議，而與地方人士合力築成者。是路以錫邑西門迎龍橋爲起點，經河埒口、榮巷而直達梅園，全線長六英里，乃開原鄉與城市間之唯一要道也。其他如通惠路及城鄉各支路等，兩君亦莫不慷慨輸將，力助其成。統計歷年捐資于建築道路及橋樑等者，不下二十餘萬元，實爲兩君所辦社會事業中最堪記述者。

總公司及各廠同人，鑒於開原路交通之未臻完善，爰於今春集資創設開原公共汽車公司，而以行政權屬諸鄉政局。行駛以來，成績甚佳，往來城鄉者，益感便利。蓋公司之宗旨在便利民衆，而不在牟利，故取費低廉，而服務又能周密也。

二、創辦學校略史

宗錦、宗銓之有事於教育事業也，始於清光緒三十二年。由初等而高等、而中學，由男校而女校，由男、女小學各一所而推廣至各四校，其間所歷事實可得而言矣。

（一）六年制公益第一小學校：光緒三十二年正月開辦，校址在無錫榮巷，校舍係特建，現有學生二百九十人，開教室七所。去年春，以校舍尚嫌迫隘，分三年級以上五教室于巷西楊絲橋已停辦之工商中學內。校長朱鑣，字毓騏，任職盈十年矣。

（二）四年制公益第二小學校：民國二年正月開辦，校址在無錫徐巷之梅園，校舍係特建。現有學生八十二人，開教室二所。校長錢藝，字漱六。

（三）四年制公益第三小學校：民國二年二月開辦，校址在無錫大渲，校舍係借用民房。現有學生四十一人，開教室一所。校長顧學潛，字亦昭。

（四）四年制公益第四小學校：民國二年二月開辦，校址在無錫下余巷，校舍半係新建，半係借用廟宇。現有學生五十五人，開教室一所。校長辛一霖，字栽臣。

（五）六年制競化第一女子小學校：清光緒三十四年開辦，校址在無錫榮巷，校舍係特建，現有學生一百五十人，開教室四所。校長施嘉績，字獻臣，開辦至今，未嘗更動。

以上各學校，爲現在繼續進行者，其他辦而更變或辦而中止者，尚有下列數校。

（六）四年制競化第二女子小學校：民國四年正月開辦，校址在無錫河埒口，校舍係借用家屋，學生最多時盈七十人，開教室兩所。茲於十六年七月停止，自後由當地人士籌款續辦，改名化新。

（七）四年制競化第三女子小學校：民國四年三月開辦，校址在無錫仙蠡墩，校舍係借用家屋，迄十六年七月停止。

（八）四年制競化第四女子小學校：民國四年正月開辦，校址在無錫徐巷，校舍係借用家屋，學生最多時盈七十人，開教室兩所。茲於十六年七月停止，由當地人繼續維持。

（九）公益工商中學校：民國八年八月開辦，校址在無錫榮巷西楊絲橋，校舍係特建。學生達三百人，迄十六年四月停止。中間舉行畢業者五屆，共得二百餘人。此校自購地建築以及經常、臨時諸費，前後八年間，總計約二十五萬元。其餘各小學暨圖書館，前後一應費用，數亦稱是。

（十）申新學校：總經理榮公因鑒於工人子弟失學之可慮，爰於民國六年購地數畝，建築學校一所于周家橋，定名“私立申新學校”，闢教室二，他如成績室、運動場等，應有盡有。七年春開始招生，迄乎今日，學生達一百二十餘人。十六年起，添設高級，將來更擬力事推廣，以收工人教育之實效云。

三、大公圖書館

大公圖書館創設於民國五年之雙十節，地址在無錫榮巷，房屋係特建，所藏圖書、雜誌不下十六萬卷。館長嚴懋功，字肖蘭，任職垂十年矣。

（原載《茂新福新申新總公司三十周年紀念冊》）

◎　大公圖書館（一九二八年舊照）

榮氏兄弟的教育培訓事業

榮宗敬、榮德生兄弟遵循父親遺訓，在事業之餘，須推及國家社會，故從光緒三十二年（一九〇六年）起，先後開辦公益小學、競化女子小學、申新子弟學校及公益中學等普通教育，進而開辦工人識字班，女工、機工養成所，職員養成所及訓練班等企業職工的培訓事業。他們還在家鄉創辦大公圖書館，捐資萬元助建交通大學圖書館，並購書捐入；宗敬先生又於抗戰前提出應在大學設立紡織科的主張。

茲將榮氏兄弟所辦教育培訓事業，綜合如下：甲、一般教育機構：公益初級小學、競化女子初級小學各四所，公益高級小學、競化女子高級小學各一所，申新小學、公益初級中學（後改爲公益中學）、申新初級中學，梅園豁然洞讀書處、大公圖書館。乙、企業職工的教育培訓機構：公益工商中學，工人夜校、晨校，女工養成所、機工養成所，申新職員養成所、申新職員訓練班，中國紡織染工業補習學校、中國紡織染工業專科學校、中國紡織工學院。

一、公益工商中學：一九一九年創辦於無錫榮巷，是一所中等職業技術學校，招收高小畢業生，經一年預科，分工、商二班，學制三年。校中有商店、銀行爲商科實習，專設工場爲工科實習。一九二四年工科因招生不足而停辦，尚未畢業的學生轉請南京大中橋高工代教；商科則繼續，至一九二七年停辦。先後畢業工科學生二屆、商科學生五屆，共計二百餘人。其中有不少人後來進入榮氏企業，成爲工廠管理及工程技術方面的骨幹。

二、申新職員養成所及訓練班：在《茂新福新申新總公司三十周年紀念冊》中，載有沈泮元先生《養成所緣起》一文，其中寫道："民國十七年秋，榮公宗敬、德生昆仲創設申新職員養成所，以泮元曾留學英、日，學習紡織，由卒業而服務彼邦十易寒暑，於紡織一門稍有經驗，使充主任，造就國內紡織專門人才。泮元不才，克承其乏，遂招實習生十名，設校於榮巷工商中學舊址，半日在校練習科學，半日赴廠實習工業。各該實習生兢兢業業，練習一年，斐然可觀。一班業經畢業，現正招考第二班生，隨後逐漸招考，逐漸練習，使各廠均用專門人才，廠務日見發達，泮元亦與有榮施。"

申新職員養成所，自一九二八年至一九三二年共畢業四班四十八人；無錫申三、重慶及寶雞申四單獨設有職員訓練班，畢業百人以上。總公司及各廠所辦養成所及訓練班，畢業人員共二百五十人以上。據一九五一年調查，從申新職員養成所、訓練班畢業的同學共二百零六人，當時仍在申新各廠工作者六十三人。各屆畢業生基本情形如下：

第一屆養成所，一九二八至一九二九年，畢業十四人，其中江蘇籍八人、湖南籍四人、浙江籍二人，一九五一年仍在申新工作者四人。

第二屆養成所，一九二九至一九三〇年，畢業二十四人，其中江蘇籍十九人、湖南籍一人、浙江籍一人、上海籍二人、四川籍一人，一九五一年仍在申新工作者九人。

第三屆養成所，一九三〇至一九三一年，畢業十五人，其中江蘇籍十三人、上海籍一人、四川籍一人，一九五一年仍在申新工作者九人。

第四屆養成所，一九三一至一九三二年，畢業二十七人，其中江蘇籍十九人、湖南籍四人、浙江籍一人、江西籍一人、上海籍一人、四川籍一人，一九五一年仍在申新工作者六人。

申新三廠養成所，一九三四年舉辦，畢業十五人，其中江蘇籍十四人，上海籍一人，畢業後有二人去漢口申四、一人去上海申新工作，其餘十二人均留在申新三廠。

第一屆訓練班，一九三七年舉辦，畢業二十人，其中江蘇籍十七人、浙江籍一人、上海籍二人，一九五一年仍在申新工作者十二人。

第二屆訓練班，一九四〇年舉辦，畢業二十八人，其中江蘇籍二十人、浙江籍二人、上海籍三人、湖南籍一人、湖北籍一人，籍貫不詳一人，一九五一年仍在申新工作者十六人。

三、中國紡織染工業補習學校：一九三七年一月，宗敬先生發表《交通大學添設紡織科之我見》，呼籲爲我國紡織工業培養高級人才，但沒有來得及付諸實施。一九三八年夏，他的子弟和繼承者即以申新九廠名義，開辦中國紡織染工業補習學校，由上海市教育局批准立案。中國紡織染工業專科學校和紡織工學院開辦後，補習學校乃即附設其內。補習學校採取夜校制，招收紡織企業在職的管理人員和技術人員，免收學費，利用業餘時間，進行學理補習和培訓，學制兩年半，分設紡織、染化二科，紡織科每屆四十人，染化科每屆二十餘人，十數年間，先後畢業七屆，約四百餘人，頗得各紡織企業從業人員之歡迎與好評。

四、從中國紡織染工業專科學校到中國紡織工學院：一九四〇年春，申新九廠又籌備成立中國紡織染工業專科學校，分設紡織、染化、機電三個專業，招收高中畢業生，學制三年，校址在上海江寧路紡織工業區內。一九四一年十一月一日，獲重慶國民政府教育部慶字第五六四九號指令，核准該校備案登記。在日僞時期，爲避免遭到敵人摧殘，學校不掛牌，不宣傳，埋頭苦幹，杜門辦學，除一九四二年外，每年招收新生，人數雖然不多，但均爲品學兼優的愛國青年。因當時環境惡劣，學生大多經濟拮据。學校設立董事會，教學管理極嚴，學生待遇則甚優裕，舉凡學費及膳宿費，全部免收；書籍、雜用及制服，亦予酌給。

一九四六年春，鑒於戰後工業復興急需大量人才，董事會決定將學校改爲四年制本科，校名改稱中國紡織染工程學院，請榮德生先生任主席校董，榮鴻元先生任院長，經費改由申新總公司負擔。一九四八年春，教育部批准立案，并令改稱“私立中國紡織工學院”。一九五〇年八月，該院與另外兩所私立紡織專科學校合併，成立上海紡織工學院。一九五二年全國高等學校院系調整中，上海紡織工學院與國立大學的紡織系科，合併成立華東紡織工學院（即今東華大學前身）。中國紡織工學院自一九四六年批准成立至一九五二年合併組建新校，共畢業學生六屆，共一百十八人，前五屆爲三年制專科，最後一屆爲四年制本科。

五、私立江南大學：由榮德生先生主持創辦，校址在無錫太湖邊後灣山，其中五十餘畝地基原爲一九二九年榮宗敬購買準備建園之處。一九四七年八月，國民政府教育部批准私立江南大學董事會立案，吳稚暉任董事長，戴季陶、榮德生任副董事長，榮鴻元、榮鴻三、榮一心、榮毅仁等十五人爲董事，第一次董事會議於九月十日下午在上海西摩路一八六號宗敬先生故宅舉行。十月二十七日，第一屆學生開學上課。學校初設“三院九系”，即文學院下設中文、外文、經濟、史地四系，理工學院下設數理、機電、化工三系，農學院下設農藝、農產製造二系；後改設“七系一科”，即工業管理、數理、機械、電機、化工、農藝、食品工業及麵粉專修科。一九五二年九月，全國高等學校實行院系調整，私立江南大學奉命撤併，相關系科併入上海、南京等地新建高校。辦學五年，先後招生一千一百多人，本專科畢業生三百十四人。一九八五年九月，江南大學由無錫市人民政府以地方高校名義重新掛牌，二〇〇一年，與無錫輕工大學、無錫教育學院合併組建爲國家教育部直屬的“211工程”重點大學，繼續沿用江南大學校名，學校建設也繼續得到榮氏家族的支持與資助。

編者附記：本文依據申新史料研究委員會《申新系統企業史料》第二編第一期油印本中《教育培訓事業》一節及一九四七年十一月三十日出版的《紡織周刊》第八卷第二十七期《申新的社會事業》一文摘編而成，標題及“私立江南大學”一節，爲本書編者所加。

《無錫私立公益第一小學校三十周紀念刊》序

（選錄）

（一）

教育普及，世界公認爲强國之基，吾國何如乎？一國之普及難，一省之普及不易，一邑一鄉之普及亦非易。言吾國變法革新四十餘年未見成效者，遍國中能犧牲能實行之人鮮也。苟有人焉提倡於前，犧牲於後，實行不懈，一貫始終，影響前途必有可觀者在。謂予不信，試觀吾邑西鄉公益小學之成績而知之矣。

榮氏宗敬、德生昆仲於清光緒三十二年正月捐款創辦公益小學，三十年來辦理男女小學八所、中學一所，迄今西鄉四公益、四競化、一高小、一中學，以及其他公立私立之各小學，凡十餘校，學生萬餘人，畢業者數千餘人。開原鄉之山前半鄉，戶口萬餘，教育已普及矣。是果誰之力也歟？曰惟公益第一小學開其端而已，是皆由夫榮氏昆仲提倡之，犧牲之，實行之，所以致其然歟。且也中學部之設備及成立，工商早著成績於前，豁然又著成績於後。公益高級畢業五百餘人，初級畢業八百五十人，合開原全體觀之，萬餘學齡兒童均已無不識字之人，謂爲開原一鄉教育已普及也，亦無不可。

此次朱校長以三十周年之紀念將出版《紀念刊》一冊，囑余爲之序，爰以“教育普及”四字，希望之於一般提倡小學之人，曰“犧牲金錢”、“實行不懈”兩語而已矣。吾邑踵榮氏昆仲而起乎，一邑之教育普及，必不難也。

中華民國二十四年三月　邑人侯鴻鑑序

（二）

無錫私立榮氏公益第一小學校，創於遜清光緒三十二年之春，由榮宗敬、德生昆仲兩先生捐資建立，迄今正三十周年。其校長朱君明暉裒集學校歷史表格以及各項規程，編爲紀念冊，將付刊，囑序于余，且曰：“本校自開辦以來，三十年中，歷有進展，其程度則由初等而高小，其教室則由三四而八九，其人數則由數十而四百五百。人生三十爲一世，茲三十年中，本校畢業學生立身社會而成事業者，殆難縷指而數。茲紀念冊之付刊，非爲自曝其功，蓋徵敘沿革，載紀事實，有不容緩也。先生與本校關係深切，其序之勿辭！”

嗟夫，聞朱君此言，余深有感也。溯自遜清之季，甲午敗于日，庚子敗于聯軍，秉國政者憬悟科舉取士之法有背世界潮流，非改弦易轍不足以強國致富，因是廢科舉、立學校，廣東、江蘇得風氣之先，提倡學校最力。於是公私各校崛起如林，而尤以吾錫爲負盛名。

天下言學校辦理之法，人才出類之譽者，輒曰“無錫”。無錫開原鄉，密邇城區，其鄉人多經商滬瀆，開通最早，又得鄉之賢哲若蔣君仲懷、陸君培之、丁君福憐，暨榮氏兩先生，努力創設男女各校遍於村隅，鄉中子弟幾無不讀之人。邑中言地方開通文明昌盛者，尤翹指曰“開原，開原”，而開原各校之早創者，則惟公益第一小學校。由公益第一小學校開辦有成效遂推廣焉，而辦競化女學，而辦公益、競化第二、第三、第四小學；更推廣焉，而辦公益工商中學、公益鐵工廠，暨梅園豁然洞讀書處、公益初中補習學校。因公益各校成效之觀感，於是張氏立作新小學，陸氏立培之小學，丁氏立丁氏小學，一鄉文明，蔚然大盛！然則開原辦學之中心，實首推榮氏；而榮氏各校之中心，則公益一校也。

嗚呼，公益一校雖小學，乃獨繫全鄉之文明，其地位顧不重歟！當公益一校開辦之時，錫城私立小學最著者凡四：曰補公，曰師古河，曰模範，曰勉強，是謂城中四小學。其在鄉間者，石塘灣有惠北小學，蕩口有鵝湖小學，村前有胡氏小學，寨門有經正小學，富安有安陽小學。每年春秋運動會，各校齊集，拔幟爭長，如火如荼。余爾時尚在童年，亦躬與其盛。迄乎今日，余髮星星已成老大，而所謂城中四小學及各鄉私立諸校，或則停辦多年，或則屢易名稱，或則改入縣立，而惟茲公益一校，垂三十年而步步進展，不見老態，巋然如魯靈一殿，領袖各鄉私校。在當事者觀之，應如何快心滿志耶！更溯歷任校長，如榮君吉人、嚴君肖蘭、葉君志青，朱君毓騏，皆任事多年，始終不懈，而明暉君尤勇於革新，朝氣方盛，斯校前途，正未可量！

吾聞法之巴黎大學，英之劍橋、牛津兩大學，皆已歷數百稔，世界學校推爲祭酒，則若短短三十年，猶不足道。茲刊也，殆其發軔焉耳。由是而將再刊、三刊，至於無窮刊。後之人，試拭目竢之也可！

中華民國二十四年三月　夢華朱烈序於梅園豁然洞讀書處

（三）

梁溪教育，夙有聲大江南北，殆以學校數量獨多於他邑，其間私立者亦爲數可觀。顧私校而能歷三十年不替，則不多聞。西鄉榮氏公益第一小學校，創始於清光緒三十二年之正月，迄今適屆三十周，朱校長明暉將訂期舉行紀念典禮，并編印《紀念刊》，分貽各界人士，藉留永久紀念，乞序於余。余愧不文，又適多病之秋，不能用天君，乃婉卻者再。而明暉意頗懇摯，未獲固辭，於是力疾而爲之。序曰：

榮丈宗敬、德生昆仲，慨捐私貲，首創本校，獨開西鄉風氣之先。厥後逐年推廣，乃有公益、競化男女學校十餘所，散設於附近各地，自幼稚班而初小，而高小，而初中，而高中，其課程悉皆銜接，俾鄉居子弟得隨程度而遞升，可免負笈遠方之苦。并設有大公圖書館，藏書二十餘萬卷，專供地方好學者之隨時入館潛修。蓋宗敬、德生兩先生樂於儲才，造福地方，固以普遍爲懷，非若他姓私校，僅僅局於一隅者可比。此可紀念者一也。

追溯本校過去三十年中，及其他公益、競化各校，得榮公吉人、鄂生昆仲及榮少章、朱毓騏二君先後代校主悉心規劃，選聘校長、教員，實皆有不可磨滅之功，而吉人先生尤爲篳路藍縷之人，且能始終關心榮氏學校。此可紀念者又一也。

本校歷任校長皆有持久精神。如第一任榮公吉人任職最久，而繼之者嚴丈肖蘭、朱君毓騏，亦皆歷年頗久。即現校長朱君明暉，自任職至今，亦且六易寒暑矣。後先相承，精神一貫，辦理完善，地方信仰，屢獲省、縣褒奬，公認爲錫地良校。此可紀念者又一也。

錫爵曩長斯校僅閲三載，殊無成績可言，良用赧然。竊謂學校紀念，實有兩種意義：一則紀念過去，一則希望將來。本校三十年來足資紀念者，略如上述，而今後之希望，更未可量。蓋校主之興學熱忱迄未少衰，且有繼長增高之志，則他年四十、五十，以至百周紀念，而榮氏學校當有更大擴充。又明暉勇於任事，猛晉不已，而異日本校規模益宏，聲名洋溢乎國中，亦意中事耳。

中華民國二十四年二月　同邑驪山老樵葉錫爵序於公益初中

（四）

歐風東漸，學校斯興，公學不足，而濟之以私校。是乃以個人之財力，助公家之不逮，其熱心教育可知，其愛國愛地方又何如耶！吾邑風氣早開，號稱文明，戊戌政變前一年，已有竢實學校之倡設，其後接踵而起者指不勝屈。而西鄉以日新、公益兩校爲最早。日新學校早經歸入公立，公益學校則由榮丈宗敬、德生昆仲斥貲創辦，并連年推廣，迄今不替，謂非熱心教育者耶！更謂非愛國愛地方者耶！

予自民七來執是校教鞭時，經辦者榮公吉人，長校者葉君志青，追隨相得，實深感佩。越三年，葉君有他就，吉人先生以校董之命，強予接長是校。韶光荏苒，忽忽八載，自問無狀，於今猶有愧焉。民十八予奉令忝長第四區，不克兼顧學校。既又兼任經辦二載，先後凡十三年。而今是校適屆三十周，校長表弟明暉籌備開會紀念，并集校中規章等，編《紀念刊》，問序于予，予固辭不獲，重以予與是校有深切之關係，并欽仰榮丈宗敬、德生熱心公益，如築路也，造橋也，賑災恤貧也，無一不予地方以實惠，興學其一端耳。爰樂爲之序。

中華民國二十四年三月　朱鏞序於第四區公所

（五）

本校自創立以來，迄兹三十年矣。每屆學期開始，諸生挾笈來校時，其家長常親率前導，與本校教師作半日之傾譚，而輒舉其子弟之寸進尺益歸功於本校，且盛稱校董榮公宗敬、德生之造福鄉里，惠及青年。又過譽本校諸教師，謂能力體榮公之厚意，而培植篤實有用之青年，爲國家作百年樹人之大計。此言頌美過實，本校諸同人何足以當之！

矧計校董興學所斥之資，先後殆四十萬金，其程度自幼稚園起，直至高中，自成一系統，而實以本校爲之基堦。夫基欲其厚，堦欲其固，則本校之所繫固極重大，本校同人又安敢不黽勉將事，惟善是從，以求厚固其基堦，而使不負榮公斥鉅資興學校之至意哉！

特是諸同人識淺能薄，莫收宏效。幸賴前後經辦人榮吉人、少章兩先生之時加匡教，遂得免於隕越，同人等補過未遑，矧敢言功！至其差強人意者，光照初涖校時，全校學生都二百許人，已頗負令譽於社會。其後六年，光照承乏校長，學生逐年增多，及今達四百七十餘人，此乃歷任校長、教師夙夜奮厲之功，今日適收其效耳。然於此益可見宗敬、德生兩先生之德澤，早大被於社會矣。孔子曰："德之流行，速于置郵而傳命。"豈不信哉！乙亥四月，本校將開三十周紀念會，因薈集校中歷年史實及其所設施略次成冊，謀付剞劂，以志紀念。爰將付刊之意書諸簡端，敢請明哲之士鑒其愚誠而教之。

中華民國二十四年三月　明暉朱光照序於公益第一小學校長室

（原載《無錫私立公益第一小學校三十周紀念刊》，一九三五年四月）

申新紡織公司職員養成所緣起

民國十七年秋，榮公宗敬、德生昆仲創設職員養成所，以泮元曾留學英、日，學習紡織，由卒業而服務彼邦十易寒暑，於紡織一門稍有經驗，使充主任，造就國内紡織專門人才。泮元不才，克承其乏，遂招考實習生十名，設校於榮巷工商中學舊址，半日在校練習科學，半日赴廠實習工業。各該實習生兢兢業業，練習一年，斐然可觀。一班業經畢業，現正招考第二班生。隨後逐漸招考，逐漸習練，使各廠均用專門人才，廠務日見發達，泮元亦與有榮施。兹值總公司發刊三十周紀念冊之舉，特識數語，以附冊末。

民國十八年仲夏　松江沈泮元識

（原載《茂新福新申新總公司三十周年紀念冊》）

回憶申新職員養成所

張　棨

一九三四年，我十六歲，考入申新職員養成所。同班同學有盧志明、朱文書、諸東禄、鄭頌亨、李文祺、陳夢華、陳可久、張祖慰、王志道等十餘人，另有附讀者數人。

我們正式考入的同學，勤奮努力，夙夜匪懈。在上者督察至嚴。紡織學老師唐熊源先生及榮伊仁先生採美式教法，用英語講習，每課前必有 TEST，打分數最嚴，筆記時時抽查，正其舛誤。徐永奕先生之投影幾何及機械繪圖，每堂課都有習題，需當堂製作，改正發還。力學及熱機學則半月考一次，陳祖光先生講得好，中英文並用，深奧處用英文說明較多，聽時須十分用心，事後也需勤加複習，纔能徹底瞭解。至於數學中之三角及大代數，如根底好，完成習題作業，應不成問題，顧谷貽先生是好好先生，講課賣力。至於工廠實習及金工實習是訓練手腦並用，手巧能幹，就佔便宜。鄭翔德老師的工廠實習，一定要描繪機械草圖，詳記筆記，蓋每次鄭師先有事先之講解，筆記必須呈核補正。金工實習由修理工場施之勉先生主其事，實際技能由老師傅或工頭督導。施師於理論上闡發講演，並不時查看每人實際操作情況以及製成品之好壞，評打分數。總結而論，這樣的專業訓練是十分認真而且非常有效的，大家爲了將來的飯碗，全力以赴，兩年訓練，打下了紡織專業的紮實基礎。

原棉棉花纖維長度粗細，用手拉法排于黑絨板，用食指及拇指壓拉，不數分鐘就應拉好，排列整齊。初時拉扯不好，多加練習，熟能生巧，不久我們也不輸廠内收棉花的專家了。

我們第一年月薪八元，另加下腳費六成，即四元八角，每年端午節、中秋節加薪一月，年終加薪二月，即於下腳費內支付，所以每月平均所得爲十二元八角，這是第一年。第二年每月十元，另收下腳費六成，即每月十六元。第三年每月十二元，加下腳費共十九元二角。當時一般月入十五元（如小學教師），即可爲小家庭養家活口，故待遇可稱不惡。南通紡織大學畢業生初來申新工作者，月薪僅十五元。紗廠領班約二十至三十元而已（未計下腳費）。故按當年標準衡量，我等所得，不可稱少。

當時按廠方規定，我等每月應儲蓄六元，存于申新同仁儲蓄部，優息存儲，爲將來退職養老金，用意良善。另則我們入所訓練，合約訂定：兩年訓練，三年服務，如中途離職他就，則以此儲蓄金充當賠償金。同學有忌予此，明著反對則有所不敢，但總得有光明正大的理由取消儲蓄始爲上策。衆人商議，以補習日文爲題，需交補習費，錢不夠用，請廠方寬免儲蓄爲說詞。盧志明爲代表，交涉成功。日文老師由廠方挽請職員中精通日文者充任，同學可志願參加學習。至於儲蓄與否，悉聽尊便，不再強制。當年唐熊源、榮伊仁兩先生督責綦嚴，但有開明民主胸襟，部下有意見，皆虛心採納，此蓋身受美國教育，無形中受其熏陶所致。

國人專事紡織者，大部分去日本專攻學習，或徑去日本紡織廠實習。我們的老師鄭翔德先生即赴日實習紡織兩年。

我們進申新養成所時，正值申新財務困窘，幾近破産邊緣。經多方呼籲，幸獲本鄉大老吴稚暉先生援手，稟愛護桑梓之誼，請准實業部發行五百萬元緊急公債，救助申新，廠務始告重振[①]。在此重大時機，各廠發文呼號，凡收發、裝訂以及所附資料等等，均需人手，故徵召養成所同學以應其急。此一重公案，吾同學均親身經歷，有切身體味，印象深刻。此後，申新成品及原棉倉庫，即由銀行財團之中國銀行、交通銀行、上海銀行等經營，進出必須由銀行財團駐廠人員會簽才行。蓋貸款及抵押均受銀團掣肘，一時經營周

① 此處記載有誤。一九三四年，吴稚暉先生曾爲救助申新奔走，但未獲准發行緊急公債。

轉，至爲艱辛。

申新廠主榮宗敬、榮德生先生，待人寬厚，自奉極儉，有老職工之子弟加入職員養成所附讀，即爲一例。我們進廠考試錄取者之文卷，榮德生先生必親自過目。老一輩講法，文章可定終身，字迹也可占卜個性，榮老深然其說，故採卷親閱。有人笑稱吾輩爲“天子門生”，一如當年皇帝老子閱讀文章取狀元也。

養成所同學中，陳可久、陳夢華畢業後分派至漢口申新四廠，派往上海申新紗廠者有王志道等數人。

我于養成所畢業後，一直在申新三廠機械科任“拼清鋼”副領班。領班爲于雲波先生，原籍江北六合，出身於日本紗廠，技術紮實，人品公正。“拼清鋼”機務除所屬拼花、清花、鋼絲三部外，尚轄有磨鋼絲車間、木筒子製造車間。日常工作不外查考工勤，分派當天任務，考察機件，決定明日揩車、小平車、大平車等工作事項。于先生家眷仍住六合，每年返鄉探親期間，全部工作即由我一人承擔。庫存機械零件、機械圖樣，也必須隨時查點，以免臨時周章。機械科由鄭翔德先生任科長，分轄“拼清鋼”、“前紡”、“後紡”三部分機務，另有機器製圖及機械零件由徐永奕先生負責。我們這一屆養成所的同學留機械科者，僅我一人，其他如諸東禄、朱文書、鄭頌亨，均分配於運轉科粗、細紗間任副領班。機械科是常日班，運轉科是日夜班。每天每班工作時間均爲十二小時，星期天調班時需加班至十六小時。

我們同學畢業後都住總辦公廳四樓的職員宿舍，我與諸東禄共住一室，交情較深。諸東禄、朱文書都是從輔仁中學高一考入養成所的，功課根底好。諸東禄、鄭頌亨是老申三的班底，一直在申新三廠，屢功升細紗領班、前紡主任。戰後我曾走訪過他們，我歸國講學時，又去申三參加聚舊，接待者爲諸東禄、鄭頌亨、朱文書、鄧炳魯（時任收花主任，縣初中同班同學）等舊友，並開座談會。朱文書兄抗戰時入川，追隨薛明劍、鄭翔德於重慶創辦之鐵工廠工作。戰後重回申三，服務于修理工場，任副主任。往昔慘綠少年，今都成家立業，各有千秋。

申三設有機工養成所，招收小學畢業或初中肄業學生，教以數學、國文、英語、機械、製圖等知識，實爲初級機械職業學校，畢業後充申三機工。我因服務於機械科，蒙鄭翔德先生推愛，派我去兼任數學教師一年，這是兼職不兼薪的榮譽職務，他們對老師很尊敬，見面脱帽鞠躬如儀，對我這位小老師，尚稱尊敬。屈指年月久長，當時小機工，不知有幾人已升機工領班？

我十九歲辭職去私立無錫中學讀書。申新三年是我一生重大的轉折，對我立志努力，找定人生目標，關係最大。在工作上，此後任何辛勞，均甘之如飴，蓋每天時時辛勞工作，已訓練有素。重入學校，讀書奮發，努力不懈。

編者附記：本文原件爲手稿，寫於一九七二年，存無錫市第一棉紡織廠（原申新第三紡織廠）檔案館。

梅園史料選録

（一）

往游梅園之途有二：一自車站雇人力車，進光復門，出西門，過吊橋，向左行數百武，至迎龍橋，復雇人力車，沿開原路至河埒口，與由惠山來此之馬路會合；一自車站徑乘人力車，經通惠路至惠山，出廟巷，亦至河埒口，沿途可登燦山，游青山寺、明陽觀，復西行，經陸莊、張巷、榮巷，可參觀工商中學、農事試驗場、植物園，而至梅園。

若由梅園西行，經徐巷，至石埠山，登山望湖，風景絕佳。徒步山行，經雞坑、姚灣，而至湖濱華藏山，有華藏寺在焉。又由梅園南行，經楊園、管社山，至萬頃堂，舍車登舟，可遊小箕山、黿頭渚（舟泊堂下，專備雇遊小箕山、黿頭渚等處，舟資來回約小洋二角），有竢實植果試驗場在焉。

遊覽既竟，陸路可循原路而歸，水道可于萬頃堂前另雇漁舟，經犢山、浦嶺二門，過五里湖，進大渲口，繞道梁清溪，復經仙蠡墩、太保墩，進西門吊橋，而至城市。

梅園在開原鄉東、滸㴓山之上。民國元年，由實業家榮君宗錦（宗敬）、宗銓（德生）昆仲，就清初徐殿一進士桃園故址開闢而成（桃園原址不及現時五分之一），廣約百畝，面管社，背龍山，風景之佳，天然入畫。園門内左有公益第二小學，右有洗心泉。稍進有松架，中竪一石，上鐫“梅園”二字。其後地形漸高，有怪石數叢，矗立廣場中，兩旁遍植梅樹數千株。過小橋，穿假山石洞，至天心臺，小溪蜿蜒，環臺之四周。更進有研泉，歷級而上，有軒題曰“香海”，後爲誦豳堂。堂右有花房、餐館。再進有留月村。堂之東有新式精舍一所，舍南有荷池，池前有軒。堂後有招鶴亭，亭後有石危峙，題曰“小羅浮”。由此遥望五里湖及太湖，風帆片片，往來不絕。而鎮山、獨月山分列左右，湖光山色，風景絕倫。今更開拓園址，綿亘滸山之半，添建宗敬別墅。升階遙望，景色尤妍。將來擬於別墅之側築旅社及餐館，以備遊客之食宿。

公益二校　是校亦由園主人創辦，開設於民國二年，有教室三四所，學生百餘人，常年經費需銀千餘元。園主人以經營實業起家，現辦中學一所，小學五所，女學四所，圖書館一所，共有男、女學生千餘人，年需經費三四萬元。

洗心泉　泉位於園門之東南隅，闢於民國六年，由園主人榮君德生（署樂農居士）書名于石，並加以跋云："物洗則潔，心洗則清，吾濬此泉，即以是名。"

梅園石刻　石作紫紅色，屹然峙於園門內之中央，上刻"梅園"二字，大幾及丈，頗有古意。園主人初闢是園，覓名人書園名，皆不當意，故自書之。石之四周，植以花木，圍以石階。相傳其下有塚，因無表識，故不得考。

怪石　此石在梅園石刻之後，天心臺前之廣場上。大者凡四，高約二丈許，形狀古奇，凹凸玲瓏，頗得天趣。或謂係清初大學士金壇于敏中相國園中遺物。小者有七八塊，俯伏於地，亦頗精緻。

天心臺　臺本以石疊成，下有曲徑幽洞，可供遊玩；上覆以亭，並圍石欄，可資休息。臺之四周，有小溪蜿蜒曲折，別有佳趣。每屆夏日，溪間荷放，清香撲鼻，令人心曠神怡。臺上有題額，亦爲園主人所自書。

揖蠡亭　在天心臺之西，位於竹林深處，爲半形之六角亭。登亭一覽，園中千百梅樹，盡在眼前。面對蠡湖，故以"揖蠡"名亭。

研泉　在天心臺後，就園中原有清泉開濬成之（或謂桃園主人所鑿）。園主人濬時，得端硯一方，長七寸許，闊四寸，色頗古雅，似非近時物，背刊"文光射斗"四字，因名是泉曰"硯泉"。

香海　初名"香雪海"，廣凡三間，額由園主人囑南海康有爲書。己未八月，適康來遊是園，謂非伊之手筆，因改題"香海"額易之，並附以詩云："梅（名）園不愧（自合）稱香海，僞（劣）字如何冒老夫？爲謝主人濡大筆，且留佳語證真吾。"軒後有"一生低首拜梅花"匾額，適對誦豳堂。

誦豳堂　堂爲楠木所構，主人購舊時物改造之。堂頗廣大軒敞，陳設亦屬莊嚴雅致。額由園主人取《豳風》稼穡勤勞之意，特題“誦豳”二字名其堂，並請李瑞清所書。堂前有岑西林（春煊）所題“湖山第一”匾額，遊人多於此間品茗焉。

留月村　在誦豳堂之西，位於高坡之下，小溪之旁，額爲名山錢振鍠所題。留月村附近軒內，壁間均嵌快雪堂殘碑三百餘方，園主人自山東購來。臨窗俯覽，湖山村落歷歷在望，頗覺幽靜。遊人到此，輒有悠然高世之想。每屆秋季，主人嘗于此間陳列名菊數百種，供人玩賞。

荷軒　在誦豳堂之東，軒前闢池，中植荷花，曲橋橫臥，池周疊石，頗爲古致，夏日避暑尤適。額爲桐城姚京綬所題。

招鶴亭　在誦豳堂之後，地勢較前尤高，登高遠眺，四圍景物一望無餘。而太湖三萬六千頃，直在几席間，尤壯觀也。亭爲八角形，建於民國四年，歲次乙巳。周圍石欄，中置石臺，頗有古風，額爲古華亭錢葆珍所題。

小羅浮　在招鶴亭後，爲橫臥之一大石，上刻“小羅浮”三字，背刊老梅一株，題“疏影暗香”四字，“丁巳八月梅里遺民摩崖，雙十節觀岱加墨。”

宗敬別墅　在園西滸山上，民國十二年，園主人榮君宗敬所築。背山面湖，風景尤佳。鑿山爲洞，磊山爲臺。室前有廊，廊側有亭，均仿西式。室中沐浴、烹飪等具畢備。前後左右，更築小屋數楹，亦甚精緻。將來更擬於別墅旁建旅社，設餐館，以備食宿之用。

玻璃花房　園中遍植梅樹外，更建玻璃花房，假火力蒸氣，補救天然溫濕之不足，藉以培養花草。今有各種盆景、梅花數百株，形狀奇怪，嬌小玲瓏。更有中西花草無數，芬芳四溢，終年不斷，亦足助吾人之遊興也。

（摘自《無錫雜志·梅園號》，一九二四年一月）

（二）

宗敬、德生兄弟鑒於社會教育之重要，既立大公圖書館，備學子之閱覽書報；復思闢廣大園林，備各界之培養美育。因于民國元年，就開原鄉東山（清初徐殿一進士桃園遺址）闢作梅園。是園背龍山，面太湖，風景絕佳。園中遍植梅樹數千株，並建天心臺、香海、誦豳堂、荷軒、留月村、招鶴亭等建築。近更逐一擴充，聯接滸山，闢豁然洞，設太湖飯店。全園占地三百餘畝，終年開放，不取遊資，遠近來遊者，日必千計，先後建築共費十萬餘金。

（摘自薛明劍一九二八年七月十二日日記）

（三）

由邑城赴梅園，其途有二：一自京（寧）滬車站雇人力車，過吉祥橋，沿外城腳，經西門過吊橋，前行數百武至迎龍橋，换開原公共汽車，沿開原路至河埒口，與由惠山來之馬路會合，更七八里逕達梅園。一自車站逕乘汽車或人力車，經通惠路至惠山，沿錫山路而達河埒口，沿途可登燦山，游青山寺、明陽觀，復西行經陸井、張巷、榮巷，可參觀公益學校、大公圖書館、農事試驗場、植物園諸勝地。

由梅園西南行三里，至小箕山，錦園在焉。由園西行，循錫宜路，經徐巷至石埠山，登山望湖，風景絕佳。徒步山行，經雞坑、姚灣，而至湖濱華藏山，有華藏寺在焉。又由梅園南行，經楊園、管社山至萬頃堂，舍車登舟（舟泊堂下，專備雇遊小箕山、黿頭渚等處，舟資來回約小洋兩角），可遊大小箕山、黿頭渚、廣福寺、太湖別墅、名山別墅等名勝。

遊覽既竟，陸路可循原道而歸，水路可於萬頃堂前另雇漁舟，經犢山、浦嶺二門，過五里湖，進大渲口，繞道梁清溪，復經仙蠡墩、蠡橋，有允利公司第一石灰廠在焉，爲我國最新式石灰工廠。再進過太保墩，越西門吊橋，而抵城市。

梅園築于開原鄉東、滸兩山之上。民國元年，由實業家榮君宗錦（宗敬）、宗銓（德生）兩昆仲，就清初徐殿一進士桃園故址開闢而成（桃園原址不及現時面積十分之一），廣數百畝，面管社，背龍山，風景之佳，天然入畫。園門内左有公益第二小學，右有洗心泉。環廊滿繞紫藤，清幽可愛。稍進，一石兀立，上鐫“梅園”二字。石後地形漸高，有怪石數叢，矗立廣場中。兩傍遍植梅樹數千株。過小橋，穿假山石洞，登天心臺，小溪蜿蜒，環臺四周。更進有研泉，歷級而上。小軒曰“香海”，軒後爲誦豳堂。堂下列花房、餐館，而西行入留月村。堂之東爲樂農別墅，少南鑿荷池，池上有軒，曰荷軒。堂後爲招鶴亭，亭後有石危峙，題曰“小羅浮”。面南遙望五里湖及太湖，風帆片片，往來不絕。而鎮山、獨月山分列左右，湖光山色，風景絕倫。近更開拓園址包有滸山，添建宗錦別墅。升階遙望，景色尤妍。墅側聳塔，曰“念劬塔”。塔下爲太湖飯店，便遊客之食宿休憩。別墅之東有洞，曰“豁然”，穿洞而達山巔，築有網球、高而夫球等場。坐北有精舍凡七，憑眺賽球，頗爲相宜。此園中路徑大略也。玆更將全園風景分志於下：

公益二校　是校亦由園主人創辦，肇建於民國二年。有教室三四所，學生百餘人，常年經費需銀千餘元。園主人以經營實業起家，現辦中學、小學、女學等多處，圖書館一所，共有男女學生千餘人，年需經費三四萬元，此其一也。

洗心泉　泉位於園門之左側，闢於民國六年，有園主人榮君德生（署樂農居士）書名于石，並加以跋云：“物洗則潔，心洗則清，吾濬此泉，即以是名。”

梅園石刻　石作紫紅色，屹然峙於園門內之中央，上刻“梅園”二字，大幾及丈，饒有古意。園主人初闢是園，覓名人書園名，輒不當意，故自書之。石之四周，植以花木，圍以石階。相傳其下有隱塚，或謂即係徐進士之墓，無表識，不可考。

石峰　石峙梅園石刻之後，天心臺前之廣場上。高峰凡四，脩二丈許，形狀古奇，凹凸玲瓏，俱得天趣，係清初大學士金壇于敏中相國園中遺物。小石七八塊，歷落峰下，亦頗精緻。

天心臺　臺用石壘成，下覆曲徑幽洞，可梯而上。翼以亭，周圍石欄，宜坐憩。臺之四周，小溪蜿蜒曲折，紅白芙蕖，相映成趣，晚風徐來，清香撲鼻，令人心曠神怡。臺上有題額，亦爲園主人所自書。

揖蠡亭　在天心臺之西，位於竹林深處，爲半形之六角亭。登亭一覽，園中千百梅樹，盡在眼前。面對蠡湖，故以“揖蠡”名亭。

研泉　在香海前，就園中原有清泉（或謂桃園主人所鑿），開濬成之。園主人濬池時，池底得端硯一方，長七寸許，闊四寸，色頗古雅，似非近時物，背刊“文光射斗”四字，因名是泉曰“硯泉”。

香海　初名“香雪海”，凡三椽，額由園主人囑南海康有爲題署。己未八月，適南海來遊，審額書，謂非其手筆。因改題“香海”額易之，並附詩云：“梅（名）園不愧（自合）稱香海，劣字如何冒老夫？爲謝主人濡大筆，且留佳語證真吾。”軒後有“一生低首拜梅花”匾額，適對誦豳堂。

誦豳堂　堂爲楠木所構，主人購舊家物改造之。堂頗軒敞，陳設尤雅。額由園主人取《豳風》稼穡勤勞之意。特題“誦豳”二字名其堂，並請李瑞清書之。堂前有岑西林（春煊）所題“湖山第一”匾額，遊人多於此茗焉。

留月村　在誦豳堂之西，位於高坡之下，藤花覆其前，蔭蔽不見天日，額爲名山錢振鍠所題。留月村附近軒內，壁間嵌快雪堂殘碑三百餘方，園主人自山東購來。臨窗俯覽，湖山村落，歷歷在望，頗覺幽靜。遊人到此，輒有悠然高世之想。每屆秋季，主人嘗于此間陳列名菊數百種，供人玩賞云。

荷軒　在誦豳堂之東，軒前闢池，中植荷花，曲橋横臥，池周壘石，夏日避暑尤宜。額爲桐城姚京綬所題。

招鶴亭　在誦豳堂之後，地勢較高，登高遠眺，四圍景物一望無餘。而太湖三萬六千頃，直攬几席間，壯觀也。亭爲八角形，建於民國四年，歲次乙巳。周圍石欄，中置石臺，頗有古風。額爲古華亭錢葆珍所題。登石眺望，四山蒼翠，萬頃波濤，尤足暢懷。

小羅浮　招鶴亭北，有大石横臥曠場中，上刻“小羅浮”三字，背刊老梅一株，題“疏影暗香”四字，“丁巳八月，梅里遺民摩崖，雙十節觀岱加墨。”

玻璃花房　園中遍植梅樹外，更就荷軒、香海之旁建玻璃花房，假火力蒸氣，補救天然溫濕之不足，藉以培養花草。羅列各種盆景，又有梅花數百株，形狀奇怪，嬌小玲瓏。中西花草無數，芬芳四溢，終年不斷，亦足助吾人之遊興也。

宗敬别墅　在園西滸山上，民國十二年，園主人榮君宗敬所築。背山面湖，風景尤佳，鑿山爲洞，磊山爲臺，室前有廊，廊側有亭，均仿西式。室中沐浴、烹飪諸具必備，佳賓蒞止，輒於是休憩焉。

太湖飯店　位於宗敬别墅西南。有精舍十三幢，中間架天橋聯絡之。室中佈置極清雅，並設小酌，以備遊客住宿宴客之需。說者謂借此避暑，仿佛牯牛嶺、莫干山者。

念劬塔　位於宗敬別墅之西。民國十九年，爲園主人之母氏石太夫人八旬冥慶，主人建塔以紀念太夫人養育之恩。額由錢名山（振鍠）題署，並刊以《記》云：

龍山之麓，震澤之陽，有榮氏之梅園焉。包原隰，絡陵藪，高高下下，四時卉木皆備，而梅最蕃。時當春孟，遊人如行香雪海間，故名之，以其多。蓋榮氏之園，雖起於近十數年間，而隱然與姑蘇之虎阜、建業之棲霞爲匹。寰海之內，好遊之士至江之南，無不至榮氏園者。有塔焉，高標突起於嶔岩之上，榜曰“念劬”，則榮氏兄弟宗錦、宗銓思其父母之所築也。

謹案：榮氏之尊人，諱文治，字熙泰，秀于農，少孤，事母孝，好讀書，而精于易，勇於爲義，家無餘財；恭人石氏，有禮法，事姑孝敬，相夫以勤，晝操井臼，夜篝燈紡織，衣被其老幼，訓子綦嚴，而待人寬厚。熙泰公年止四十有八，恭人稱未亡人者十有三年，歿年五十有八。宗錦、宗銓得母教尤多。榮氏既累世忠信，而宗錦兄弟以白圭之術起其家，其爲人恢廣有識度，凡其所教養子弟數千人，待之以舉火者數萬人，藏書二十萬卷，公諸邑人士。其他善業多稱是，猗與盛矣！

今夫人性雖本諸天命，而實父母之遺也。自古賢人君子，必生於賢父母。此如作室，必有其基，種樹必培其根，理固然也。榮氏兄弟才賢識量如此，非其先德，孰克致之？雖然，此特榮氏家門之慶耳，吾之說更有進於此。方今天下彝倫攸斁，五達道幾榛莽矣。然聖人論孝之道，必曰放乎四海而准，施諸後世而無朝夕，豈真人心不古若哉！

榮氏之園既爲江南勝地，春秋佳日，來游者日計千百，月計萬，歲計無算。凡此無算人仰瞻是塔，必歸而思其父母。思其父母，必思所以無忝其父母，則秉彝之良，浡然而生，沛然莫之能禦也。然則梅園之塔，其裨於天下大矣。詩曰：“孝子不匱，永錫爾類。”斯其所謂錫類也乎！榮氏兄弟其孝於是乎不匱矣！

歲在上章敦牂孟陬之月　陽湖錢振鍠撰並書

噴水池　位於（念劬）塔前，終年噴水如珠，池內蓄有金魚，游泳上下。山中得此點綴，尤足助遊客之逸興也。

秋丹閣　在（宗敬）別墅之東，旁植牡丹，建築仿小舟形，俗名“岸船”。孫北萱先生一聯云：“九月釀小春，名花秋放；萬頃收一角，勝景天然。”跋云：“丙寅九月下浣，德生先生既治滸山，建閣於其巔，園中牡丹忽放花朵，作紫褐色，有異香，爰署額曰‘秋丹’，製聯紀實。”

豁然洞讀書處　秋丹閣旁爲讀書處，初園主人鑒於學校教育之不足，應社會需要，特聘邑中名師，教授初中畢業學子。二三年來，學生直升大學及留學海外者頗不乏人。教育效率較普通學校爲上，良因名山秀水，足助學子之文思也。

豁然洞　自讀書處東行數十武，隔梅枝遙望，有突出之丘若亭者，即是洞之巔也。園主人始購其地，奥草毒卉，叢生如麻，幾不見土石。及濯洗之，豁然呈色。因庀工鳩匠，營之鑿之，炮之築之，始成爲洞，以爲倦遊者息也。洞口鑿有觀穿額，更進削壁夾道，行十餘武而洞現，廣可畝許，闢牖三，邀覽湖勝。即其牖下，設石几一座二。與之相對者，爲小潭，可一勺盡之。旁列岩壁，齒齒如頷顎。側行可達讀書處，向上行，歷十餘石級而出豁然洞門。是洞夏可以避暑，冬可以取暖，誠覽勝之福地，休息之安所也。

球場　出豁然洞而達山巔，闢有網球場及高而夫球場，備遊客運動遊戲。場北建精舍七楹，額曰“敦厚堂”，備觀覽比賽球戲之用。

石臺　園形石臺凡八，分置球場下層之四周。是石臺者，園主人三十年前初創茂新麵粉廠時，用以磨粉之石磨也。今改石臺，以作遊客品茗之具，一以紀念創業，一以利用廢物也。

石刻　園主人重價購得“快雪堂”殘碑三百餘方，分嵌留月村、香海等壁間。其中以米芾書《畫卷跋》、歐陽詢書《九成宮》，松雪道人書《望江南•淨土詞十二首》、趙孟頫書《湖州妙嚴寺記》、錢灃（南園）書《黃福官侍御答問記》等爲最佳。園主人近更將其珍藏墨蹟命巧匠刻先賢邵二泉先生《題留馨亭卷》，尤佳。他如楊經笙先生書《榮隱君傳》，錢振鍠先生書《念劬塔記》等，亦均爲石刻中之受人歡迎者。

（本文摘自《杖鄉導遊錄》，民國二十一年出版；《梅園指南》與此相同。）

（四）

一九三二年九月二日，榮宗敬與陳夫人六十雙壽，在榮巷家宅、梅園、小箕山錦園設立壽堂，舉辦慶典，擺設壽宴，招待賓客，梅園是整個壽慶活動的中心。其慶儀之隆重，規模之宏大，恐怕在滬寧、蘇杭一帶，民國時期任何一位名人的壽誕慶典，都難以與之倫比。當年無錫的地方報紙，從八月中旬至九月中旬一個月中，發表的消息報導、通訊特寫，不下數十篇。本文僅從九月二日前後十天的報導中，摘錄與梅園有關的內容，看一看當年壽慶的盛況。

爲了有序、安全地搞好慶典，榮宅成立了由榮爾仁、薛明劍等二十三人組成的“壽慶籌備處”，分設總務、佈置、電汽、飲食、招待、庶務、交通、消防、衛生、警衛、會計各股。九月一日，薛明劍編輯的壽慶專刊《杖鄉導遊錄》出版，由唐文治作序，馬相伯題簽，內有“梅園”一章；不久又將這一章抽出，以《梅園指南》爲名單獨出版，由王正廷題寫書名。

慶典爲期三天，當時曾發表“公告”，梅園在這三天內不接待遊客，但後來實際上沒有阻止過任何人入園。

前來祝壽的除親朋好友以外，還有不少軍政商學各界頭面人物。如全國商聯會主席林康侯、海軍司令楊樹莊、實業部司長穆藕初，上海市商會主席王曉籟、火柴大王劉鴻生、永安公司紡織廠主郭樂、中國銀行經理張公權，中央研究院院長蔡元培，江蘇省政府主席顧祝同、實業廳長何玉書，暨“海上聞人”杜月笙、張嘯林、季雲卿等。上海聯華影業公司電影明星阮玲玉、王人美、林楚楚等，亦於壽慶之日專程來錫，赴梅園祝壽助興。

有人統計，九月二日從火車站接待外地來無錫祝壽的賓客超過二千人，從西門去梅園的有八千人。爲方便外地賓客，滬寧鐵路特掛專列，火車站設招待處，由榮宅包定無錫全部汽車，又從上海運來利利公司黃色皮篷大車二十輛、小汽車十輛，在大洋橋租用汽船二十九艘，迎送賓客。並雇定楊、謝、馮三晝舫，泊大有碼頭，招待遊湖。在黿頭渚、萬頃堂等處，停泊艦艇三艘，以資保護。錫城各旅館悉由榮宅爲外地前來祝壽賀客訂用，均告客滿。本地民衆平日景仰先生之惠德，聽說此番榮壽如此熱鬧，莫不爭先恐後，湧向梅園，以一睹爲快。開原道上車水馬龍，途幾爲之塞。無錫的公安巡警及商團全部出動，擔當保衛，以維安全。如此盛況，無錫空前未有。

一九三二年榮宗敬夫婦的壽慶，正當榮氏梅園全面建成和榮宗敬先生事業的“頂峰時期”。壽慶前，園門口搭建五彩牌樓一座，高約丈餘，四面均可出入。正中紮長腳“壽”字兩個成一大圓圖案，其上方佈滿電燈數百盞，光耀奪目，如入不夜之城。

由大門入內，向左上行約五十步，突見一臺，天心臺在焉。由假山石洞匍匐前行，直達臺上，正中陳列紗制八仙壽桃一盤，上有綠色兵船一艘，兩旁寫有英文字（譯作“茂新公司”），乃象形榮氏茂新麵粉“兵船”商標，匠心獨運，頗具巧思。中紮燈彩一座，内綴小電燈無數，光彩照人，玲瓏剔透，在全園夜色中，獨擅勝景。園内行人道上，兩旁滿懸華燈壽旗，五色繽紛，美麗可觀。其中最具特色者，厥惟壽旗一種，作三角形，用道林紙五彩精印，大小不一，中繪三星，象徵茂新福新申新“三新公司”；旁有“六旬雙慶’及雙鈎“壽”字樣，烘托壽慶氣氛，發人遐想。

壽堂設於誦豳堂正廳，中置極大壽桃一枚，四壁遍懸孔祥熙、馬相伯、張壽鏞、宋子文、宋子良、黄炎培、蔡元培、顧祝同、何玉書、李濟深、王曉籟、虞洽卿等贈送的壽幛、對聯、詩詞、賀電，以及銀盾、金鼎、金銀爵、玉如意等各種古玩，亦一一陳列於堂中，不下二百餘件。

榮宗敬、榮德生兄弟私資創辦的公益、競化小學及公益初級中學，歷年來培育子弟數以千計。值此稱觴之期，各校學生聯合舉行提燈遊行。九月一日下午七時，由教職員率領學生三百餘人，手持各色彩燈，從榮巷公益學校出發，直達梅園念劬塔前，一路高唱祝壽歌，兩旁駐足觀看者，無不稱頌榮氏兄弟的善舉惠行。

梅園内外，搭臺唱戲。園外的戲臺由本地慶升班演藝，連唱三晚，内容沒有重複。鄉間紅男綠女觀者甚多，戲場周圍一百零四個攤販，設點行銷，更添喜慶與熱鬧。園内的戲臺設在山巔高爾夫球場臨時大劇場，請上海名家表演，杜月笙、王曉籟、張嘯林三位“聞人”也上臺客串，粉墨登場，杜氏演《刀劈三關》，王氏演全本《沙陀國》，張氏演《硭碭山》。他們三人，“對於演劇素多研究，名滿宇內，故博得彩聲雷動”。

高規格的壽筵，由無錫名店迎賓樓及薛宅大廚包辦，標準爲中菜每席十二元，特別格式，四盆八大碗，西餐爲外賓每客二元，汽水用最好的兩個品牌：正廣和與屈臣氏。園中雖設二三百桌席面，因來客衆多，一霎那間即已坐滿，後來者無席面可坐，竟開出五六百桌之多。後經統計，真正的賀客不及十分之四，其餘大部分均爲到園中看熱鬧，而順便大吃壽酒者，榮氏一律熱忱招待，一時傳爲佳話。

這次壽慶，榮德生說“共花了五萬多元”。各界饋贈的全部禮品，請上海紗業鉅子聞蘭亭、慈善家朱棄塵來錫估值，約十萬之數，由榮宅劃出現款，悉充善舉。這次壽慶，實際上也是爲榮氏企業所作的一次大規模的廣告宣傳，充分顯示了榮宗敬先生的人脈善緣與人格魅力，其影響十分深遠。對於這次盛典，榮家曾請上海派拉蒙公司特派技師，來錫作記錄片，可惜這些珍貴資料已無處尋覓。

（依據《錫報》、《新無錫》等地方報紙當時發表的相關報道、通訊摘編。）

梅園建立榮宗敬銅像及紀念碑存稿

鐫刻於銅像底座的榮宗敬生平簡介

榮公名諱宗錦，字宗敬，公元一八七三年九月二十三日誕生於江蘇無錫。先生自幼資質聰穎，志向遠大，十四歲即赴滬學習生意。先生才思敏捷，經洞察時局認爲非力辦實業不足以立身濟世，遂于清末光緒年間次第于無錫、上海等地開創茂新、福新麵粉廠及申新紡織廠，由於經營得法，所產麵粉遠銷南洋、歐美各地，擁有之紗錠居上海同業之冠。一九四九年前，旗下企業已擁有十四家大規模麵粉廠，九家紡織廠及染整、造紙、機器製造以及化工等數廠。先生雄才大略，且得胞弟德生共襄其業，造就鴻圖大展，享有中國“麵粉大王”、“棉紗大王”之美譽。先生進而投資銀行、保險事業，振興國人金融產業，其高瞻遠矚，于時人同儕中冠蓋羣倫，出類拔萃。惜逢其時日寇侵華，民生凋敝，先生憂慮奔波，積勞成疾，于公元一九三八年二月十日病逝于香江。

緬懷先生畢生創業維艱，且其宅心仁厚，不忘造福鄉梓，修橋鋪路，興辦學校，嘉惠地方。先生提倡民族資本興辦實業，以拯濟斯民，功勳昭著，堪稱中國民族工業之先驅。有感及此，特撰此文介紹，供後人瞻仰，永誌不忘。

榮承餘堂撰文　二〇〇六年十二月三日

榮宗敬先生紀念碑碑文

先父榮公名諱宗錦，字宗敬，世居江蘇無錫，清同治十二年農曆八月初二日生於西鄉榮巷鎮。

爲振興民族工業，濟助蒼生，先父與先叔德生公着手致力紡織、麵粉等產業之擘劃，鴻圖日展。爲避免戰亂與長江水患，先父移居香港，後慟於公元一九三八年二月十日（農曆正月十一日）病逝香江。

梅園誦豳堂有聯曰："發上等願，結中等緣，享下等福"，此爲先父座右銘。夫致力衣食民生產業，振興經濟，廣結善緣，得道多助。然其生活質樸，能捨放下，且造福鄉梓，先父宅心仁厚如此。

先父中道崩逝，時我等僅及簪弱冠之年，既未能分憂解勞，復未能紓其懸念於萬一，思之淒然。今重立先父銅像於梅園，以追遺範。

梅園闢建迄今已歷九十餘寒暑，先父離世亦近七十載，然得昭天地，精神萬古長青，猶與我輩共淩太湖萬頃碧波，同賞梅園花團錦簇，世代綿延，福祚無疆。感念及此，是爲之記，以慰先父，并使後人瞻仰，永銘吾心。

子 榮鴻慶　　女 榮卓如　　敬立

二〇〇六年十二月三日

上海商業儲蓄銀行副總經理孫國平主持銅像揭幕儀式致詞

尊敬的榮鴻慶先生及榮氏親屬，女士們，先生們：上午好！

榮宗敬先生是我國近代民族工商業巨子，是爲我國民族工商業的發展做出積極貢獻的著名歷史人物。今天，我們在風景如畫的梅園舉行榮宗敬先生銅像揭幕儀式，這是對榮宗敬先生最好的緬懷和紀念。銅像的落成揭幕，既可以使我們時常瞻仰到中國民族工商業開拓者的高大形象，也可以使我們永遠學習和弘揚先輩開拓進取的創業精神和愛國愛鄉的崇高品質。

榮宗敬先生有着強烈的愛國熱情和創業意識。他在青少年時代目睹了帝國主義的侵略和社會政治的腐敗以及民不聊生、百業凋敝的慘狀，認定要拯救國家民族危亡，必須創辦新興工業，發展經濟，增強國力。在上世紀初，宗敬先生就與胞弟榮德生先生一起，創辦了保興麵粉廠，後陸續在無錫、上海、濟南、漢口等地創辦了茂新、福新系統十二個麵粉廠和申新系統九個紡織廠。他們幾乎從白手起家發展成了聞名遐邇的"麵粉大王"和"棉紗大王”。

榮宗敬先生具有强烈的事業心和堅韌不拔、勇於開拓的精神。作爲榮氏企業集團經營決策的中心人物，他爲整個事業統籌擘劃，夙夜操心，歷盡坎坷。他對企業實行科學管理，注重産品質量，在資金的籌集與運用、原料的選購與配置、産品的革新與競爭等方面都傾注了心力，積累了經驗，形成了獨特的經營風格，終於使榮氏企業拓展成爲實力雄厚、蜚聲中外的中國民族工業大型企業集團。

榮宗敬先生機敏果敢，不屈不撓，榮氏企業從誕生之日起，就屢遭國内封建勢力和官僚資本的排擠打擊以及外國資本主義列强的逼迫侵奪，在内外夾擊中幾度擱淺，險象環生。先生沉着應對，冒險拼搏，終於頂住風浪，化險爲夷，不僅保全了榮氏企業，而且保持了堅貞的民族氣節。

宗敬先生不僅是一位雄步工商界的實業家，也是一位關心公益、造福鄉梓的慈善家。他牢記父親熙泰公的遺訓，經常關照子侄“有力量要貢獻社會”。他和德生昆仲終生未分家産，相敬相助，共同興辦實業，共同捐資辦學，曾先後在家鄉創辦公益小學、競化女校、公益工商中學、大公圖書館及職工技術管理養成所等，培養出大批建設人才。他們還投資建設了梅園、錦園等風景區，免費給百姓遊覽。他們還多次捐資修橋鋪路，造福社會。

今天，我們舉行榮宗敬先生銅像落成揭幕儀式，就是要弘揚他奮發圖强、艱苦創業的精神，弘揚他愛國愛鄉、熱心社會公益事業的精神，更加廣泛地團結海内外愛國人士，共同爲統一祖國、振興中華，爲建設美好的家鄉，做出新的貢獻。

謝謝大家！

榮鴻慶先生爲榮宗敬銅像和紀念碑揭幕答記者問（書面）

記者：請問董事長先生，爲什麽想在無錫梅園豎立您父親榮宗敬先生的銅像和紀念碑？

榮鴻慶：我想，第一是爲了聊盡孝思。原先在申新紡織第九廠立有家父的銅像，後來因工廠拆遷，當時雖有將銅像保留起來，以資紀念，但一直未選定地方安置（按：現在存放於上海紡織博物館），後來就想移置到無錫故里的梅園，同時也重刻紀念碑，因這裏是父親生前鍾愛的休憩之處。再者，家父於一九三八年病逝於香港時，我和姐姐卓如都還是只有十幾歲的少年少女，對於父親臨終前的一些困頓，都幫不上什麽忙。例如抗戰時蘇浙一帶因戰爭關係，家中産業飽受烽火荼毒，損失不貲。而日軍要挾家父加入他們的組織，以利用他的聲望來籠絡工商界人士。但家父堅守民族志節，決不屈服。環視當時的大環境，並不利於在中國内地發展，只好忍痛暫別家園，移居香港。本來打算等待抗戰勝利後再回滬上，重振事業，哪知家父竟未能等到這一天的來臨，而齎志以歿。當時他爲了日後重振事業，雖謫居香港，仍馬不停蹄，四處奔走，終因操勞過度而與世長辭。當時我一個十幾歲的少年，能對父親的困頓幫上什麽忙，如今雖説家業重興，但“子欲養而親不待”。回顧以往，更加覺得對父親無以爲報，所以選在父親仙逝七十周年前夕（家父逝於一九三八年二月十日，到二〇〇八年就屆滿七十年了），在他生前鍾愛的梅園豎立銅像和紀念碑。

第二是讓國人對“民族工業”有所啟示與省思。目前改革開放以來，外資湧入，經濟發展一日千里，但少有人體會到早期中國民族資本發展的艱辛歲月。年輕的一輩可能更不知道，當時除了我們家族外，還有很多企業家都是在西方資本侵襲下，慨然自力更生，創建國人自營産業。例如陳光甫先生創辦上海商業儲蓄銀行和中國旅行社，就是一個明顯的例子。這些對很多人來説，可能只是歷史而已，但它彰顯的意義是振興民族産業，自立自強，免受外國勢力要挾的愛國精神。如能從家父紀念碑上得知中國民族工業的若干梗概，也算是一種收獲了。

記者：您提到抗戰爆發後，家中産業遭受戰火波及，而損失頗爲慘重，對這點能否具體説明一下？

榮鴻慶：一九三七年“七·七事變”發生後一個月，“八·一三”淞滬戰役緊接著發生，中日兩軍在上海展開全面大戰，由於吾家產業主要都在上海，所受荼毒可想而知。申新所屬各紗廠及福新所屬各麵粉廠，由於坐落在閘北戰場，首當其衝，激戰三個月，損失不計其數。申新第五廠處在敵我交鋒要地，上有空戰，下有巷戰，部分廠房幾乎被夷爲平地。申新第六廠因遇炮擊，中彈起火，有一幢三層磚木結構的辦公樓遭火舌吞噬，化爲灰燼，庫房也起火燃燒。申新第七廠有一幢屋頂被炮彈擊中，全部被毀。日軍還有計劃地對大型工廠進行搗毀，申新第一廠及第八廠慘遭轟炸後，又遭日本浪人劫掠破壞就是一例。申新八廠由於創設較晚，裝有最新式的英製精紡機，是我們榮氏紗廠系統中設備最新的一個廠，號稱“五新工廠”，亦即“新廠房、新機器、新人才、新技術、新產品”，結果被日軍投下千磅炸彈十多枚，炸成一片火海，傷亡員工送醫院救治者三百五十餘人。此外，福新麵粉第一、三、六廠，無錫與濟南的茂新、申新各廠，還有各地眾多的貨棧、批發處、原料收購站等，都受到不同程度的破壞。總之，在淞滬戰役前後那幾個月期間，我們家族及企業遭受了重大損失，約有三分之二的產業化爲烏有。

記者：能否請教榮宗敬先生是如何創立他的事業的？

榮鴻慶：我們榮家世居無錫榮巷，祖父榮熙泰半農半商，祖母石氏做些農桑雜活。一八七三年家父誕生，兩年後家叔榮德生出生。父親原也在私塾念過幾年書，十四歲時前往上海南市鐵錨廠當學徒，翌年轉到錢莊習業。一八九六年自行創業，在鴻昇碼頭開設廣生錢莊。後來深感衣食乃民生兩大需求，遂轉往紡織、麵粉等民生工業發展。一九〇二年春在無錫西門外太保墩成立保興麵粉廠，一九〇三年八月改組爲茂新麵粉廠。一九〇七年，又和幾位企業家合資在無錫成立振新紗廠。民國元年（一九一二年）起轉向上海設廠，創立福新麵粉廠。到一九二一年，福新已開辦至第八廠，茂新也發展爲四個廠，當時的“兵船牌”麵粉風行一時。一九一五年開辦申新紡織廠，爾後一直發展到第九廠，建立起了茂新福新申新三大企業系統，成爲當時國內最具規模的民營企業集團。此外，他還和同業在一九二〇年共組“上海麵粉交易所”，一九二一年建立“上海華商紗布交易所”；并和同業合辦“中國鐵工廠”，這是中國第一家能自行生產紡織機的工廠。

記者：關於梅園的由來可以介紹一下嗎？

榮鴻慶：梅園位於無錫西郊的東山和滸山南坡，距市區約七公里，離太湖僅一公里半，背山面湖，風景秀麗，園內遍植梅樹，所以取名“梅園”。這裏原是清初徐殿一進士的庭園，一九一二年，我父親和家叔買下來經營作爲閒暇之餘休憩用。園內植有梅樹數千株，用盆栽的也有約兩千株。園內梅花品種繁多，有很多是從蘇州、杭州、常熟、揚州、安徽、武漢、成都等地引進的。梅花冰清玉潔，不畏嚴寒霜雪，自古以來就被認爲具有“萬花敢向雪中出，一樹獨先天下春”、“不經一番寒徹骨，那得梅花撲鼻香”的品格和特色。我想這也符合先父一生的人格風範，他經營的事業並非一帆風順，各種困難艱辛他都經歷過，也凸顯出他愈挫愈勇、百折不撓的創業精神。除了梅花，園內建有天心臺、香海軒、洗心泉、清芬軒、招鶴亭、誦豳堂等景點，一九三三年在滸山東側又建造了開原寺，大門口有刻著“梅園”二字的巨石，各位有空可以好好參觀遊覽。

記者：梅園內有間“樂農別墅”，不知有什麼特別意義或典故？

榮鴻慶：“樂農”是家叔榮德生的別號，意思是“樂在農稼”，當年他自己寫的年譜也叫“樂農自訂行年紀事”。一九五五年，堂兄榮毅仁將梅園捐贈給無錫地方政府，僅保留樂農別墅，以資紀念。一九八五年，榮毅仁還特別題寫“樂農別墅”匾額。

記者：梅園裏有座“誦豳堂”，正廳內有副對聯，上聯寫著“發上等願，結中等緣，享下等福”，不知有何意義在其中？

榮鴻慶：那是先父的座右銘。他一生仁厚行事，認爲若要讓全中國人民吃得飽、穿得暖，就要從衣、食這兩項民生工業著手，所以才從事紡織、麵粉等事業，爲民族、爲社會著想，就是“發上等願”；在他從事事業的過程中，總是需要大眾的支持與協助，也惟有心存仁厚，廣結善緣，才能得道多助，左右逢源，這就是“結中等緣”；而一旦事業有所成就以後，自己卻生活儉約，能捨放下，將財富回饋社會，造福鄉梓，自甘恬淡，怡然自得，這是“享下等福”。

父親在地方上的公益建設是有口皆碑的。如此，關心社會大眾福祉排第一，自己的事業成就居次位，而個人的享福在最末，這就是家父的人格寫照。

記者： 聽說董事長您剛從上海開完“滬港臺上海銀行業務研討會”，就馬不停蹄趕來無錫，請問這個會議的宗旨是什麽？

榮鴻慶： “滬港臺上海銀行業務研討會”，是大陸、香港、臺灣兩岸三地的上海銀行彼此交流聯誼、共同研討業務議題、促進三方業務提升的一項會議。自二〇〇〇年開始，每年舉行一次，各家輪流做東主辦，去年在臺北舉行，今年輪到上海。

記者： 您剛才提到，滬港臺三地各有上海銀行，這三家之間有什麽關係？

榮鴻慶： 上海銀行原先是陳光甫先生於一九一五年在上海創立的，全名是“上海商業儲蓄銀行”，一九四九年後在大陸結束營業，至一九六五年在臺灣復業，我們現在簡稱“臺行”。原先在香港的“上海商業儲蓄銀行香港分行”，於一九五〇年改組爲獨立法人的“上海商業銀行”，少了“儲蓄”兩個字，簡稱“港行”，仍爲“臺行”之子公司。一九九五年，大陸地區成立了“上海城市合作銀行”，旋即改稱“上海銀行”，它是由上海市國有股份、中資法人股份、外資股份等共同投資設立。由於就在上海，所以簡稱“滬行”。原先它和“臺行”、“港行”都沒有關係，到二〇〇一年，“港行”對“滬行”進行微小投資，遂使得滬港臺三地的上海銀行自此關係日漸密切，也奠定了彼此相互交流合作的基礎。

先驅展雄姿　名園添新景 (新聞背景)

爲紀念中國民族工業先驅、我國近代著名的民族工商業家榮宗敬先生，由宗敬先生三子榮鴻慶及女兒榮卓如出資塑造的榮宗敬先生銅像，於二〇〇六年十二月三日上午，在無錫梅園宗敬別墅前舉行了簡樸隆重的揭幕儀式。中共無錫市委副書記、統戰部部長周解清出席了儀式，并爲銅像揭幕。市領導丁卜人、市老領導雷煥文，市園林管理局、無錫市海外聯誼會的負責人，也參加了揭幕儀式。來自海內外的榮宗敬先生後裔及親友四十多人，參加了這一儀式。榮巷鎮上的榮氏族人二十多人自發地趕來參加了揭幕儀式。

◎ 榮鴻慶和夫人周淑霞、姐姐榮卓如，與參加榮宗敬銅像揭幕儀式的無錫市領導合影留念。

中共無錫市委統戰部副部長尤文科在講話中追憶了榮宗敬先生的創業歷程，高度讚揚了他愛國敬業、造福桑梓的愛國主義精神和奉獻社會的精神。他說："一座榮宗敬先生的銅像豎立起來了，這不僅能讓我們瞻仰到中國民族工業開拓者的高大形象，更重要的是讓我們緬懷先輩，學習和弘揚先輩的創業、愛國、愛鄉的崇高品質。同心同德，努力爲實現'十一五規劃'而奮鬥，加快建設現代化強市步伐，努力把我市建成強市富民的和諧社會。"

榮宗敬先生的銅像由交通大學中華青銅公司精心鑄造，生動地再現了宗敬先生當年胸懷祖國、艱苦創業的雄姿，與香海軒前的胞弟榮德生先生銅像相得益彰，爲江南名園又新添了一處亮麗的風景點，讓後人瞻仰永遠。

編者附記：原件係上海商業儲蓄銀行文教基金會提供的打印稿，收入本書時，個別文字作了校訂。《鐫刻於銅像底座的榮宗敬生平簡介》、《榮宗敬先生紀念碑碑文》兩節，按梅園內原文核對。

錦園史料選録

一、榮德生的記載

民國十八年己巳　兄有擴地造園之意，曾在後灣買地。余以小箕山爲佳，托朱毓騏買蕩地二百五十餘畝，由朱梅春建築之。

民國十九年庚午　小箕山連年建築，余代計劃，款由茂新兄名下出之，至完工共用十一萬元。有荷花池四隻，花廳一座，洋房一宅，嘉蓮閣一座，馬路環湖，平臺幾處。馬路由蕩田中築出，建橋二座通之。工程非易，頭門一帶頗壯觀，遊人至此，稱爲“風景不羣”。有渡船，南通黿頭渚。

（摘自《樂農自訂行年紀事》第60、61頁，民國三十三年線裝本）

二、薛明劍的記載

由梅園西南行三里，沿錦園路經長治、久安兩橋，循管社山麓，跨後灣山，過錦堤及禮讓、錦帶兩橋，直達小箕山，錦園在焉，乘車可環山周遊。茲將已成建築分列如下：

錦園路　由梅園直達錦園，民國十八年園主人斥資，由無錫市政籌備處雇工建造，迨市政籌備處收束，改由縣建設局完成之。是路建築，最爲堅實，堪爲全邑之冠。

錦堤　堤長約里許，就湖濱築成，工程頗巨。沿堤廣植桃柳，每屆盛夏，堤旁滿放紅白荷花，散步堤上，清香撲鼻，令人心曠神怡，實消夏最宜之地。

荷池　錦堤兩側，闢池凡四，廣百餘畝，盛植紅白荷花。其西南一池，年放四並蓮，實不可多得之奇葩。每屆花放，遊人爭往玩賞，途爲之塞。

荷軒　位於荷池之南，用楠木構造，式樣仿梅園誦豳堂，而軒敞則過之。屋頂蓋琉璃瓦，尤爲壯麗。夏日臨池品茗，俗慮全消。其垂花門額，署“光波雲影，竹靜荷香”八字，真能寫盡軒外景色。

別墅　位於錦堤盡頭處，爲園主人經營之別墅，建築盡仿西班牙式。室內空氣清爽，佈置井然，建築之細巧玲瓏，別具一格。臨窗閒眺，湖中勝概，一望無餘，天際帆檣，往來如織，載沉戴浮，出沒如沙鷗，較西子湖邊，實雄壯萬倍也。

平臺　出別墅數武爲平臺，修廣二三丈，成正方形。或名妙高臺，或名妙香臺，主人皆不當意，迄今尚未定名。時屆夏日，夕陽西下，登臺小憩，荷香撲鼻，每令遊客樂而忘返。

廣廳　廳屋凡七楹，適居小箕山中心，式樣亦仿誦豳堂，而軒敞古雅則過之。遠望全園，頗似畫舫，而是廳似畫舫之正艙也。

嘉蓮閣　位園之極東，當遊船登園處。建築之古雅精細，爲全園冠。三面臨湖，風景絕佳，飛閣流丹，氣象軒豁。額爲劉大同所題，蒼古適如其閣。

是園尚在建築中，即已成者，工程亦多未告竣。其他一切，惟有俟之他日補載矣。

（摘自《杖鄉導遊錄》，民國二十一年出版）

錦園　民國十八年，由實業家邑人榮宗敬先生斥資建造。有錦堤，堤長約里許，就湖濱築成，工程頗鉅。沿堤廣植桃柳。每屆盛夏，堤旁荷池滿放紅白荷花，散步堤上，清香撲鼻，令人心曠神怡，實消夏最宜之地。荷池位錦堤兩側，闢池凡四，廣百餘畝，盛植紅白荷花。其西南一池，年放四並蓮，實不可多得之奇葩。每屆花放，遊人爭往玩賞，途爲之塞。荷軒位於荷池之南，用楠木構造，屋頂蓋琉璃瓦，尤爲壯麗，夏日臨池品茗，俗慮全消。復有別墅，位於錦堤盡頭處，爲園主人經營之別墅，建築盡仿西班牙式。室內空氣清爽，佈置井然，建築之細巧玲瓏，別具一格。臨窗閒眺，湖中勝概，一望無餘，天際帆檣，往來如織，載沉載浮，出沒如沙鷗，較西子湖旁，實雄壯萬倍也。

出別墅數武爲平臺，修廣二三丈，成正方形。時屆夏日，夕陽西下，登臺小憩，荷香撲鼻，每令遊客樂而忘返。且有廣廳，凡七楹，適踞小箕山中心，式樣亦仿誦豳堂，而軒敞古雅則過之。遠望全園，頗似畫舫，而是廳似畫舫之正艙也。有嘉蓮閣，位園之極東，當遊船登園處，建築之古雅精細爲全園冠，三面臨湖，風景絕佳，飛閣流丹，氣象軒豁。

（摘自《無錫指南》，民國三十六年出版）

◎　榮宗敬先生晚年在錦園留影

三、過賡先的記載

闢建錦園 小箕山南面三山，北近後灣山，西與大箕山一體相連，東與黿頭渚隔水遙望，似一巨舟泊于湖畔，地勢平坦，乃一小阜耳。某日，宗錦先生偶臨其地，覺此阜面積雖小，而地位適當，如以築別業之用，頗爲相宜。因謀與乃弟德生先生，德老深爲贊同。宗先生因遙居上海，忙於業務，即將建園事宜託諸乃弟就近辦理。德老對此項工作既有充分興趣，并具豐富經驗，故亦樂爲接受。當即着手購買山地，并及闢建公路所需之田畝，一一辦理就緒，宗先生對小箕山的全面佈置方案亦經考慮成熟，於是組織員工，分建築、採購、管理等項事務，由德老總轄其成。所闢公路由梅園前開始，至管社山麓，沿山西向，過後灣山山嘴，直抵小箕山湖畔北岸。由北岸築長堤一條，與山銜接，汽車可直抵山腹，長堤左右湖面圍成寬廣之荷塘，堤之兩側植柳。每逢盛夏，蓮花朵朵，姣如玉琢，遠香飄逸，沁人心脾。清晨徘徊堤上，益覺神清氣爽，別有天地。宋楊萬里曾有詩云："接天蓮葉無窮碧，映日荷花別樣紅。"如作爲此間寫照，十分恰當。園中主要建築，東首有嘉蓮閣，構築精美，高踞湖畔。西首築別業，小巧玲瓏，裝飾雅潔。中部廳屋數間，寬敞明亮，爲筵客集會憩休之所。錦園規模雖是別業性質，過去亦任人瀏覽，故余得略知梗概。

（摘自過賡先遺稿《榮德生致力地方事業瑣憶》，一九八二年七月，原件存無錫市政協學習文史委員會。此文經整理後，曾收錄于一九九六年江蘇省政協文史資料委員會和無錫市政協文史資料委員會聯合編輯、出版的《無錫城市建設》一書。）

第三篇

傳記與年表

榮宗錦

榮宗敬，江蘇無錫縣人，現年五十一歲，性聰穎，讀書不求甚解，因居於鄉，頗有農事學識。年十五，棄書來滬就商，精硯金融消長之學。察觀世局，非力辦實業，不足以立身救世。實業之中，尤以衣、食兩項爲民生所必需，遂在無錫創辦茂新麵粉公司、振新紡織公司。屢蹶屢振，先生不避嫌怨，不辭勞苦，至民國改元，又在上海創設福新麵粉公司，由一廠擴至八廠。旋以振新紡織公司股東之不協，遂舍振新而在上海創設申新紡織公司，由一廠而擴至四廠。茂新麵粉公司資本雄厚，亦分設二、三、四廠。統計十六廠，其漢口福新第五麵粉廠、申新第四紡織廠，濟南茂新第四麵粉廠，無錫申新第三紡織廠，皆先生所分設也。

先生經營之事業如此，又好施與，樂善不倦。人有急難，必爲拯救，款費鉅萬，毫無吝惜。興辦學校，不遺餘力，上海有申新小學，無錫有公益小學、競化女學、工商中學。其好施樂善、培植人才之心又如此。

先生常居上海，慨念無錫道路之不開通，捐資興築通惠路、開原路，由車站可達惠泉山，直達太湖邊之萬頃堂，現在中西人士赴錫遊覽，咸稱便利。并恐遊人無休息之所，復在惠泉山、萬頃堂之間開闢梅園，築別墅以備遊人休憩。此外，如紗廠聯合會在寧所設之棉種試驗場，上海麵粉公會在錫所設之小麥試驗場，又非先生之力不辦。

先生歷捐鉅款，晉給二等大綬寶光嘉禾章。農商部以先生既有農事學識，又有工商經驗，聘任爲顧問。無錫商埠局督辦以先生有築路成績，亦聘任爲顧問焉。

（原載中英文對照《中華今代名人傳》第65頁，上海，一九二五年出版。）

榮宗錦　號宗敬江蘇無錫縣人現年五十一歲性穎悟讀書不求甚解因居於鄉頗有農事學識年十五棄書來滬就商精研金融消長之學察覘世局非力辦實業不足以立身救世實業之中尤以衣食兩項爲民生所必需遂在無錫創辦茂新麵粉公司振新紡織公司屢蹶屢振先生不避嫌怨不辭勞苦至民國改元又在上海創設福新麵粉公司由一廠擴至八廠旋以振新紡織公司股東之不協遂舍振新而在上海創設申新紡織公司由一廠而擴至四廠茂新麵粉公司資本雄厚亦分設二三四廠統計十六廠其漢口福新第五麵粉廠申新第四紡織廠濟南茂新第四麵粉廠無錫申新第三紡織廠皆先生所分設也先生經營之事業如此又好施與樂善不倦人有急難必爲拯救款費巨萬毫無吝惜興辦學校不遺餘力上海有申新小學無錫有公益小學競化女學工商中學具好施樂善培植人才之心又如此先生常居上海慨念無錫道路之不開通捐資興築通惠路開原路由車站可達惠泉山直達太湖邊之萬頃堂現在中西人士赴錫遊覽咸稱便利并造遊人憩休息之所復在惠泉山萬頃堂之間闢梅園築別墅以備遊人休憩此外如紗廠聯合會在滬所設之棉種試驗場上海麵粉公會在錫所設之小麥試驗場是又非先生之力不辦先生歷捐巨款曾給二等大綬寶光嘉禾章農商部以先生既有農事學識又有工商經驗聘任爲顧問無錫商埠局督辦以先生先有築路成績亦聘任爲顧問焉

YUNG TSOONG-KING

MR. YUNG TSOONG-KING, who is known to many as the Flour King of China, was born in Wusih, Kiangsu Province, in 1873. As a youth, he was not interested in books, but devoted his time to agriculture. At the age of fifteen, he went to Shanghai to enter the business world. He watched with keen interest the fluctuation of the currency market, and, being a keen observer of national affairs, realized that his only hope of rising to prominence was to build up industry. Foodstuffs and clothing seemed to offer the greatest possibilities, both being daily necessities of the masses. His strong determination was rewarded, and he succeeded in launching his first enterprises in Wusih where he erected the Mow Sing Flour Mill, and the Chen Hsin Cotton Mill. Although hardships and near failures obstructed the progress of the two mills, as well as dissatisfaction felt by others interested in the ventures, Mr. Yung never gave up hope. When China adopted the Republican form of government, his troubles appeared to be at an end. He was enabled to erect the Foh Sing Flour Mill at Shanghai; and, later, business increased to such an extent that he managed to add seven branch factories, located at advantageous positions.

Because of disagreement with the shareholders of the Chen Hsin Mill at Wusih, he relinquished his interest in that mill, and established the Sung Sing Cotton Mill in Shanghai,—which proved so successful that four branches were added. Another flour mill was built in Hankow, one in Tsinanfu, and another cotton mill in Wusih. At present Mr. Yung controls sixteen mills.

In addition to being a great industrial leader, Mr. Yung is a philanthropist, and is constantly contributing to charity. Desiring to aid the cause of education in China, he has established the Sung Sing Kung Yih and Ching Hwa Girls' Schools, in Shanghai, and the Kung Shan Middle School in Wusih. Being an admirer of the good roads in the Shanghai Settlement, and having a keen interest in road development, he has built the famous Tung Wei and Kai Yuen highways,—the former leading from Wusih station to the Wei Shen Hills, and the latter extending to the very edge of the Great Lake. The well known park, "Mei Yuen", and his magnificent villa, are interesting attractions to visitors in this part of the country.

Mr. Yung took an active part in the establishment of the Cotton Experimental Station at Nanking, under the auspices of the Chinese Cotton Mill Owners Association, and the Wheat Experimental Station in Wusih, owned by the Shanghai Flour Association. As a reward for his charitable and generous contributions towards public welfare, he was awarded, by the President of China, the Second Class Grand Cordon Paokuang Chiaho. Because of his broad knowledge of agriculture, industry, and commerce, he was retained as advisor to the Ministry of Agriculture and Commerce. He has been asked to serve as advisor to the director of Wusih Commercial Port Bureau.

◎　一九二五年上海出版的中英文對照《中華今代名人傳》"榮宗錦"一頁書影

MR. YUNG TSOONG-KING, who is known to many as the Flour King of China, was born in Wusih, Kiangsu Province, in 1873. As a youth, he was not interested in books, but devoted his time to agriculture. At the age of fifteen, he went to Shanghai to enter the business world. He watched with keen interest the fluctuation of the currency market, and, being a keen observer of national affairs, realized that his only hope of rising to prominence was to build up industry. Foodstuffs and clothing seemed to offer the greatest possibilities, both being daily necessities of the masses. His strong determination was rewarded, and he succeeded in launching his first enterprises in Wusih where he erected the Mow Sing Flour Mill, and the Chen Hsin Cotton Mill. Although hardships and near failures obstructed the progress of the two mills, as well as dissatisfaction felt by others interested in the ventures, Mr. Yung never gave up hope. When China adopted the Republican form of government, his troubles appeared to be at an end. He was enabled to erect the Foh Sing Flour Mill at Shanghai; and, later, business increased to such an extent that he managed to add seven branch factories, located at advantageous positions.

Because of disagreement with the shareholders of the Chen Hsin Mill at Wusih, he relinquished his interest in that mill, and established the Sung Sing Cotton Mill in Shanghai,—which proved so successful that four branches were added. Another flour mill was built in Hankow, one in Tsinanfu, and another cotton mill in Wusih. At present Mr. Yung controls sixteen mills.

In addition to being a great industrial leader, Mr. Yung is a philanthropist, and is constantly contributing to charity. Desiring to aid the cause of education in China, he has established the Sung Sing Kung Yih and Ching Hwa Girls' Schools, in Shanghai, and the Kung Shan Middle School in Wusih. Being an admirer of the good roads in the Shanghai Settlement, and having a keen interest in road development, he has built the famous Tung Wei and Kai Yuen highways,—the former leading from Wusih station to the Wei Shen Hills, and the latter extending to the very edge of the Great Lake. The well known park, "Mei Yuen", and his magnificent villa, are interesting attractions to visitors in this part of the country.

Mr. Yung took an active part in the establishment of the Cotton Experimental Station at Nanking, under the auspices of the Chinese Cotton Mill Owners Association, and the Wheat Experimental Station in Wusih, owned by the Shanghai Flour Association. As a reward for his charitable and generous contributions towards public welfare, he was awarded, by the President of China, the Second Class Grand Cordon Paokuang Chiaho. Because of his broad knowledge of agriculture, industry, and commerce, he was retained as advisor to the Ministry of Agriculture and Commerce. He has been asked to serve as advisor to the director of Wusih Commercial Port Bureau.

實業家榮宗敬先生傳略

瞿兆鴻

榮先生從一個錢莊學徒的出身，經過了四十餘年的奮鬥，到現在是身任着茂新、福新、申新二十一個廠的總經理。其中茂新、福新十二個麵粉廠，共計有四百餘座磨粉機，每年的產粉量達到了三千萬包的巨額；申新九個紗廠共計有六十萬枚的錠子和五千餘臺織機，每年產紗三十萬件、布二百萬匹；二十一個廠的資本總額超過了四千餘萬元。

這個成功決不是偶然的，他成功的基點是完全建築在雄健的魄力和百折不回的精神上。榮先生若沒有這樣雄健的魄力，他的事業當然也不會開展到目前的一日。並且，一個事業的成功，困苦和挫折是免不了的。如茂新四廠在民國九年發動機的毁碎，修理了半載方纔得恢復；又如茂新二廠在民國十五年的失慎，全部廠屋都付之一炬。這都使榮先生的事業受到很大打擊。然而他並不灰心，繼續奮鬥，好似不知有這不幸事件發生般的。這種百折不回的精神，怎不令人驚服呢！

榮先生是江蘇省無錫縣人，他的父親榮熙泰先生是朱仲甫的幕府，後來在廣東開辦了一個火柴廠，可是不久就倒閉了。所以榮先生的家境方面，並不是怎樣富裕的。在他十四歲那年，就被送到上海新北門永安街震康錢莊當學徒。那震康經營的業務是偏重在農產品抵押、收買和賣出。好學而向上的榮先生，對這許多事都非常留心，這在無形中使他對於中國棉、麥的產銷情形，增加了不少知識。榮先生經商的手腕非常靈活，辦事又很認真，到他二十四歲時，就獨自在上海設立了廣生錢莊，自己擔任着經理的職務。廣生錢莊的營業很發達，這使榮先生在社會上的地位漸漸抬高，而在經濟方面也確立了一個鞏固的基礎。

這樣很順利地過了三四個年頭，他的弟弟德生先生適因庚子拳匪之亂，從廣東回到故鄉來。德生先生在廣東時，擔任着補抽局的總賬，處理那繁劇的稅務，對於巨量的洋麵的入口，知道得很詳細；並且當時通商條約上，又明載着因麵粉的輸入是完全供給外僑的食用，海關並不徵收關稅。在實際情形上，外僑當然不需要這樣巨量的麵粉，大部分還是販售給華人消耗的。所以德生先生歸來後，就向他哥哥建議創辦麵粉廠。在榮先生也覺得，中國從甲午戰爭後，國勢日漸衰替，外貨源源的輸入，漏卮日巨，提倡實業是亟不容緩的了。並且他對於棉、麥的情形又非常熟悉，同時廣生錢莊每年申錫間的匯兑極盛，這大宗的匯款，多半是那時上海的增裕、阜豐兩家粉廠在無錫辦麥用的，從這點又可以證明蘇省機粉的暢銷。所以，榮先生那時創辦麵粉廠的意志非常堅決。

可是，當時榮先生一人的力量還不足，就和他父親的朋友朱仲甫合作，分頭去招股，結果一共招到了十三股，每股是三千兩。就在那一年（光緒二十六年）的冬間立案，取名"保興"。一方面在無錫西門外的太保墩購進了十餘畝基地，明年開始建造廠屋，到光緒二十八年的二月間才正式開工。但不久後朱仲甫又因事要到廣東去，對麵粉事業無意再辦。新廠纔萌芽，跟着就發生了動搖，榮先生就運用他靈敏的手腕，在很短的時間內，另外招到了三萬五千兩新股，該廠的命運終算得以恢復鞏固。這時候，保興廠就改名爲"茂新"，榮先生自己擔任駐滬銷粉的事務，廠裏面則由他的弟弟負責。在四五萬兩資本下的茂新，規模當然很小，全廠只有四座磨粉機，每天產粉也只有三百餘包。然而就在這小規模的茂新廠之上，建立了榮先生大事業的基礎。

茂新成立後，在艱苦的環境下奮鬥了兩載，到光緒三十一年，營業方面逐漸有起色，榮先生認爲有機會來了，就着手將茂新擴充，添裝了英國的鋼磨六座，每日產粉的數量也增加了不少。可是不久因受了天災的影響，原料歉收，麥價騰貴，同時外粉又拼命的競爭，抑低粉價，茂新就隨着連年虧本，幾乎站立不住。在那時全仗榮先生的靈敏幹練，解決了經濟上的危機。一面將出品竭力改良，營業纔不致繼續衰落下去。到宣統二年，營業又漸漸恢復，榮先生就把舊機拆除，改裝美國鋼磨十二座，一面再添造廠屋，這就是後來的茂新一廠。

到宣統三年，全國大水爲災，各棧廠的積麥都被水浸濕，所以製造出來的麵粉就發着霉味而不能下咽。茂新知道這緣故，就把受濕的麥都棄而不用，出產的麵粉氣味都比別家好，於是"兵船"牌的麵粉就風行一時。那時各廠的銷路都衰落，只有茂新卻供不應求。很順利地到了民國二年，茂新的基礎是非常鞏固了，所以就再添裝了美國鋼磨十二座，成爲後來的茂新三廠。

同時，榮先生又在上海的光復路和東京路創設了福新第一、第二兩廠。福新一廠的資本是五十萬元，福新二廠在當時是租辦的中興粉廠，資本只有十萬兩，製粉也只有一千筒。不久歐洲大戰開始，國外工廠的生產力銳減，在供不應求的局面下，我國麵粉的出口量也就跟着激增，粉價大漲，麵粉業達到了鼎盛時期。

榮先生認清這是挽救我們中國實業的一個好機會，所以一面開始經營紡織業，一面儘量使麵粉業開展。民國三年，榮先生在福新一廠邊購地建立福新第三廠，在福新二廠的旁側增闢福新第四廠。民國五年，把無錫西門外惠山浜的惠元廠接手過來，改爲茂新第二廠。茂新二廠起初只有鋼磨十座，每天出粉也只有一千七百包，後來又添置了十一座美機，每天的產粉量增加到六千包。從那時推算起來，榮先生從創辦茂新一廠起，到這時還只有十二三年，可是在這很短的時期中，繼續不斷地發展，成立了六個廠，從三萬九千兩的資本擴大到數百萬元。在一般人也許會有"尾大不掉"的顧慮，但在榮先生還只認爲他的事業纔開始，他那雄健的魄力使他繼續向事業前途邁進。

到民國七年，在漢口的宗關建立福新第五廠，資本三十萬元。同時，再派榮月泉先生到歐美去實地考察那裏的麵粉、紡織事業，并訂購了不少最新式的機器歸來。民國八年，榮先生有鑒於濟南是我國南北間的重鎮，並且那裏又是一個產麥區，可是那裏的麵粉廠只有豐年、惠豐和日人開設的滿洲廠三家，在那裏開設粉廠是一定有發展的。所以就在那一年的九月間，開始在濟南膠站的北面陳家樓一帶建造茂新第四廠，九年五月開機生產，每日的產粉量達到三千多包，超過了滿洲等三廠的總產額。正在這樣蒸蒸日上的當兒，不幸的事件也隨着發生，就在那一年的冬季，工人失措把發動機和飛輪完全都炸毁，全廠的工作也被迫停止。一面加以修理，耗費了半年的時間，金錢方面損失了八萬多元，才恢復過來。然而那時濟南的粉廠先後增加到了十家，磨粉機達一百多座，產粉量每日達到四萬包的巨額了。

同時，在茂新四廠外，榮先生把上海北蘇州路的華興麵粉廠接辦過來，改爲福新第六廠；並把福新二廠擴充，增設福新第八廠。民國十年，在上海大通路底創辦福新第七廠。在這時期，粉業還是很發達的。到民國十五年，榮先生又將上海小沙渡路的興華麵粉廠買進，改爲福新第三廠（原福新三廠因毗鄰的福新一廠在民國十四年失慎燒毁，改爲福新一廠）。十五年十月，茂新二廠不幸失慎，廠房和機器完全損毁。這一次的損失很可觀，然而在榮先生並不氣餒，不過在工廠的管理方面更注意，更革新。茂新二廠到民國十六年恢復舊觀。可是，漢口的福新五廠又迭遭大水、軍事和工潮等的影響，經營上很感到棘手，然而還是不忍依福新五廠爲生的勞工無辜失業而維持着。

到民國十七年，榮先生的茂新、福新總廠、分廠一共有十二個，資本總額達七百五十五萬元，磨粉機達三百四十六座，每年用麥一千一百三十八萬擔，產粉兩千二百十萬包，全廠的職員二百八十六人，工人一千六百九十九人。此後，榮先生仍繼續的將十二廠擴充，但粉市卻並不見怎樣好，其原因是麥的來源減少，成了求過于供的現象，麥價高漲，而粉價方面因日、美的競爭反而低落。此外，世界經濟的不景氣和交易所買空賣空的投機，都使麵粉業受到很大的影響。榮先生費盡心計，把各廠維持到現在，這已是非常不容易的了。

至於榮先生在紡織業上的發展，是開始在民國四年創辦申新第一廠。他從事紡織業的動機，也無非希望替國家振興實業，阻止外貨的暢銷，而減少國家的漏卮，同時又救濟了勞工的失業。

榮先生在民國四年，把上海白利南路周家橋的一個已停工的油廠收買了下來。那個油廠的基地共有二十四畝，裏面有兩座公事房和一所廠房，那些房屋雖舊，可都很堅固。榮先生加以修葺了一番，一面向安利洋行訂購英式紡紗機細紗錠一萬二千九百六十枚，到引擎間、鍋爐間都裝好，申新一廠就正式開工。在那時因歐戰的關係，吾國的紡織業也蓬勃一時，所以在民國七年榮先生把申新大大擴充，定購了一千零五十架布機，設立布廠。出產的布匹，除一部分銷售各部外，其餘的就供應茂新、福新製造粉袋。民國八年，申新一廠又向美國購買了細紗錠二萬五千九百二十枚。同時，又把上海宜昌路日人開設的恒昌源紗廠接手下來，添增許多紗錠，成立申新第二廠。

可是，這時歐戰突告結束，經濟競爭也隨着劇烈，帝國主義者拼命向吾國開擴市場，紗市就跟着萎疲下去。榮先生雖然也很明瞭這種情勢，知道前途的困難，可是他並不畏縮。到民國十年，榮先生在無錫西門外創立申新第三廠，又在漢口宗關創立申新第四廠，預備和外紗作最後的競爭。但榮先生決不是蠻幹，他是有計劃的。因爲那時陝、豫、湘、鄂的棉花都集中在漢口，當然在原料方面可以便利得多，成本輕，出產的貨品也便宜出售。並且漢口的交通等各方面都很便利。再者，要和外商競爭，自己產品品質的優良也是不可缺少的條件。所以，榮先生在自己廠内力加整頓，請了許多專門人才，來革新他的出品的質和量。有了這樣強有力的陣營爲後盾，申新的營業當然是蒸蒸日上。

民國十四年，榮先生接辦上海華德路的德大紗廠，改爲申新第五廠；租辦武進小南門外御史橋的常州紗廠，爲申新第六廠。那時榮先生在紡織方面，共有資本九百八十四萬元，錠子十八萬八千二百六十枚，織機二千二百八十三臺，每年用棉五十一萬七千三百擔，出紗十四萬五千件，出布一百七十七萬匹，全廠職員三百九十四名，男女工人一萬五千零四十七名，在中國的紡織界已佔着非常重要的地位。這一成功，使榮先生更興奮，更努力。

民國十七年，英商安利洋行設立的東方紗廠，因經營不善，連年虧本，不能支持了，榮先生就出資一百九十萬兩的代價，收買了下來。東方紗廠的規模是很大的，那時在上海可說是首屈一指的了。全廠共有紗機五萬三千八百四十四錠，布機四百五十五臺，一切的設備也很完全。廠址在上海楊樹浦三十六號，廠的前面是馬路，後面就是黄浦江，大小船舶都可以直靠棧房碼頭，所以原料和貨品的裝載運輸，非常便利。榮先生買進東方紗廠後，就改爲申新第七廠，將内部整頓了一番，到民國十八年一月開工，製造二十支、十六支的"龍船"、"人鐘"、"招財"和六支的"鐵錨"紗，出品非常優良，而得到許多用戶的歡迎。

在那時，全國的紡紗業只有三百六十餘萬枚錠子，上海一埠占到一百九十餘萬。而在這一百九十餘萬中，華商只有七十七萬，大部勢力都操縱在外人的掌握中。在這不均衡的狀態下，所以以往只有華商紗廠歸併給外商，而從沒見由華商收買大規模洋廠的。申新二廠雖然也是從外人手中接過來的，可是那廠的規模很小，全廠只有八千多錠子。現在榮先生收買東方紗廠，一面固然是他個人事業的開展，在另一方面是替國家挽回實權，這意義更深長而令人奮起。

接着，榮先生又在申新一廠旁創立了申新八廠。民国十九年，租辦的常州纱厂歸還原主，榮先生接盤了上海楊樹浦河間路的厚生紗廠，改爲申新六廠。民國二十年，又接辦了楊樹浦的三新紗廠，改爲申新第九廠。這六、九兩廠的錠子總數計有十三萬二千枚，而申新其他各廠也竭力擴充，九個廠共計有六十萬錠子和五千臺布機。這時，紗市雖已不十分好，然而還能夠勉強維持着。

到民國二十年以後，世界不景氣來襲，紗市一再低落，而日廠又仗着有政府的力量爲後盾，採取野蠻的侵略政策，在華商方面，卻非但得不到政府的援助，捐税又特別重。就榮先生個人而言，茂新、福新、申新三廠歷年所繳的統稅，差不多有一萬萬之巨。這樣，在營業方面當然敵不過日商，所以不久就形成了華商紡織業的大崩潰！許多小規模的紗廠，紛紛隨着這巨浪倒閉，申新也連年虧本，債務驟然增高。在這時，榮先生還不忍讓大批工人遭受失業的痛苦，努力的支撑着。但日商的陰謀並沒有中止，將倒閉的華商小紗廠收買過去，同時創設大規模的紗廠，實行他們的獨霸政策，增強對華商的壓迫。到民國二十三年，日商紗廠在上海一埠，已有二百四十餘萬枚錠子，天津、秦皇島、漢口、長沙以及江、浙兩省的紗市，都在他們的勢力圈內，華商方面被迫停車的達十分之四。至民國二十四年，申新各廠也遭遇了空前的困難。

宗敬先生的事業是暫時失敗了，可是失敗的責任決不在榮先生，因爲這裏面包含着政治性的經濟侵略。榮先生沒有援助，“孤掌難鳴”，失敗是當然的。這也就是我們所以認爲榮先生事業雖失敗，而他個人還是成功的！

榮先生在他個人的事業方面固然努力，但對於羣眾的福利也是非常熱心的。他擔任過紡織業公會、麵粉業公會和上海總商會的常務委員，在工商界有很多的貢獻。此外，榮先生對於開闢公路、推進教育事業，更是異常的熱心。無錫的開原馬路，就是榮先生首先倡議，而與地方人士合力築成的。開原路從無西門迎龍橋起，經河埒口、榮巷，而直達梅園，全路長度計六英里，這是無錫開原鄉和城市溝通的唯一要道。其他如無錫的通惠路和城鄉各支路的建築，在經濟方面榮先生都有很大的援助。統計榮先生歷年捐助建築道路和橋樑的金錢，差不多有二十萬餘元。同時榮先生在民國十七年，又集資創設了一個開原公共汽車公司。這公司創立的動機，並不是在牟利，它的宗旨完全在促進交通和便利民眾，所以收取的車費很低廉，而服務方面卻很周到。榮先生服務社會事業的熱忱，決不是一般剝削他人以肥己的資本家所能及的。

榮先生對於教育的推進十分努力，這也許是他感到自身沒有受到充分教育的痛苦，同時見到我國文化的落後，所以他盡力創辦了許多中小學校，着手提高國民文化的水準。榮先生在光緒三十二年正月間，首先在無錫榮巷開辦公益第一小學校，那校舍是新建的，到民國十七年，學生達二百九十人。民國十八年，因學生繼續增加，原有校舍不敷應用，就把高級的五教室遷移到榮巷西首楊絲橋已停辦的工商中學內，到現在，學生更發達。光緒三十四年，榮先生又在榮巷添辦競化第一女子小學校。後至民國二年，榮先生的麵粉、紗布事業蒸蒸日上，他就絡續開辦公益第二小學校於無錫徐巷的梅園，公益第三小學校於無錫大渲，公益第四小學校於無錫的下余巷。到民國四年，無錫河埒口的競化第二女子小學，無錫仙蠡墩的競化第三女子小學，無錫徐巷的競化第四女子小學，都在榮先生的計劃下相繼成立。民國六年，榮先生又鑒於工人子弟失學的可慮，就在周家橋購地建屋，開辦申新學校，實施工人子弟教育，而且學校設備方面特別完美。民國八年秋季，榮先生又在榮巷的楊絲橋開辦公益工商中學，那時學生達到三百餘人。這許多學校的開辦和平日經費，全由榮先生擔任，所耗的資金也有幾十萬元。這許多學校，到現在大部分還繼續存在着。此外，榮先生在民國五年的雙十節，建立了無錫最大的民間圖書館——大公圖書館，館中收藏的新舊圖書雜誌，共計有十六萬卷，這在普及教育上得到莫大的裨益。我們將如何的感謝榮先生！

榮先生對於工人的福利，也是很關心的，他決不像帝國主義國家的資本家，專以剝削勞苦大眾爲能事，他非至萬不得已時，決不願無故把工人裁減，或是輕易停工。榮先生又建造了許多工房，使工人都得到安居樂業；設立工人俱樂部，俾工人得到正當的娛樂。此外還開辦職工保險部、消費合作社、同仁儲蓄會，使工人一面將日常生活的負擔減輕，一面在失業時有相當的保障。

榮先生的年齡雖已六十四歲，可他的辦事精神和魄力，還絲毫沒有暮氣。他對於自己事業的前途，仍抱着勇往直前的態度，雖然現在遭遇着這樣的失敗。榮先生有三位公子，長溥仁，次輔仁，幼鴻慶。溥仁是交通大學畢業的，輔仁是聖約翰大學畢業的，他們現在都在幫助父親處理着廠務；鴻慶現在還只有十四歲，在光華中學讀書。至於榮先生的個人生活方面，是非常儉樸的，他沒有嗜好，對娛樂也很疏遠，實在他是沒有時間允許他娛樂。他每天早晨九點鐘到江西路自來水橋塊的總公司，去處理廠中的許多事務，須到下午六點鐘，才能得到充分休息的機會。榮先生待人接物很謙和，初見面時，你決不會想到他就是現代中國唯一的大實業家！

最後，我們覺得這位擁有二十一個工廠、掌握着吾國粉、紗兩大實業的榮先生，在目前竟陷入這樣艱苦的環境中，是不容忽視的。我們應認清，榮先生的企業不但屬於他個人，而是會直接影響到我國實業的前途。因此，爲了我們整個民族國家，尤其是在社會經濟這樣衰落，工商業極度萎縮的現在，更值得我們的注意，而要加以援助；同時對於這位大實業家，除了欽佩之外，應予以深切的同情！

編者附記：本文是抗戰以前發表的榮宗敬先生傳記中較爲詳細而且有代表性的一篇，原載一九三六年四月出版的《教育與職業》第一七五期。收入本書時，個別文字與史實根據相關資料作了校訂，個別段落作了調整，其中有的記載與其他史料有明顯差異，一律保留原貌。

榮公宗敬簡明事略

榮公宗敬，無錫開原鄉人，少時即有志實業，自棄儒就商，即以振興實業爲己任，手創麵粉廠十二、紡織廠九，近世莫不承認爲中國之大實業家。茲臚舉其行誼之犖犖大者，條列於後。

一、學校：無錫各市鄉，獨開原鄉得風氣之先，以教育重大，故榮公提倡教育不遺餘力，每年擔任經費甚鉅，積數十年之久，數字至可驚人。學生畢業後服務社會，類多優秀分子，不沒栽培之苦心。其對私立、國立各大學如南通之紡織、交通大學等，皆先後有所捐助。

一、慈善事業：樂善好施，吾國視爲美談，然往往托諸口惠，無裨實際。榮公之于慈善事業，則實事求是。例如，民國二十年，揚子江流域大水，漢口適當其衝，榮公特撥鉅款，于礄口宗關一帶趕築堤防，周圍十餘里，居民全活無算。諸如此類，不勝枚舉。至築道路，建橋樑，造福於一鄉一邑者，尤其餘事。

一、解決民生衣食問題：榮公之振興實業，著手於麵粉、紡織廠者，以麵粉爲食之本，紡織爲衣之源。麵粉（茂新）由一廠推廣至四廠、（福新）由一廠推廣至八廠，紡織（申新）由一廠推廣至九廠。福利雖未能普及全國，然至少可以解決一部分民生衣食。而公之心力實已交悴，以一無憑藉之商人，爲實業奮鬥具此偉大之精神，在吾國實未見其匹。

一、推進實業、改良原料之計劃：吾國原棉，每歲收穫，不敷紡織廠應用甚鉅，且種子之優秀者，亦遜於外棉。榮公特出資選購優種若干噸，遣人赴豫、魯各省，勸農民播種，數年後已著成效，紡織業實受惠於無形。至歐、美、澳之小麥品質，亦較吾國爲優，榮公主張亦須選購國外種子，播種於吾國宜麥之地，具有計劃上之當道，未及實現而戰事起，遂無形擱置。

一、對於本身事業之關係：榮公提倡實業，造福社會，固爲其職旨，但推己及人。各廠資本，同好加入者甚多，即如申新一、八廠，榮公個人投資不過占全數三成而已。榮公手創之紡織、麵粉各廠，雖二十餘年來屢經內戰外患，經營維艱，而終能博得政府諒解與社會之同情，而爲當今有數之紡織與麵粉生產事業也。

一、國而忘家，公而忘私：榮公自事變後，以主張和平爲環境上不許，不得已避居香港。後病篤，自知不起，即呼家人語曰："余手創各廠，爲國家社會服務，非以之自私自利，汝等善守即爲盡孝，余亦瞑目。"對於家事，至無一語道及。嗚呼，可謂光明磊落矣！

惟因各廠皆非個人產業，而榮公又對於社會福利事業異常熱心，故列申新廠主榮宗敬、榮宗銓兄弟創業及行誼事略於後。

（一）榮氏兄弟四十年中手創紡織廠九、麵粉廠十二，爲中國唯一之紡織業及麵粉業巨擘，故榮氏事業影響社會民生甚鉅。

（二）榮氏兄弟所創事業，但爲人民衣食所關，而自身又極刻苦耐勞、艱難奮鬥，故爲社會所敬崇。

（三）榮宗敬、榮宗銓先生獨資貢獻社會事業，厥功尤大。其在無錫所貢獻者，實不亞於南通之張謇也。兹特錄其大要如下：（1）捐資在無錫開設工商中學一所、公益小學四所、競化女學四所。（2）捐資設立千橋會，曾建築橋樑已達八十餘處，其尤著者，即爲建築一横貫太湖之鋼鐵水泥大橋，無錫人民俱稱便利。（3）捐資開闢太湖區名勝建築——全國馳名之梅園及小箕山（錦園），供民衆遊覽。（4）捐資建築自無錫車站直達太湖邊區之汽車道路，以及其他如宜興等鄉間道路。（5）捐資修復佛寺，如南禪寺塔、錫山寺塔及華藏寺等，提倡佛教。其他捐助于慈善團體者，尤不勝枚舉。

（四）榮氏兄弟對私立、國立各大學，如南通之紡織學院、上海之交通大學，均有鉅款捐助。

（五）民國二十年揚子江流域大水，數省災鴻遍野，慘狀至重。榮宗敬先生乃極力提倡開浚，並向國外呼籲借麥貸工事成數千萬，災黎得救。而洪水泛濫，漢口適當其衝，特撥鉅款，於礄口宗關一帶趕築堤防，活人無數，並保護企業，減少損失。

（六）榮宗敬先生對於改良中國棉產不遺餘力，曾首先向國外選購優種，散播豫、魯諸省。今日中國棉種改良得以見效，實榮氏提倡之功。

編者附記：本文原件爲申新總公司收藏的一份鉛筆手稿，共三頁，無標點，無寫作日期，無作者姓名。按內容推斷，此文應寫於一九三八年二月榮宗敬逝世以後不久。收入本書時，個別段落略作調整。

先兄宗敬紀事述略

榮宗銓

昨閲所輯先兄《遺著選存目錄》，内有“年譜”一項，當日創業情況，今日知者已尠，深恐後日年代久遠，易於湮沒，用將經過事蹟略述如下。

先兄諱宗錦，字宗敬，生於清同治十二年癸酉八月初二日午時。七歲入塾，從師殷省甫先生讀，自《論語》、《孟子》、《幼學》，以至《尚書》、《禮記》、《古文》。

十四歲秋後，至上海南市鐵錨廠習業。不久，患傷寒症，先母得訊，親赴滬上，雇舟接回，延醫調治。愈後，鬢髮盡脱如光頭。十五歲再去申學錢業，在永安街源豫莊，係衛姓所設，習業三年期滿。十九歲正月，至南市鴻昇碼頭里街森泰蓉匯劃字號任收解。至廿二歲甲午年冬，中日戰爭，該號吃着天津小麥之虧，失利頗巨，不支而歇，即回家。

至廿四歲正月，先嚴決命兄至申開設廣生錢莊，自己出資一千五百元，從此爲余兄弟立業之基礎。臨行再三訓迪，對社會經歷、得失本末，多所啟發。後來余兄弟同心協力，和衷共濟，數十年如一日，即由庭訓而來。事業之成，亦根源於此也。

廣生莊初年營業平平，至庚子年轉佳，匯兑信用已好，但籌思錢莊放賬，博取微利，不如自己投資經營，利益較大。是年冬，經共同籌劃，兄亦贊成創辦麵粉事業，共入股六千兩，兄弟二人各三千兩，均從廣生盈餘提出。余兄弟再招得九千兩，與朱仲甫等共同開設保興麵粉廠，此爲余兄弟從事實業之起點。至光緒廿九年，保興改組茂新，余兄弟增加資金二萬四千餘元，占茂新資本之半數，當日已明非半數不易爲功也。兄駐滬任批發經理，兼營廣生。

至光緒三十一年七月初七日，在壽聖庵發起創辦振新紗廠，爲七個發起人之一，每人擔任三萬元，余兄弟共爲六萬元。光緒三十三年，振新成立開工，兄任董事。三十四年，因裕大祥投機失敗，宣告閉歇，廣生受到牽累。當時經濟困難之極，共商之餘，決定保全振新、茂新，而不保廣生。廣生卒因無力放賬，逐漸不支，至年收歇，雖欲保存父業而不可得矣。後來，心中常存恢復之想，但因人力、財力衹能專顧實業，無暇及此，終未如願。此爲吾兄生平遺憾，因所創企業均已逐步發展，而獨不保父業也。

宣統元年冬，贊成茂新改用新機，機款大多欠來，差幸同仁努力，改進設施，致宣統二年出粉，品質優良，爲社會所樂用，行銷各地，“兵船”粉由末牌而漸升至頭牌。是年，參加南洋勸業會得獎。辛亥得渡難關。

民國元年，興致轉佳，發起創辦福新一廠於上海新閘橋。主張振新添機一萬八千錠與發電機及一切設備，爲內地使用電力最早之廠。後來，英國工程師亦極稱道。所有添機之款，完全欠來，並以盈餘建造水泥鋼骨廠房，至今尚好。民國二年，租辦中興麵粉廠，至民國三年購進，改名福新二廠。

民國三年，振新新錠開後，出品大好，每日可出紗七十五件，開支一切在內，每件紗不滿廿元，而董事會不知利弊，一味反對擴充，至民國四年還清欠款，卸去責任。是年四月十七日，買進陳家渡公立被服廠原址，創立申新一廠，此爲從事申新紡織工業之始。至九、十月間開工，年終即有盈餘。恰遇歐洲大戰，連年獲利。

民國六年，買進恒昌源紗廠，老錠九千二百隻。余力勸要辦新機，當時愛剎利斯肯欠與我處，工省品佳，兄不聽，以四十萬元購定，余兄弟各出半數，即申二也。旋在無錫購地開工廠，原本取名“大新”，後改爲申新三廠。是後，所辦紡織廠即以“申新”爲名，按次分別。是時，茂新已買進“惠元”，改爲茂新二廠；後又添茂新三廠，專磨苞米粉。福新又添福三，福二改建新廠，即以老廠改福四，並在漢口創福五，又在上海買得華興麵粉廠，改爲福六。民國八年創建福七，民國九年建福八，茂新建濟南茂四。是時，茂新已一至四廠，福新爲一至八廠，申新爲一至三廠。

民國十年，漢口建申四，設備一萬錠，余力阻，因人力、財力兩感不足，未宜擴充，且緩幾年，兄不聽，余未入股。至民國廿二年，廠房遭回祿被焚後，余始加入股本改建。民國十四年，買進德大紗廠，改爲申五。同年，租入常州紗廠，六年後歸還，買進上海厚生紗廠補入，是爲申六。民國十七年，收買英商東方紗廠，改爲申七。此廠余當時頗不贊成，曾加力阻，後因葉琢堂先生之情不可卻而購下，不料葉子達明遇匪綁架而死，心痛之極，將該廠股份售歸吾兄名下。申八因競爭而建，即在申一之旁。申九爲圖價廉而購進三新紗廠，該廠出售，因李君祇要歸還地基而不要機器（三新租地造屋），遂以四十萬兩購下。因清花間機器全新，拆之可惜，即招吳君昆生等做了一年，前途催出基地，一再督促，無法可想，即在福二餘地建造廠房，並添購新機，一切全新，設備裝置爲各廠冠。抗戰以後，各廠損壞，惟此廠與申二因在租界區內，未遭毀損，爲今後企業復興奠定基礎。

先兄氣魄寬廣，大度磅礴，遇事勇往直前，自奉儉約，除生活必需外，全部資財放在擴充事業上，不足則借款爲之。余時加力阻，主穩紮穩打，兄輒不顧，力圖擴大。因此，一遇逆風，即難收拾。但事業之大，實由兄主持，才有此成就也。

以上各節，不過僅述大概，藉備採擇，較爲有所依據。惟文字荒蕪，不能作爲正用也。

編者附記：本文寫於一九四六年四月，原載申新史料研究委員會《申新系統企業史料》第六編第二期，一九五七年一月油印本；收入本書時，參照《無錫文史資料》第二十輯發表的同名文章作了校訂。前言所列“先兄《遺著選存目錄》”，可能是指一九四六年編輯的《榮宗敬先生全集目次及說明》一文，同年六月朱復康先生的毛筆抄正稿收藏於上海市檔案館，文中第一部分即爲宗敬先生的“遺著篇目”，而“年譜”則未找到。

家兄嫂六秩徵文事略

家兄宗錦與家嫂陳同庚，歲壬申，值花甲一周。宗銓將率子若侄爲舉壽觴，而家兄以時艱年荒，憂患孔殷，雅不欲事無謂之鋪張，則固固辭。顧念家兄以白手創業，歷經盤錯，不憚艱苦，平生言行有足述者，不忍默而不彰。爰爲詮次大略，謹告當世。

家兄性亢爽，少負大志。垂髫之年，從武進前輩殷省甫先生讀，下筆灑灑有奇氣，先生目爲非常人。年十五，赴滬壖習金融業，逾年即洞曉世界經濟情勢及奇盈窾竅之道。私憂歐美經濟勢力侵壓，而國人上下猶無念及之者，因慨然起倒挽狂瀾、抑塞漏卮之願。弱冠後，乃自設肆營匯兑業，遇事必誠必信，以篤謹蜚聲商界。既而見世界商戰潮流日亟，挽救國計民生之策，斷在開發實業，遂決計舍舊謀新，措籌資本，始創茂新第一麵粉廠，越年兼營紗廠。自手創振新以及申新，其間責任愈重，挫折愈多，慘澹經營，備嘗艱險，而家兄壯往不撓之氣，充然自若也。厥後麵粉營業日起，資力稍裕，復於滬瀆創設福新麵粉廠若干所，而申新、茂新亦以次推廣至濟南、漢口各埠。迄今茂新凡四廠，申新凡九廠，福新凡八廠，此則業爲當世所共聞見，可毋庸多贅。

家兄三十年來又嘗從事於各種公會、地方自治及興學、修路諸務，一以興公利、除私見爲規戒。疏財好義，時人多之。而遇有賑災籌捐，尤無不熱烈贊助，慷慨輸將，以是屢獲政府嘉獎，人皆以爲難能。而家兄猶歉然不自足，嘗謂："丈夫生世，所貴在能恤人憂患耳。吾恨無力，不克盡發國中實業，衣食天下窮困，使人人得免於饑寒。指囷贈麥，不過聊盡吾心，詎足言功德耶！"家兄雖不得位，而饑溺之心未嘗須臾去諸懷抱，好善之誠，殆根於天性始然也。

家兄爲人寬然有度，自處以儉，而待人則恕。上自當代偉人，以至工友僮僕，與之即，無不覺其藹如可親。邇來年事日高，而勇於進取之毅力，操之如故。或偶憂採薪，仍治事興居如恒，不敢少忽。家人或勸節勞，則詔之曰：“宴安酖毒，不可懷也，矧顧國中今爲何如世乎！吾創此基業，非以己也，爲外人經濟侵略之可畏。而國人若惟孜孜焉競目前之權利，不務實際之生產，流既不節，源復不開，枯涸之期，夫何能免！吾不忍坐視國家經濟淪溺絕境，因盡吾一分忠實之心力，作一分忠實之事業。今日有此成就，固非始願所及，然而得寸進尺，莫非由兢兢翼翼中來，吾焉敢少棄職責，圖逸豫哉！”居常以此自勉，亦即以此教其子侄。吾於是而知，家兄一生營業，非恃有充實之資本，乃恃有充實之精神。精神爲立業之本，而致壽之徵，亦即以是。《易》曰：“天行健，君子以自強不息。”得乾之健，家兄有焉。

家嫂自來歸後，克盡婦職，善持家政，久爲鄰里戚黨所推稱。家兄因是得以專力外營，而無內顧憂，其功有足多者。鴻案相莊，鹿車同挽，所謂相得益彰者非耶。

宗銓既秉兄命，弗敢從俗鋪張，爰擇國曆二月二十一日（即廢曆元宵後一日）置酒梅園，集親友家人，謀盡一日之歡，借萬樹梅花，助一堂萊彩。倘承立言君子，畫苑名家，頒賜鴻寶，藉爲侑觴之具，則尺幅寸縑，逾於百朋之錫矣。

榮宗銓 率子 偉仁、爾仁、伊仁、毅仁、研仁、紀震、鴻仁

侄 溥仁、輔仁、鴻慶

暨孫 智鈞、智明、智寬、智憲、智謙

侄孫 智海、智江 鞠躬

附: 敬告親友

今歲爲家兄宗敬暨家嫂陳夫人六十雙壽，原定舊曆正月十六日治麵梅園，柬邀親友，謀一日歡敘。旋以滬案[1]猝發，因之中輟。而家兄等亦以國家多事，力主作罷前議。顧至好親友，或早頒隆儀，或寵錫詩畫，感戴雲誼，心焉莫釋，欲辭不可，欲罷不能。爰于國曆九月二日（舊曆八月初二日）家兄懸弧之辰，仍在梅園，補治桃麵，招待親友，少申謝悃。至於慶祝儀文，用體家兄不願鋪張之意，一從簡陋。承錫厚儀，一概不敢領受。區區之意，諸希照詧。誠恐柬邀不周，特此敬告。

榮宗銓率子侄謹啟

編者附記: 本文原載《無錫雜志》第十三種增刊《杖鄉導遊錄》，一九三二年九月一日出版；收入本書時，據無錫市第一棉紡織廠（原申新第三紡織廠）檔案館收藏的楊志濂先生手書稿做了校訂。

① 滬案，即“一•二八事變”。一九三二年一月二十八日午夜，日本侵略軍借口“保護僑民”，突然向上海閘北發動進攻，中國駐軍奮起抵抗，故亦稱“一•二八抗戰”。這次“事變”歷時月餘，上海申新各廠損失慘重。

榮宗敬先生暨德配陳夫人六秩雙壽序

（一）

不擇細流而成江海，不讓土壤而成泰山，自古聖賢道德文學、政治功勳彪炳天壤間者，莫不基此度量。而今曠觀中外，凡能建樹非常，其才識必大過人，即如一大廛市，熙熙爲利來，攘攘爲利往，顧進醵飲食衣被不能自通者眾矣。一人焉，審時觀變，私憂神州陸沉，日思所以挽倒瀾而障流川，先之以立己，繼之以愛人，終之以濟世，如榮宗敬先生者，非幸獲也。

吾讀太史公《貨殖傳》，有以得其本末矣。特是《傳》曰："善商者因之，其次教誨之，其次整齊之，最下者與之爭。"而今日環球，競言商戰，則一以爭爲用，豈古人果不今人若乎？夫亦國際大變致之也。古之所謂外國，四裔外皆戎狄蠻貊，北僅隔長城，西不過天山以外，南不過南洋羣島。其謠俗草昧，其人性率頑悍獷狠，無術動我，而我之珠玉飾繡，皆爲彼所歆羨。故太公以伎巧勸女功，則人物歸之，齊遂冠帶衣履天下，管子復修，則一匡九合，一陪臣且富於列國之君。後雖代嬗變遷，而理勢所據，曾無他國以制作抗我者。自海禁大通，英、美、法、德及歐羅巴列國，以聲、光、電、化爲學，於是人物、水火、舟車、服御，無一不巧奪天工。彼巧日有餘，我拙日不足，敝將何極？昔曾文正公謂"必習彼之長技以制彼"，意固與之爭，而事即與之因，蓋捄時不易之道也。今夫種樹者本根不固，則枝幹不繁；行路者首途一歧，則前程盡誤。衣食足而後知榮辱，故先生營商，必自衣食始。

麵粉成于麥，北産多而南産少，首創茂新廠，而南北之供求應。紗者，女紅之業也。洋紗充斥，則女紅悉奪，繼創振新等紗廠，則男女之權利分。旋推廣於滬、漢、濟南，都二十有一廠，可謂盛矣。尤益大局者，聯會則絜領振裘，植棉則選種度地，無不勞高掌遠蹠計。其興力成事，壹是因應，良多頓挫，波譎雲詭，寧有端倪。而先生發以然犀照海之明，奮以飛隼搏風之氣，充以太行可移之志。而廠中規制，無不取泰西所有，以爲我用，則所以因之，非又爭之最善者哉。抑聞之，得人者昌，治產積居，擇人尤重。夫貴極反賤，賤極反貴。貴出如糞土，賤取如金玉，非集合英俊助理，何能妙消息而中機權。而智者慮或一失，愚者慮或一得，得失之大小，成毀係之。先生拔茅連茹，鑒衡空平，必有解衣推食之厚誼，復有滌瑕蕩垢之坦懷，殆未有不傾肝膽以酬恩遇者。至工潮爲資商大患，先生既使繈至輻輳，必能用刁間之術不隨世俗患，桀黠轉益，愛貴收取，任其逐利自饒而盡其力，無往而事不集矣。

然而素封亦未易居，昔漢徙豪傑諸侯強族于京師，固欲繁榮首都，亦將以絕非分而備緩急之需。其後餉軍振饑，皆濟國用所不給。二十年來兵燹水旱，先生之輸糈納幣，殆較無鹽氏之捐金貸息，或且過之。抑折節爲儉，則如宣曲任氏家約，公事不畢，不得飲酒食肉，爲政府所特重。況陶朱能任卹疏親兄弟，則族黨必睦。端木能宣揚洙泗教化，則學校必昌。官斯土者，求得此人綦難，誰不樂與之分庭抗禮哉！

《傳》又稱治產有所試者，必祖白圭。其言曰：“人棄我取，人取我與，必能薄飲食，忍嗜欲，與用事僮僕同苦樂，非智仁勇守全者，不能學吾術。”先生乃一一如其所期。吾意垂髫所從殷先生及赴滬習金融、營匯兌業，其間必有精通白圭業者相授受，故宏濟無窮，而先憂後樂。夫通利必思師，先生殆思不能忘，而乾健自強，從無厭倦。仰其精神，徵其福澤，因以卜其年壽無疆云。

陳夫人與先生同歲生，伉儷相莊久矣。固夙挽車驅鹿，舉椀敬鴻，及門庭盛昌，實緣陰相濟，而房帷無形聲之感，動以應天機，召人瑞，梱外或難盡知。昔蜀卓氏妻隨夫遠遷，輦行至臨卭，即鐵山鼓鑄，富至僮千人，田池射獵侔人主，庶幾前後輝映乎。今屆先生與夫人六秩雙慶，子孫翼翼，羣從族姓，姻聯世舊，眾執事與樾蔭之暍人，濟濟蹌蹌，介福離祉，鞠跽獻觴，祝木公金母無量壽者，何可勝數，必有大雅君子，詠歌頌美。即是以爲序。

華商紗廠聯合會全國各紗廠代表敬祝

湘潭秦炳直拜撰

（二）

薰人風日，江南早春，屈指湖山，故鄉最好。清游結侶，行樂及時。愛煙景之相招，領園林之佳趣。時則萬梅齊放，三徑皆香，鳥自呼名，花如迎客。第見裙屐咸集，車馬紛馳，審頌禱之由來，口碑可紀。惟善人之是富，輿論猶新，途人喜相告曰：今日爲榮宗敬先生伉儷花甲良辰，介弟德生先生觴詠梅園之盛會，洋溢聲名，蔑以加已，平生事業，可得言焉。

先生甫當就傅之年，已獲非常之譽，豈讀書然後爲學，即小試亦見所長。方其辭梁溪，遊歇浦，晏嬰近市，雖無意於錐刀，范蠡能謀，聊運心於泉幣，參消息盈虛之理，自可通神，有權衡子母之才，已無餘子。先生以爲非興實業，無以策一國之富強；非足衣食，無以躋斯民於康樂。有白傅大裘之願，忍見載道之饑寒；表杜陵廣厦之情，遑計前程之利鈍。於是結束錢肆，兼營紡織、麵粉業焉。

原夫紡織，恒藉女紅，匹婦有職，足以贍家，摻手所成，豈無餘布。緯欲斷而旋續，梭纔停而更鳴，因機械之未精，遂人工之是尚。海禁既開，漏卮莫塞，一絲一縷，出自遐方，染蒼染黄，居爲奇貨。價廉工省，花樣可以翻新；西去東來，利權終歸外溢。先生邀集同志，組織公司，“申新”定厥名稱，“人鐘”目爲標識，層樓大廈，精勤製造之場，燈影機聲，辛苦經營之地。遠自伯牙臺畔，近如太保墩邊，靡不聞軋軋之繁音，盛蚩蚩之貿易。計廠數由一遞加而成九，既積少以成多，論區域自申及錫而漢皋，亦無遠之弗屆。五十萬紗錠，蔚爲工業之巨觀；五千臺布機，嗤彼解衣之小惠。先生之總持紡織有如此。

言乎嗜好，知南北之迥殊。顧到饑荒，洵米麥之同貴。麵宜裹腹，詎可犧牲；餅餜充饑，何勞人晝。在昔國猶示儉，農家競尚土磨，於今食不厭精，麥粉胥由機製。創始粉廠，端在梓鄉，茂新開其先，福新承厥後。當歐戰之際，吾國參加，食品既普及于國中，餉糈復遠輸于海外，重洋萬里，知有“兵船”商標者，無不知有先生其人焉。成效既彰，擴充更烈，十二廠星羅棋佈，無愧專家，十萬包朝饔夕飧，不忘每飯。匪曰多財之善賈，庶幾博愛之爲仁。先生之雄視麵粉又如此。

然而無過人之魄力，無以制商戰之勝也。無遠大之目光，無以奠工業之基也。慨自東人禍作，中土騷然，執政者信公理爲可恃，向與國以乞靈；守土者示退避爲當然，引貪狼以入室。抵制熱烈，無怪其然。貨物供求，須爲豫計。當危急存亡之際，豈操奇計贏之時。先生利用時機，振興國貨，五分鐘熱度，有恥須湔，四百兆人民，無衣何慮。此則先生所見者大也。

粉廠出數既如上述，推行既遠，嫉視旋多。歐美乘機輸入已可驚人，東夷儘量傾銷尤爲勁敵。納税必先計數，較及錙銖，重征顯背定章，難爲商賈。先生維持民食，斟酌人情，思天下之有饑，何分畛域；本出納之不吝，甯計贏虧。吾民之俛仰攸資，國家之元氣斯足。此則先生所慮者遠也。

教育乃國本所關，應有樹人之計劃。慈善在地方尤要，宜爲仗義之先聲。先生則樂育英才，里巷猶聞弦誦。平治道路，崎嶇悉化康莊。他如水旱之偏災，捐輸之義舉，第見其解囊恐後，何曾以嘉獎爲榮！此則先生之熱心公益也。

聲色狗馬，大都世俗所酣嬉，風月煙霞，均足消磨其志氣。先生持躬克儉，治事能勤，杜絕浮華，屏除俗好。惟分陰之是惜，無半日之偷閒。此則先生之嚴以律己也。

木公之儷金母，合享大年；梁鴻之偕孟光，允稱嘉偶。德配陳夫人以潁川之望族，歸上谷之清門，和順著於庭闈，賢淑昭於鄉黨，興家禮讓，兒曹咸守義方，樂事唱隨。夫子無憂内顧，宜其鳳毛濟美，早分堂上之辛勞，燕翼貽謀，爭譽膝前之後起，尤難者塤篪協響，笙磬同音。一則與世界周旋，心胸開拓；一則惟家山坐鎮，氣度安閒。古之二陸雙丁，未嫻貨殖。世有玉昆金友，奉作楷模。某等心儀泰斗，誼切同舟，羨純嘏之方臻，識遐齡之未艾。晉華封之祝，正梅花吐豔之初。問嶽降之期，在桂子飄香之候。斟來春酒，同登戲綵之堂。待到秋風，更侑引年之爵。德業與歲華並進，齊賡百歲之歌。揄揚誦岡阜之篇，敬奉十觴爲壽。謹序。

上海同鄉裘可桴、丁仲祜等一百零八人敬祝

華文川拜撰

（三）

蓋世必有非常之人，而後有非常之才。有非常之才，而後有非常之事。有非常之事，而後有非常之功。非常者，固非常人之所能幾也，是故其識必卓，其量必宏，其所經營而裁度之者，必遠大而精深。其所享受而遭逢者，亦必康強壽耇，而迥異乎尋常，則有如我宗敬先生者，其庶幾乎！

某某等不敏，從事歸移之務，獲與先生交遊，既深且久。竊以爲，凡能措理盤錯而不稍退卻者，其才大也。皋牢洪纖而無所遺闕者，其量廣也。洞燭幽遐而無所偏倚者，其識超也。夫如此而後有益于社會，有裨于民生，惟先生以之。側聞先生自年少時即爲非常人，故從武進殷省甫先生游，下筆爲文，輒有奇氣，殷先生即以非常人目之。迨乎習商滬瀆，跲踔於金融界，潛揅覃思，早默識乎經濟盈虛之數，奇贏消長之機，是于阜通貨財之道，已得其三昧矣。矧又曠覽夫世界，潛覘乎歐美，覺其所以操縱夫宇内之物力者，商業爲之中樞，而經濟爲之脈絡。故其侵略壓迫我國者，實無時無之。而我國民族智力遫脆，若罔聞之，是大可憂也。於是先生慨然興起，以挽狂瀾、塞漏卮爲己任，乃自設肆營匯兑業，而遇事必誠，與人以信，而先生之榮譽，迺蜚騰於滬瀆矣。非才識之卓絕，而能若是乎？

然而先生以爲，商業位置於社會，非徒謀個人之殖產也。凡國計之大，民生之要，胥爲商業綰其軸。昔馬貴與有言曰："生民所資，惟衣與食。而食爲民天，故于民生爲尤亟。"於是先生乃手創茂新第一麵粉廠，越年兼營紗廠，手創振新、申新等廠。自此以後，規模日展，資力日充，產額之增，驒賭而大有。分廠之設，獭猭而相因。其經始也，負艱鉅排困阻，有如牆而進之勇焉。其推行也，因利勢乘機宜，有水到渠成之趣焉。白圭曰："吾治生產，猶伊尹、吕尚之謀，孫吳用兵，商鞅行法也。是故智不足與權變，勇不足以決斷，仁不能以取予，彊不能有所守，雖欲學吾術，終不告之矣。”茲者茂新之廠四，申新之廠九，福新之廠八，吾於是知先生之智之勇之仁之彊，固必有如白圭所云者。太史公謂：“天下言治生祖白圭。”然則今天下言治生者，能勿祖先生乎？此所以中外人士言麵、織業者，莫不異口同聲，推先生爲巨擘焉。所謂有非常之人，而後有非常之才；有非常之才，而後有非常之事；有非常之事，而後有非常之功者，微先生其誰與歸？然而，等之所以欽仰先生者，猶有進於此焉。

今夫登泰山者，不周遊乎五嶽，不足以盡嶄巆嵾嵯、谽谺豁閉之致也。觀水者，不遍歷乎四海，不足以窮澄澹汪洸、瀇滉困泫之趣也。夫商業之於世界，雖止供求兩端，而消息盈虧，贏縮多寡，瞬息萬變。苟不能罄五都紛陳之妙，即不能悉萬方輻輳之機。此吾紗布業之所以有交易所，而先生實爲創辦人焉。蓋先生每辦一事，則必高掌遠蹠，闊視闊步，才既出於羣眾之上，而識尤達於尋常之外。故有見則有謀，有謀則有成。如此，惟先生于本所既連任理事，現任評議，而所以經度規劃，匡直輔翼之者，非筆墨所能勝紀也，則等之所以欽仰先生者，豈有既乎！

昔計然有言曰：“知鬬則修備，時用則知物，二者形則萬貨之情，可得而觀已。”又曰：“論其有餘不足，則知貴賤。貴上極則反賤，賤下極則反貴。貴出如糞土，賤取如珠玉。”此即消息盈虧之理，贏縮多寡之機也。試觀先生之所營，罔不億則屢中，與時俯仰。而於本所之設施，尤能以世界眼光，謀社會幸福。等於是益信，先生有得于計然之術，而非徒講高資奇貨者所可比擬也。且先生非獨于治生高出恒人也，即其立身修世之道，亦不多覯焉。

先生秉性亢爽，度量恢宏，毅力熱誠，於各種公會、地方自治及興學、修路諸務，莫不極力以圖，而尤以有益於公、無偏於私爲前提。是以拯災助賑，屢獲仁惠之褒榮。好義疏財，深得羣倫之企慕。而先生欿然不自足之心，慨然大有爲之志，固未嘗或已也。先生待人以寬，自處以儉，人或有過，致虧累鉅萬者，而先生理遣情恕，匪惟不究，且寬假之。此尤人之所難能者。充先生之志，非舉國中之實業，盡發展而進圖之，使天下無一人被凍餒，不能償其願。雖少陵廣廈，白傅大裘，范文正“先天下之憂而憂，後天下之樂而樂”，亦不是過也。而居恒精勤自勵，不少休息。即或有小極，亦視事如常。誠以先生之賦於天者獨厚，宜其著於人者獨多，而事業滿國中，聲譽滿天下，而莘莘然正未有艾。所謂非常之人，而後有非常之才；有非常之才，而後有非常之事；有非常之事，而後有非常之功者，不其偉歟！不其偉歟！

德配陳夫人賢能慈惠，戚黨咸稱，家政克修，允爲内助。而介弟德生先生，孔懷情重，襄贊怡怡。此先生所以社會之事業益隆，而家庭之福履彌休也。

茲值雙壽之辰，等謹抒其平昔欽仰之忱，以爲壽。並以告世之戔戔然競什一之利者，不足以言均輸而傳貨殖也。謹序。

上海華商紗布交易所理事長

暨全體理事、監察、評議及經紀人公會會長等敬祝

民國二十一年九月穀旦古朱方、趙宗抃拜撰

（四）

從來創大業、成大名、享大年者，豈由夫命哉，亦恃乎氣而已矣。氣以達才，才達則業建；氣以奮志，志奮則名立；氣以行神，神行則年延。項籍負拔山蓋世之氣，故喑噁叱吒，辟易千人。勾踐蓄堅忍不折之氣，故臥薪嘗膽，卒成霸功。堯舜秉高明博厚之氣，故德爲聖人，尊爲天子，而登上壽。曹劌之論戰也，曰作氣；孟子之言勿動心也，曰養氣。三軍可奪帥，匹夫不可奪志，要在其氣之煥與壹耳。蓋氣也者，生物之原，全體之充也。天積之而清，地凝之而寧，人稟之而靈。人有五官四肢，耳主聽，目主視，口主言，鼻主覺，心主思，手足主行動。雖然耳、目、口、鼻、心、手足，乃視、聽、言、覺、思想、行動之具，而其所以能視、能聽、能言、能覺、能思想、能行動者，氣爲之也。是故均是人也，養其氣之大者爲大人，養其氣之小者爲小人。智也仁也勇也，皆氣之所推也；爵也德也齒也，皆氣之所鍾也。惟大人爲能盡之，不然古之人，欲自名於天下者多矣。而何以後世言貨殖則推端木，言生產則推陶朱，言康強則推伏波，言福澤則推汾陽，非以之數子者，其氣充乎内，溢於外，發爲才志精神，

垂爲功名事業，浩然而獨存，固爲人所不可及者乎。然則人必有剛大之氣，而後能經世；亦必有中和之氣，而後能壽世也明矣。彼專事吐納以延其形骸爲壽者，何足道哉！斯言也，徵諸于吾邑榮先生宗敬而益信。

先生世居無錫之開原鄉，少負大志，慷慨有奇氣。年十五習計然術於海上，逾年盡得其道。時慮歐美經濟勢力之侵壓我民族也，誓挽狂瀾，塞漏卮，慕范希文之爲人，每欲自任以天下。弱冠後，設肆賈金融，信孚於衆。旋見商戰潮流日亟，非振實業不足以裕内抗外。而衣食尤爲民生之本，遂棄其舊，創麵粉及紡織廠。頻遭挫折，氣不稍撓，歷境彌艱，神志益奮，業乃日拓。自錫而滬、而濟、而漢，計營粉廠名茂新者凡四，名福新者凡八，紗廠名申新者凡九。投身其間，爲職爲工，爲販爲介，衣之食之者不下數十萬人，舉國殆罕其匹。而先生意猶未足，進展不已，冀得與歐美一爭短長而後快。勇於創業，忠於謀國若是，其氣之剛大爲何如者！

錫邑夙號文明，顧今昔異情。先生眷懷桑梓，知凡百設施，不能無所因革，而新民之道，首在教育也。乃與其介弟德生先生于里中設公益小學焉，設競化女學焉，一不足至於再，至於三、四，聘賢者爲之師，由是鄉里間垂髫男女無失教者。復設工商中學焉，設豁然洞讀書處焉，聘尤賢者爲之師，由是邑中及鄰縣子弟多栽成者。更建大公圖書館焉，俾鄉人士以其暇日，得展卷縱覽，溫故知新於其間，由是開原風氣遂優乎全邑。且以地方自治之不容或緩也，謀於鄉衆，捐資鳩工，築道路，建橋樑，任德生先生主其事。窄者寬之，崎者平之，交通四闢，車達全鄉，行旅多出其途。輿人誦諸口，政府褒以額，先生則謙和不遑曰："余不能盡發國中實業，衣食天下，而僅治一鄉，抑末矣。矧具兹雛形，皆吾弟及鄉父老力，余何勞焉？"去秋倡賑水災，全活饑溺甚衆。平居賙恤窮困，恒傾囊不吝。席豐而服御樸素，律身以勤，接物以和，人多目爲霽月光風，爭樂就之。宅心之仁若此，處事之智若彼，而休休有容，自視欿然。其氣之中和爲何如者！

氣剛大則志堅，氣中和則神完，志堅神完，爲非常人。縱其才何所爲而不可！先生之熾昌似續，日新其業，老而益壯，有由來矣。

德配陳夫人溫恭敦厚，上下翕然，人徒稱其賢淑宜家，而不知先生克樹紅謨，蜚聲中外，皆由夫人同心同氣，時相勖勵，以輔成之也。

今者甲子同周，星輝弧婺。月之某日，德生先生將率其子侄，觴先生伉儷于梅園，福新各廠同人屬余贅一言爲侑，爰釋其氣之全，徵其壽之篤如是。

抑有進者，孔子曰“大德必壽”，又曰“仁者壽”。德之大，仁之至，莫天地若。天地之德，在生物；天地之仁，在成物。惟天地之於萬物，無不覆幬，無不持載。氣化流行，生成靡已。故其德無極，其仁無極，其壽亦無極。而萬物之壽乎天地也，與之無極。先生暨夫人本天地生物之德，推天地成物之仁，博施以濟民，治鄉以牖民，興學以覺民，而尤兢兢焉致意於養民，磨粉以食之，紡紗以衣之，俾業以爲生者百萬衆，資以爲生者千萬衆，猶且自強不息，立人達人，欲使天下盡得溫飽。此非管子“足衣食”、孟子所謂“黎民不饑不寒”之志乎！擴而充之，其量天地覆載之量也，其心天地化育之心也。得以充此量、擴此心者，要其浩然之氣，塞乎天地之所致也。人不能一日無覆載，則不可一日外天地；不能一日無衣食，則不可一日外乎推衣食之人。然則先生與夫人之壽，爲民物壽，爲天下壽，不祇壽一身、壽伉儷也。行見其由周甲而古稀、而耄耋、而期頤，年益高，氣益充，粹然見於面，盎於背，矍鑠於肢體，將追劉樊而幾天地，安得以常人之壽壽之哉！乃爲之歌曰：

先生之度兮如天大，先生之行兮如日光。創業日新兮浩氣，與人同善兮熱腸。積其德兮山高，流其澤兮水長。鴻案齊眉兮花甲，鴒原奏曲兮霓裳。梅開兮芳生萬樹，彩舞兮酒晉一堂。一觴兮壽而臧，再觴兮壽而康，三觴兮壽無疆。

福新各麵粉廠同人敬祝　　沈壽桐拜撰

（五）

粵維民國肇造之二十有一年，歲次壬申陬月之吉，爲吾友榮君宗敬暨德配陳夫人六秩雙壽良辰。於時春酒初熟，祥風播和。凡舉政界、學界、農工商界諸君子，與夫戚黨僚友，僉謀捧觴稱慶；兼復馳書遐邇，徵文藝苑通人，藉爲眉黎臺萊之祝。君聞之，瞿然曰：“是重吾過也。吾聞士君子必先憂其所憂，而後樂其所樂。往歲洚水爲災，萬民昏墊，汙漫數千里。凡所經過郊牧林野之地，洇洇無象，混混莫辨，洪泉極廣，何以寘之？薪梃不屬，何以禦之？讀鴻飛烏止之詩，嗟我菑黎，心滋戚矣。矧復東北告警，虎視鷹瞵，烽燧頻驚，戈鋋遍地。吾儕同志，瘏口嘵音，牖戶綢繆，外禦其侮，番番良士，仡仡勇夫。吾思之，重思之，此何時乎，其敢言壽？”堅不許。

於是，君之介弟德生君告于諸君子曰：“吾兄之言，仁人之言也，奚敢不遵！惟吾兄平生堅苦卓絕之詣，有宜昭聞於世者，不可不爲殫述也。吾兄幼岐嶷，長聰剛，垂髫就傅，嘗從殷省甫先生讀，爲文俶儻有奇氣。先生曰：‘此非凡才。’年十五，薄遊滬壖，稍稍試金融業。滬市地襟吳會，物產殷饒。析支卉服之輩，重譯欵塞之倫。航海梯山，靡不集視聽於斯，權低昂於斯。吾兄閱歷經年，即洞知世界貿遷，奇盈窽竅，怵然于歐美經濟政策侵略之繇，以爲非熟知彼己，深維利弊，不足以塞漏卮於先幾，挽狂瀾於既倒。史遷《貨殖傳》有言：‘善者因之，其次利導之，其次教誨之，其次整齊之，最下者與之爭。’吾兄已默察消息之原矣。弱冠後，往來申錫之間，實業志願，萌柢繫于苞桑，慨然曰：‘衣食者，生民之命脈也。欲培其根而植其本，非多設麵粉廠、紡織廠不爲功。’顧大廈非隻手所能擎，鉅貲非咄嗟所能致。且大埠平原，地形扼要，據水陸之衝，握交通之紐者，尤非易得。某日過吾邑西城外，見有荒地可二十餘畝，名太保墩，篳縷未闢，相度陰陽，可建粉廠。爰購地集股，經之營之，廠屋落成，名曰‘茂新第一麵粉廠’，時維光緒二十七年也。迨三十四年，又創設二廠于邑之惠山浜；民國三年，又就一廠之旁，添設三廠。二年，又創設福新一廠於上海新閘橋；三年，又創設二廠于西蘇州路。六年，又創設茂新四廠于山東濟南；同時，又創設福新三廠于上海小沙渡路，就二廠附近創設四廠；又創設五廠於漢口礄口宗關。七年，又創設六廠於上海新垃圾橋；同時，又創設七廠於上海新閘大通路，創設八廠于滬莫干山路。綜計麵粉凡十二廠。至紡織廠，則首基於民國四年創設上海白利南路之申新一廠。八年，又創設二廠于上海宜昌路，三廠於邑之西門外五洞橋。九年，又創設四廠於漢口礄口宗關。十三年，又創設五廠于上海楊樹浦高郎橋。十四年，又分設六廠于常州南門外。十八年，又創設七廠于上海楊樹浦；十九年，又創設八廠于上海陳家渡；二十年，又創設九廠于上海楊樹浦。綜計紡織凡九廠。此皆吾兄經綸之業，前服賈者所未有也。時則有王君堯臣、禹卿，丁君梓仁，浦君文汀，相與輔助而贊成之。人第見其審察輕重，明析秋毫，而不知其抵制於無形，所謂以其盾而陷其矛。蓋吾國多一製造之貨，即他人損一牟利之權。此則吾兄鍥而不捨之志，健而不息之誠，非欲以掞張一己之事功，誇耀里閭之觀聽。是宜正告于當世君子者也。”

余於是進而言曰：“韙哉，德生君之言也。”先民攸箴曰：“信言不美，美言不信。”余不能爲諛美連犿之言，謹引伸德生君之意，用以爲君勖，可乎？

嘗考《洪範》八政，“食貨”居先，“賓師”殿後，而司空、司徒、司馬，會其有極，作之指撝。司馬子長曰：“農而食之，虞而出之，工而成之，商而通之。人各任其能，竭其力，以得所欲。夫食貨賓師，既有交相維繫之理，農工商賈，自有相爲表裏之資。”故必有農而後有工，有工而後有商，有農工商三者之業，而後蒸民粒、萬邦乂。此其道在通之以一貫，而行之以忠恕。是故農產富則工資足，工資足則商運源源而不絕，互相交通，此富國之本計也。農貧則工蹙，工蹙則商運日停滯而艱窘，各自獨立，此自斃之道，國家積弱之由也。農與工和，工與商和，商與農工和，有人調劑于其間，國未有不興且盛者也。農與工讎，工與商讎，商與農工讎，有人離遏于其間，國未有不危且殆者也。《書》曰：“正德利用厚生惟和。”《中庸》曰：“致中和。”邇來囂陵成習，所以涵育而薰陶之者，惟當以保合太和爲宗旨。君執工、商二界之樞機，必將以中和之道感孚人心。此所以勖君者一也。

古聖賢之博施濟眾也，一民饑，曰“我饑之”；一民寒，曰“我寒之”。故《詩》有“無衣無褐”之嗟，又有“貽我耒牟”之詠。君既宏痌瘝在抱之願，顧常煦煦懇懇，自視欿然，居恒愀然曰：“丈夫生世，要在彌天地之缺憾，極蒼生之憂患。吾恨力薄，不能胥保惠中國實業，衣食四海困窮之人。今茲所爲，不過補苴罅漏，詎足以言功德耶？”此可見君饑溺之懷，宏恢之量。然而緊昔經商，歐美諸邦嘗以金錢易我原料而去，今日經商，江河日下。若棉若麥，並原料而取資於他邦。鄉民恂愗罔識，製種則陳窳沿習，出品則飾僞萌生。他日商戰之場，恐將淪胥以敗，不可收拾。君蒿目閭閻，必將有以教誨而振興之。此所以勖君者二也。

孟子之告滕文曰"性善"，曰"彊爲善"，曰"可以爲善國"。此儒家論興國之要，在於樂善不倦也。計然之論商政曰：知鬥則修備，時用則知物，二者形則萬貨之情可得而觀。范蠡以爲計然之策七，越用其五而得意。既已施于國，可以用之家。此商家言興國之本，在於致知明遠也。夫爲善者仁也，致知者智也。惟仁與智可以持身而應世。而孝弟者善之源，仁之質也。君之治家，以孝弟爲首務，整齊嚴肅，怡怡雍雍，食而周均，學公而溥，無樗蒲具，無競爭風，惟以節儉勤劬爲修齊之本。常訓其子弟曰："宴安鴆毒，不可懷也。顧我宗邦，爲何如世？吾創基業，非爲利己，祇以財源將殫，人莫之知，徒規規於目前之小利，以致源不開，流不節，涸轍枯鮒，其何能免？吾不忍國家經濟陷於斷港絕潢，故竭吾一分精神，即興吾一分實業，汝曹其勉之。"蓋其善念之長，由家而推之于國。前年吾蘇洊饑，購運西貢米散諸鄉黨，俾平穀價。又輸巨金，助關內賑。去年商購美麥，播庶鮮食，人懷其仁。其他公益，無役不從。陳夫人來歸後，言容無斁，動靜有章，內則威儀，夙爲鄰里戚黨所稱許。君因是專力外營，無內顧憂。鴻案齊眉，鹿車共挽，方之靡慚矣。哲嗣伯仲，金友玉昆，後先濟美。令聞令望，克世其家。薛家三鳳，荀氏八龍，麟趾螽斯，方興未艾。而建設鴻模，尤賴德生君實左右之。韋趙兄弟，人之杞梓，天所以玉成之者，殆非偶然。《易傳》曰："積善之家，必有餘慶。"《論語》曰："智者樂，仁者壽。"是豈弟視履考祥，熾昌茀祿而已哉！深望君以善其一家者善一鄉，善一鄉者善一國。此所以勖君者三也。

夫當外患迭乘之會，不尚鋪張，不侈慶祝，君子愛人以德，宜有以成君之志。惟所以期望於君者，竊願三祝以陳辭，蓋欲以壽人者壽國也，翹首太平。謹書此爲天保之券焉。

中新各紡織廠代表敬祝　　世愚弟唐文治拜撰

（六）

太歲在玄黓涒灘之年，月麗屠維，日躔柔兆。弧精燦爛，喜騰南極光華。婺箔煇熿，暢煥西池瑞靄。錫山榮德生先生誠摅既翕，誼篤孔懷，將以仲秋上吉，率其子若孫暨從子從孫，爲其伯兄伯嫂添海屋之籌，晉華葑之祝。眉齊梁案，日重輪而月重光。膝繞萊衣，鳳其毛而犀其角。龡箎叶奏，舞彩臚歡。蓋其時宗敬先生暨德配陳夫人，於是年皆六秩矣。並蒂花開，椿榮萱茂，長生爵晉，桂馥蘭菜。介木公金母以稱觴，際設帨懸孤之令節。鸞吟瀌曲，鏗鏘傳頌禱之音。鶴顲宮袍，照耀炳縑緗之色。齊賡雅什，競侑華筵，禮也。吳楚同人，追隨有日，栟幪共隸，叨雨露之栽培。銜結難忘，罄藿葵之忱悃。春臺同上，壽域齊登，猥以懋功夙廁賓朋，飫承謦欬，爲孟嘗而市義。曾斅馮諼，師魯繆之說賢。呰親孔伋，遂遙通夫尺素，胥相屬以一言。勉就見聞，略陳梗概。

夫鋪張揚厲，摛金松綺竹之辭，典麗喬皇，狃碧瀣丹山之頌，非不足揄揚盛德，曼衍遐齡。然而奓口掞張，何當事實？華詞肸飾，奚揭精微？河海匪勺水能窮，泰華詎丸泥可喻。揆延年之所自，寀穜福之有基，准是敷陳，容徵窾要。夫量不宏者，不足建非常之業。識不遠者，不能爥先事之幾。故君子匡時，首槼夫大者遠者；賢人經國，先籌夫衣人食人。先生立達爲懷，饑溺繇己，壯志胎從弱歲，經猷裕自平呰。莘埜躬耕，欲躋吾民於堯舜。希文未達，早謀斯世之樂憂。舍學就商，業詎稱賤？繇微之顯，是亦可爲。章句傳難與圖功，李靖肎儕夫流俗，宰天下當如是肉，陳平豈好爲大言？卅載經營，竟登峰而造極。半生盤錯，實衡慮而困心。大恢商界之鴻槼，儼執宗邦之牛耳。此先生器識之深遠也。

聞之井蛙見小，公孫無高遠之謀，釣鯉情怡，仲統持清曠之志，拘於墟者尠卓識，囿於墜者半自封。先生胸貫全球，目營四海，杜少陵顔歡廣廈，悵虛願之未酬。白太傅寒芘長裘，猶初衷之莫慰。民胞物與，何妨有志竟成。衣解食推，畢竟後來居上。爲全國不爲一己，此心可質諸神明。顧大局不顧私家，中流當資爲砥柱。混混者寫輸不已，詎知侵蝕之難迴。孜孜焉日進無疆，庶幾漏卮之少塞。其知者謂非得已，豈真壟斷是圖。局外人相率垂涎，宛讓利權獨握。此先生事業之恢張也。

昔者趙熹狹義，濟災祲而肝膽全輸，錙翊慨慷，舍車馬而姓名不告，忠宣爲麥舟之贈，魯公傳指囷之高。先生義重嵩衡，財輕簟籜。賢師端木，濟人而達人。智絜陶朱，隨積而隨散。施惠毋分畛域，待舉火者億萬家。用人幾遍華夷，藉起家者千百輩。建橋梁達四五縣，築道路凡百十區，學校如林，滬錫胥承其教育。圖書盈庫，寒畯悉供夫參稽。至若賑災籌捐，捄貧濟困，雖盈千而累萬，輒慨惻以輸將。張長思推財不疑，未遑多讓。寇子翼義難獨享，實有同心。善明爲續命良田，司馬是萬家生佛。此先生推暨之普遍也。

且夫賢勞王事，將父母而不遑，契闊友生，對弟兄而有愧。苟熟周旋於世故，動遺闕憾于倫常。先生訓秉義方，情敦友愛。韋忠佳器，騰譽于喪父之年。冏氏甘泉，乘涕於圖像之側。範遺容于國學，善則歸親；碑慈德於浮圖，報真罔極。加以弟𡖱競爽，擬雙丁兩到以奚慚，珠璧聯輝，泯禮瘦萌肥之遺憾。田真喜荊枝之茂，繆肜迺敦睦之門，聲應氣求，如鳳麟之翕合，志同道一，副龍驤之名稱。此先生孝友之昭著也。

若夫長孺傳業，惟有一經，武侯遺書，尤崇八務。九苞乃能號鳳，千里方爲名駒。先生堂構相承，箕裘永紹。欽王家之令器，盡屬璠璵。傳韓氏之多才，咸成經緯。崢嶸頭角，喜瑤環瑜珥之雰羅。璀璨庭階，真悅懌恂愉之競秀。瞻家門之鼎盛，識景祚之流長。房元齡圍屏集書，鍾呂咸遵夫軌憲，柳公綽小齋會食，桂蘭競凛夫渠椝。麐振振而螽繩繩，何羨虖九龍五鳳？業隆隆而心翼翼，甯遜虖萬石千鍾。此先生德澤之綿長也。

自古園名獨樂，端明之逸致堪欽，堂號湘廬，潞國之閒情共仰。緬流風於先喆，恒陶寫虖塵襟。先生業冠華洋，神怡泉石，心勞擘畫，間尋樂趣於園林，跡羈塵囂，旹散風情於丘壑。湖濱閑築，小有亭臺。惠麓幽棲，廣栽梅竹。倚滸嶺而構別墅，狀如岐曲之卷阿。踞九峰而築危樓，埶媲贛江之滕閣。水阻則通以畧彴，途迂則駕以飛車。賓從雰耘，旹作蘭亭之觴詠。湖山佳麗，儼追綠埜之優遊。此先生神情之閒適也。

德配陳夫人，歐協珩璜，音諧琴瑟。柔嘉惟則，嫻蘇蕙之璇璣。淑慎其儀，守孟光之荊布。承歡夙夜，杖屨無移，修祀歲時，豆籩必飭，組紃足供於用，饋問無闕於旹。妯娌相親，悉泯同異之見。兒女互乳，均沾鞠育之恩。粟布則惠必及鄰，樛木則仁能逮下。主持中饋，槁䃟無内顧之虞。整飭家規，德器驗中庭之訓。令妻賢母，有口咸碑。惟同德而同心，乃降祥而降幅。今日者，秋風旹協，月色平分，嘉耦齊年，暢純釐之永錫。德門盛事，忻棣萼之聯輝。揄晝錦以斧韝，不第荀龍之八。戲斑衣而鞠跽，且逾薛鳳之三。慶集家庭，歡騰戚里。凡夫瀛寰碩望，海國耆英，周庠殷序之菁莪，鑿齒奇肱之豪俊，靡不冠裳肅穆，蹈舞稱觥。即昔之歈竽彈鋏之徒，戴白垂髫之侶，感生成之大德，祝壽考之惟祺，亦且轂擊肩摩，奔走偕集。繡平原之奇表，圖白傅於屏風，濟濟蹌蹌，傳一時之佳話。魚魚雅雅，駢萬首之新詞。懋功燕寄張巢，曾依大廈，雀來楊館，謬托雕梁。謚諉漫加，愧乏摶拊之雅，扢揚罔既，請居乘韋之先，敬灑墨以摛辭，遂含毫而製敘。此際侈陳六德，賤子既操觚揚觶而前，懸知競祝千春，衆賓皆控鶴驂鸞而至。

申新各紡織廠職員敬祝　　嚴懋功拜撰

（七）

有非常之才，而後能擴兼善之量。有過人之識，而後能樹遠大之規。間嘗盱衡當世，某也號稱經濟家，某也號稱實業家，爲問手創工廠幾何，無以應也；其事業關係民生者奚若，更無以應也。無他，限於才，囿於識，無國家思想，無世界觀念，狃小利，計近功，宜其成就只有此數。所謂利國福民者，徒托空言耳。

觀于榮先生宗敬之振興紡織業，而後知先生之才與識，爲弗可及也。吾國至今日貧弱極矣，先生知非實業無以救國，而紡織尤爲實業之基礎。蓋紗布爲衣著之源，在昔吾國除人工所製少數紗布外，機製者胥來自海外，每歲囊括我金錢何可數計！猶不足，則設廠於通商各埠，原料、工人取給吾國，製成熟貨推銷吾國。國人習焉不察，或誇其美，或貪其廉，販夫逐什一之利，更爲之奔走以求善賈。民生要素如紗布，而權不我操，實業前途尚可問乎？

自先生出而紡織家乃放異彩，計自申新一廠推廣至九廠，於今紗錠有五十萬枚，布機五千臺。申新各種商標，婦孺皆知，貨品之精，推銷之廣，莫或與敵。先生則不自滿足，以爲紗錠與人口比例，吾國視各國，瞠乎在後，故步自封，烏乎可？爰有訂購紗錠六十萬之建議，雖格於時局不果行，而先生之事業與年俱進，于此卜之。當東北事變之初起也，抵制一呼，不期然而全國響應。先生知紗布之求過於供，非增加生產率不足以應國人之需，而示人以有備，下令各廠加工作。各廠仰體先生愛國之意，悉如其令。四月以來，國人知有國貨矣。知國貨之不弱外貨，而無需外貨爲之代矣。其有販運外貨以欺國人者，亦將見棄於國人矣。假令吾國工商業，盡如先生之求其在我，則抵制不爭口舌，絕交不出惡聲，政府之後盾在是，實業之保障在是。先生之才識，豈出當世賢豪之下哉！

先生初來海上，經營錢業，衣食稍裕，遂急急爲國人解決衣食問題，以故紡織廠外，兼辦粉廠，凡十二，每日製粉十萬包。即以紡織廠論，職員不計外，工友有三萬餘人。誰無妻子，誰無父母，拜先生之賜者，更不知凡幾也。昔南通張氏，以創辦實業有聞于時，視先生則範圍有廣狹之不同，至今海澨猶有歌頌之者，況乎先生之澤被江漢間耶！或謂以先生之才識，起而掌全國之實業，則計劃之周，規模之大，外人將退避三舍，豈特舉國免於饑寒而已乎！不知政治與實業殊途，先生素無宦情，寢饋於紡織業者三十餘年，捨其田而芸人之田，抑亦不智之甚矣。或又謂先生創業以來，備受艱辛，聿觀厥成，猶不自暇逸，即富堪敵國，亦奚以爲。不知先生之辦工廠，爲公非爲私，爲公衆之利益計，非爲個人之安富計。否則享其自然之利，適可而止，奚必苦心焦思，綜其出納，計其贏虧，而昕夕不遑乎！

先生介弟德生主持無錫廠務，才識與先生伯仲。善乎，德生先生之言曰：“家兄一生營業，非恃有充實之資本，乃恃有充實之精神。精神爲立業之本，而致壽之徵，亦即以是。”壬申元宵後一日，先生暨德配陳夫人介壽之辰，將於是日稱觴無錫梅園。夫人有賢德，能齊其家。哲嗣三，能輔佐先生處理業務，循謹儒雅，秉性使然，不盡恃義方之訓。孫二，秀慧可喜。於以知先生之造福於民眾者至宏，天之所以報施先生者，正未有艾。

先生治事有法度，依時辦公，不爽晷刻。待人接物，出以和藹至誠，無厭倦之容，無驕矜之色。平時急公好義，舉凡教育慈善，於社會國家有益之事，靡不盡力捐輸，是以獨得當世之信仰。政府之重要會議，咸禮聘先生。即異邦人士來海上，震先生之名者，無不表其仰慕之忱，而樂與周旋。先生則不羨虛榮，不慕爵祿，振興實業，惟力是視。溯自歐戰而後，吾國紡織廠接踵而起，有蓬勃之象，曾幾何時，停機者有之，轉售外人者有之。良以內戰不息，交通阻梗，金融枯竭，農產減少，紡織原料大都仰給海外，廠家不得不爲環境支配，而紡織業有一落千丈之勢。先生則運以精心，處以毅力，邁往奮鬥，任何艱難險阻所不辭，任何成敗利鈍所不顧，果能得最後之勝利，而執吾國紡織業之牛耳。問先生年則花甲，觀於老當益壯之概，則猶盛年時也，而謂先生之事業有止境耶！

茲際徵文稱慶，九廠工友爭欲致其頌禱之私，屬肇圻爲之序。爰就先生之才識表見於紡織者，敍述大略。俾工友知先生有國家思想，有世界觀念，非狃小利、計近功者可比，宜如何努力工作，以答先生。先生倘亦得所安慰，於萬梅花下歡然進一觴乎！謹序。

申新各紡織廠工人代表敬祝　　孫肇圻拜撰

（八）

壬申孟陬，榮德生先生由無錫郵寄《徵文事略》來威海，且言令兄宗敬先生、令嫂陳夫人生同癸酉，今歲壬申值花甲一周，將率子若侄爲稱壽觴，而遠徵壽言於下走。

竊維壽言之作，蓋原於古詩之道，《行葦》之四章曰“酌以大斗，以祈黃耇”，《閟宫》之八章曰“魯侯燕喜，令妻壽母”，所以道其功德而祝其壽者，其詞必皆托於歌詩，以永其言，相與往復，稱頌而不厭。今觀德生先生之所稱述，覺先生廣廈庇寒之功德，有非詩歌所能揚扢盡者矣。

德生先生之言曰：“家兄秉性亢爽，少負大志，見世界商戰潮流日亟，挽救民生之策，斷在開發實業，自措籌資本，創設茂新麵粉廠以來，逐漸推廣至上海、濟南、漢口各埠，已成茂新、申新、福新等凡二十一廠。而家兄猶欿然不自足，嘗自恨無力，不克盡發國中實業，衣食天下窮困，使人人得免於饑寒，不過盡一分忠實之心力，作一分忠實之事業而已。蓋家兄一生營業，非恃有充實之資本，乃恃有充實之精神。精神爲立業之本，而致壽之徵，亦即以是。家嫂自來歸後，克盡婦職，善持家政，久爲鄰里戚黨所稱許，家兄自是得以專力外營，而無內顧憂，其功有足多者。”德生先生之稱述先生及陳夫人如此。

祖善間嘗讀太史公《貨殖列傳》，其言陶朱公治產居積，與時逐而不責於人，十九年之中，三致千金，再分散與貧交諸昆弟，所謂好行其德者也。子貢學于仲尼，退而仕于衛，廢著鬻財于魯衛之間，結駟連騎束帛之幣，以聘享諸侯，所至國君無不分庭與之抗禮，又所謂得勢而益彰者也。

祖善與先生同里閈，習聞先生之懿行，以爲合中國廿餘省之大，數千年之久，如先生之振興實業，卓著成效，仰給之衆，幾二三十萬人。環觀吾華，殆覺罕與倫比。試一絜矩事功，實有超越乎兩賢萬萬者。彼夫一州之內，鉅萬秦揚之資；一歲之中，十倍無鹽之息。貧家舉火，有待晏嬰。宗族分金，每勞蘇季。當時侈爲美談，後世傳爲盛德，方諸先生更瞠乎後矣。是則德生先生之所稱述，非惟無絲毫溢美，且未盡先生偉抱焉。

昔黄涪翁有詩云：“能與貧人共年穀，必有明珠生蚌胎。”兹者先生踰艾及耆，白頭強健，所儷賢淑，子姓繁衍，尤足以見先生充實致壽，垂裕後昆之徵，豈非作善者無不降祥，而博施者罔弗獲報歟！乃撮取事略所述，據摭排比，聯綴成文，用以爲壽筵侑觴之具。是日也，花萼聯輝於樓上，皓首扶持。芝蘭競秀於階前，彩衣夾侍。靈椿百尺，長等茂于金萱，南極一星，永齊明于寶婺。衆賓進劉肅之新語，賤子效吏部之陳言，頌獻東方，心馳北燭，倘可同博二老之一笑乎！是爲序。

中華民國二十一年夏曆壬申孟春月穀旦

徐祖善頓首拜撰

（九）

中華人民造國之二十一年，吾錫榮宗敬先生與德配陳夫人，雙壽六十，介弟德生先生將率子若侄，奉觴上壽。倬私念國難聲中，惟先生可言壽，何以故？吾國近數十年，飽受列強侵略，一爲武力，一爲經濟。武力之侵略以剛，其害爲人人所共見；經濟之侵略以柔，使人人膏枯血竭，而終身猶在醉夢中，則其害較武力侵略爲尤甚。先生洞鑒經濟侵略之可畏，而全國人民生活之要素，莫急於衣食，爰兼營麵粉、紡紗實業，先後設廠，至於今茲，積數二十一。是先生之嘉惠於吾民衆者，至深且溥。

上海爲世界最大市場之一，以上海爲事業重心，而慘澹經營，考慮最精，魄力最大。與帝國主義劇戰商場，力扼其經濟侵略之進展者，非先生莫屬。惟能壽世，斯無愧爲壽人。抑又思之，先生生長釣游之地，爲吾錫開原鄉，倬承乏農民銀行，默念帝國主義之經濟侵略，至於此極。凡百生産，必自農始。然欲爲整個改造農村，振興農事之計劃，必先選擇一區，根本試驗，行之有效，乃可推及全國。惟開原人才實力，可達無窮之希望。以故往歲曾偕同人，於全區農村狀況實地調查，著爲報告，冀以見之實施。先生爲地方魁傑，尤望出其餘力，領袖羣英，以置全鄉民衆於熙皞春召之境，斯亦壽世之一端也。

遂倬之願望，則國榮鄉治，與歲俱進。迨先生梁孟齊眉、百年偕老之時，吾國得爲世界強盛之國，而開原得爲全國模範之鄉。其庶幾也夫，爰濡筆而爲之序。

世愚弟顧倬率子復拜撰祝

（十）

歐美經濟侵略，國人昧爲罔覺，時則有豪傑焉，應運而起龍山之陽。憑徒手以創鴻業，歷經盤錯，以底於成。數十年來，若粉、若紗布工廠，遍大江南北。需此以衣食者，無慮數十萬人；而國計民生，於焉攸賴。中外人士誦說當代企業家，足爲軒胄子孫商戰前驅者，輒交口推無錫榮宗敬先生，而介弟德生先生實左右之。微智愚賢不肖，無弗能道者也。

榮氏固邑中望族，先生德配陳夫人，實與先生齊賢比德，椒聊蕃衍，盈匊盈升。閫内琴瑟之歡，堂上塤篪之奏，亦既世濟其美，蘇人齒頰矣。歲壬申，先生伉儷同庚，適周甲蘱，遠近縉紳士夫，丹青鉅子，靡不獻頌侑觴，藻繪盛業。太倉浮橋辦花處同人，夙隸指揮，目睹先生之弘規是啟，乃屬敬釗以揚言曰：同人等幼年服賈，文藝鮮通，比來供職辦花，有懷欲吐。竊援在商言商之義，聊抒善頌善禱之誠。考諸字書，棉與綿同，以先生毅力之弘，夫人徽音之微，家庭隆盛，如日方中。不惟同綿遐算，繇是而臻八十九十，其經營創造之大業，日將如棉之紡紗，引而彌長，世世綿其端緒，則他日衣被蒼生，遍及山陬海澨，其歲曆之綿邈，必至無曍數，不可思議也。敬釗敢不潤色其詞，以爲先生夫婦進一觴。

太倉浮橋申新辦花處同人鞠躬謹祝

（原載無錫雜志社第十三種增刊《杖鄉導遊錄》）

賀榮宗敬先生六秩壽辰詩詞

周甲簪花健，高勼載酒過。湖山常供養，衣食人謳歌。小試開源廣，深心濟物多。劫餘百惆悵，家慶召天和。

黃炎培敬祝　民國廿一年八月二十八日

兵戈滿地春方轉，爲念家山錫有無。誰是老謀操勝算，君真商戰作先驅。雄心底用扶鳩杖，仙侶終期挽鹿車。家慶開時消國難，試燈歡罷飲屠蘇。

止盦韓國鈞頓首拜祝

慷慨同仇日，歡呼介壽來。是翁真健者，偕老亦賢哉。火樹銀花合，瓊筵玳席開。鶴籌添海算，鵲噑逗溪梅。頌竝朱英作，春從綠草回。觥飛酬此際，鐃奏鎮相催。書帶鄭公里，弦歌梁孝臺。玄算知詩啟，白雪愧非才。

秦郵馬士傑未是草

至公至私鄉評，至難至易功名。至樂至哀絲竹，至安至危征程。至寒至暖孤衾，至福至禍黃金。至淺至深物理，至真至假人心。至遠至近南北，至高至低松菊。至變至幻煙雲，至多至少米粟。至今至古衣服，至異至同海陸。至清至濁溪流，至長至久壽祿。

世愚弟陶世鳳拜祝　　時年八十

花甲欣同祝，梅園一笑逢。潁川昭懿德，上谷溯華宗。榮巷名俱羡，蘭陵酒正濃。新春瞻舞彩，瑞氣自重重。　　晉斝醉流霞，賓筵興倍賒。赤心能救國，白手自成家。珠履三千客，經營億兆誇。錦堂開壽筵，萬樹擁梅花。

武進于定一拜稿

座上人偕老，庭前月尚圓。林壬歌景福，花甲敞華筵。繞膝萊衣舞，齊眉茀祿緜。詩成同介壽，喜進九霞箋。　　惠麓稱觥日，躋堂路未遙。迴欄憑隻手，勵志在垂髫。梓舍身披錦，梅園客擁貂。姮娥先祝嘏，昨夜慶元宵。

錢以振拜祝

充滿精神事業昌，齊眉周甲慶華堂。解囊共濟稱僊佛，舉案相莊比孟梁。嘉耦白頭皆上壽，英年黑髮自成行。一庭舞彩歡聲動，正值梅花撲鼻香。

鎮海虞和德拜稿

惠泉靈秀誕奇瑰，壯志經商展厥才。杜塞漏卮興實業，萬家衣食費心裁。
元宵節後暖舒梅，花甲齊眉往復回。繞膝堂前萊戲彩，扶鳩並坐醉新醅。

王曉籟撰並書祝

商戰兩榮說兩雄，長公六十已成翁。名園索笑梅千發，難弟侑觴酒一盅。驥志不休船上瀨，鵬圖無敵草以風。更能有婦如康子，比德齊眉事事同。

世愚弟錢基博稿

商場事業孰如君，果敢精神矯不羣。餘力推施唯好善，及身功跡獨張軍。陶朱再起關靈秀，悳曜持家並儉勤。春酒介眉謀一醉，梅園花事正欣欣。

穆湘玥敬祝

當代論兄弟，張（南通）劉（武進）簡（香山）穆（上海）榮。起家皆實業，主義在民生。鄰邑多簪盍，斯人獨令名。六旬開海屋，難得二雄並。

胞與爲懷久，聲名薄海聞。雄圖關國際，公益遍榆枌。案有齊眉慶，庭多繞膝欣。名園香雪海，嘉會足早春。

時壬申正月宜興儲南強艸寄于孟峰山中

三樂高風流澤長，術師端木隱于商。起家首創金融業，救世常謀協濟方。衣被民生營廣廈，栽培教育惠窮鄉。待人仁恕持躬儉，美意延年正未艾。
杖鄉梁孟喜隨肩，介壽名園樂事全。萬樹梅花圍綺席，一堂萊彩舞瓊筵。呼來菊部娱佳客，詠到霓裳醉列仙。忝我侑觴無别物，吟成俚句祝華頌。

愚弟侯學愈戢畬氏拜稿

國步艱難殊可驚，烽煙四起歲華更。勤劬創業非爲己，締造宏規孰與京。慷慨輸財尚義俠，縱横商戰薄浮榮。俟君七十開雙慶，扶杖婆娑睹太平。
誦豳堂下萬梅花，點綴清芬三樂家。群起鳳毛傳孝友，相莊鴻案話桑麻。林泉素志他年償，棠棣交輝始願賒。宣聖雅言仁者壽，是翁矍鑠鬢微華。

秦毓鎏拜祝

計倪書習擁高貲，敦樸精勤更好施。慰願蒼生餘粟布，起家赤手協塤篪。園林香雪藍田墅，海市雄風宋玉辭。月滿梅開春酒熟，介眉舉兕樂齊眉。

愚弟秦瑞玠謹祝

周甲重逢日，怡怡舉壽觴。華堂晴旭暖，榮巷錦春長。百歲幾燈節，寒梅萬樹香。治生並計范，大業利羣蒼。

虞陽徐鳳標恭詠

梅園梅花白於雪，梅園主人天下傑。一生清福幾生脩，塤篪一片聲愉悦。梅園梅花紅欲流，主人六十方平頭。獻歲發春逢介壽，聯翩春屬神仙儔。我昔來登惠山麓，殷勤延客賢昆玉。綠波畫舫醉紅裙，長笛清弦譜新曲。頻年聚首在淞濱，事業推陳屢出新。籌畫孳孳關國計，痌瘝念念在平民。平民十萬詡生佛，朋好稱觴趁圓月。上元簫鼓爲君諠，梅花萬樹平民發。

王懋功拜稿

人間飽暖最關心，扶挈羣流樹德深。長日靜調佳耦瑟，雄風彌快大王襟。園林有主饒清福，江海知名聽好音。豔說棣華能競爽，躋堂介祉集朋簪。
南極高懸霄漢間，歡濃眉案各開顏。觴匏乍接心先喜，黻珮相莊髩未斑。創業已成新世界，卜居猶近好湖山。客來腰笛吹新曲，仙鶴雙飛意自閑。

愚弟孫保圻拜撰

湖山勝處得春先，萬樹梅花清且妍。燈看鼇峰城不夜，屐遊黿渚地行仙。芝蘭繞膝皆時俊，伉儷齊眉合大年。他日古稀來介壽，躋堂重詠閟宮篇。

愚晚毛木君敬祝

積厚流光遠，聲名天下聞。湖山增嘯暾，龍虎際風雲。興學培多士，急公仗使君。椿萱齊介壽，舞彩倍殷勤。
軒冕原非志，胸襟不染塵。工商推巨擘，利賴在新民。綠水迎賓客，青山作主人。情梅多結子，共祝八千春。

世愚弟楊道樞敬頌

髫齡才氣已無前，壯歲功名愈爛然。富國鳳儲齊相策，濟時先著祖生鞭。迭營廣廈容遊惰，力爲神州挽利權。從古仁人胥壽考，稱觴遙祝萬斯年。

弟李培賢拜祝

梁溪西畔五湖濱，山澤鍾靈敏畸人。咸說陶朱復出世，定知卜式是前身。塤箎並奏稱雙絕，鸞鳳龢鳴度六旬。開遍梅花千萬樹，放翁夫婦共長春。卅年滬上飽經商，甘苦艱辛味備嘗。急難賑荒資籌劃，民生國計費平章。諶恩普濟輿情洽，盛德頻蒙政府揚。梁孟齊名俱六秩，寒梅花下好稱觴。

世愚弟殷惟一恭祝

太湖萬頃茫無際，龍山百折高無比。山南湖北勝景開，中有觥觥兩榮子。大榮建廠遍申江，勢接蜃樓與海市。勝如廣廈萬千間，救濟饑寒全賴此。小榮愛書又愛畫，手拓名園良有以。園中種梅幾千株，孤山羅浮略相似。歲次壬申上元節，兄弟怡怡儼序齒。好借萬樹梅花一輪月，爲兄祝壽更祈祉。桃筵燈映半山紅，荊樹花開一庭紫。伯吹塤，仲吹篪，父若喬，子若梓，孝友人家應爾爾。誰知好事多折磨，家樂方濃國憂起。君不見，去秋大水成災異，流殍如梟長江裹。又不見，中國多少奇男兒，碧血淋漓灑邊壘。犒師君作鄭弦高，發賑君爲宋樂喜。君能救國復救民，當世莫作商人視。更有德配陳夫人，性情淑賢容止美，六旬同德復同年，內助得人家政理。但願君家夫婦如梁孟，白首齊眉同翹企。更願君家兄弟如軾轍，百年長作梅園主。

世愚弟殷惟正拜祝

賢豪崛起開原鄉，不用毛錐不握槍。高瞻遠矚識時務，別謀戰勝在商場。鹽鐵陳跡卑勿論，粉紗新業森開張。椎論滬瀆拓南北，濟南漢口走連檣。禦寒到處感衣被，療饑何用宿舂糧。風聲震盪到歐美，碧眼異族窘非常。宏規大起基何術？寬恕敏慧攬其綱。《貨殖列傳》開生面，鋼鐵相例號“大王”。精神強固無弗屆，物我兼善俾壽康。果然周甲成雙慶，梁孟齊眉得益彰。蘭桂揚芬看舞彩，塤篪叶調勸稱觴。君不見，啟期老人年九十，鼓琴自謂樂穰穰。後先輝映拜手祝，湖山福壽共無疆。

世愚弟沈壽桐拜稿

喜得春逢歲八千，尊開南極老人前。月圓人壽花同好，初度元宵第一天。
商戰稱雄亦快哉，艱虞全仗濟時才。萬間廣廈真豪舉，笑說陶朱是駑駘。
梅溪而後數梅園，儒雅風流今尚存。我愛湖山多韻事，春燈簫鼓和金尊。

百年偕老我如賓，南國蘋蘩景物新。萬紫千紅齊戲彩，萊衣輝映滿山春。

高郵王蔭之拜書

天上雙星燦極婻，新涼時節敞華筵。最難手創驚人業，民食關懷獨佔先。
萬樹梅花憶故鄉，名園勝景樂徜徉。甘回蔗境人爭羨，艱苦何曾不備嘗。
靈榮不羨薄簪纓，秀挹湖山得氣清。豈獨齊眉媲梁孟，後賢繼起盡知名。
金融策劃幸同舟，矍鑠精神孰與儔。試問老人經歲月，要從海屋紀添籌。

張嘉璈拜祝

龍山高峻水汪洋，毓秀鍾靈上谷昌。經濟操持開實業，性情亢爽冠商場。塤箎相得承三樂，衣食兼營利四方。閱歷卅年徵毅力，疏財仗義夙宣揚。
長公六秩慶生辰，置酒梅園樂宴賓。梁孟齊眉周甲子，桂蘭繞膝祝壬申。才猷豪邁延多士，度量恢宏賑萬民。事業精神欣並茂，陶朱治產證前因。

世愚弟過文冕拜祝

鴟夷一舸去五湖，治產居積稱陶朱。千金三致亦何異，流風餘韻傳三吳。數千年後鍾靈秀，仍在吳越之具區。具區山水清且峻，波濤萬頃西南趨。黿頭吞吐犢山闕，風雲常會賢人廬。家承三樂世百忍，挺生奇偉雙萼跗。若論品望與才氣，元季方兮長次蘇。不遇承明隱在市，手創大業充其閭。衣食天下本素志，盤錯根節經艱虞。厥惟家督瞻馬首，用能商戰探驪珠。肆應機牙發萬弩，決拾吁汗走百夫。肇開新史貨殖傳，棣通重譯金融書。世人皆誇舞長袖，君子獨能乘德輿。法天之健行不息，留地之寬綽有餘。不息則久餘可慶，皆以徵壽詞非諛。邇者家園梅訊到，萬華圍繞瓊筵敷。春酒介眉誦豳稚，平頭六十張帨弧。人日銀旛歡玉季，元宵火樹展金吾。通賓驛接通德里，房中樂奏都荔都。階前蘭桂森玉筍，捧觴戲彩盈庭隅。我忝皋比擁講席，也隨賓賦賓筵初。再設天保九如義，能如匡鼎能頤無。

世愚弟楊志濂拜撰　時年八十有一

先生本是地行仙，彈指光陰六十年。偕老委佗徵五福，自強不息得天全。
歐風美雨襲重洋，中土闊開互市場。商戰經綸衣與食，競爭世界允稱王。
育才興學務交通，共樂春臺喜氣融。一念盟心弘博濟，感恩尤在四民窮。
木公金母祝無疆，驥子龍孫笏滿床。天保九如公不愧，勉隨鷺序晉霞觴。

姻世愚弟蔡文鑫拜祝

三民主義中，民生尤所亟。民生何者先？是惟衣與食。探驪貴得珠，鱗爪安足弋。先生知其故，胸中有特識。設廠二十餘，布粉堪供億。饑寒息啼號，蚩蚩意自得。四方有水旱，捐金無德色。廣廈與大裘，茲懷均足式。內顧既無憂，外營乃專力。男女相唯喻，陰陽各稱職。仁者必得壽，此理寧有忒。花甲剛一周，齊穈更比翼。子孫熾且昌，貴在能封殖。積善鍾餘慶，天道終不息。

壬申立春後一日　愚弟嚴毓芬拜撰

德門伉儷似神仙，花甲同庚盛事傳。實業已堪雄世界，閒情未肯忘林泉。塤篪協奏友于樂，井臼勤操內助賢。桑梓敬恭人共仰，九如晉頌寫瑤箋。
濟時事業日恢張，天相人仁壽正長。幾輩鳳毛看繼起，百年鴻案允相莊。疏財到處稱鮑叔，好客前身是孟嘗。最愛園林春色滿，梅花萬樹佐飛觴。

壬申春日　姻世弟蔣士松拜祝

淞濤銀雪浴，擁天上隻星。佩芝餐玉，平原繡盈幅，數嵯峨春廈。萬千機軸，勞工鼓腹，任灑遍仁漿義粟。自崧呼吹徹瓊簫，韻繞九龍蒼麓。
遙矚蠡湖村畔，棣萼芬芳，一庭花縟。當年挽鹿，齊眉似昔賢淑。正家園梅訊頻催，香海恰與階蘭競馥。試偷閒共醉雲鄉，倚欄飲醁。—— 調寄瑞鶴仙

世愚弟高翔率子孫撰書拜祝

（本篇所收錄黃炎培先生賀詩，原載一九九三年二月三日《團結報》第二版；其餘各篇詩詞，均刊載於《杖鄉導遊錄》。）

賀榮宗敬先生花甲壽聯

推衣解衣，萬家生佛；松身鶴骨，百歲齊眉。

世愚侄張正行、胡越中、許鑑明同鞠躬拜祝

在世界經濟戰爭中，熟籌麥粉棉紗贏得商場執牛耳；
於家庭伯季歌舞裏，羣仰蒼松翠柏相從梅苑晉鶴觴。

虞陽金問秋謹祝

花甲平頭，湖上蓮開亦並蒂；笙庚悦志，庭前桂發又添香。

世愚弟楊志濂、錢基厚、朱烈拜祝

舉案皆好義輕財，蔗境堪娱，有賢郎養志，有文孫繞膝；
設廠在利民福國，鴻圖大展，是實業名家，是商界偉人。

世晚葉錫爵率明生、再生、福生同拜祝

矜式鄉邦，孝弟忠信；經綸環宇，康樂和親。

弟唐文治率子慶詒、慶增、慶永　孫孝宣、孝威拜祝

其人美且仁，其人美且德；俾爾壽而富，俾爾壽而臧。

吳增元率子孫拜祝

衣食裕遠猷，商戰經綸末光忝附；桂蘭欣繞膝，齊眉梁孟六甲初周。

姻世愚弟蔡文鑫、文森、文淼率子暨孫拜祝

創業惟勤，卅載經營推巨擘；置酒爲壽，萬梅齊放祝長春。

愚弟蔡培拜祝

君爲地上神仙，雙壽初開花甲宴；我愧年來衰病，鄰陬遙祝錦堂春。

武進愚弟于定一撰書恭祝

稱彼兕觥，以介景福；佩其象揥，申錫無疆。

弟錢振鍠拜祝

一對福人，百年偕老；萬間廣廈，四海聞名。

公益初中全體學生鞠躬敬祝

孝友家風，競推王謝；神仙眷屬，媲美劉樊。

世愚弟楊鍾鈺率子蔭鴻、蔭渭拜祝

酒晉兕觥，臺婻合曜；眉齊鴻案，弧帨同懸。

教弟華璞敬祝

手創實業培邦本，躬散黄金振暮寒，然諾聲名動朝市，泥塗軒冕棄儒冠；堂前彩映萊衣舞，膝下兒承菽水歡，碧海雙星無限景，人間天上兩團圞。

秦祖澤拜祝

次第啟新商戰事業；幾生脩到梅花主人。

愚弟費堯勳謨書敬祝

合洪算百廿年，偶然攜手窺園，喜神影現梅花譜；
先中秋十三日，共羨齊眉舉案，壽人曲奏桂枝香。

愚弟孫保圻敬祝

美眷似神仙，適逢海上槎回，杖鄉自有延年藥；
大名垂宇宙，試看庭前萊舞，壽世先傳富國書。

愚弟周渭南敬祝

弧帨同辰鳌凝花甲；臺𡡉齊耀慶洽林壬。

姻世弟孫家復敬祝

福地洞天湖山有主；木公金母伉儷如僊。

愚弟孫肇圻率子理銓拜祝

（原載《杖鄉導遊錄》）

行政院決議　國府明令
褒揚榮宗敬

【漢口十五日電】　行政院十五日舉行第三五〇次會議，出席各部會長，主席副院長張羣，議決案共三十餘件，茲錄其重要案件如次：（一）院長提議，榮君宗敬提倡實業，苦心經營，亘數十年，功在社會。滬地被佔據後，誘脅備至，力拒僞命，遁跡香港，其志節尤堪嘉尚。現榮君在港病故，擬特予轉呈國府明令褒揚，以昭激勵案，決議通過。（二）下略。

【重慶十七日電】　國府十七日令：（一）榮宗敬興辦實業，歷數十年，功效昭彰，民生利賴，此次日軍侵入淞滬，復能不受威脅，避地遠引，志節凜然，尤堪嘉尚。茲聞溘逝，悼惜殊深，應予明令褒揚，用昭激勵，此令。（二）下略。

（原載上海《新聞報》等各大報紙，一九三八年二月十六日、十八日）

祭無錫榮宗敬先生文

唐文治

粵維昭陽協洽之歲壯月朔日，爲我無錫宗敬榮先生在滬釋奠之期，於時邦人君子，素車白馬，四方來吊，凡我同人，感懷舊德，謹具清酌庶羞，致祭於宗敬先生之靈，曰：嗚呼，哀哉！

繄龍山之崔巍兮，挺嶽降而崧生。攬太湖之漭沆兮，鍾間氣之菁英。溯世德之綿長兮，啟金友而玉朋。紀高堂之懋績兮，興大利於蠶桑。躬繅三而盆手兮，開風氣於梓鄉。

維先生幼而岐嶷兮，秉道義之堅剛。矧慷慨而謇諤兮，奮鵬翮而翱翔。際歐風與墨雨兮，闢商戰之新場。外貨紛紜而山積兮，漏卮溢出於梯航。爰高掌而遠蹠兮，馳騖昕夕而不遑。標特立之精神兮，希力挽乎利權。障頹波之已逝兮，塞不息之涓涓。念民生之艱食兮，碾麰辨於萬千。樹春申之中心兮，掞運輸而懋遷。自漢皋迤邐而四出兮，彷彿乎若身之使臂。羌衣被乎蒼生兮，展經綸之素志。創茂新、福新之粉廠兮，既標舉乎雄幟。復建申新之紗廠兮，若櫛比而鱗次。僉曰：羣黎所托命兮，非爲一己而牟利。二百年來商界之鉅子兮，欽立德而立功。

余與先生傾蓋而締交兮，忻道誼之攸同。捐巨貲於南洋校兮，鑄尊人銅像之穹窿。既興學而育才兮，樂成人有德於無窮。更築公路以便交通兮，掣飆輪而四馳。慨世事之元黃兮，痛鴻嗷之流離。亟散財而發粟兮，布闓澤而博施。拔流民圖以賙恤兮，如登春臺之熙熙。綜平生之懿行兮，罔非民胞物與之仁懷。接溫溫之雅圖兮，洵遠馭之長才。恒布衣而脫粟兮，示儉德于方來。種善因而獲善果兮，方期眉壽於臺萊。胡昊天之不吊兮，儵聞噩耗而離憂。望香港而愴怳兮，歎逝水之悠悠。紀真泠之遺語兮，惟實業之長留。幸子孫之昌幟兮，善繼志而紹箕裘。卜佳城於珂里兮，瞻白雲而拜松楸。矧賓朋之來會葬兮，咸執紼于道周。話舊雨之綢繆兮，顧名園而悽愴。睹萬樹之梅花兮，若濺淚而神傷。咽榮巷之鄰春兮，更於邑而彷徨。余爲文以申哀薦兮，奠桂酒與椒漿。闡潛德之幽貞兮，載志乘而有光昭。令聞於千秋兮，願令嗣其永毋忘。尚饗！

編者附記：本文寫於一九四三年九月（癸未八月）榮宗敬先生靈柩從上海遷葬家鄉無錫之時，原載《茹經堂文集》五編卷七。

榮宗敬的愛國創業精神

龔樹標

毛澤東說過："榮家是我國民族資本家的首戶……在國內外起了很大影響。"鄧小平在一九八六年六月十八日接見榮氏親屬回國觀光團時指出："從歷史上講，你們榮家在發展我國民族工業上是有功的，對中華民族做出了貢獻。"

榮氏企業，包括以榮宗敬、榮德生兄弟的資本爲中心的茂新麵粉公司、福新麵粉公司、申新紡織公司三大系統。榮宗敬是茂新福新申新總公司及所屬十二個麵粉廠、九個紡織廠的總經理，是榮家創業的領頭人。榮德生說："由兄總攬全局，企業得有今日之擴大。"榮宗敬則說："主持無錫廠務，尤以余季德生之力爲多。"他們兄弟一個在上海，一個在無錫，從一九〇一年至一九二一年二十年裹，建立茂新麵粉廠四家，福新麵粉廠八家，生產能力占全國民族資本麵粉廠的31%。從一九一五年到一九三一年十六年裹，建立申新紡織廠九家，紗錠、布機占全國民族資本紡織廠總數的20%和28%。由此榮氏兄弟被公認爲我國的"麵粉大王"和"棉紗大王"。

就紡織工業而言，申新發展的時期，正當第一次世界大戰結束至"九一八"以前，國家民族危機深重，又遭遇世界經濟危機。行家在總結二十世紀頭三十年我國的紡織業時指出："棉紡業之困苦顛連，乃爲各界所僅見，其不幸而犧牲者固可悲痛，其幸而存在者，也處於驚風駭浪之中。""在我國紡織界中，要以申新之規模爲最巨；而在我國紡織史中，亦以先生（榮宗敬）爲歷經艱阻、終告成功之第一人。"　（張則民：《三十年來之中國紡織業》）

榮宗敬"年未弱冠，即習商賈之事，往來申錫間，見夫生齒日繁一日，舶來品日盛一日，不禁興起創辦實業思想”。在我國民族工業剛剛起步之時，榮氏兄弟即以辛苦積攢起來的六千元錢，與人合夥，于一九〇一年在無錫辦起了茂新麵粉廠，一九一三年在上海辦起了福新麵粉廠。申新紡織廠則創設于一九一五年，原始資本三十萬元，兄弟倆占55%。他們堅持三年不提取紅利，用以擴充企業，果然三年翻了兩番，增資至一百萬元。申新一廠開車時僅有一萬二千九百六十枚紗錠，到一九一九年就發展到四萬紗錠、四百臺布機，資本額也逐年增至三百萬元。

第一次世界大戰結束，列強捲土重來，日商則更加肆無忌憚，他們一方面竭力傾銷日產紗布，另一方面又大肆收買華商紗廠，在中國土地上投資開辦紗廠。面對如此形勢，榮宗敬立足于自身的發展，同外國資本開展激烈的競爭。一九一九年，他將兩年前購進的恒昌源紗廠，破屋翻建，舊機更新，成立申新二廠。之後，即在無錫、武漢創辦申新三廠、四廠。一九二五年爆發“五卅運動”，他在六月一日就發表宣言，呼籲提倡國貨，抵制外貨。同一年，他又購進著名實業家穆藕初開辦的“上海各紗廠之冠”，但因日商所迫、瀕臨關閉的德大紗廠，成立申新五廠；并租辦陷入困境、難以自拔的常州紗廠，名爲申新六廠。維護與挽救民族工業，不遺餘力。

隨着日本帝國主義加緊從軍事上、經濟上侵略我國，榮宗敬“既傷他族之侵凌，復感民生之憔悴”，在一九二九年頂着世界經濟危機的狂潮，背債買下了東方紗廠，其目的一方面是爲貧苦工人之生計，二方面是爲長中國人的志氣，再一方面從以後發生的不法日商勾結英商滙豐銀行，妄圖通過拍賣佔有申七事件，說明這是一場與日商的爭奪戰。當時全國有三百六十餘萬紗錠，上海占一百九十多萬，而其中華商僅有七十七萬餘，優勢爲日商所占。榮宗敬對同仁說：“廠不管好壞，衹要肯賣，我就要買。我能多買一隻錠子，就像多得了一支槍。”同年，爲了同日商稱霸的細支棉紗市場相競爭，還咬牙興建了四萬新錠的申新八廠。一九三一年春，買下了地處黄浦江邊，前身爲“上海機器織布局”的三新紗廠的機器廠房，租用廠基，成立申新九廠，在原址開工，保存了這家“棉廠始祖”，粉碎了美商毀廠建造碼頭的圖謀；同時，他又背債四百八十萬元，盤進厚生紗廠，補足租期屆滿歸還的常州紗廠申新六廠之缺，使又一家名廠擺脱了日商的覬覦。至此，申新共成九個廠，擁有紗錠五十二萬一千五百五十二枚、布機五千三百五十七臺，成爲中國民族紡織業的翹楚，對外競爭的旗手。

榮宗敬除了在紗布市場上與外國資本，主要是日商作鬥爭外，還在胞弟榮德生的傾囊相濟，職工的齊心協助，商界的大力支持，公正輿論的廣泛聲援下，在一九三四年申新“擱淺”，官僚資本企圖“收歸國有”時，與國民政府實業部陳公博等作鬥爭；一九三五年申新七廠遭非法拍賣時，與勾結日商的英商滙豐銀行作鬥爭；一九三六年官僚資本又陰謀一舉吞併申新時，與中國銀行董事長宋子文等作鬥爭。他堅決表示：“爲不忍坐視事業之崩潰，鞠躬盡瘁，又何敢辭！”

爲了維護和發展民族工業，榮宗敬冒了許多風險，背了一身債務。過去有一種評論，認爲申新這樣的擴展帶有一定的盲目性，就連同他相依爲命、攜手創業的胞弟榮德生，有時也不大贊成。在《樂農自訂行年紀事》及《紀事續編》中，有這樣的記載：一九一七年購買恒昌源紗廠，“余力言舊機不合”。一九二一年創辦申新四廠，“余力勸稍緩，財才兩缺，不聽……余未加入。”一九二九年購買東方紗廠，“余力阻，不宜買此老廠”；同年創設申新八廠，“余見才財兩缺，必欲競爭，衹可二萬錠，多錠不如少錠。”一九三一年重價盤進厚生紗廠，“余贊成租下”。直到一九四〇年，申九、申二靠着“孤島繁榮”，爲申新料理陳欠，榮德生欣喜“連年餘利”，“還欠已輕”，環顧家業，終於悟道：“對外競爭，非擴大不能立足。況吾國人口衆多，而工業生產落後，產品不敷供應，仰求外洋，近年失業者增多，無法找到工作，如此一想，非擴大不可。”當年曾任申新二、五、七廠廠長，後來又任中國紡織工程學會理事長的著名紡織專家朱仙舫，所著《申新在中國紡織界之地位》一文早有定論：“夫我國棉業之發展，既大有可爲，且于國民經濟，又復甚形重要，此申新之所以不畏艱險，竭其全力，勇猛精進，常圖擴張，外期杜塞輸入漏卮，內冀戰勝臥榻壓迫，藉求所負使命之完成。” 榮德生晚年所寫的《先兄宗敬紀事述略》中，也再次肯定："先兄氣魄寬廣，大度磅礴，遇事勇往直前，自奉儉約，除生活必需外，全部資財都放在擴充事業上，不足則借款爲之。""事業之大，實由兄主持，才有此成就也。"

以榮宗敬、榮德生爲首的榮氏家族，爲了發展民族工業，濟民裕國，他们不畏艱險，勇猛精進的創業精神；銖積寸累，化利爲本，風險決策，負債擴展的經營之道；兩兄弟終生不分家，和衷共濟，與創業夥伴合作，融洽無間的爲人處世；成就了他們在民族危機與經濟危機交襲下迎難而上，在外國資本與官僚資本的夾擊下"王"旗不倒，爲發展我國民族工業做出了卓越的貢獻。

編者附記：本文原載《文匯報》，一九九三年三月二十五日，標題爲《榮氏兄弟的愛國創業精神》，內容主要寫榮宗敬先生。收入本書時，徵得作者同意，參照其在同年四月十一日《中國紡織報》發表的《榮宗敬的創業精神》一文，對部分內容作了修訂。

榮氏兄弟個性的不同和精誠合作

薛明劍

宗敬、德生兄弟從小生活在榮巷老家，周圍都是桑園稻田，他們白天上學，回家幫助母親料理家務農事，晚上一起讀書寫字，與其他農村孩子並無二致。但他們的個性各有特點，宗敬聰穎開朗，敢於創新，德生內向謹慎，細緻耐心，兩兄弟互敬互愛，感情誠篤。這種不同的個性特點和兄弟深情，成爲了他們在創業道路上精誠合作的的重要基礎。

宗敬重業務，重視交易所。德生反對交易所，重視生產管理。宗敬重先進重洋人，相信外國人，重視新設備、新發明、新技術。德生重鄉誼，重土器（相信土工程師：匠人、工頭），不很信任外國人，不贊成子女出洋留學，相信延請專家傳授技能，更信任自己所辦學校培養出來的學生、同鄉和親屬。

宗敬冒險，德生穩健。德生遇到内部經濟困難時，主張把現有的廠辦好，然後再發展。宗敬認爲多設一廠，就多一盈利機會，也即多一還債機會。他常說："債多勿愁，虱多勿癢，債愈多愈風涼。"他還想五十歲時有五十萬錠，六十歲時要達到六十萬錠，七十歲時要達到七十萬錠，八十歲時要達到八十萬錠。買舊廠時有人勸阻他，他就說："要知道凡事不進則退。"他還說："工廠不管好壞，只要有人肯賣，我就要買。我能多買一隻錠子，就像多得一支槍。我雖沒有錢，人家肯欠給我，我就要借。"申二前身恒昌源是一個破舊的老廠，德生認爲外國人也辦不好，我們怎能辦好，主張勿買。宗敬還是買下來了。後來投下去了六七百萬資金，吃了不少苦頭。但是，申新所以能發展得如此快而多，還是靠宗敬的冒險精神。德生則主張待人才培養完成，機器可以自己製造，然後可以放手大做，否則就不容易辦好。故主穩紮穩打，更不宜買破爛的老廠。

宗敬重視上海，故開工廠都集中在上海。更認爲上海是交通、經濟的中心，金融調度便利，電力供應便當而容易。德生則重視內地，他計劃向南京、徐州、連雲港、鄭州等地發展。更認爲內地接近原料產地，工資便宜，開支簡省。事業尤忌集中上海一處，最好分散到全國，有一天能夠出國開工廠，纔是真正的事業。

總之，宗敬、德生兩人要求發展事業的企業心是相同的，僅在看法和作風上有所不同。但是老兄弟倆感情非常好，始終相依爲命。有時即有不同意見，最後德生總是聽宗敬的決定，有重要的事情，宗敬也必從上海回到無錫同德生商量。大約在創業之初辦茂新、振新、申新一廠的一段時間內，由德生主張爲主要；到了申新、福新發展時期，即第一次歐戰發生後，則由宗敬主張爲主要，蓋基於冒險精神與穩健主義的不同耳。再就申新三廠買進廠基地而言，德生往往不肯放盤，索價高則寧可不進行。宗敬則主張，只要廠中將來在發展上須要用到的，則貴一些甚至高一倍、兩倍，總是要的。並一再囑我，將漲高的價錢瞞了德生，付在宗敬賬戶上，使德生衹知道仍舊是老價錢。進行勞工自治區事業時，德生一貫主張因陋就簡，只求實用不求形式。宗敬到錫見到我們，總是說："很好，很好，快些大力擴充爲第一。"接下去總是說："我弟不肯買，用的錢付在我私人戶內好了。"可知彼兩兄弟友愛至篤而深也。

編者附記：本文摘錄于薛明劍先生遺稿《協助榮德生辦理申新三廠的回憶》第四節《民族資產階級的特點》第一段，原件爲手稿，約寫於一九五九年至一九六〇年間，由薛明劍先生親屬提供。

他回到了申新九廠

——記榮宗敬先生銅像落成

十月二十二日早晨，上棉二十二廠（原申新九廠）在建廠一百一十周年的喜慶氣氛中，隆重舉行了中國民族工業先驅，茂新、福新、申新企業系統創始人榮宗敬先生銅像落成典禮。海內外榮氏親屬與上海市、紡織局的負責人，各界人士共一百二十多人參加了儀式。專程從香港和美國前來的榮先生四女榮卓如女士和長孫榮智江先生，爲銅像揭了幕。

總高三米的榮宗敬先生半身銅像，豎立在廠區花園內，四周綠樹翠柏，草木清新。榮先生目光炯炯，神態安然，似乎看到了他親手創下的企業，如今煥發青春後的雄姿……

榮宗敬、榮德生先生創辦的茂新麵粉公司、福新麵粉公司、申新紡織公司三大企業系統，是舊中國最大的民族資本企業。說起申新九廠，“老上海”大概無人不曉。它的前身是上海機器織布局，始創于一八七八年，是我國第一家機器紡織廠。在清末洋務運動中，由李鴻章經營，後由盛宣懷及其後代經營。一九三一年轉售給榮氏家族，改名申新九廠。一九三三年遷至澳門路一五〇號現址時，占地七十五畝，有紗錠八萬餘枚，線錠五千多枚，布機五百臺，是當時全國規模最大的民營紡織廠。一九二九年至一九三三年，世界上發生特大經濟危機，榮家企業和全國民族工業企業一樣處於空前的絕境。榮宗敬奮力支撐，勉度難關。不久，“七•七”、“八•一三”事變相繼發生，敵僞陰謀加以利用，榮宗敬毅然遠走香港，表明了他不從僞命的晚節，但他畢生事業遭到巨大毀損，精神上又遭到嚴重摧殘，終於在一九三八年病逝於香港。

然而可以欣慰的是，這位民族工業家的事業，在社會主義條件下得到了巨大的發展。從公私合營到一九八七年，這個廠共創利稅12.8億元，相當於原固定資產的39.6倍。一九八七年，全廠總產值18800.8萬元，棉紗總產量237.68噸，棉布總產量8195.5萬米，優質產品產值占全部產值的59%，居全國先進行列。海內外榮氏親屬對申新廠的發展非常稱讚，他們說："先祖銅像安放在這裏，使他能看到眼前的一切，一定非常欣慰，我們也了却了一樁心願。"

儀式結束後，榮氏親屬還興致勃勃地觀看了廠幼兒園孩子們的表演。這些從海外歸來的爺爺奶奶、叔叔阿姨，把盛裝濃抹的孩子們，一個個摟在懷裏，一張一張地拍照，那個親密勁兒真讓人難以忘懷。原來榮氏親屬自一九八〇年以來，曾多次到廠裏訪問，捐贈了多筆錢款，支持生產建設。他們對幼兒園格外"投資"，購買了許多教學用具，并一再提出"要辦成第一流的幼兒園"。他們莫非是從那些天真爛漫的孩子臉上，看到了申新廠更加美好的明天吧！

（原載《聯合時報》一九八八年十月二十六日）

榮宗敬先生生平事業年表

榮宗敬，名宗錦，字宗敬，晚號錦園，江蘇無錫人，家世務農，兼作小商，幼年家貧。父親榮熙泰，年輕時即去上海、浙江習業謀生，後往廣東任職十餘年，遂有些許積蓄；母親石氏，持家務農，養育兒女，侍奉婆母，家道轉向小康。

公元一八七三年（清同治十二年　癸酉）

九月二十三日（農曆八月初二）午時，生於無錫開原鄉榮巷西浜老宅，是日正值秋分。時祖母袁氏健在，父親在浙江烏鎮就業。

公元一八七四年（清同治十三年　甲戌）　二歲

公元一八七五年（清光緒元年　乙亥）　三歲

八月四日（農曆七月初四）辰時，弟德生出生。

公元一八七六年（清光緒二年　丙子）　四歲

公元一八七七年（清光緒三年　丁丑）　五歲

公元一八七八年（清光緒四年　戊寅）　六歲

公元一八七九年（清光緒五年　己卯）　七歲

年初入私塾，從武進前輩殷省甫先生啟蒙，學習《幼學》、《三字經》、《千字文》等兒童讀本。父親爲其取名“宗錦”，爲弟取名“宗銓”，後即以此名載入《宗譜》。

是年，大妹出生。十一月十六日（農曆十月初三），祖母袁氏病逝。

公元一八八〇年（清光緒六年　庚辰）　八歲

繼續在私塾讀書。下半年，母親將守寡多年的外祖母戈氏，接來家中照料贍養，鄉人欽頌母親懿德。

公元一八八一年（清光緒七年　辛巳）　九歲

繼續在私塾讀書，晚間兄弟同在一處，聽母親和外祖母講述洪楊農民軍佔領無錫時的經歷與故事。見母親終日紡花織布，種桑養蠶，料理家務不歇，逐漸懂得謀生之不易。因父親常年在外，童年受母教尤甚。

公元一八八二年（清光緒八年　壬午）　十歲

繼續在私塾讀書，聰穎好學，頗得先生器重。放學後助母家事農事，一切爲之，并以所讀《千字文》、《百家姓》等教給德生。

公元一八八三年（清光緒九年　癸未）　十一歲

繼續在私塾學習，年初德生亦入私塾，從東鄰族伯雲璋先生啓蒙。從此兄弟倆白天上學，晚間一起讀書寫字，友愛誠篤，鄰里稱羡。

是年二月，二妹出生。三月，父親赴廣東，經當時在粵任张之洞幕僚的族叔榮俊業推薦，到苏州人朱仲甫手下在磨刀口、三水河口等處任税務賬房和肇慶府總賬，前後十餘年。

公元一八八四年（清光緒十年　甲申）　十二歲

繼續在私塾讀書，晚間兄弟共讀，并加抄書、珠算等事。

是年，父親繼續任磨刀口釐金館事，月俸三十一兩八錢。

公元一八八五年（清光緒十一年　乙酉）　十三歲

繼續在私塾讀書，在塾六年，勤奮敏捷，熟讀《大學》、《中庸》、《論語》、《孟子》、《禮記》、《詩經》、《尚書》等中華傳統經典，并善于作文，下筆灑灑有奇氣，先生目爲非常人。

父親繼續在磨刀口任釐金館事，至年成績最優，期滿即調三水河口釐金大差。

公元一八八六年（清光緒十二年　丙戌）　十四歲

春，接父親來信，已在三水河口就釐金館事，月薪照舊。

初夏，父親托人薦至上海南市鐵錨廠當學徒。深秋突患傷寒，母親前往探視，雇船接回家中延醫調治。病愈頭髮脫盡，翌年生出新髮稀少，梳成辮子極小，鄰里皆以“小辮子”呼之。

公元一八八七年（清光緒十三年　丁亥）　十五歲

三月重返上海，進永安街源豫錢莊當學徒，莊主衛姓。是年，父親隨朱仲甫派往肇慶府任總賬。

公元一八八八年（清光緒十四年　戊子）　十六歲

繼續在源豫錢莊習業，學習金融業務。

公元一八八九年（清光緒十五年　己丑）　十七歲

繼續在源豫錢莊習業，學習金融業務。中秋，托人薦德生進上海永安街通順錢莊習業，九月十八日（農曆八月二十四日）進店。

公元一八九〇年（清光緒十六年　庚寅）　十八歲

在源豫錢莊學徒期滿，仍留莊繼續學習金融業務。父親告假到滬，看望兩兒，後回錫數月，至深秋返粵，是時俊業族叔已調山東。

公元一八九一年（清光緒十七年　辛卯）　十九歲

秋，轉至森泰蓉匯劃字號做跑街，專管無錫、江陰、宜興三地匯兌、收解業務，并繼續專心學習金融知識。

是年，父親又隨朱仲甫重回三水河口，後調蘆苞、北海鹽釐，均同往。

公元一八九二年（清光緒十八年　壬辰）　二十歲

在森泰蓉業務繁忙，匯兌不少。年底與父親同船回家，準備結婚。在船中巧遇族兄榮月泉，知由臺灣電報局調鎮江任職，相敘甚洽。

公元一八九三年（清光緒十九年　癸巳）　二十一歲

二月二十七日（農曆正月十一日），與陳氏夫人完婚。婚後重回上海，繼續在森泰蓉任職。

公元一八九四年（清光緒二十年　甲午）　二十二歲

因受中日甲午戰爭影響，森泰蓉匯劃字號在天津的存貨損失慘重，年底宣告倒閉，失業回家。

公元一八九五年（清光緒二十一年　乙未）　二十三歲

失業在家務農。是年秋，父親在廣東患病，至十一月未得連差公文。十二月初，父親回錫，準備過年再作打算。

公元一八九六年（清光緒二十二年　丙申）　二十四歲

春節後，與父親一起赴滬覓職，友人勸其自設錢莊。在父親籌劃下，合股三千元，自出半數，在上海鴻昇碼頭租房，開辦廣生錢莊，三月二十一日（農曆二月初八）開業，宗敬任經理，德生管正賬；五月中（農曆三月底），在無錫設立分莊，德生任經理，兼營宜興、江陰兩地匯兑。此爲兄弟一生在事業上合作之開始。父親還與人合夥，在榮巷開設公鼎昌繭行，春、秋兩季收購鮮繭，略有虧折。後獨資經營多年，頗有餘利。

五月後，父親病情日見沉重，多方延醫服藥，不見效果，終於八月一日（農曆六月十一日）巳時在榮巷家宅逝世，享年四十八歲。臨終諄囑兩兒："治家立身，有餘顧族及鄉，如有能力，即盡力社會。以一身之餘，即顧一家；一家之餘，顧一族一鄉，推而一縣一府，皆所應爲。"

公元一八九七年（清光緒二十三年　丁酉）　二十五歲

兄弟分别在滬、錫兩地經營廣生錢莊，業務亦有所擴展，匯兑推至常州、常熟、溧陽等地。但經營過於謹慎，收下匯款，不輕放出，占利無多。

公元一八九八年（清光緒二十四年　戊戌）　二十六歲

廣生營業平淡，少有盈餘，年終三位合夥人將股金一千五百元撤去，自此錢莊由兄弟倆獨資經營。這一年，後被兄弟定爲創業之起點。

是年，長女卓球生。

公元一八九九年（清光緒二十五年　己亥）　二十七歲

自取字曰"宗敬"，又曾作"忠敬"。

在滬繼續經營廣生錢莊，業務漸趨發達。申、錫間匯兑，多半爲增裕、阜豐兩麵粉廠採購小麥之款項。此時行新銀元，内地押用每千搭廿元，後爲通律三七搭。匯款申出蹩大，錫補蹩小，日有盈餘。

公元一九〇〇年（清光緒二十六年　庚子）　二十八歲

在滬繼續經營廣生錢莊，生意興隆，至年結餘四千九百兩，爲歷年所無。

因北方義和團運動興起，八國聯軍入侵，國内政局動盪。兄弟合議，認爲開錢莊放款謀利，不如舉辦於民生有關的新事業，不但利厚，且有益于民。如麵粉一業，攸關民食，且可免税，大可仿做。九月，朱仲甫由粵卸職返鄉，共商之下，決定招股三萬元，每股三千元，朱、榮各半，或自出，餘下招股。廠名曰“保興”，廠址選在無錫西門外太保墩。籌劃既定，乃由朱仲甫負責申請立案，宗敬在上海訂購機器；德生則辦理購地，至年底，即購定梁溪河沿岸地十七畝，高田每畝一百元，低田每畝六十元。是爲兄弟經營實業之起點。

是年，次女卓仁出生。

公元一九〇一年（清光緒二十七年　辛丑）　二十九歲

購地、招股、定機、立案，諸事一一辦妥。共招得十三股，兄弟各佔一股，由廣生餘利入股。機器有六十匹馬力引擎一座、法國鍊石磨子四部、麥篩三道、粉篩二道；立案經蘇省商務局詳呈督撫，奏明辦理，得專利十年。

三月二十七日（農曆二月初八）破土，整理地基，正式動工。不料地方舊勢力出面反對，誣稱“圍占公地民田”、“建廠有礙文風”，以致涉訟。無錫知縣屈從，而得省督支持。官司歷時十個月，經八次督批，終告和解了結，用去來往舟金、抄批等共八百元，建廠工程卻沒有停歇。至十二月，廠房全部建成，機器裝置完工，月中試車，發生事故，因外國工程師疏忽，汽缸被打出一洞。

廣生信用日好，匯款日盈，至年終餘五千兩。

是年，義和團運動平息，清政府與入侵列強簽訂“辛丑和約”。又逢山西災荒，政府辦賑，宗敬捐同知銜，德生捐鹽提舉。

公元一九〇二年（清光緒二十八年　壬寅）　三十歲

保興購地、建造廠屋、公事房、廒間、街場、駁岸等費用不滿二萬元，訂購機器及各項開支二萬三千元，總計四萬三千元，股金三萬九千元，透支四千元。

事故中損壞的機器修好，重新試機，擇定三月十七日（農曆二月初八）正式開機生產。是日，賀客甚多，知縣孫襄臣親來祝賀。廠裏雇工三十餘人，每日夜用麥一百三四十石，出粉三百包。在蘇州、無錫兩地設批發處，但因舊勢力惡意中傷，麵粉銷路不暢，售價亦低於土粉。

繼續經營廣生錢莊，匯款甚旺，年終餘五千多兩。并辦理保興銷粉業務，還曾兼營煤業，利益不佳。

公元一九〇三年（清光緒二十九年　癸卯）　三十一歲

保興投産後，粉銷不暢，獲利甚微，朱仲甫無意繼續經營，於三月退股，赴粵重入仕途。保興因此改組，招收新股，祝蘭舫、張石君等加入，股金增至五萬元，兄弟佔兩萬四千元，廠名改爲“茂新”，德生任經理，在錫主持廠務；宗敬任批發經理，在滬負責銷粉事宜，并繼續辦理廣生錢莊。五月，在蘇北姜堰設立辦麥處。

茂新成立後，麵粉銷路稍好，但盈餘無多，根基則已牢固。而廣生匯兑活躍，獲利豐厚，年終又餘五千多兩。

公元一九〇四年（清光緒三十年　甲辰）　三十二歲

廣生錢莊信譽好，營業昌隆，連年盈餘。茂新麵粉初期使用“飛虎”和“帆船”牌商標，銷路稍暢，但因石磨出粉少，品質遜於鋼磨，售價亦不如阜豐等老廠出品。

潛心研究改進粉廠管理辦法，製訂茂新廠規及辦事章程。九月，赴南京、鎮江等地調查小麥、麵粉産銷行情。並通過關係，瞭解華興、增裕、阜豐等設備較爲先進的麵粉廠生産情況，爲茂新籌劃添置鋼磨做準備。

兄弟參與族人共議，在家鄉開辦新式學堂，并捐款，以對地方社會稍盡公益義務之責。

是年，迎娶沈氏夫人進宅。

公元一九〇五年（清光緒三十一年　乙巳）　三十三歲

爲改善茂新生產，兄弟倆於四月商定，用分期付款方式，向怡和洋行訂購英製鋼磨六部，五月新機到廠，輔助設備由本廠自行設計仿造，八月裝置完畢。新機開工後，日產麵粉增至八百包，粉質亦有改善，銷路大暢，至年終盈餘達六萬多兩。茂新加股至六萬元，在蘇州錢萬里橋一帶購買土地四塊，計劃建造棧房和新批發處。

八月一日（農曆七月初七），宗敬、德生與榮瑞馨、張石君、葉慎齋、徐子儀、鮑咸昌等七人在上海壽聖庵議定，集資三十萬兩，在無錫創辦振新紗廠，在場者各出三萬兩，其餘招股。至年底，實際集資二十七萬零八百兩，兄弟倆從廣生盈餘各入股三萬兩。商定由德生負責購地，瑞馨負責招匠建屋，張石君負責訂購機器。是爲兄弟從事紡織工業之開端。

繼續經辦廣生錢莊，并投資裕大祥字號，從事貿易、投資等事業；認真學習研究粉、紗機械及工廠管理知識，虛心向內行請教。

是年，榮氏家塾成立。

公元一九〇六年（清光緒三十二年　丙午）　三十四歲

因麥貴粉賤，外粉競爭，茂新麵粉銷路受阻，難以獲利，至年無結餘。廣生營業大不如前，匯兑清淡，獲利微薄。

振新地已購好，在茂新東南，二月破土，動工興建廠房，向洋行訂購之機器於十月到齊。至年底，廠房完工，引擎、紗機裝置完畢。

是時新學已成風氣，族中賢達商議，兄弟共同捐資，將榮氏家塾改爲公益小學，學制初級四年；後添設高級，學制二年。是爲從事教育事業之開始。

族中辦新義莊，未加入；提議修譜，由長輩椿年先生主其事，助款支持。

在榮巷宗祠後購得宅基地四畝，準備建新屋。

是年，長子鴻元、次子鴻三出生。

公元一九〇七年（清光緒三十三年　丁未）　三十五歲

振新試車成功，三月二十一日（農曆二月初八）開機生產，有紗錠一萬零一百九十二枚，日產棉紗二十二三件，一切尚妥。但因主持者不善經營，紗銷呆滯，存紗堆積。兄弟力主整頓廠務，加強企業管理，從大力推銷存紗着手，短時內即見功效。

茂新粉銷不暢，略有虧損。添裝美國製造打米機六部，兼做代客打米。廣生錢莊因受市面影響，營業清淡。

爲緩和同業無序競爭，抵制外粉傾銷，與滬、錫兩地的華興、阜豐等七家麵粉廠聯合發起，組織辦麥公會。

在榮巷西首建新居，三月动工，六月上樑，至年完工，共十九間，外加照牆、披屋、圍牆等，耗资六千元。兄弟合居，承餘堂即建於此時。

公元一九〇八年（清光緒三十四年　戊申）　三十六歲

因美粉競爭，麥收不佳，麥貴粉賤，茂新麵粉銷售仍不暢，略有虧損。聘王禹卿爲銷粉主任，成立高郵辦麥處。十月，赴天津、北京一帶調查粉銷情況。振新照常營業，略有盈餘。

遭遇創業以來第一次風險。裕大祥字號因股東投機失敗、裝運麵粉至天津的輪船沉沒，損失慘重，於年底宣告倒閉，廣生錢莊受到牽連，同時停業。兄弟從此專心茂新、振新粉、紗二廠，但因父親手創的廣生錢莊關閉而遺憾終身。

在榮巷創辦競化女子小學，學制初級四年；後添設高級，學制二年。公益小學任費諸宗親，均因有事而止，族中教育經費自本年起由兄弟獨任。

是年二月，遷入新居。三月，母親石氏患病，醫治無效，於七月二十四日（農曆六月廿六日）逝世，享年五十八歲。十月，葬於大池灣。

公元一九〇九年（清宣統元年　己酉）　三十七歲

在滬辦理廣生錢莊結束事宜。

茂新因連年失利，部分散股股東低價出售股票，宗敬以現銀收購十四股，計二百兩，與王禹卿各半。兄弟共商擴大茂新生產規模，決定再次添置粉機。秋，以分期付款方式，訂購美國最新式鋼磨十二部，先付二成，兩年還清，共約十萬兩。并改進工場設計與廠務管理，拆去老廠房、老機器，裝置四百匹馬力新引擎及爐子，打米機出售，改作麥間。計劃在南京、鎮江設立批發處，購得無錫北塘批發處房產。

振新擬添新機，申錫股東意見相左，董事會改組，宗敬任董事長，德生任總經理，批發、收花、賬房、辦料、總管均用新人。在太倉、何家市、橫涇、陳涇橋等地設立收花處。

是年，茂新、振新均有利，平穩過年。

公元一九一〇年（清宣統二年　庚戌）　三十八歲

二月，茂新改建新廠房落成，拆去石磨，新機裝置完畢，資本增至二十萬元。新機投産後，日産麵粉增至三千包，商標改用“兵船”牌，粉質優良，改進包裝，推銷甚爽，年終盈餘十二萬八千兩。

振新出紗增至每日三十二件，成本降低，品質提高，在市場上可與蘇州“天官”、日紗“藍魚”同價銷售。惟因個別大股東投機失敗，私自將廠基地契抵押給英商滙豐銀行，到期無力贖回，險遭查封。幸得兄弟全力支撑，借得現銀八萬兩，籌得活期莊款四萬兩、廠中湊出四萬兩，才將地契贖回。

茂新麵粉、振新棉紗，參加在南京舉辦的南洋勸業會，均獲優等獎。

三女卓藹出生。

公元一九一一年（清宣統三年　辛亥）　三十九歲

租辦沙頭紗廠一年，略有盈餘，期滿歸還。

是年天氣多雨，小麥歉收，品質不佳。茂新對收購原料特別認真，存放倉庫的熱壞麥子一律剔除，因而出品精良，“兵船”牌麵粉聲譽大振，售價超過阜豐等老牌産品。

是年十月，武昌起義，各地響應，金融大緊，現銀難得，企業工資無着。兄弟全力維持，振新自出“工資票”，以實業擔保，指定幾家糧行、店鋪代收。從而保障了工人的基本生活，又緩解了現金奇缺的燃眉之急。

公元一九一二年（中華民國元年　壬子）　四十歲

中華民國建立。

茂新在南京下關設立批發處。因粉質優良，在麥貴粉賤、各麵粉廠皆滯銷無利的情況下，仍有微利。但由於原料缺乏，資金周轉極度困難，遭遇創業以來第二次風險。後採取“三日劃條付現”，茂新、振新自相流通等辦法，調劑了辦麥資金的來源，還節省了利息。又賒得一批優質川麥，維持了企業生產。

振新以分期付款方式，添紗機一萬八千錠、裝置一千三百五十瓩發電機組，每部細紗機獨用小馬達，爲國內首創，多餘電力供茂新使用。十二月，振新倉庫失火，花、紗損失慘重。

十二月，宗敬、德生兄弟各出一萬元，浦文汀、浦文渭兄弟出一萬二千元，王堯臣、王禹卿兄弟出八千元，合計四萬元，用租地、租屋、欠機的方式，在上海創辦福新麵粉廠，宗敬任總經理，王堯臣爲經理，浦文渭副之，浦文汀辦麥，德生任公正董事；同時成立福新麵粉事務所，宗敬親自主持銷粉業務。并根據宗敬提議決定：“各股東分得的紅利，三年內均不提取，用以擴充企業；各股東的股利，也存廠生息，以厚資力。”中國民族工業發展史上“無錫三姓六兄弟攜手創業”的佳話，即由來於此。

是年，購得榮巷西首約二公里處東山山麓清初徐殿一進士小桃園舊址，準備建造梅園。冬，參與企劃並捐款修築由榮巷通往城區之馬路，後定名爲“開原路”，由蔣遇春申辦手續，負責招工及填土工程。

公元一九一三年（民國二年　癸丑）　四十一歲

茂新營業轉佳，“兵船”牌麵粉聲譽四播，爲各地所樂用，計劃再次添機，并添設漢口、鎮江兩個批發處。

是年夏，福新麵粉廠正式開工，日產一千二百包。租辦上海中興恒記麵粉廠，並在廠東側購地十六畝九分，籌建福新第二麵粉廠，丁梓仁爲經理，計劃大力開拓。創業重點從無錫轉向上海，由此開始。

振新建造鋼骨水泥新廠房，新紗機陸續裝置，逐部試開，新發電機裝就，甚省煤。共用去約五十萬兩，均係欠來，分期付還，未要股東增資。

梅園動工興建，開始植梅；又購得山糧田一百五十餘畝。開原馬路築成，由城至鄉，直達榮巷，全賴兄弟之力。

公元一九一四年（民國三年　甲寅）　四十二歲

第一次世界大戰爆發，國產麵粉銷路大暢。茂新再次添機，改用大馬達，日產麵粉增至五千包，全年盈餘十二萬兩。增設蚌埠、濟寧、濟南辦麥處，并在濟寧、濟南先後購地，擬建造麵粉廠。十一月，中華民國大總統親筆題寫“裕食推仁”匾額，獎給無錫茂新面粉公司。

福新一廠營業亦好，購買廠旁空地四畝，六月決定在此增設福新三廠。十月福新二廠建成開工，日產面粉五千五百包。設立福新天津批發處。

振新全開三萬錠，每日出紗七十餘件，自發動力，成本扯輕，全年盈餘二十萬元。兄弟商議，擬再添紗錠二萬枚，并計劃在上海、南京、鄭州分設二、三、四廠，而遭股東反對。

梅園加緊建設，提議將開原路由榮巷西首延伸至此，鄉人樂於從事。後接通至宜興的錫宜公路，成爲無錫西郊連接外埠的第一條大馬路。在榮巷宅基旁購地二畝八分，擬作建立圖書館及競化女校之基地。

公元一九一五年（民國四年　乙卯）　四十三歲

購進原租辦的中興麵粉廠，改爲福新第四廠。增設揚州辦麥處。

五月十四日（農曆四月初一），因董事會意見分歧，股東要求現金分紅，反對以盈餘創建新廠，經營理念迥異，難以繼續合作，毅然退出振新，以所持振新股份與榮瑞馨茂新股份相調換。隨即在上海買下白利南路周家橋原織呢軋油廠地基廠房，經改造，建立申新紗廠，股額三十萬元，兄弟倆佔六成。裝置英機一萬二千九百六十錠，十一月開工，日出紗三十件，註冊“人鐘”商標，每月盈餘達萬元。此廠即後來的“申新第一紡織廠”，宗敬任總經理。鑒於有限公司組織的權力受股東掣肘，從此廠起，茂福申新所有企業，均採用無限公司組織形式。

公元一九一六年（民國五年　丙辰）　四十四歲

租辦無錫惠元、泰隆麵粉廠，租期均爲兩年。將惠元改爲茂新二廠，整理開機，日產麵粉兩千包。泰隆以茂新三廠名義營業。茂新麵粉暢銷，年終盈餘十六萬九千多元。在濟南十王殿購地，擬設新廠。增設杭州批發處。

計劃在漢口設立福新五廠，集股三十萬元，任總經理。四月親赴漢口，規劃建廠工程。六月，福新三廠投產，日產麵粉四千五百包。

申新營業順利，至年盈餘十一萬多元。在南京闢地千餘畝，設立農事試驗場，植棉選種，推廣應用。後因廠務繁忙，不克兼顧，委託金陵大學主其事。十月，赴廣州考察棉紗銷售情況。

公益小學、競化女校逐年分設二、三、四校。公益二校在梅園，三校在大渲，四校在下余巷；競化二校在河埒口，三校在徐巷，四校在吳大成巷，均爲四年制初級小學。十月，大公圖書館建成開館。

梅園建設近五年，先後植梅數千株，建成香雪海、天心臺、研泉、荷軒、洗心泉、誦豳堂、小罗浮、招鶴亭、留月村、揖蠡亭等景點，并物色奇石古物、名貴花木，移置園中，點綴風景。規模粗具，免費開放，成爲我國第一個以花卉命名的專類園林，開啟了建設太湖風景區、發展無錫現代旅遊業之先河。

公元一九一七年（民國六年　丁巳）　四十五歲

三月，以四十萬元購買上海恒昌源紗廠，有紗錠九千二百枚，廠基二十七畝，地理位置有利。德生認爲地好不如機新，此廠“屋老機舊”，不宜購買，但不違兄意，入股四成，改名爲申新二廠，請丁梓仁爲經理。後爲進行改造此廠耗費鉅資，吃苦不少。但在抗戰時期未受破壞，爲償還舊欠貢獻不小。申新一廠擬添新錠，無處購買，衹物色到兩部舊機；設立申新職工子弟學校，凡本廠職工子弟，均可免費入學。在無錫開始以“大新”名義購地，準備建立新紗廠，即後來的申新三廠。

年初，福新麵粉廠召開股東會，擬訂《關於盈餘升股及下腳分配辦法》。租辦上海華興麵粉廠，改爲福新六廠，日出粉四千包。在無錫轉租保新麵粉廠爲茂新四廠，租期二年，日出粉二千包。增設硤石批發處。

茂新、福新、申新各廠均有餘，以申一爲最，年餘四十萬元。自本年開始各廠實行練習生制度，並一再申令保持工場整潔，提高產品品質。

是年，開原馬路拓寬，加鋪石片，橋樑加寬加固，沿途居民俱贊方便。

公元一九一八年（民國七年　戊午）　四十六歲

茂新一廠再添新機，裝置新引擎，日產麵粉增至八千包。茂新二廠由租辦購爲自辦，添機擴充，日產麵粉達六千包。泰隆租期屆滿，退還原主。漢口福新五廠開工建造。七月，民國大總統獎給福新麵粉公司“屑玉流輝”匾額。

申新一廠擴充地皮，添購布機，建立織布廠和縫袋間，爲麵粉廠織製布袋；對廠務管理採取分工制，注重培養專門人才，獎勵技術改進，并將改進辦法通知各廠，仿照執行。設立太倉浮橋和六渡橋兩個辦花處。

與地方人士陸培之共同捐資五萬元，由德生參與，修築從火車站至惠山的通惠路及沿路橋樑，此路至今仍爲無錫的交通幹道。

是年，迎娶劉氏夫人。

公元一九一九年（民國八年　己未）　四十七歲

租辦之無錫泰隆、保新麵粉廠先後到期，均未續租。在茂新二廠旁添建茂新三廠，專磨苞米粉。濟南茂新四廠動工興建，資本二十五萬元，并建造濟寧麥棧。

福新二廠因走電失火，改建八層樓新廠房。漢口福新五廠開工，日產麵粉六千包，以“牡丹”爲商標。福六購買產權，由租辦改爲自辦，日出粉三千包。集股三十萬元，兄弟各佔三成，堯臣、禹卿各佔二成，在上海創建福新七廠，以王禹卿爲經理。向美國訂購新機，擬在福二旁添建福新八廠。增設常熟、泰州辦麥處。租辦上海元豐麵粉廠，產品專銷香港，租期二年。

漢口福新五廠正式開辦，族兄榮月泉結束無錫保新事，分與五萬餘元，入股福五，轉任經理，楊少棠任批發經理，李國偉任廠長。

申新一廠以盈餘添置美機二萬五千錠、布機四百臺，新老機併入一處，新建合式廠屋。在無錫籌建申新三廠，集股一百五十萬元，着手訂機，並繼續購地，購地時又備受地方舊勢力阻撓。

爲統一企業管理，决定設立茂福申新總公司，在上海江西路購地二畝八分，動工興建辦公大樓，所需費用由各廠分攤。三月，委派族兄榮月泉赴美國、歐洲考察紡織、麵粉工業，在英國訂購紗機三萬錠，在美國訂購一千六百瓩發電機組兩臺，供申三使用；并命其專程赴巴黎參加“人民外交”，向出席巴黎和會的中國代表痛陳利害，要求取消不平等條約。

投資上海商業儲蓄銀行，入股二十萬元，當選任董事。

是年，在梅園内建造樂農別墅；在榮巷創辦公益工商中學，招收高小畢業生，培養工商專門人才。學制預科一年，本科三年，分設工、商二班，首屆學生八十人，聘胡雨人爲校長。學校附設實習工場、實習商店和小銀行，配備英文打字機，供學生課後練習之用，以提高其實踐動手能力。建築、設備共十萬元，基金九六公債五十萬元，六釐計息，每年三萬元，作爲經常費。

是年四女卓如出生。

公元一九二〇年（民國九年　庚申）　四十八歲

聯合同業，於一月間在上海發起成立“中國機製麵粉上海交易所”，後改名“上海麵粉交易所”，股本五十萬元，任理事長。因茂新綠“兵船”牌麵粉品質優良，被交易所定爲標準粉。

五月，濟南茂新四廠建成開機，日產麵粉三千包。上海福新四廠由租辦購爲自辦；福新七廠建成，九月投産，日出粉一萬四千包，規模爲各廠之冠；福新八廠加緊建設，所定機器陸續運到。在上海藴藻浜購地六十八畝，意欲再購，建造大型麵粉廠，後因軍閥混戰、時局變亂而中止。

兄弟捐資萬元，爲南洋大學（今上海交通大學）建造圖書館，并買書捐入，校長唐文治在館前立榮熙泰先生銅像，撰書《榮熙泰先生銅像記》，刻於底座，以誌紀念。大公圖書館藏書逾十萬卷，輯印《藏書目錄》四冊十二卷，於次年問世，著名學者唐文治、錢基博、孫毓修等爲之作序。

公元一九二一年（民國十年　辛酉）　四十九歲

福新八廠建成，六月投産，日出粉八千包産。至此，茂新、福新十二家麵粉廠全部建成，擁有粉磨三百零一部，職員二百九十多人，工人一千七百多人，日産麵粉能力七萬六千包，年産麵粉二千一百萬包，約佔全國民族資本麵粉廠生産能力的31.4%，全國機製麵粉生産能力的23.4%，成爲我國最大的麵粉生産企業，聞名中外的“麵粉大王”。

福新五廠“牡丹”牌麵粉暢銷歐洲，各國紛至採購。惟英國藉口有雜質而禁止進口，經多方奔走交涉，始獲弛禁。在漢口福新五廠旁購地，規劃創辦申新第四紡織廠，招股二十八萬元，動工興建。德生認爲“財才兩缺”，力勸稍緩，不聽，未加入股份。

申新三廠召開股東會，任總經理，德生任經理，榮鄂生爲副經理。紗廠部分於年底建成，試車成功，擁有紗錠五萬枚，發電機三千二百瓩，已訂購布機五百臺，規模爲內地紗廠之冠。在公益工商中學旁購地十餘畝，建立公益農事試驗場，從事小麥品種培植和耕作技術試驗。

與同業合作，成立上海紗布交易所，資本二百萬元，任第十二號經紀人，與王禹卿等合夥經手買賣紗布、證券等業務。上海江西路總公司新大樓落成，茂新福新申新總公司正式成立，任總經理，下設庶務、文牘、會計、麥粉、花紗、五金、電氣、運輸八部，總經理辦公室稱爲“大寫字間”。

公元一九二二年（民國十一年　壬戌）　五十歲

一月三十一日（農曆正月初四），無錫申新三廠紗廠正式開工，五月裝置布機，共五百臺，於十月投產。紗、布質量均屬上乘，客戶樂用；爲學習日本紗廠的管理經驗，委派副經理榮鄂生赴日考察。漢口申新四廠建成，擁有美機一萬四千七百二十錠，於二月開機生產。申四用於購買地基、建造廠房、訂購機器以及開辦費等，共計一百五十八萬餘元，集資不足甚巨，由總公司及福新五廠墊付。在新建申新三廠、四廠的同時，申新一廠、二廠都進行了擴建。至此，申新四個廠共擁有紗錠十四萬枚、布機近千臺，成爲當時國內發展最快的紡織廠，茂新福新申新企業集團初步形成。

增設常熟批發處；辭去上海麵粉交易所理事長之職。聯合張謇、金佐臨，在黃浦江附近購地一千二百畝，兄弟得三分之一，約三百九十畝。

自歐戰結束，列強捲土重來，外貨傾銷，粉紗市價下降，銷售呆滯，企業難以獲利。

是年五十壽辰，政府頒發三等嘉禾章及大綬嘉禾章，以表彰其創辦民族工業的功績。梅園向滸山擴充，親友、同仁擬在山巔建宗敬別墅，以示祝賀。家中添建新屋，即現存之轉盤樓。

公元一九二三年（民國十二年　癸亥）　五十一歲

本年小麥歉收，麵粉廠原料短缺，福新二廠、福新八廠部分停產，福新四廠停工改良；建議政府訂購洋麥，以供應粉廠原料，維持生產，調劑市場，保障民食。茂新三廠生產苞米粉，因原料、銷路兩缺而停歇。因花貴紗賤，紗業市場亦不景氣。

申新一廠添購布機，織製粉袋，直接供應粉廠，頗獲利。申新三廠內部整理，着手進行管理改革，聘請樓秋泉、余鍾祥等具有紡織專門知識的工業學校畢業生來廠主其事，因遭工頭反對，進展遲緩。

自本年起，兄弟分工，款項出入，上海、漢口各廠歸宗敬，無錫、濟南各廠歸德生。梅園宗敬別墅落成。通惠路加寬，路面鋪煤屑。

是年三兒鴻慶出生。

公元一九二四年（民國十三年　甲子）　五十二歲

自上年十二月至本年六月，茂新、福新各廠訂購外麥五百十五萬二千擔，分批運華，維持生產，供應市場，平抑糧價。

申新設青島批發處。申新二廠虧損甚巨，仍勉力維持。

被推選爲上海閘北市董事。八月，赴西安、臨潼等地調查棉花產銷及運輸、包裝等情形。在全國華商紗廠聯合會第七屆年會上提出，應抵制外國廠商對我國實業之摧殘，呼籲政府保護民族工商業。

是年公益工商中學工科因招生不足停辦，專設商科。年終，軍閥齊燮元、盧永祥交戰，齊軍敗退，過錫紛擾，申新三廠生產大受影響。

公元一九二五年（民國十四年　乙丑）　五十三歲

一月，上海福新一廠失火燒毁，以福三改福一，福三空缺。福新五廠添機磨十六部，擴建新廠房。

上海申新、福新各廠工人響應“五卅運動”，相繼發生罷工，加上停電等原因，先後停工三個月。因抵制外貨運動蓬勃開展，麵粉、紗布暢銷，價格上漲，各廠由虧轉盈；并利用運動期間日元匯價低落之際，還清了積欠數年的全部日元外債。六月一日，發表《提倡國貨宣言》，號召本公司同仁“一律不買舶來品”，“藉以作五月三十日之紀念”。

向關税會議提議“禁止國棉外運”；上呈政府《救濟紗廠之管見》、《救濟民食芻議》，認爲當局給予外商在華設廠之便利，“不啻摧殘吾國實業”，再次呼籲政府保護民族工商業；并倡議由南京金陵大學附設農場，試驗改良棉麥種植，培植優良品種。

以六十萬元購買上海德大紗廠，改爲申新五廠，共有紗錠二萬八千九百六十八枚；租辦常州紗廠，改爲申新六廠，租期二年。聘請紡織專家汪孚禮任申新三廠總工程師，決心廢除舊式工頭，實行科學管理。

公元一九二六年（民國十五年　丙寅）　五十四歲

《救濟民食芻議》與《救濟紗廠之管見》被冠以《關於民生問題之兩短篇名著》，刊載於二月六日出版的《太平導報》第六期。《編者按》說：這兩篇短文，“字字針切實際，且足開實業界應用文字以喚起輿論之先導……亦足爲文字界開一實化的新規範”。上呈江蘇省省長《請維護在萌芽時代之實業》，并一再籲請財政部，對外粉進口一律徵收關稅，以改變外粉充斥、國貨滯銷的狀況。

應日商三井邀請，偕子鴻元、侄偉仁，于四月間赴日本參觀考察實業，遊覽名勝。五月，購買上海興華製麵廠，改爲福新三廠，以補福三之缺，日產麵粉六千包；漢口福新五廠新機投產并增股，日產麵粉增至一萬一千二百包，股金增至一百萬元。福新麵粉在美國費城博覽會參展獲獎。

無錫茂新二廠失火，連同原茂新三廠的機器、廠房，全部焚毁。

在梅園宗敬别墅東南建造太湖飯店，供遊人食宿，并接待貴賓。國民黨軍政要人及各界名流閻錫山、馮玉祥、何應欽、孔祥熙、汪精衛、蔡元培、馬相伯、郁達夫、胡蝶等來梅園遊覽時，都曾在此休息、用膳或住宿；張道藩、丁文江等甚至來此養病，一住數月。

當選爲無錫旅滬同鄉會理事長，捐款資助建造上海七浦路無錫旅滬同鄉會新會所。兄弟共同捐款五千銀元，修復始建於北宋的無錫南禪寺妙光塔。

公元一九二七年（民國十六年　丁卯）　五十五歲

無錫茂新第二麵粉廠在原址重建，裝置美製新式鋼磨十八部，日產麵粉一萬包。茂新三廠未復，後附於一廠名下。上海福新各廠因原料不足，部分停工；漢口福新五廠加裝一千瓩發電機組一座。

北伐戰爭勝利進軍，福新、申新各廠一度受工潮影響。上海申新五廠曾發生罷工，申新二廠自五月起停工，至八月改組，重新排列北廠機器。漢口申新四廠連年虧損，親赴漢口視察廠務，規劃改進，調整人事，改善勞資關係，維持正常生產。申新六廠續租常州紗廠兩年。新設九江、南昌、鄭州、廣州、常州六個批發處和香港辦事處。上海紗布交易所開始以“人鐘”牌棉紗爲標準紗。

總公司召開紡織會議，就“機械設備、工務管理、原料分配、物料採購、業務獎勵”五個題目，分組進行研討。是年因外棉進口鋭減，花貴紗賤，聯合同業，籲請政府禁止國棉出口；并致函政府，要求減輕紗、粉特税。

被聘爲上海市政公債勸募委員。由於紗業經營困難，未完成政府攤派給上海華商紗廠的五十萬元“二五庫券”認購任務，請求減免，當局不允，查封家産。後經吴稚暉等疏通，并購足庫券，纔得以渡過艱難。

公益工商中學因時局影響停辦，辦學八年，畢業工科二屆、商科五屆，共約二百餘人，其中許多人後來成爲茂福申新各廠管理和技術方面的骨幹。秋間，開辦梅園讀書處，錢孫卿爲主任，招收學生廿餘名，分設初、高二級，各爲二年。在宗敬别墅以東開築豁然洞景點，翌年一月建成。

公元一九二八年（民國十七年　戊辰）　五十六歲

自廣生錢莊一八九八年由兄弟獨資經營，至本年適逢三十周年，輯印《茂新福新申新總公司三十周年紀念冊》，親撰《總經理自述》，刊於卷首；翌年一月，上海世界書局承印出版。這是唯一一部由榮宗敬親自主持編纂的榮氏企業創業史料，書中所收文稿及一百七十多幅歷史照片和圖表，極爲珍貴。

上海福新各廠統一定名“上海福新機器麵粉無限公司”。增設平湖批發處。因我國小麥歉收，自本年十二月至翌年八月，向國外訂購小麥四百七十餘萬擔，分發各廠，維持生産，供應市場，平抑粉價。

總公司成立同仁儲蓄部於上海，無錫、常州、漢口、杭州設立支部。在無錫公益工商中學舊址設立申新職員養成所，沈泮元任所長，學員半日在校上課，半日到申新三廠實習，至一九三二年先後畢業四屆，共八十一人，大多在申新各廠任職。向中央大學捐贈南京成賢街部分地基，供擴建校舍之用。

被聘爲工商部參議。針對日本人製造的濟南“五三慘案”，發表意見，認爲“抵制日貨，堅持到底，必能獲得最後勝利”。倡議“實業救國”說，爲世人所稱頌。赴漢口視察廠務，並轉道香港、廣州，調查紗、粉銷售行情，洽請廣東省建設廳長馬超俊提倡國貨，爲以後申新在廣東和南洋銷售紗、布打下了基礎。致函葉琢堂、陳光甫等人向政府呼籲，豁免或減徵棉類及粉業特稅；商請政府購買棉種，運往災區，散發播種，寓賑於改種，用意深長。

公元一九二九年（民國十八年　己巳）　五十七歲

由總公司與有關各廠出資，在福新三廠旁建造“福新棧”，將鐵路路軌接至棧房，裝卸運輸極爲便利。

年初，集股五十萬元，購買英商東方紗廠，改爲申新七廠，兄弟各佔三成，葉琢堂佔四成，其子葉達明任經理，一周內即整理開工。不久，葉達明遭綁架遇害，葉琢堂退股，總公司分期付還。決定在申一旁興建申新八廠，裝置最新式英機四萬錠，與申一合併管理。申二、申三亦添機，申六再續租常州紗廠兩年。爲幫助青島日商紗廠被解雇的罷工工人解決生活困難，特派專人赴青島，招收女工，分派到滬、錫申新各廠工作。增設東臺收花處。

茂福申新産品參加杭州西湖博覽會、無錫國貨展覽會展出，均獲獎。

被任命爲中國銀行董事；被聘爲南通紡織學院校董。再次向政府呼籲免除紗粉特稅，并致函上海市政府請求弛禁麵粉出口。

就工商中學舊址設公益初級中學，而以其實習工場成立公益鐵工廠，爲茂福申新各廠修理、試製零配件，擬定目標自造紡織、麵粉機器。

參與無錫市政當局規劃西鄉風景區建設。在後灣山購地五十餘畝，擬建造濱湖園林。德生以小箕山爲佳，託人購得蕩田二百五十餘畝，代兄規劃，由朱梅春負責，連年建築，款由茂新宗敬名下出之，至一九三二年完工，共用去十一萬元，取名“錦園”。主要建築有荷花池四隻，花廳一座，洋房一宅，嘉蓮閣一座，馬路環湖，平臺幾處。馬路由蕩田築出，建橋二座通之，濱湖傍山，佈局壯觀，夏荷秋桂，景致幽雅，終年免費開放，遊人紛至賞玩，是繼梅園之後榮氏兄弟接待高朋貴賓的又一場所。

參與發起組織“千橋會”，成立“百橋公司”，捐贈款項和建築材料，爲地方造橋，由賈茂青任其事，各地均請幫做。據記載，至一九三五年中，已造橋八十八座，分佈于無錫、武進、宜興、丹陽各地。後經調查，至抗戰前夕，實際建成橋樑在百座以上。

公元一九三〇年（民國十九年　庚午）　五十八歲

上海申新八廠建成，申新一廠增資至四百二十萬元；無錫申新三廠再次添機，紗錠增至六萬枚、布機增至九百臺，資本增至五百萬元，紗布產量、質量，均有明顯提高。設立徐州、長沙、蕪湖、楓涇批發處。

政府大幅度提高紗、粉特稅，茂福申新各廠一年增加稅額超過五百萬元，企業負擔更爲沉重。

被工商部聘爲首都國貨陳列館棉紡織部展覽會籌備委員；呈請政府“徹底抵制日貨”。參加工商部全國工商會議和鐵道部全國商運會議。在全國工商會議上提出“開拓西北，推廣植棉”、“緩行棉紗特稅”、“全國機關、軍警、學校制服均應採用國貨”等議案。致函宋子文，請政府爲上海麵粉運往大連及南洋羣島等地一律弛禁；致函海關監督劉紀文，請稅務司准許出口麵粉報關。

錦園加緊建設；在梅園宗敬別墅西側建造念劬塔，紀念母親石太夫人八十冥壽，表示不忘父母養育之恩，并成爲榮氏梅園的標誌性建築。

公元一九三一年（民國二十年　辛未）　五十九歲。

四月，在上海購得中國最早的機器紡織廠——三新紗廠的廠房、機器，租用基地（限三年內遷出），建立申新九廠。五月，常州申新六廠租辦期滿，退還原主；在上海購買厚生紗廠，改爲申新六廠。至此，申新系統九個廠全部建成，共有紗錠五十二萬一千餘枚，線錠四萬餘枚，布機五千三百多臺，職員六百八十多人，工人三萬一千多人，年產棉紗三十餘萬件、棉布二百七十餘萬匹，成爲同行業翹楚，繼“麵粉大王”之後，又摘得“棉紗大王”桂冠。

八月，武漢大水爲災，申新四廠和福新五廠地處災情最嚴重之區，因廠方預防及抗災措施得力，損失較他廠爲小。無錫申新三廠編輯《人鐘月刊》，于九月出版，宗敬題寫刊名，發表《創刊詞》；試辦“勞工自治區”，關心勞工福利，男女單身工人宿舍、家屬宿舍，工人子弟小學、工人夜（晨）校、職工醫院及消費合作社等次第建立。申新增設重慶批發處。

被政府聘為全國財政委員會委員、特派爲中央銀行理事；向政府提出《振興實業　發展經濟　以惠民生計劃書》，呼籲政府救濟災民，擴充糧棉種植，發展紡織工業，以應民生需要，實行關税自主，穩定國家金融，改進企業管理，提高生產效能。呈請財政部弛禁麵粉出口，并建議改進國粉包裝，使外人樂於採用。致函行政院政務司長彭學沛，要求減低貸款利率。

錦園池荷開出一蒂四花奇葩，以爲祥瑞，且與一九二八年申新三廠註冊的“四平蓮”棉布商標相印證。

公元一九三二年（民國二十一年　壬申）　六十歲

一月二十八日，日軍發動淞滬之戰，上海申新各廠一度停工。因運輸受阻，紗、粉滯銷，加上苛税重息，企業虧損日重，債務累積。爲維持企業生產，以現金向阿根廷、澳大利亞購買小麥三萬噸，五月到貨，茂新、福新各廠得以開齊。申新九廠繼續租地經營，地主催遷，擬在澳門路建新廠。由於時局影響，除無錫茂一、茂二、申三外，各廠均無盈餘。申新設立安慶批發處。

抗日救亡運動席捲全國。積極響應抵制日貨，向前線抗日將士捐贈慰勞品，解聘在申新工作的日籍技師，招收被日商紗廠解雇的職工到申新工作，與著名愛國人士黄炎培、史量才、沈鈞儒等聯名發表“國是主張”，要求當局將抗日進行到底，對內結束黨治，實行民治；并共同發起募集救國捐，以支援中國軍隊對日抗戰。

被推選爲華商紗廠聯合會主席委員，任命爲國營招商局監督。倡議改進植棉，並派員至海南島試種，成績良佳。提出改進浙江省棉產意見，向銀行貸款，補助棉農，組織棉業合作社，製訂實施方案，提請浙江省建設廳長採納施行。發起組建中國經濟信託公司，八月十二日在美國正式成立，任董事。

九月二日（農曆八月初二）六十花甲壽誕，在無錫梅園、錦園、榮巷家宅設壽堂，開宴稱慶，從滬寧各地和無錫本邑前來祝壽者多達數千人；輯印《杖鄉導遊錄》，分送親友賓客；德生親撰《家兄嫂六秩徵文事略》，以示慶賀；所收壽儀，專請行家評估，折款十萬餘元，悉數捐入善團機關，充作善款。因壽慶，各方來請造橋，皆以鋼筋水泥建造之，故於是年及翌年造橋最多。

公元一九三三年（民國二十二年　癸酉）　六十一歲

申新一廠因經營困難實行減工，發生工潮。申新三廠另立“好做”商標，注重原料搭配，棉紗質量顯著提高，客戶樂用；勞工自治區各項設施日見完備，引起廣泛關注。申新四廠廠房失火，損失嚴重，經保險公司賠款，於秋後重建，改用英式紡機，力事整頓革新。申新九廠租地期滿，在澳門路建新廠，廠房於六月完工，舊廠邊拆遷邊生產，新廠邊安裝邊開工，至九月遷完。爲申九遷建，向英商麥加利銀行借款五百二十萬元。

公益鐵工廠試製紡紗機、織布機、麵粉機成功，并能製造抽水機、打包機、小引擎及各種機械零件，質優價廉，訂購者甚多。

建議政府改良我國小麥品種，在青黄不接之際，向美國商借棉、麥貸款，進口原料，接濟國內企業，維持生產。應聘擔任全國棉業改進委員會委員及農村復興委員會委員，發表《農村衰落之過程及復興之管見》，擬訂《實業救國芻議》，撰著《一年來之麵粉業》，載《商報紀念刊》。

發起開築錫滬公路，開辦錫滬長途汽車公司，擔任籌備委員。

公元一九三四年（民國二十三年　甲戌）　六十二歲

申新九廠遷入新址後，加緊更新改造，裝置新式清花機、紡紗機和自動織布機，擁有紗錠八萬餘枚，線錠五千餘枚，布機五百多臺，規模爲申新各廠冠。

受時局影響，上海申新各廠連年虧損，負債超過六千萬元，一年支付利息及交稅一千多萬元，資負相當，各往來行莊拒絕放款，資金擱淺，遭遇創業以來最大危機。兄弟全力維持，一再呈請政府救濟，實業部和陳公博等人借"整理"爲名，企圖乘機吞併申新，堅決予以抵制。兄弟多方籌劃，決心自力更生，徐圖轉機：一面拿出全部有價證券，向行莊質押，求得放款；一面調度原棉，接濟各廠生產。由於申新職工和國内同業的大力支持，兩兄弟的積極奔走，社會公正輿論的聲援和吳稚暉等人的從中斡旋，吞併陰謀遂未得逞。爲扭轉局面，曾於七月中一度辭去總經理職務，請王禹卿擔任，王託詞不就，一周後復出；八月，成立申新改進委員會，對企業進行整頓，加強管理，改進經營，嚴格核算，降低成本，增加生產，克服困難，挽救危機。

建議山東省廣植棉花，并撰專文，刊載於《紡織周刊》。四月赴港、粵等地考察南方實業及市場情況。十一月，又赴西北考察棉業。

公元一九三五年（民國二十四年　乙亥）　六十三歲

二月，英商滙豐銀行勾結不法日商，企圖低價拍賣申新七廠。爲維護企業主權及國家法律尊嚴，兄弟堅決反對，並得到全國同業、公正人士及申新職工的聲援、支持，拍賣陰謀宣告破産。

無錫申新三廠在火車站旁運河邊上建成新仁棧，佔地二十畝，可堆麵粉十萬包，小麥十萬擔，還可堆鐵粉、水泥等貨物，棧外通路軌，碼頭停船舶，貨物上棧、裝卸均極便利。

至漢口視察申新四廠、福新五廠，順路赴九江、南昌，瞭解批發處業務，考察棉、麥、紗、粉産銷行情。又至濟南視察茂新四廠，會晤苗杏村等當地企業界人士；該廠採用山東玉麥製成頭號麵粉，色白質韌，前所未有。

向政府提出《振興農業復興工業案》；建議教育部在女校中設立紡織科，培養專門人才。捐款資助興建普育堂（孤兒院）。

公元一九三六年（民國二十五年　丙子）　六十四歲

紗市日見復蘇，改進委員會工作得力，申新各廠營業漸有起色，略有盈餘；茂新、福新各廠粉銷亦轉佳，企業面貌逐漸改觀。

公益鐵工廠生產的紡紗機、織布機質優價廉，用於申新更換設備，性能良好。計劃每年生產五千紗錠，用於申新各廠更新設備，逐步做到機器自給。

申新三廠勞工自治區興辦勞工福利事業，成績斐然，國内同業及新聞界參觀者絡繹不絕，并得到國際勞工組織的讚譽。

三月，至平、津考察粉、紗銷售情況。

與交通大學校長黎照寰籌商，并發表文章，提議在交通大學設立紡織科，培養高級紡織人才。應聘擔任國民經濟建設運動委員會委員及航空獎券推銷委員會委員。

公元一九三七年（民國二十六年　丁丑）　六十五歲

紗市俏暢，申新各廠營業繼續好轉，均有餘利，爲近年所無。

無錫申新三廠實行成本核算，推行天天結賬制，并積一周之日結爲周結，四周之周結爲月結。如此一覽便知廠中之盈虧，管理日臻完備，秩序井然。四月，召開股東會議，專程赴錫與會，提議再次擴充添機，因公益鐵工廠已能自製，不再向外訂購。

七月七日日軍發動盧溝橋事變，八月十三日又進攻上海，全面侵華戰爭開始，濟南、上海、無錫相繼淪陷，除在租界的申新二廠、九廠及福新二、四、七、八廠外，各廠均因戰事損失慘重，被迫停工。其中茂新一廠被日軍焚毁，申新八廠和新仁棧被日機炸毁。但仍堅持留在上海，指揮租界内各廠加緊生產，支援抗戰；派員深入戰區，瞭解各廠毁損情況，竭力保護機器設備。

九月，發起並聯絡上海實業界代表三十二人，於十六日聯名呈文行政院，敦促政府“力助各廠，設法遷移安全地帶正常工作，輸運務求靈活，捐税或減或免”，但未得政府回應。爲維持企業正常生産，曾一度參加以工商業者爲主體的上海市民協會活動。當這一組織由日軍在幕後操縱的真相被揭露後，毅然脱離關係，并決定離開上海。但終因悲憤交加，操勞過度，舊恙復發，身體大不如前。

德生循兄意，在無錫捐款捐物，支援抗戰；組織申新三廠爲抗日將士縫製棉衣，公益鐵工廠生產手榴彈、地雷等軍需品，兩廠部分設備、原材料和職工開始內遷；並將廠務和家園留守事宜安排妥當，於11月中旬離錫赴武漢避難。

公元一九三八年（民國二十七年　戊寅）　六十六歲

一月四日夜，在英國友人幫助下，乘船秘密離滬，六日到達香港。抵港後，因氣候、飲食等一時難以適應，復加諸友畢集，應酬紛繁，流言蜚語，間有襲來，以致心火鬱結，舊恙再發。二月九日，又突患肺炎，救治無效，於十日酉時在養和醫院逝世，臨終仍以“實業救國”告誡子侄後輩。噩耗傳來，德生悲痛成疾，即命三兒一心、長婿李國偉等，赴港襄助治喪。上海、武漢、無錫各地報紙，紛紛刊文，悼念先生不幸逝世。

二月十五日，行政院第三五〇次會議在張羣主持下，通過決議，提請國民政府，明令褒揚：“院長提議，榮君宗敬提倡實業，苦心經營，亘數十年，功在社會。滬地被佔據後，誘脅備至，力拒僞命，遁跡香港，其志節尤堪嘉尚。現榮君在港病故，擬特予轉呈國府明令褒揚，以昭激勵。”十七日，國民政府頒發“褒揚令”，全文如下：“榮宗敬興辦實業，歷數十年，功效昭彰，民生利賴。此次日軍侵入淞滬，復能不受威脅，避地遠引，志節凜然，尤堪嘉尚。茲聞溘逝，悼惜殊深，應予明令褒揚，用昭激勵，此令。”

三月八日，先生靈柩搭乘加拿大“皇后”號輪運滬，於十日抵達上海，暫厝西摩路（今陝西北路）一八六號生前寓所偏屋。

一九四二年九月十一日（農曆八月初二），七十冥壽，德生及在滬子侄、親友、同仁舉行追慶，撰寫詩文、繪製畫像，以誌紀念。

一九四三年九月一日（農曆八月初二），在滬舉行家祭；二日，子女、親屬、同仁扶柩回籍；十三日，在梅園舉行公祭。十四日（中秋節）正午，安葬于太湖邊楊灣張山口。德生說：墓地“乾山巽向，後枕全山，面臨太湖，氣概雄渾，爲不可多遇之地，與吾兄身份事業亦相恰稱。”

（陳文源　榮華源 編撰）

第四篇

家世與家訓

榮宗敬先生的直系祖先

遠祖先賢	啟期	
遠祖第一世	旂（子祺）	
傳至第四十五世（一說第五十世）爲：		
近祖第一世	謳（仲思）	
十四世	清（水濂）	梁溪第一代
十五世	繼先　承先　念先	第二代
十六世	春益　春沂　春珊　春泗	第三代
十七世	鎰	第四代
十八世	棠　乾　直　桂	第五代
十九世	震　艮　渙	第六代
二十世	應臣　世臣	第七代
二十一世	萬年　萬載　萬春　萬林	第八代
二十二世	正蕃　正茂　正芬	第九代
二十三世	士良　士彥	第十代
二十四世	梁玉　孟玉　晉玉	第十一代
二十五世	子芳　廷芳	第十二代
二十六世	湛初　武初　秉初　紹初	第十三代
二十七世	宏泰　宏起　宏瑞　宏山	第十四代
二十八世	錫瓚　錫恭　錫疇	第十五代
二十九世	錦泰　熙泰　和川　龍川	第十六代
三十世	宗錦　宗銓	第十七代

（根據《榮氏宗譜》一九三五年重修本卷四《梁溪下榮春沂公支世系圖》編製）

榮宗敬先生的後人

一、榮宗敬先生的兒孫

兒子、兒媳	孫輩	重孫輩
長子溥仁（1906～1990），字鴻元，配胡明德（1906～1995），遷居巴西，生子三女九。	孫智洲，幼殤； 智康（1933～1968） 智慶，1945年出生 孫女智珍，1928年出生 智賢，1931年出生 智英，1932年出生 智新，1934年出生 智圓，1935年出生 智清，1937年出生 智華，1938年出生 智全，1942年出生 智松，1943年出生	智康子Calvin，1965年出生。智康女Vanessa，1967年出生。 智慶子宏信，1970年出生。智慶女亞信，1972年出生。
次子輔仁（1906～1983），字鴻三，配孫鳳蕙（生於1909年，卒年不詳），遷居美國，生子三女一。	孫智海，幼殤 智江（1930～2009） 智寧，1934年出生 孫女智惠，1931年出生	智寧子敬信，1970年出生。智寧女慧信，1957年出生；素信，1960年出生。 智寧孫敬信子思謙，2008年出生。
三子綱仁，字鴻慶，生於1923年，配蔡寶瑚（1925～1985），生子一；配周淑霞，生於1956年。	孫智權，1945年出生	智權子康信，1968年出生；承信，2001年出生；耀信2010年出生。 智權女嘉信，1974年出生；芳信，2002年出生。 智權孫康信子祖謙，2002年出生。
說明：孫媳、孫女婿、重孫輩資料不全，孫媳、孫女婿未列。		

二、榮宗敬先生的女兒、女婿及外孫

女兒、女婿	外孫輩
長女卓球，1898年出生，卒年不詳；適丁理芳（禮芳），生卒年不詳。生子一。	丁宜生（已故）
次女卓仁（1902～1943），適薛壽萱（1900～1972）。生子三女一。	薛俊（已故） 薛傑（1932～1992） 薛威（1940～2010） 薛倩（女），1938年出生
三女卓靄（1910～1935），適王雲程，生卒年不詳。生子三。	王建民、王介民、王力民（立民）
四女卓如，1919年出生，適大衛喬奇·哈同（1920～1985）。生子二女二。移居香港。	大衛·哈同，1949年出生 唐納·哈同，1950年出生 戴安娜·哈同（女），1948年出生 桃麗絲·哈同（女），1952年出生

（本表依據二〇〇八年新版《榮氏宗譜》及相關調查資料編製）

榮宗敬及其後人在上海

遲到的"榮宗敬故居"

上海陝西北路靠近南京西路的地方，有一排雕花的石砌矮牆。從牆頭伸出的婆娑多姿的樟樹枝子看，可知院子裏是個美麗的所在。在過去的半個多世紀裏，這兒常年大門緊閉，少有人和車子進出。幾塊油漆斑駁的民主黨派機關的牌子，十分單調地掛在大門口。那條好看的圍牆帶着陳年的積塵，孤寂地伸向威海路，與一箭之遙的萬頭攢動的南京西路形成了鮮明的反照……

近幾年，矮牆上的大門突然豁然洞開了，開始是掛出了棠柏飯店的牌子，後來是一家外國電視公司星空傳媒的牌子，儘管如此，那緊閉的大門畢竟開始鬆動了，透露出些許"內部消息"——一棟極其豪華而氣派的豪宅，半遮面似地露出了面容——窗沿和門楣上刻着精美的雕花；門口一棵仰斜的老樟樹似是守門的將軍；窗戶一律是彩色的拼花玻璃，若是在夜間，那裏面會閃出奇妙的光彩；鐘塔般的樓角，似乎是站在樹叢裏；南部是一方碧綠而乾淨平整的草坪，把豪宅襯托得極其典雅。樓南面有整齊的立柱，側門也有漂亮的巨柱和石級……毫無疑問，這是上海灘爲數不多的頂級豪宅之一，也是上海灘保存最完好的大花園洋房之一。

終於，一羣西裝筆挺的客人來到這裏，二〇〇三年十一月二十五日，舉行了一個簡短而隆重的典禮——在大門邊的牆頭上又掛了一塊牌子，金底紅字，十分莊嚴——"榮宗敬故居"，原來這是現代中國最大的民族實業家榮宗敬先生的老房子！人羣中一位身材魁梧的老人顯得有些激動，發表了簡短而深情的演說。他就是出生在這棟房子裏，并在此度過了青少年時代的榮鴻慶先生，他是榮宗敬的三公子，現爲臺灣上海商業儲蓄銀行的董事長。這次重來上海，爲公是要探討海峽兩岸的上海銀行進行合作的可能性，爲私即是來此爲父親的老房子揭牌的。上海市委統戰部、靜安區委統戰部、上海市文管會、靜安區政協以及區港澳臺辦、區民主黨派等有關部門的負責人，出席了揭牌儀式。

榮宗敬先生當年一肩行李來到上海灘，從一介學徒做起，嘔心瀝血，艱苦備至，發奮創業，一生共創辦了二十一家棉紡和麵粉企業，是舊中國辦企業最多的人之一，贏得了“棉紗大王”和“麵粉大王”的崇高榮譽，對中國民族工業的發展有着不可替代的貢獻。他的故居，記錄了中國實業家的風采，的確有着重要的紀念意義。榮宗敬先生的奮鬥史，是上海近現代史乃至中國近現代史上，最富傳奇的篇章之一，必將教育和激勵中國新一代實業家，在新的時代條件下繼續奮鬥。

老太爺“大難不死，必有後福”

榮家的老家在無錫榮巷，位於無錫市西郊。他們的祖先種稻植桑，以忠厚傳家，于明代正統初年從金陵遷來，逐漸形成了上榮、中榮、下榮三個自然村，直到民國初年才正式建鎮。現在的榮巷已經併入市區，但仍保留了一條約四百米長的老街，沿街還有一百五十多幢青磚黛瓦的老房子。榮宗敬、榮德生一支的老屋，當年就坐落在“下榮”一帶。

到了榮宗敬的祖父榮錫疇（1823～1863）當家時，開始做點長途販運的小本生意。他常駕着小船往來上海，去時滿載鄉下的土產，回來時帶回上海的日用品。一去一來，賺些蠅頭小利，補貼家用。儘管他們日子過得仍然很艱苦，傳到榮宗敬的父親榮熙泰手裏的財產，只有兩間舊屋，但這些原始的商業活動，卻爲榮家子孫注入了最初的商業細胞。

俗話說“天有不測風雲”，不知什麼時候就會禍從天降。一百四十多年前，榮家和江南許多家庭一樣，在太平軍占領蘇南的時候，不幸遭到一場空前的劫難。那時太平天国運動已進入後期，與李鴻章的淮軍在常州、無錫、蘇州一帶相遇。或許他們害怕江南的男人會幫助朝廷攻打他們，於是遇見了男人就殺，榮巷全鎮的男人幾乎無人倖免，榮熙泰的祖父、祖母、父親、兩位伯父、伯母、堂兄以及他自己的兄弟，包括三歲的小弟弟，不幸全部遇難。榮氏家族的男人只剩下了一個，這就是榮宗敬、榮德生的父親榮熙泰先生（1849～1896）。這似乎是上帝的苦心安排，在太平軍前一個月，他經人介紹到上海的一家鐵器作坊當學徒去了，躲過了一劫。

當太平軍撤走，他在一八六三年回到家鄉時，已是舉目無親，孑身一人了。那悲慘的景象簡直把他嚇呆了，他不僅從此要獨立地面對今後的生活，眼下還必須掩埋好親友們的屍體，料理好後事。那時家中的財產只有十幾畝地，兩間舊屋，爲此他不得不欠下一身的債，而他那年才僅僅十四歲，就飽嘗了人世間的憂患。打理好家中的一切，他思之再三，擺在面前的路衹有一條，那就是再次收拾行裝，遠走他鄉。

果真是“大難不死，必有後福”！

榮熙泰先是在浙江打工，一次偶然的機會，他聽說有一個叫榮俊業的族叔在南方當官，是張佩綸身邊的幕僚，很受重用，於是決定去投奔他。碰巧這位族叔是個非常熱心而又擅長交際的人，在張佩綸兵敗落職以後，又成了張之洞幕府的文員，很受張的重用。他曾幫助大同鄉、蘇州人朱仲甫謀得磨刀口釐金局（稅務局）總辦的肥缺，朱仲甫爲了報答他，就要求他薦身邊的人來手下辦事，這是舊時官場上常有的人際往來。正好榮熙泰這時到了廣東，榮俊業就順手把他交給了朱仲甫，朱仲甫把他安排在釐金局當管事。榮熙泰自知此機會千載難逢，極其勤懇敬業，大小事情無不竭盡全力，不久就升任朱仲甫的總賬房。從此一幹十數年，直到一八九五年因病告老還鄉爲止。

榮熙泰沒有辜負上蒼賦予的一線生機，最好的年頭能夠月得白銀三十兩。他省吃儉用，月積歲累，積少成多，爲日後榮家的崛起準備了最原始的一筆啟動資金。一旦天降大任于斯人乎，榮家的機會來臨，這筆資金就像一架發動機，發出了震耳的轟鳴。榮熙泰的“後福”還不止於此，他在廣東十多年後回到家鄉，他與石氏生下的兩個兒子、兩個女兒已長大成人，兩個兒子就是後來叱咤上海灘、聞名海內外的榮宗敬、榮德生。[①]

榮宗敬三闖上海灘

榮宗敬懂事時家境已大有好轉，他七歲入私塾讀書，性情好動，凡事敢想敢幹，對大人閒談中常說起的上海灘充滿了神往。他的弟弟榮德生比他小兩歲，性格與哥哥不同，有些拘謹內向，膽小木訥，三歲才開口講話，九歲入私塾，是個街坊鄰居眼裏的"二木頭"。

雖說讀的是《四書五經》、《幼學須知》之類，而事實上他們兄弟同時還在讀一本更大的社會的大書。這一方面是來自他們的母親和外婆的教育，另一方面是來自他們的父親每年從廣東帶來的"歐風美雨"式的海外信息。母親訓導他們以忠厚誠篤、勤儉持家的品行，教他們在課餘做些力所能及的家務事和農活兒；老外婆愛跟他們講一些過去的事情。榮德生在他的《樂農自訂行年紀事》中記下了那些日子："晚上兄弟同在一起，聽外祖母與母親講述洪楊逃難時身經一切，形形色色，聽之不倦，至今不忘。"使他們的心靈從小就承受了憂患的烙印。

每當他們的父親從廣東回來，那定是他們的節日，一隻打黃鐘，一小袋洋糖，一段海外奇談，都會令他們興奮不已，因爲那些新鮮玩意兒，正是他們所能接觸到的最初的"洋務教材"。人家的孩子大凡有條件繼續讀書的，都在數年後積極準備考科舉，走讀書做官的道路。而他們則在父親的影響下，熱心經世之學，面向現代、面向經濟，嚮往走舉辦實業、發家致富的道路。尤其是榮宗敬，從小胸懷大志，聰穎不羣，渾身總像有使不完的力氣，所以他在十四歲的時候，就像他父親當年一樣，一個包袱皮卷了全部的行李，跟人乘

① 據榮德生《樂農自訂行年紀事》記載，榮熙泰離開浙江、去廣東朱仲甫手下任職在一八八三年三月，這時宗敬十一歲、德生九歲。榮熙泰在廣東任職十餘年，至光緒二十一年（乙未）十二月初（一八九六年一月中旬）因病回鄉，積蓄了一筆錢。榮德生後來曾對親戚講過，這筆錢大約有六千銀圓。

船到了上海，經朋友介紹去一家鐵錨工廠當學徒，開始走自己的路。

但學徒生活談何容易，終日勞作，諸如生火燒水，開門上鎖，端茶待客，掃院抹桌之類的雜活，别人不願做的事都得由學徒工做，關鍵性的技術並不容易學到，而力氣活則讓你幹也幹不完。如果一旦生了病，掌櫃的是不來負責的。不幸的是還不到半年時間，榮宗敬竟大病一場，得了傷寒症。其母親得知後連忙趕到上海，雇船把他接回家裏，延醫把脈，精心調治，幾個月後，總算把病治好了，可是他那一頭的烏髮不見了，直到第二年纔長出稀疏的毛髮，梳成的辮子又細又短，鄰居們才呼之爲“小辮子”。這場大病嚴重影響了他的健康，以至於他在發育時個頭未能“竄”得很高，而腦袋卻長得比别人大許多。這是他“出師”上海灘的第一次受挫。

第二年三月，當病情穩定之後，他那求勝進取的慾望又膨脹了起來，在家裏實在呆不住了，就又回到上海，繼續他的學徒生涯。但這回進的是一家錢莊，在永安街上的源豫錢莊學生意。好歹忍氣吞聲的三年“蘿蔔乾飯”總算吃完了，他進入森泰蓉匯劃字號（專營匯兑業務的錢莊）當跑街，負責無錫、江陰、宜興三地的匯兑收解業務。那時的錢莊業有很大勢力，因“國產”的銀行還未誕生，錢莊就類似小型的銀行，存款、貸款、貼現、匯款、兑現、金銀買賣等都做，祇是管理上都是舊規矩。但如果稍加留心，就能發現，錢莊以外的工業市場和商貿流程，也就是整個城市的商業流轉過程，這使他對上海這個“遍地是黄金”的城市有了質的瞭解——原來這個花花世界的“齒輪”，全靠金融來“潤滑”呀!

在他出徒的前一年，他把弟弟榮德生也帶了出來，進入通順錢莊當學徒（滿師後到廣東其父親身邊當幫辦）。他本人在上海錢莊界漸漸混熟了，已能獨當一面，站穩了腳跟，于一八九三年年初回鄉娶陳氏爲妻，小日子過得慢慢滋潤起來。孰料好景不長，第二年甲午戰爭爆發，他所在的森泰蓉字號因在天津有大批存貨，戰爭中損失頗巨，資金無法回攏，終於在年終宣佈倒閉，使榮宗敬陷入失業。那時市面不好，謀事不易，在滬不能久待，只好再回無錫老家。在家裏一晃就是一年過去了，整天爲找不到好的差事而發愁。若干年後他回想起這段歲月，仍感慨萬分，他在《宗敬閱歷譚》中說："人當賦閒無事，株守待兔，日則仰屋興嗟，書空咄咄，夜則搥牀反側，短嘆長吁。"就是當時生活的寫照。這是他在上海的第二次受挫。

俗話說"禍不單行"，正當榮宗敬找不到方向的時候，他的父親和弟弟榮德生也從廣東卸職回家來了。原因總與甲午戰敗，洋務派受挫，商業蕭條不無干係。當初爺仨都在外面做事，不是錢莊就是稅務，一家人生氣勃勃，轉眼間爺仨一起失業在家賦閒，自然别是一番滋味在心頭。他們和朋友合計來合計去，覺得與其給人家打工，還不是自家辦個錢莊，反正爺仨都是幹過金融的，何況目前已略積有資金，祇要精心經營，未必幹不過人家。榮宗敬說幹就幹，他再次來到上海灘，于一八九六年集資三千兩銀子，自掏一千五百兩，其父再拉老上級朱仲甫入股，在上海鴻昇碼頭租了間房，辦起了廣生錢莊[①]。榮宗敬任經理，榮德生管正賬。三個月後，又在無錫設立了分莊。他們終於勇敢地邁出了榮家創業的第一步。

誰知這個艱難的開始也不順心，才辦了半年，腳跟尚未立穩，業績尚未顯出，父親榮熙泰就病逝了，享年僅四十八歲。這對榮氏兄弟來說，無疑又是一個沉重的打擊。第一年結下賬來，錢莊並無盈餘；第二年也業績平平，合夥者不高興了，第三年末終於撤股而去——那時他們哪裏想得到，當老闆竟然這麼難！好在功夫不負苦心人，他們本錢雖小，但志氣不小，挫折雖多，但永不退縮。榮宗敬就是那種永不服輸的人。幾年過後，眼前終於出現了新的轉機。

四臺石磨變成了十四家麵粉廠

十九世紀末的中國，北方的義和團運動已成燎原之勢，從朝廷顯貴到大小富戶都惶惶不可終日。歷來的經驗都是，越是中國政局不穩定的時候，上

① 據榮德生《樂農自訂行年紀事》記載，廣生錢莊合成股份三千元，自出一半，招入一半，有三位合夥人，朱仲甫沒有入股。

海租界裏的經濟活動就越是活躍，因爲富人們在戰亂中害怕財産受損失，連人帶資金拼命往租界裏擠。一九〇〇年庚子事變期間，天津的租界也保不住了，被義和團燒的燒，殺的殺，還炮轟了不少洋樓，上海的租界就更吃香了。因爲上海的租界有盛宣懷等人搞的“東南互保”，與洋人結爲共同體，於是成了全中國富人們的“福地”，上海的錢莊業就又走進了一個“黄金階段”，整個行情看好，水漲船高，榮家的廣生錢莊也業務量大增，一八九九年竟盈餘七千餘兩銀子，這給榮氏兄弟帶來極大的信心。[①]

他們發現，在上海與無錫的往來匯兑中，上海英商增裕麵粉廠和壽州孫家的阜豐麵粉廠採購小麥的款項佔了一大半。細心訪之，才知麵粉業有巨大的利潤可賺。首先朝廷方面可給免税，據説是因爲麵粉是“洋人的食糧”，而進口麵粉價高，國産麵粉便宜，又亟待發展，所以予以特殊照顧。同時國人投資機器麵粉業者極少，著名者僅有孫家一家，競爭者少，而市場極大。從官方來説，越是兵荒馬亂，就越是需要軍糧。這就大大吊起了榮宗敬舉辦麵粉業的胃口。

同行是冤家，壽州孫家當然不願透露商業機密，增裕麵粉廠也只是象徵性的讓你瀏覽一下，並不得要領。但榮宗敬是從來不肯示弱的。他仍舊拉住了朱仲甫合資起竈，集資十三股，每股三千元，共集了三萬九千元。爲了節省資金，委託瑞生洋行代買了四臺法國石磨，相應地配上了英國的機器，採用六十匹馬力引擎，開始辦廠。考慮到水路交通的方便和靠近小麥的原産地較近等因素，先在無錫太保墩辦起了榮家的第一家麵粉廠——保興麵粉廠（後

① 據榮德生《樂農自訂行年紀事》記載，廣生錢莊的三位合夥人於一八九八年底撤股，由兄弟倆獨資經營。一八九九年營業轉好，一九〇〇年“結餘四千九百兩，爲歷年所無”；一九〇一年，“至年終餘五千兩”；一九〇二年，“餘五千有零”；一九〇三年，“至年餘五千餘兩”；一九〇四年，“店中如前，信用更佳”；一九〇五年，“生意不差”，“餘數如上年”；一九〇六年，“廣生利微，大不如前”；一九〇七年，“廣生無甚利，本少匯清，放出無力也”；一九〇八年，“廣生匯兑已微，放賬無力，不能顧全，祇可至年收歇”。

來改爲茂新麵粉廠)，時在一九〇二年。儘管當時只有三十餘名職工，每日夜加班也只能生產三百包麵粉，而且在當年全國已開工的十二家麵粉廠中，屬於規模最小的一家，可這畢竟是榮家走向現代工業的第一步。

三年後他們已購置了六臺英式鋼磨，每天可出粉八百包，年終結算已能贏利六萬六千兩了。到一九一二年，年盈餘可達十二萬八千兩了。其間雖經歷了外國人操縱的橡皮股票風潮，但榮氏兄弟不僅沒有被擠垮，反而開始進軍棉紗業，與人合資，又在無錫建起了振新紗廠。

一九一四年到一九一八年第一次世界大戰期間，帝國主義國家要應付戰爭，無暇東顧，洋麵粉的進口量大爲減少，暫且放鬆了對中國的控制，中國的民族工業進入一個極其難得的全速發展的歷史時期。榮氏兄弟抓住此千載良機，突飛猛進地發展自己，接連在上海辦起了一系列的福新麵粉廠。從一九一二年至一九二一年十年間，他們共經營了十四家麵粉廠，其中自建的有八個廠，租辦的有六個廠，租辦期滿而收買下來的有三個廠。到一九二一年止，榮家投資開設的麵粉廠竟達十二家之多，生產能力佔了全國民族資本麵粉廠的生產能力的31.4%。如果加上洋人辦的麵粉廠，所佔比例也達到了23.4%。於是“麵粉大王”的桂冠，非榮氏莫屬了。

當年爲榮家立下汗馬功勞、象徵着榮家事業起步的四臺石磨，後來一直被榮家人細心地收藏着，梅園建成之後，就置於豁然洞所在的滸山之巔。一九六四年，由中國歷史博物館和南京博物院各徵集去一臺，留在豁然洞的兩臺，在“文革”中遭到破壞。一九八五年，有關部門將殘存的磨盤拼接成三盤，於一九九二年移至梅園內的樂農別墅前，作爲榮家創業史的一個見證，永存於世。如今，這是真正的榮家百年故物了。

“棉紗大王”碰上了多事之秋

第一次世界大戰的爆發，對中國民族工業的影響是巨大的，海外不僅大大減少了對中國市場的商品輸入，反而大大增加了對中國麵粉和棉紗的需求，客觀上促進了中國市場的發育和活躍。榮宗敬見棉紗的利潤也很大，而且社會需求量日見增長，於是又率領他麾下的哥兒們向棉紗行業大舉進軍。他最鐵的哥兒們最初是號稱“三姓六兄弟”，即榮宗敬、榮德生兄弟，王堯臣、王禹卿兄弟，浦文渭、浦文汀兄弟，在辦麵粉廠的時候是如此，辦紗廠時基本也是如此。後來還有陸辅臣、吴昆生二員大將。

榮宗敬在當時的魄力簡直無人可比，一九〇七年時還衹是跟人家合作辦了一家棉紗廠，因那時他們的主要精力還在對付麵粉業，一九一五年後他們的麵粉根基已穩，逐漸可以執全國之牛耳了，於是騰出手來辦起了自己獨立的系列棉紗廠。他們辦麵粉廠接連辦了十二個，辦紗廠也是一不做二不休，連續出擊打“閃電戰”，在不多幾年裏接連辦了九家棉紗廠。這在當時不僅無人能及，恐怕别人連想都不敢想的。他們甚至把長期無人問津的當年李鴻章時代的老牌紗廠——三新紗廠也給“吃掉”了。

這等魄力，完全符合榮宗敬的性格，他就是那種要麽不做，要做就必須全國第一的心性。這倒不是因爲榮宗敬一下子手裏有了多少錢，而主要是經營方式、經營理念的超前，與當時國際上的大公司的做法力求接軌，建成一家廠子就抵押出去，取得抵押貸款後，再辦第二家廠；第二家廠建成後，再抵押出去，就又取得貸款……如此地“滚雪球”，隊伍和企業就不斷地壯大。這樣的辦法，在當時是很先進的，在風調雨順的社會環境裏，肯定是能成功的。所以榮家能夠在二十多年間，事業簡直像長了翅膀，接連辦起了二十一家工廠，而且都是關係國計民生的“吃”與“穿”的企業，產量在全國同行業中擁有絕大的比重。因而榮宗敬曾豪氣萬丈地說：“從衣食上講，我擁有半個中國。”

梅園、錦園、千橋會

一方水土養一方人。榮氏兄弟在上海大紅大紫、事業突飛猛進的時候，從未忘記過養育他們的家鄉的山山水水，他們總是在想方設法爲家鄉做好事，哪怕是修一座橋，開一條路，拓一處園，辦一所學校，建一個圖書館……他們都是非常認真，認爲是天經地義的事。

現在人們來到無錫，舉目皆可觸及榮家留下的遺跡——江南大學、公益中學、大公圖書館、榮巷醫院、開原路、通惠路、公共汽車公司……如果來到西郊旅遊，放眼太湖邊的梅園、錦園（小箕山），俯仰之間，更能體味到他們那開創者的寬闊胸懷。

梅園所在地原是一片荒山，榮氏兄弟早在一九一二年就開始在此規劃建設旅遊風景區，從買地、設計、施工，逐步發展，歷時二十年才建成。山上山下遍植梅樹，到了賞梅季節，花前月下，暗香浮動，的確是一片“香雪海”，是我國著名的四大賞梅區之一。香雪海深處，錯落有致地佈置了亭臺樓閣，如天心臺、招鶴亭、清芬軒、誦豳堂、念劬塔、香海、研泉、留月村、豁然洞等數十個景點，還有如今豎立了榮德生銅像，樂農別墅裏面有個規模不大的榮氏兄弟創業事蹟展。整座梅園佔地數百畝，民國名人題識的山石、匾額隨處可見，有吳昌碩、康有爲、吳作人……尤其可以令人清新滌俗的是，一條小溪從山間潺潺流下，飛珠濺玉，纏綿細語，經過近百年的流淌，把沿途大大小小的山石“搬”到了半山腰，大者如斗屋，小者像鵝卵，形成了一條蜿蜒數里，潔淨可濯足的“泥石流”。流到山下，則圍成一潭春水，水上洋溢着閒適的蓮花……

這片依山傍水的人間佳境，榮家當年免費向公衆開放（現在是公園，要收三十元門票），既是陶冶鄉人性情，也是榮家舉行大型活動、招待賓客的首選之地。榮宗敬一九三二年六十大壽時，壽慶活動就安排在此。那時他的大名早已聲震天下，前來祝賀的富商大賈，達官顯貴，各路豪傑，成團成旅，據說當年無錫全城的汽車、旅館全被佔滿了，是無錫有史以來不曾有過的盛典，讓餐飲業的大小店鋪和攤販，美美地發了一傢伙。在榮家來說，實際上是一次空前的大型廣告，榮家藉此又團結、聯絡了一大批商界朋友。

與梅園相比，錦園是一處更爲親近太湖、三面環水的中西式合璧的園林，在無錫西郊的小箕山，距梅園二里許，佔地有二百餘畝，內中荷花池的面積佔了一半。那裏原先是一片蘆葦灘，一九二九年被榮宗敬購下，出資建園，節假日作爲榮家企業中高級職員療養休假的場所，平時園林也向遊人開放。

其中一座楠木廳（又名花廳），古色古香地坐落在一大片草地上，正門上懸“荷花軒”匾額一方，是舉行大型活動和宴會的地方。一座茶樓（嘉蓮閣），也是古色古香，三層紫絳色的八角樓，渾身雕花，像個巨型的工藝品，豎立在湖邊的樹叢裏，又像一座望湖樓，推窗見水。只有那棟別墅是西班牙式的小洋樓，圓門圓窗，淡黃色調，綠樹環繞，依地勢而建，整體錯落有致，恰到好處地安置了陽臺、露天樓梯和平臺，極具典雅的風韻，不知出於何方高人之手。從這裏依窗遠眺，是觀賞太湖風景的最佳之地。隔着太湖，左邊是黿頭渚，右邊是大箕山，正面前方就是太湖中心的三座“仙山”，眼前一無遮擋，只有浩淼湖水一片……。難怪解放以後這兒長期作爲國賓館，接待過多位國家元首。毛澤東到無錫，也曾落腳這座榮宗敬的別墅花園。因爲榮宗敬又名宗錦，故取園名“錦園”。其中沿湖濱堆築的一條路遂叫“錦堤”，錦園大門口的那座橋就叫“錦帶橋”。

園中有池塘四方，遍植紅、白荷花，一到夏季，清香四溢。有一年居然有一枝花莖上開放了四支荷苞，世人以爲瑞徵，紛紛題詩吟詠，以記其盛。申新三廠還繪製了“四蓮圖”作爲棉紗商標。[①]

錦園的建成，也是榮氏兄弟友誼的象徵。榮德生曾在他的《樂農自訂行年紀事》（一九三〇年部分）寫道：“小箕山連年建築，余代計劃，款由茂新兄名下出之，至完工，共用十一萬元。有荷花池四隻，花廳一座，洋房一宅，嘉蓮閣一座，馬路環湖，平臺幾處。馬路由蕩田中築出，建橋二座通之。工程非易，頭門一帶頗壯觀，遊人至此，稱爲風景不羣。有渡船直通黿頭渚。”可知錦園是榮德生代其兄榮宗敬建造的，直到目前，仍是太湖之濱的最佳絕妙處。

榮氏兄弟還組織了一個“千橋會”（後來叫“百橋公司”），更是他們的大手筆。從一九二八年到抗戰之前，他們通過捐款和集資的方式，在江南水

① 申新三廠繪製“四平蓮”圖作爲棉布商標，并獲得國民政府全國註冊局商標註冊證，時在一九二八年三月十六日。參見本書第五編第491頁。

鄉倡導建橋鋪路，造福鄉民，共計建了八十八座橋樑，其中無錫五十七座、常州二十七座、宜興和丹陽各二座，這些橋大多至今仍在爲鄉民服務。①

一代實業鉅子的最後歲月

一九三二年日本人進攻上海，爆發了"一•二八"淞滬抗戰，榮家申新系統在上海的七個工廠一度被迫全部停產。由於戰爭爆發，運輸不暢，麵粉和紗、布均運不出去，企業虧累日深。榮宗敬先生憂心如焚，但他積極站在抗日救亡運動的前線。他一方面安排申新三廠向前線捐贈慰勞品，計有麵粉、麵包、香煙等等，在内部解聘日本技師，招收被日商紗廠辭退的職工進申新工作，同時與黄炎培、史量才、沈鈞儒等聯名發表《國是主張》，要求抗戰到底，對内結束黨治，實行民主，并共同發起向社會各界募集救國捐，支持抗戰。

一九三七年七月抗戰全面爆發，日本人發動"八•一三"事變，上海又成戰場。榮家的衆多企業都遭到重大的損失。首先是工廠被炸，除了在租界内的申新二廠、九廠和福新二、四、七、八廠之外，其餘各廠均不同程度地在戰

① 在一九三一年和一九三五年刊印的《梅園豁然洞讀書處文存》第二、第四集中，分别載有錢天達的《千橋建築處記》和高樹錚的《千橋會造橋記》兩篇文章，"榮氏兄弟建橋八十八座"之說，即出於高文。事實上，榮氏兄弟爲地方造橋築路在千橋會成立之前早已開始。一九二二年十二月二十八日《新無錫》報就有"榮宗敬、榮德生昆仲造橋築路榮膺内務部褒獎"的報導，文章說："本邑市公所因榮君宗敬、德生昆仲慨捐鉅款，造橋築路，曾呈請内務部予以褒揚。兹經内務部核准，頒發奬章、奬狀、匾額等件到所，昨由該所遣人送達榮君私第。榮君收領後，當即函謝，略謂：宗敬等捐款造橋築路，不過略盡地方公益之義務，乃辱貴所逾情激勵，呈請褒揚，兹蒙送下部頒奬章、奬狀暨匾額等件，祗領之下，無任慚感。"二〇〇一年至二〇〇四年，無錫市第一棉紡織廠（原申新第三紡織廠）曾對榮氏兄弟爲地方造橋的公益事業進行專題調查，在抗戰以前二十多年間，由榮氏兄弟捐贈款項和建築材料，在無錫城鄉和常州、宜興、江陰、丹陽等地建造的橋樑超過百座，保存比較完好、當時還在使用的橋樑尚有四十餘座。近幾年，由於城鄉建設的迅猛發展，道橋面貌日新月異，有許多老橋被拆除或重建，保留原貌的已爲數不多。

火中慘遭焚毀，損失巨大。尤其是申新一廠和八廠迭受轟炸，十三萬錠紡機幾全毀損。更要命的是日本人還通過漢奸，脅迫榮宗敬先生出任僞職，榮先生的處境非常危險。

當初在榮家事業發展勢頭最強勁的時候，榮宗敬在租界裏置辦過兩棟豪華的建築，一棟是在江西路上的茂新福新申新總公司大樓（亦稱"三新大廈"），另一棟就是陝西北路上的大花園洋房。榮宗敬在陝西北路的花園裏生活了十幾年，可是到了抗戰全面爆發時，他卻不得不離開這裏，暫時躲避到香港，誰知竟成了永別！

在朋友的幫助下，榮宗敬于一九三八年一月四日的深夜，從後門出走，乘上一位英國朋友轎車，疾馳黄浦江邊，登上停靠在那兒的一艘加拿大輪船，悄悄地駛往香港。可惜的是，榮先生在港期間，不幸突患肺炎，初到香港，萬事不便，加上國事家事讓他心情憂慮，寢食不安，病情一天天加重，致使醫治無效，于二月十日在香港養和醫院逝世，走完了他艱苦創業的輝煌一生！臨終，榮先生仍以"實業救國"告誡子侄後輩。三月八日，其後人將他的靈柩搬上加拿大"皇后號"輪船運回上海，兩天後到達陝西北路他的住宅裏安放。

是年二月十五日，國民政府行政院第三五〇次會議通過決議，提請政府明令褒揚榮宗敬"提倡實業，苦心經營數十年的功績和不畏日僞威脅、遁跡香港的志節"；十七日，國民政府褒揚令頒發了下來，有云："榮宗敬興辦實業，歷數十年，功效昭彰，民生利賴。此次日軍侵入淞滬，復能不受威脅，避地遠引，志節凜然，尤堪嘉尚。兹聞溘逝，悼惜殊深，應予明令褒揚，用昭激勵。此令。"

榮宗敬先生的靈柩在滬停留了好幾年，直到一九四三年九月一日，榮家後人在家中舉行了家祭之後，纔於第二天扶柩回鄉，十三日在梅園舉行公祭，十四日中午安葬于太湖邊上的楊灣。楊灣這塊墓地是由榮德生先生爲其兄選定的。據他說，這塊墓地"乾山巽向，後枕全山，面臨太湖，氣概雄渾，爲不可多遇之地，與吾兄身份、事業亦相恰稱。"

現在榮宗敬先生之墓已列爲無錫市文物保護單位。前幾年經榮家後人整修，石級層遞，松柏長青，更加肅穆莊嚴。每年清明節，都會有很多市民自發地前來掃墓獻花，紀念這位民族工業的先驅。

打造“金山”能手榮鴻慶

榮鴻慶先生是榮宗敬的小兒子，從小愛跟父親到廠裏轉悠。那時其父親每周日總要下廠視察，瞭解基層的生產情況，每年還要到外地去巡視榮家的企業，他總是跟在身邊，耳濡目染，樣樣新奇。久之，對現代企業管理產生了濃厚興趣，而且父親的待人接物，談吐儀表，用人方法，都給他留下了深刻的印象。一九四六年，他從上海滬江大學工商管理系畢業，那時其父已經去世，他便在長兄榮鴻元和二哥榮鴻三的帶領下，開始了“子承父業”的奮鬥歷程。

雖說他是小兒子，但在事業心方面一點兒也不比他的兩個哥哥遜色。他大學畢業後，先在申新一廠和申新六廠工作磨練，一九四七年，即在他大學畢業的第二年，就獨當一面地到香港開拓世面，僅僅一年時間，就辦起了香港的第一家紡織廠——南洋紗廠。這個廠全部採用美國的先進設備，擁有二萬五千紗錠，從上海請去了專業技術人員，產品銷往南洋一帶。創業之初，他連廣東話都聽不懂，更談不上說了，與人交流要靠翻譯，被當地人取笑爲“上海佬”。而且，當時的香港絕非今日的局面，機器製造業等於零，紡織機器的零部件都要從上海採買。同時上海人初來乍到，“地頭蛇”們就要欺負你，那時的香港還遠不是江浙滬人士的天下。榮鴻慶只有硬着頭皮跟他们幹到底，以先進的技術和管理強過他們，贏得了市場，才能從根本上站得住腳跟。榮鴻慶既有家族企業的實際經驗，又有現代經濟管理的理論知識，個人做事風格相當紮實穩健，他的成功就必定無疑。

一九四八年，榮鴻慶當選爲香港棉紡織業同業公會首任主席，同時在金融、社會慈善事業上也大有建樹。一九六四年，他進入了與他們榮氏家族有着四十多年淵源的上海商業儲蓄銀行，擔任董事，一九八三年當選該行副董事長，一九九一年又當選爲該行董事長兼中國旅行社董事長。他打破了過去上海銀行過於求穩怕亂的作風，大力開展新的業務領域，在各地廣設分行，在銀行內部實行員工可以認股的制度，從而極大地調動了員工的積極性，把臺灣上海銀行帶入了一個空前大發展的全盛時期。在榮鴻慶初任副董事長時，臺灣上海銀行只有五個營業單位，十年後發展到五十九個營業單位（分行），總資產額翻了將近十倍，外匯儲備也直線上升，這無疑是爲上海銀行重新打造了一座“金山”。接着，他又作出了更長遠的規劃。

一九九一年，榮鴻慶先生親赴上海，與上海原申新九廠（解放後公私合營，改爲國棉二十二廠）合作，開辦申南紡織有限公司，從瑞士和德國引進了先進的生產線，生產“金山牌”牛仔布。他不愧是一位善於打造“金山”的能手，“金山牌”牛仔布在全國一炮打響，僅僅一年多一點時間，就建成投產了，一九九五年人均創利在全國棉紡行業名列第一，公司利潤總額佔紡織系統第五名。隨後他又在家鄉無錫投資建紡織廠，亦是年年獲利。在此期間，他和他的家人還多次向上海、無錫的地方慈善、福利事業捐款，從來都是大手筆。別人問他有何經驗，爲什麼總是無往而不勝？他說可以概括爲十六個字，即：“設備先進，管理嚴密，以人爲本，質量取勝”，這大概不僅僅是申南的經驗吧！

綜觀榮鴻慶先生半個多世紀以來的從商經驗，從來沒有大的失誤，而是“芝麻開花節節高”式地穩健前進。但他從來都是低調處理，悶頭做事而不刻意宣傳。人們只能從上海銀行同仁在他七十壽慶的時候爲其編印的紀念冊上，看出些許足跡。這種真人不露相的大智慧，大概也是他成功的法寶之一。

走遍天下也忘不了根

臨近解放的時候，榮氏家族的人十有八九都去了海外，資金也大多轉向了海外。據統計，僅申新系統轉到海外的資金就有一千萬元以上。這在當時是個了不起的數字，因爲那時雞蛋才賣三分錢一個，豬肉才五六角錢一斤。一千萬元，是好幾座工廠的代價，如緯綸紗廠、南洋紗廠、九龍紗廠。

幾十年後，大陸改革開放了，榮家人在大陸重現了實業家的風采，在引進外資，投資實業，活躍市場，促進海內外交流等方面，做了大量的努力，並且不斷有人捐款捐物，設立基金會。這些都使人不能不感慨榮氏家族這個“中國實業第一家”的內核的強勁！

一九八六年六月十八日，一次大規模的活動把早已走向天涯海角的榮家人會聚在了一起——鄧小平在北京人民大會堂會見了來自海內外的榮家親屬二百多人，其中年齡最大的是七十九歲，榮德生的二兒子榮爾仁先生，最小的是榮家的玄外孫，才一歲零兩個月的尹兆光。鄧小平那次歷史性的談話，使全世界更加感到了榮家作爲“中國實業第一家”的分量：“從歷史上講，你們榮家在發展我國民族工業上是有功的，對中華民族作出了貢獻。民族工業的發展是推動歷史前進的，人民不會忘記！”

從那以後，榮氏家族回大陸走動、訪問和投資的更多了。

一九九二年，榮鴻慶先生作爲臺灣金融代表團的副團長，率團來到北京，受到江澤民主席的接見。一九九四年，他又率團到內地參觀考察，除了北京、上海，還去了武漢、大連、青島等地，爲臺灣同胞投資大陸的各項企業，起到了很好的穿針引線的作用。二〇〇四年，榮鴻慶先生又向位於無錫的江南大學贊助一百萬元獎學金，以表達他對故鄉的一片永久的熱忱。

榮氏家族創業、愛國的精神，代代相傳，正如同一座豐碑，聳立在中國的歷史上。这是激勵着一個民族的奮發不屈、不斷超越的時代精神！

編者附記：本文依據《上海灘豪門望族》“高山仰止”一章摘編，標題爲本書編者所加，有的內容加了注釋，個別文字作了修訂。該書作者宋路霞，香港時代國際出版有限公司二〇〇五年七月出版。

附一：上海市委統戰部召開紀念榮宗敬誕辰一百二十周年座談會

（一九九三年）十月八日下午，在中國民族工業先驅——茂新、福新、申新企業系統創始人榮宗敬先生誕辰一百二十周年之際，中共上海市委統戰部在上海第二十二棉紡廠（原申新紡織第九廠）召開了紀念座談會。中共上海市委、市委統戰部、市紡織局、普陀區委、普陀區政府的領導及海内外榮氏親屬四十餘人參加了座談。在座談會上，大家緬懷了榮家創業領頭人、申新企業系統總經理榮宗敬先生的愛國創業精神。

二十世纪初，榮宗敬先生和胞弟榮德生與人合夥，在無錫先後開辦茂新麵粉廠、振新紗廠；一九一二年在上海創立福新麵粉廠，一九一五年又創辦申新紡織廠，並取無限公司的組織形式，總攬全局。至一九二一年，茂新有四廠、福新有八廠、申新有四廠、成立了茂新福新申新總公司，從此稱雄於我國麵粉業和紡織業。到一九三一年申新已擁有九個廠，紗錠五十二萬一千五百五十二枚，布機五千三百五十七臺，成爲民族紡織業的翹楚，對外競爭的旗手。

在座談會上，市委領導勉勵大家發揚榮宗敬先生的愛國主義創業精神，歡迎港、澳、臺同胞前來投資辦實業，爲振興中華共同努力。

座談會結束後，與會者在廠區花園内瞻仰了榮宗敬先生的銅像，並敬獻了花籃。國家副主席榮毅仁也派人送來了花籃。

申新紡織第九廠，由於歷史的、經濟的、政治的原因，在國内外享有獨特的知名度。因此，上海第二十二棉紡織廠在紀念榮宗敬先生誕生一百二十周年的同時，決定恢復原廠名——申新紡織第九廠，並舉行了簡短的揭牌儀式。

（摘自《文匯報》一九九三年十月九日）

附二：上海最大的合資棉紡公司開業

上海規模最大的合資棉紡廠——上海申南紡織有限公司於昨天正式開業。中共上海市委統戰部副部長茅志瓊，榮宗敬的親子、臺灣上海商業儲蓄銀行董事長、香港南洋紗廠有限公司常務董事、上海申南紡織有限公司董事長榮鴻慶等一百餘人參加了隆重的開業典禮。

上海申南紡織有限公司是申新紡織第九廠（上海第二十二棉紡織廠）

與香港南洋集團所屬半島投資有限公司合資創辦的、迄今爲止上海棉紡織行業中規模最大、設備最先進的中外合資企業，總投資爲二千四百二十八萬美元，擁有全套引進的紡紗、漿染、織造、整理和製衣設備。預計年創稅利四百四十九萬美元。

（摘自《文匯報》一九九三年十月九日）

附三：紡織海聯會促成“申南”創辦　榮鴻慶、榮卓如感謝牽線搭橋

成員分佈在上海紡織行業十八家公司和企業集團的上海紡織海外聯誼會，在成立至今的五年中，先後接待了來自美國、西歐、日本、東南亞一些國家和港澳臺地區的客商來滬洽談投資開設工廠、經貿合作業務共一千餘次，現已促成項目四十餘項。其中最大的投資項目是兩年前香港南洋集團所屬半島投資有限公司與上棉二十二廠（現已更名爲申新九廠）合資建成上海申南紡織有限公司，總投資爲二千四百二十八萬美元。這是迄今爲止上海棉紡織行業中規模最大、設備最先進的中外合資企業，擁有全套引進的紡紗、漿染、織造、整理和製衣設備。公司已於本月八日正式開業。

臺灣上海商業儲蓄銀行董事長、香港南洋紗廠有限公司常務董事、上海申南紡織有限公司董事長榮鴻慶及榮卓如攜榮氏後人，日前出席了上海紡織海外聯誼會成立五周年的慶祝活動，特地感謝該會的牽線搭橋。

（摘自《聯合時報》一九九三年十月二十二日）

他，穿梭於兩岸三地

——訪香港金融實業家榮鴻慶先生

（一）

新錦江大酒店的大堂裏，筆者與榮鴻慶夫婦圍桌而坐，呷一口茶，聊上那麼幾句，事業，生活……斷斷續續，點到爲止。七十四歲的榮先生，心靜如水。香港新聞界有一種說法，榮鴻慶先生作風一向謙和穩健，不喜在媒體露面，是個低調的企業家。一本在臺灣出版發行的《榮鴻慶先生與上海商業儲蓄銀行》書中，對榮鴻慶在副董事長任內，對上海商業儲蓄銀行的諸多貢獻，至爲稱頌。

（二）

榮鴻慶在香港和臺灣兩地，社會地位很高，素享盛名。在大陸，尤其在蘇、浙、滬三地，上了年紀的人，幾乎都知道榮家兩兄弟：榮宗敬、榮德生。榮鴻慶便是榮宗敬三個兒子中的幺子。

榮家企業是舊中國最大的民族資本企業，曾有“麵粉大王”、“棉紗大王”之稱。榮鴻慶自六歲起，父親榮宗敬於周日下廠視察，必帶他同去；每年到武漢等地巡查屬下企業，依然攜帶鴻慶同往。跟着父親穿梭於工廠車間，對於父親如何待人接物，治理廠務，自幼耳濡目染，至今回憶起來，榮先生仍感記憶猶新。

榮鴻慶一九四六年七月從上海滬江大學工商管理學系畢業，本擬飄洋過海繼續學業，但第二次世界大戰剛一結束，內戰又起，時局仍不安寧，計劃終成泡影。至今提起此事，榮先生猶感遺憾。榮夫人周淑霞女士告訴筆者：“先生很樂意資助員工讀書，這其中多少包含彌補的成分。”大學畢業後，榮先生曾在上海先翁所創辦的申新紡織六廠、申新紡織一廠任副經理。

一九四七年，榮鴻慶到香港籌建南洋紗廠，一九四八年建成開工。南洋紗廠係香港第一家紡織廠。乍到香港，榮鴻慶就感覺到言語隔閡與創業維艱的滋味。聽不懂、說不來廣東話，被人笑稱“上海佬”。無奈之下，他只得請人作翻譯，并私下勤練廣東話。香港當時沒有紗廠，所以紡織機械的零配件也只能從上海採辦。榮先生說：“過去那些艱辛的日子，真是不堪回首！”

香港的紡織業在歷經多年不斷的開發下，在全盛時期，曾發展到二十九家紡織廠，現在只剩下六家。問及原因，榮先生說是由於當地紗廠成本偏高，再加上香港地價飆升後，一些產業地塊被開發爲房地產，因此許多紗廠紛紛結束，或移入內地設廠。

榮鴻慶目前除擔任香港上海商業銀行董事外，并早自一九六四年起即先後擔任臺灣上海商業儲蓄銀行董事、常務董事、副董事長各職，至一九九一年復以高票當選爲董事長。事實上，榮先生與上海商業儲蓄銀行淵源深厚，

◎　上海商業儲蓄銀行創辦以來三任董事長：陳光甫（中）、朱如堂（左）、榮鴻慶（右），一九六八年股東大會時合影（臺灣）。

先翁榮宗敬先生早年亦曾擔任該行董事。因爲上海商業儲蓄銀行是大陸遷臺唯一的一家民營銀行，申請執照困難不少，開張後，經營作風保守，業績平平。一九八三年自榮鴻慶當選副董事長後（其時董事長年邁體弱，已不主事），他一改舊有的經營管理方法，廣設分行，業務力求其新，服務力求其質，業績一路“飆紅”。在他出任董事長期間，上海商業儲蓄銀行更是迭創佳績，從原來只有五家分行，資本四億五千萬臺幣，十年迄今，發展至四十四家分行，資本達到六十二億一千萬臺幣，備受當地媒體青睞，屢獲好評。

先生德行崇劭，素重國計民生，身爲臺灣中國旅行社董事長及數家公司董事，在事務繁忙中，仍不辭勞苦，更擔任上海銀行文教基金會董事長，積極參與兩岸學術交流、金融研討，推動兩岸金融學術研究，對兩岸交流至爲盡力。

（三）

榮鴻慶於一九四七年離開大陸，一九九一年十月第一次回到上海。但隨榮先生接受採訪的陪同人員告訴筆者：“其實早在一九八二年，榮先生就非常關心國內經濟的發展，並且積極資助社會福利事業。在其胞姐榮卓如女士不斷的鼓勵下，榮先生邁出了回鄉投資的第一步。”

一九九一年成行，是爲了與上海第二十二棉紡織廠（現恢復申新紡織第九廠廠名，以前是榮先生先翁創辦的工廠之一）洽談合作建廠之事。一九九二年三月十四日，雙方在上海正式簽訂合約，并命名爲上海申南紡織有限公司。同年六月整土開工建設，一九九三年十月八日正式投產，榮先生說，由簽約、整土、安裝機器，至試車後正式投產，前後只用了一年多一點的時間，將三十萬平方尺的廠房建好，這麼快的速度，在上海也是前所未有的。自從在上海設廠之後，爲了推動兩岸金融交流，此後榮先生飛上海和北京就很頻繁了。

（本文原載《滬港經濟》一九九六年第六期，作者何登選，係該刊特約記者。）

繼承父業　開拓新路

——記榮鴻慶先生與上海商業儲蓄銀行

榮鴻慶先生是近代中國民族工業的先驅榮宗敬的幼子，一九二三年誕生於上海。那時，宗敬先生已年屆五十，事業蒸蒸日上，長子鴻元、次子鴻三已在大學讀書，對於這個“老來得子”，父親分外疼愛，悉心栽培。

鴻慶先生不但從小受到良好的學校教育，而且父親要求甚嚴，諄諄告誡他要培養誠信、勤儉、謙虛、寬容的優良品德，從他六七歲起，就常帶在身邊，一起巡視工廠車間，言傳身教，讓他瞭解企業的生產過程，體會工人勞動的艱辛，並學習爲人處世之道。無奈天不假年，父親在他十六歲時就去世了。之後，榮鴻慶在上海完成了中學和大學學業，從一九四六年起即繼承父業，先後擔任父親創辦的申新六廠和申新一廠的副廠長。

一九四七年，年僅二十五歲的榮鴻慶先生來到香港，創辦南洋紗廠，走上了獨立創業的道路。香港本來沒有紡織廠，南洋紗廠的創辦，爲上世紀五六十年代的香港開闢了一個新的產業領域。但是，鴻慶先生沒有以此爲滿足，從一九六四年當選爲臺灣上海商業儲蓄銀行董事起，他開始向新的領域——金融業開拓。

榮宗敬是聞名中外的“麵粉大王”和“棉紗大王”。“從四部石磨起家”的故事，說他是從開辦麵粉廠起家的。實際上，他的創業之路是從金融業開始的。他十五歲時從無錫來上海當錢莊學徒，滿師後在錢莊就業，一八九六年在父親榮熙泰籌劃下，自設廣生錢莊，有了積蓄後，纔轉向實業，創辦麵粉廠和紡織廠，而後成爲中國歷史上一代企業家的楷模。但廣生錢莊祇辦了十二年，到一九〇八年就收歇了。雖然他“心中常存恢復之想，但因人力、財力祇能專顧實業，終未如願，此爲吾兄生平遺憾，因所創企業均已逐步發展，而獨不保父業也。”[①]後來，榮鴻慶先生的幾位兄長和堂兄曾經辦過三新銀行、廣新銀公司等金融事業，但都未能堅持下來，所以父親多年的夙願，一直未能實現。

鴻慶先生在致力於開發香港紡織業的同時，還投資於金融事業，擔任香港商業銀行董事，一九六四年又當選臺灣上海商業儲蓄銀行（以下簡稱上海銀行）董事。作爲榮氏後人，他不僅直接繼承了榮宗敬開創的紡織業，而且終於實現了榮宗敬恢復金融業的遺願。

◎ 一九一五年的上海商業儲蓄銀行

上海銀行是近代中國知名銀行家陳光甫先生，在一九一五年六月創立的，行址在上海寧波路，最初資本僅十萬元。由於其“服務社會，輔助工商實業，發展國際貿易”的辦行宗旨明確，深得榮宗敬讚賞，因此在一九一九年增資至一百萬元時，他就入股二十萬，並當選爲董事。從此，上海銀行就與榮家結下了不解之緣，在榮氏企業遇到困難時，多次得到上海銀行的支持而度過難關。上海銀行樸實的經營作風，在一般平民和工商企業界口碑極佳。至一九三〇年，已在全國各主要城市遍設分行，存款總額躍居當時全國民營銀行之首。抗戰勝利後，經營網點更增至一百多個，是大陸唯一一家遷到臺灣的民營商業銀行。

① 榮德生：《先兄宗敬紀事述略》，《榮德生文集》第314頁，上海古籍出版社，二〇〇二年七月出版。

榮鴻慶先生參與了上海銀行在臺灣復業的擘劃，繼一九六四年擔任董事以後，在一九七六年當選常務董事，一九八三年任副董事長，一九九一年任董事長，直至今年（二〇一二年）五月的董事會上，已屆九十高齡的榮鴻慶先生，儘管事前一再懇請退隱，但衆望所歸，仍全票當選，可見先生威望之高和對臺灣上海銀行的影響之深！

在當今金融自由化與國際化的時代潮流中，銀行業務必須依賴於英明睿智的舵手，帶領團隊衝破驚濤駭浪，纔能邁向成功的坦途。就這一點來說，榮鴻慶先生絕對稱得上最近三十多年上海銀行的領航者。自一九六五年上海銀行在臺灣復業以來，他擘劃有方，決策超前，帶領全體行員，篳路藍縷，辛勤耕耘，終於獲得豐碩成果，規模日益擴大，行譽日漸隆盛。其中一九八三年尤屬行務營運發展之轉折點，具有分水嶺的意義。在此之前，臺灣上海銀行經營較爲保守，主要是向下扎根，奠定基礎；自此以後，由於榮鴻慶先生以副董事長身份主導行務，上海銀行進入了實質發展、穩健成長的階段。他以敏鋭的眼光，堅持“經營企業化，業務多元化，作業電腦化，管理制度化，服務專業化”的現代經營理念，經常來往於香港、臺灣兩地，主持董事會議，協商重大行務，釐訂經營方針，規劃營運政策，博採衆長，睿達果決。

正是由於榮鴻慶先生的戮力經營，臺灣上海銀行的業績蒸蒸日上，至二〇一一年十二月底，資本總額爲新臺幣253.88億元，存款餘額6293億元，放款餘額4187億元，外匯承作量860億美元，淨值861.5億元；全年稅前盈餘95.63億元，預算目標達標率103.3%，稅後盈餘82.93億元，EPS（稅後每股盈餘）2.89元，位居臺灣銀行同業之冠；BIS（資本適足率）12.75%，NPL（不良放款比率）0.23%，備抵呆賬覆蓋率692.41%，資本適足性及資產品質均優於同業，整體經營指標及成長性亦好。

除上述經營業績外，在各項評比中，亦榮獲各界肯定，佳譽不斷。

一九九一年，《商業周刊》“銀行服務質量意見調查”第一名。

一九九七年，《歐元雜誌》新興市場國家銀行（四十國四百五十家銀行）

評等第一名。

二〇〇二年，第一屆臺灣傑出金融業務菁業獎“最佳國際發展獎”。

二〇〇三年起，連續三年獲選爲“辦理中小企業信用保證融資業務成績優異金融機構”。

自二〇〇五年至二〇〇七年，先後獲得 ISOOBU 匯款業務、項目質量管理系統標準認證，以及國際信息安全管理體系標準之認證。

二〇〇七年，《亞洲銀行家》評列爲臺灣地區強勢銀行第一名。

二〇一一年，榮獲中國生產力中心主辦“銀行業服務資本與企業創新形象”評鑒，榮獲“盤龍獎”服務資本大賞一般商業銀行第一名及員工幸福感一般商業銀行第一名；同時，榮獲金管會頒發的“中小企業放款甲等績效優良銀行獎”及“走入校園與小區金融知識倡導活動”第四名，并榮獲全球風險專業管理人協會（GARP）臺灣分會“2011 風險管理年度楷模機構獎”。

爲發展兩岸金融業務之佈局，一九九五年，榮鴻慶先生率先組團來到大陸考察金融市場，爲臺灣上海銀行日後兩岸金融業務的開拓，奠定了堅實的基礎。二〇〇〇年，有鑒於推廣兩岸三地金融業務合作，臺灣上海銀行與香港上海商業銀行、大陸上海銀行組成策略聯盟，進行業務交流合作，開始每年輪流舉辦滬港臺“上海銀行業務研討會”。二〇〇二年一月，臺灣上海銀行國際金融業務分行（OBU）爲第一家獲准與大陸金融機構直接辦理通匯的銀行；七月又與大陸九大銀行建立通匯關係，并匯出臺灣第一筆直接通匯，開創了兩岸金融往來新局面。二〇一一年，更開辦了 OBU 人民幣業務，進一步滿足了臺商客戶金融服務之需求。目前臺灣上海銀行已擁有香港分行、越南同奈分行，并準備申請設立泰國和印度尼西亞兩個代表處。

此外，上海銀行早在一九二三年，就附設旅行部，從事代售火車票及安排旅遊行程的業務。一九二七年，將旅行部獨立，全額投資成立附屬機構中國旅行社，是中國第一家旅行社。

中國旅行社成立後，業務非常活躍，除組團安排旅遊行程外，還代理

◎　臺灣上海商業儲蓄銀行總行新大樓

國内外著名巴士、航空、輪船、火車票務，在全國各大城市及著名風景區設立招待所或自建飯店，接待過往旅客。同時還獲得報關及貨運執照，從事物流業務；甚至連政府外交賓客來訪，也委由中國旅行社接待。抗日戰爭勝利後，中國旅行社於一九四六年在臺北設立分社，一九四九年奉命改制爲“臺灣中國旅行社”，是臺灣的第一家旅行社。多年來，一直從事臺灣地區的旅遊業務。目前資本總額爲三億九千萬元新臺幣，社址在臺北市林森北路，榮鴻慶先生曾擔任過董事長，現在是榮譽董事長。

二〇〇八年七月，臺灣當局開放大陸居民赴臺旅遊，國家旅遊局邵琪偉局長率領的首發團蒞臨臺灣，即由臺灣中國旅行社負責接待；隨後，又榮獲二〇一〇年“上海世界博覽會臺灣門票銷售”獨家代理權。由於中國旅行社創辦時間早，一九四九年以前在全國各地就設有分支機構及招待所八十多處，在兩岸三地擁有很高的知名度，開展旅遊業務又是其強項，兩岸許多高層人士的往來多由其負責接待。可以預料，臺灣中國旅行社不僅將爲兩岸的觀光旅游，而且將進一步爲兩岸深層的交流與合作，做出新的貢獻！而榮鴻慶先生的業績，也將載入史冊！

（榮華源　撰稿）

和員工站在一起的銀行家

——臺灣上海商業儲蓄銀行董事長榮鴻慶

他是中國近代最具影響的民族工業巨擘之一 —— 無錫榮氏家族中的第二代商業翹楚。他六歲便隨父親榮宗敬巡視廠房，熟悉商業。他在離開故鄉長達半個世紀之後，纔又踏上故鄉的土地。

他是商界巨賈之子，卻也是創業家的典範。他在香港興辦紡織事業的巔峰時期，香港一半以上的紗廠都與他有關；他主導臺灣上海商銀的經營時，這個曾經是舊中國最大的民營銀行，已在臺灣地區銀行界做了將近二十年“最小”。

榮鴻慶清楚臺灣地區和大陸的商業往來祇會愈來愈密切，而他所領導的上海商業儲蓄銀行（上海商銀），則在金融業務方面有獨特優勢，即有和臺商的長遠關係以及對臺灣地區產業脈動的瞭解，又有香港上海銀行的據點和外匯網絡，而且還有與大陸的深厚歷史淵源。

臺灣地區沒有一家銀行有這樣獨到的特色和優勢，因此，榮鴻慶對於推動臺灣地區、香港特區和大陸之間的金融業務不遺餘力。

二〇〇七年，臺灣上海商銀將要歡度九十二歲的生日，身爲一個永續經營的老銀行，上海商銀在臺灣地區的表現卻不斷地讓客戶和股東驚喜，展現出路遙知馬力的穩健和一如創業之初的創新與客戶導向精神。

“獨木不成舟”

在臺北中山北路和民權東路的交叉口，穩穩地坐落著一棟三角形的宏偉大樓，這就是上海商銀的總行大樓。這“百年老店”不但不見老態，而且在二

○○七年又更加煥然一新，一樓的自動銀行專區，全都換上了粉紅色、活潑可愛的“代言小豬” Pukii 漫畫，讓冷冰冰的自動提款機、存款機和客戶更容易對話。小朋友經過，興奮地拉著父母叫“Pukii! Pukii! ”喚起兩代人對上海商銀的共同記憶。

臺灣地區現在的中產階級，幾乎每一個人小的時候都曾經擁有過一個豬的撲滿，裏面存滿了許多夢想。上海商銀選擇粉紅色討喜的 Pukii 代言，一方面呼應了上海商銀自創行開始就鼓勵的儲蓄經營理念，一方面也用現代的方式，重新詮釋了“百年老店”的立業基礎。

從大陸到臺灣地區，穿越時光隧道與地域間隔，上海商銀在臺灣地區消費者心中的形象，隨著時代變遷能夠歷久彌新，主要就是因爲上海商銀一直堅持銀行的專業價值，將近百年來一路祇做對的事。

上海商銀伴隨著臺灣地區的經濟成長，和企業一起發展，擴大版圖。最近十年，臺灣地區金融業，特別是銀行業的發展，可謂是風雨兼程，凶多吉少。亞洲金融風暴、互聯網泡沫破滅，導致全球不景氣。二○○六年，更面臨前所未有的“雙卡風暴”（現金卡、信用卡壞賬），整個銀行業虧損將近百億新臺幣，而且形象受到嚴重打擊。但是，在這些風暴中，上海商銀卻都能平穩渡過，最近五年，每年稅前盈餘都有兩位數的成長率。

爲什麼上海商銀能在臺灣地區金融業表現得這麼不一樣？如同河流溯源，這答案要回到經營者和影響經營者的經營理念上去找答案。

從大陸到臺灣地區，從最小到最好

上海商銀的成功，靠的不是運氣和猜對景氣循環的周期，而是專業和人。帶領上海商銀成功的靈魂人物，正是今年八十五歲的董事長榮鴻慶。

榮鴻慶的父親榮宗敬，是中國最具代表性的實業家，在二十世紀二三十年代就是享譽海內外的“麵粉大王”、“紡織大王”。爲很多人不知的是，當時榮宗敬也有投資中國銀行、上海商銀等多家金融機構，這也是榮鴻慶日後經營主導上海商銀的基礎所在。

榮鴻慶在一九四六年畢業於滬江大學工商管理系。貴爲商界巨賈之後的他，卻是創業家的典範，他一九四七年前往香港，創辦了南洋紗廠。新中國成立，其家族產業盡歸國有之後，他全力在香港發展紡織事業。鼎盛時期，香港一半以上的紗廠都與他有關。內地改革開放後，他和姐姐榮卓如一起，與當時的上棉二十二廠合資開設中南紡織廠，如今，這家總投資三千萬美元的工廠，依然是上海紡織行業最大的合資企業。

而我們現在所要重點講述的，則是他帶領因戰亂和其他原因而遷往臺灣地區的上海商銀，化腐朽爲神奇的事蹟。

榮鴻慶在一九六四年作爲家族的代表，成爲已遷往臺灣地區的上海商銀的股東，并先後擔任了董事、常務董事職位。然而，上海商銀這家曾經是中國最大的民營銀行，在臺灣地區復業的最初二十年，卻一直衹保持總行和兩家分行的規模。也就是說，上海商銀到臺灣地區發展的前二十年，實際上是做了二十年“最小的銀行”。在此期間，榮鴻慶也僅僅衹是董事，未主導其經營。

直到一九八三年，原本擔任常務董事的榮鴻慶，變成主導經營的副董事長，上海商銀纔動了起來，以積極的腳步追趕過去將近二十年的停滯，並且取得了令世人矚目與尊敬的成績。

在榮鴻慶的苦心經營領導下，上海商銀實現了飛躍式的發展。在一九九七年七月英國出版的《銀行家》(The Banker)雜誌對臺灣地區銀行的排名中，上海商銀的規模已經成爲臺灣地區銀行業中的“第十三大”，而財務健全、獲利表現和資產報酬率、淨值方面，這家“第十三大”的中小型銀行所取得的業績，卻高居全臺灣銀行之冠。

一九九八年九月出版的《歐元》雜誌(Euromoney)則將上海商銀評級爲全球四十個新興國家(地區)市場的第一名銀行。長久以來低調又保守的上海商銀，因爲卓越的專業和這仿佛一夜之間創造出來的奇跡，吸引了臺灣地區媒體和大眾的眼光。

事實上，這仿佛一夜之間創造出來的奇跡，是榮鴻慶苦心經營、默默改革多年的結果，也是他發揚光大先輩事業的又一個依託和象徵。因爲他是從父親榮宗敬手中傳承下來的事業，而且從小親身體會父親創業維艱的辛苦，所以，榮鴻慶一直覺得有義務把發揚光大祖業的使命背在身上。因此，主導上海商銀經營後，他一改過去把臺灣地區祇當成跳板的心態，大刀闊斧帶領上海商銀積極擴張。

在榮鴻慶擔任上海商銀副董事長之前，也就是上海商銀在臺灣復業的前二十年，上海商銀的經營者一心祇把臺灣地區當成一個暫時經營的地點，因此無心在臺灣擴充。加上董事長和總經理都是香港上海銀行的領導人兼任，業務重心一直放在香港。因此，復業前二十年，上海商銀在臺灣地區幾乎一直是停滯保守，祇維持著包含總行和兩處分行的規模。

黃金時期睡了二十年

榮鴻慶是一個非常內向敏感又少言的長官，他一口濃濃上海口音的國語，不專心聆聽，不容易聽懂，而且他不喜歡讓別人覺得不自在。他說話不多，總是維持一派紳士氣度，笑呵呵的面對同仁。

少說話，反而可以靈敏觀察對方的神情好惡及許多事物的細節。雖然親和力強，但是榮鴻慶對於自己堅持的目標卻不妥協。他走起路來，常常是上身往前傾，肩膀在腳步的前面，低頭前進，彷彿腳步跟不上速度，透露出他個性中急迫的一面。

"上海商銀以前在臺灣地區，等於祇擺一個攤子。睡了這麼多年，現在要開始賽跑了。"榮鴻慶語氣透露著焦急地說。

除了不擴張，上海商銀之前在台灣地區，還一直保持非常低調的身段。

副總經理何俊明一九七一年進入上海商銀，當時臺灣上海商銀的總行，已經搬到臺北館前路。"那時候，跟出租車司機講'上海商銀'，司機還不知道在哪裡，要講館前路。"何俊明說。何俊明從當時的大銀行——彰化銀行進入上海商銀，深深感受到積極擴張的銀行與低調保守銀行的差異："上海商銀等於是在銀行發展的黃金時期睡了二十年。"

年輕時經歷過抗戰等大風大浪的歷練，榮鴻慶作風也非常低調，在臺灣地區熟悉他的人不多，早期臺灣地區報紙上的報道，甚至誤傳，榮鴻慶是“紅樓夢榮府”的後代，更增添神秘色彩。

銀行穩賺不賠的時代

榮鴻慶上任副董事長以後的第一要務，就是開設分行。

一九八三年，臺灣地區的金融市場仍是管制時期，整個市場是賣方市場。當時銀行主管機關規定一個月存款利率6.5%，基本貸款利率9%，銀行祇要根據掛牌的利率加碼貸款就好了，沒有競爭，穩賺中間的利差，還可以挑選客戶。

銀行的經理高高地坐在辦公室裏，不用對客戶堆滿臉笑，就可以等著客戶帶著抵押品上門拜託。對銀行來說，祇要多一家分行，就是多一個吸收存款的吸金庫，然後就可以坐著等貸款進來，銀行在當時是穩賺不賠的金飯碗。

不但金融資源是被當局管制的，當時銀行業主管機關對銀行開分行也有嚴格限制。一家銀行一年最多祇能增開五家分行，還得視銀行的表現以及政策配合度。

一直到一九八五年，榮鴻慶擔任副董事長的時代，上海商銀纔終於開了第一家臺中分行，位於臺中三民路二段四十六號。

從此以後，上海商銀趕在臺灣地區開放設立新銀行前，每年都以最佳的表現，贏得主管機關肯定，以最高的速度開分行，有一年甚至開了六家分行。而且每一家分行開張，榮鴻慶不管人在哪裡，一定親自飛來臺灣主持開幕儀式。之後，在每一家上海商銀大紅招牌高高掛起的新分行開幕照片上，都能看到榮鴻慶和當時的總經理嚴雋榮、執行副總經理周慶雄以及許多主管，臉上掛著笑容，拿著香，點起一長串從樓上垂到地上的大紅鞭炮。

大紅鞭炮霹靂啪啦地爆響不斷，在煙霧中，每一位上海商銀的同仁彷彿都看到了愈來愈大的舞臺。

對於沉寂了將近二十年的上海商銀來說，每開一家新分行，就像是新生一個小孩，都是行裏最重要的大事，不衹榮鴻慶董事長一定親自到，所有分行的經理、副理等幹部，也是一定盛裝參與。

“記得每次新開分行，假如是中南部的分行，我們所有的幹部，都是前一天晚上就下去準備。這樣的動員不是強制的，沒有規定，但是大家就是一定會到。前一晚大家一起吃飯，喝得酩酊大醉，就像是家人辦喜事一樣開心，那時候真的很狂。”前總經理周慶雄，想起以前和同事一起同甘共苦的回憶，仍然覺得十分溫馨。

一九八〇年代，榮鴻慶擔任副董事長以後，主導上海商銀經營，並在臺灣地區積極擴張。上海商銀在臺灣地區的分行據點、員工人數和資産規模，都快速成長，因爲不快也就要來不及了。

因爲緊接著進入了二十世紀九〇年代，就是臺灣地區的金融自由化時代，銀行、保險、證券、投資信託公司，都進入了大鳴大放的開放競爭環境。

“我們拼命打廣告，就是要在新銀行都沒有出來以前，讓客戶都知道上海商銀也是家老銀行，不要把上海商銀也當作十多家新銀行其中之一。”周慶雄說。

除了大打廣告之外，榮鴻慶心中另外一個更大的擴展計劃，也在緊鑼密鼓地展開……

買總行，展現“根留臺灣地區決心”

榮鴻慶擔任副董事長以後，一心想要發揮上海商銀的經營實力，以速度換取過去將近二十年的蹉跎。心裡念茲在茲的，除了要多開分行、積極拓展業務，另外就是希望買下一棟體面的總行大樓，建立起上海商銀在臺灣地區的形象和知名度。“要讓存戶相信我們銀行，不是把臺灣地區當作跳板。”榮鴻慶說。

在一九八九年，上海商銀買下新總行大樓的機會浮現。當年三月間，現在中山路上海商銀總行前身美琪飯店準備要出售，正好位在寬闊的路口三角窗，是做生意的絕佳地點，加上兩條主要的臺北市幹道交會於此，大樓位置氣派又明顯。

當時美琪飯店的老闆是連立豐，開價約新臺幣二十八億左右。

榮鴻慶對於這棟大樓有極高的興趣，立刻在香港爭取當時董事長朱如堂的同意。在購買的過程中，上海商銀極度保密：一方面，怕打草驚蛇，引起賣方抬高價格或是吸引更多的競爭者比價；另一方面，也因爲這幾乎是上海商銀在臺灣地區最大的一筆投資案，擔心引起多方注意以及不同意見。

當時的媒體甚至報道，是香港上海銀行打算在臺北買大樓，似乎媒體都不相信，在臺灣地區一向低調的上海商銀，有這個買總行大樓的意願和實力。

當時在臺北，房價飆漲，主要的辦公大樓幾乎都是屬於幾大金融保險集團。剩下地段好、價格又合理的整棟大樓，實在不多了。所以，榮鴻慶幾乎抱定"非買下美琪飯店不可"的決心。

"閒話一句"，買下總行大樓

當美琪飯店的老闆連立豐表示，願意和上海商銀討論購買的細節時，榮鴻慶當時原本已預定要前往英國，但是他立即決定先到臺北來談生意。

在當年美琪飯店一樓的咖啡廳裡，嚴雋榮和周慶雄陪同榮鴻慶，榮鴻慶一見到連立豐，就發現兩位都是上海同鄉，心情立刻輕鬆了一半，兩個老鄉自然熱絡地用上海話寒暄起來。

然後榮鴻慶積極地說："連老闆，我們閒話一句，說好要賣給我們了。"連立豐也很果決地就"閒話一句"，決定賣給上海商銀。兩個人當時沒有簽任何文件。

在上海商銀還沒有和美琪飯店簽約之前，榮鴻慶一顆心都懸著，因爲無法親自到臺北，又很擔心連立豐會臨時改變心意，或是其他競爭者出更好的價格……因此，和連立豐見面之後，榮鴻慶一直催著嚴雋榮總經理和周慶雄執行副總經理，要趕快簽約，十天后終於約定，要和美琪飯店簽約。

“記得簽約那天，我下午兩點已經抵達英國。但是因爲時差的關係，一直要等到英國晚上時間，臺北纔正式簽約。所以我一直等消息，睡不著，心裡好緊張。倫敦晚上差不多十點多鐘，臺北終於來電話了，確定簽約完成，我纔鬆了口氣，纔能睡覺。”榮鴻慶回憶起來，仍是緊張得很，“美琪飯店樓上還有跳舞廳、夜總會呢！”簽約完成，這些細節纔浮上榮鴻慶的腦海。

不過一切都可以慢慢處理了，因爲美琪大飯店即將變成上海商銀的總行了！這是上海商銀在臺灣地區復業以來最大的一筆投資。榮鴻慶一直很高興，買到了這棟體面的總行大樓，爲上海商銀在臺灣地區奠定了穩固的發展基石。

經過兩年的整修，上海商銀聘請一流的沈祖海建築師事務所、日本的熊谷組建設改建總行大樓，終於在一九九一年三月，上海商銀總行正式搬到民權東路一段二號的新址。

一串鮮紅的長鞭炮掛在大樓外面，行裏上上下下擠滿了賓客和觀禮的員工，大家心情都好興奮，榮鴻慶的至親好友，也都遠道從香港親自來參加開幕典禮。

上海商銀搬新家，不祇是表面上的風光，也等於向外界展現了厚實的經營實力。“我們搬了總行以後，等於是展現了我們的基礎，以及在臺灣地區經營的承諾。因爲媒體報道很多，島外和我們往來的通匯銀行，都自動把我們銀行的往來信用額度提高一倍以上。”何俊明副總經理說。

暌違半世紀的返鄉之路

一九九一年，榮鴻慶離開從小長大的上海，已經四十三年。在這四十三年當中，榮鴻慶住在香港，距離故土祇有窄窄的一個海灣，與家離得這麼近，但一晃半個世紀，卻一直都不曾“回家”。

在這四十三年的時間當中，大陸有關方面一直邀請榮鴻慶“回家看看”，但他始終沒能回來。在一九八五年九月，無錫市人民政府舉辦榮氏家族聚會，邀請散居世界各地的榮氏家族成員回到無錫重聚。有關方面專門到香港來請榮鴻慶和他最親的姐姐榮卓如，也回到無錫參加這個家族聚會，但榮鴻慶還是沒有回來。一直到一九九一年，暌違了半個世紀，六十八歲的榮鴻慶纔在夫人周淑霞女士以及四姐榮卓如陪伴下，第一次踏上返鄉之路。

面對這塊故土，榮鴻慶心中有著非常複雜的心情，這是自己從小長大的地方，也是父親付出最多心血辛勤耕耘的土地。但是，父親的苦心和所有成就也是在這塊土地上化爲煙霧，成爲他記憶中的一道傷痕。而這次一回來，他先前不願，甚至不敢回來的想法，就被改變了。

就在榮鴻慶第一次返鄉的次年，一九九二年一月，鄧小平南巡，發表了著名的"南巡講話"，宣示中國"以經濟發展爲重心"的劃時代改變。

和故鄉暌違了半個世紀的榮鴻慶，必須決定是否要抓住這個機會，重新回到父親和自己的故鄉。鄧小平的講話，堅定了他的信心，他回憶說："鄧小平說……抓住時機，發展自己，關鍵是發展經濟。現在，周邊一些國家和地區經濟發展比我們快，如果我們不發展或發展得太慢，老百姓一比較就有問題了。所以，能發展就不要阻擋，有條件的地方要盡可能搞快點，衹要是講效益、講質量，搞外向型經濟，就沒有什麼可以擔心的。低速度就等於停步，甚至等於後退。要抓機會，現在就是好機會。我就擔心喪失機會。不抓呀，看到的機會就丟掉了，時間一晃就過去了……"

搶進臺灣地區、香港特區與大陸的金融業務路

上海商銀有著和大中華經濟圈緊密悠遠的歷史淵源。經過了半個世紀，榮鴻慶自己也再度牽起了剪斷數十年的故鄉聯繫。在大時代歷史風浪的沖刷下，榮鴻慶其實清楚看到，上海商銀又有一個可以趁著浪頭，站上另外一個高峰的機會。

二十世紀九〇年代初期，在臺灣，第一代勞動密集的傳統中小企業，都已經前往大陸生產投資，但兩岸的金融業務，卻一直無法聯機順暢運作。

一九九二年以後，大陸改革開放步伐提速，上海商銀抓住機會，拓展大陸市場。當年五月，上海商銀就派人到香港上海銀行駐點，提供臺商金融服

務。香港一直是臺商進入大陸的跳板，雖然香港上海銀行也能提供客戶同樣的服務，但是香港銀行的作風西派。譬如，和銀行往來大多衹接受簽章，不接受印章、規章不同，語言也不是可以百分之百溝通。上海商銀派出資深銀行主管，到香港服務臺商，對於臺商來說，是做生意最好的幫手。也因此，香港上海銀行的臺灣業務一直非常興盛。

一九八五年進入上海商銀服務，現任企業金融事業部協理的林志宏，是上海商銀第一位被派任到香港上海銀行的行員。一九九二年五月，林志宏在臺灣地區的上海商銀辦理留職停薪的手續，到香港重新申請工作證，以銀行行員的身分，在香港爲臺商提供服務。這也開啟了上海商銀在臺灣地區、香港特區和大陸之間的金融業務的龍頭地位。

早上九點到下午五點電話響不停

榮鴻慶清楚，臺灣地區和大陸的商業往來，衹會愈來愈密切。金融業務方面，上海商銀有獨特的優勢，既有和臺商長遠的關係，瞭解臺灣地區產業脈動，又有香港上海銀行的據點和外匯網絡。臺灣地區沒有一家銀行有這樣獨特的特色和優勢。因此，榮鴻慶對於推動臺灣地區、香港特區和大陸的金融業務不遺餘力。

“剛到香港的時候，榮先生到銀行開會都會親自過來看看，詢問業務和生活狀況。記得他第一次來的時候，還親自帶著我，走路到銀行附近的連鎖通訊家電賣場，選購多功能的事務機，就是那種既能傳真，又可以打電話的新型機種。他挑選最好、功能最齊全的機種，就說這個好。還叮囑我，未來業務的發展性很大，設備要加強。”回憶起當時的經歷，林志宏印象深刻，而且非常感動。

因爲身爲董事長的榮鴻慶，大可以請總務採買設備，但是他關心員工和對業務的用心，就展現在這些細節當中。上海商銀因爲順利搭起了臺灣、香港和大陸的金融通匯網，讓客戶業務便利又有效率，很快就在市場上打出名聲。

現任香港上海銀行駐上海代表孫國平，在在上海商銀工作已經二十九年，一九九八到二〇〇〇年期間也曾經派駐香港。他記得：“在香港工作的時候，從早上九點到下午五點，電話都響個不停，我就是一手拿著電話筒，一手一直在紙上寫、寫、寫。”孫國平駐香港的時候，每星期都寫報告回臺北，衹有利用星期六下午有空的時候寫報告，每次警衛先生要下班時，他都還沒有走。警衛先生在走之前，都會提醒埋頭工作的他：“後面的門已經上保全了，不能走了。”

隨著臺商到大陸投資的腳步愈來愈熱絡，上海商銀的兩岸金融業務也成爲了最忙碌的業務。

國際金融業務是獲利金雞母

最近林志宏到香港出差，到香港上海銀行的 Taiwan desk 去看同事，但是卻沒有時間和同事寒暄，“我一到辦公室，就聽到桌上的電話一直響不停，衹好站在那裡幫忙，幫同事接客戶電話，接了半個小時。”

二〇〇二年，上海商銀是第一家 OBU（國際金融業務分行）獲准與大陸金融機構辦理直接通匯業務。二〇〇四年，也是第一家獲准 DBU 與大陸金融機構辦理直接通匯業務，第一家獲准 DBU 對大陸臺商辦理授信業務。

現在，走進上海商銀總行民權東路大門，一進門的左手邊，就是金雞母 OBU 體面寬敞的辦公室，每天上午靠近走道辦公桌旁的電報聲嗶、嗶、嗶響不停。每一個嗶聲響，就代表一筆生意進來。

臺灣地區、香港特區和大陸通匯最快

因爲歷史的變遷，當年的上海商銀現在已經發展成爲分處於臺灣地區、香港特區和大陸的三家銀行。但同樣因爲歷史的變遷，如今的三家上海銀行又要緊密地合作起來。而臺灣地區、香港特區和大陸的三家上海銀行，重新串連起合作的關係，受益的是往來臺灣地區、香港特區和大陸的臺灣企業家。

現在，臺灣地區的上海商銀是香港的上海銀行的主要股東，彼此有緊密的合作關係。上海的上海銀行則是一九九五年十二月，由九十九家上海城市信用合作社組建而成的股分制城市商業銀行，目前約有兩百家分支機構，營運也很穩健，主要法人股東除上海的國營機構外，還有香港上海滙豐銀行持股8%，國際金融公司持股7%；香港上海銀行也投資了3%的股權，與其建立了策略聯盟的關係。

有了這些直接和間接的策略關係，臺灣地區的上海商銀除了和大陸的上海銀行有間接投資關係，和其他大陸主要銀行也有通匯管道。假如臺灣上海商銀的客戶在臺灣地區要匯款到大陸，當天就可以入賬，速度和效率沒有其他臺灣地區的銀行可以競爭。

從二〇〇〇年開始，臺灣地區、香港特區和大陸的上海銀行共同舉辦“滬港臺上海商銀業務研討會”，以四個小組“個人金融業務合作小組”、“國際業務合作小組”、“共同形象推廣小組”、“客戶營銷小組”每季聚會，交流經驗和追蹤合作的成果。其中在共同形象的推廣上，臺灣地區、香港特區和大陸上海商銀已經有共同的形象廣告。在桃園中正機場、高雄小崗機場、上海浦東機場都可以看得到。同時，三家上海銀行也有共同的識別標誌以及共同的行員制服，顯示臺灣地區、香港特區和大陸三家上海銀行緊密的合作關係。

董、監事們從不跟銀行借錢

在上世紀九〇年代初期，臺灣地區的金融業，經歷了自由化和民營化的快速革命，金融環境有了極大的改變。銀行事業是特許事業，也是一個道德操守要求嚴格的行業，因爲銀行左手拿客戶的存款，右手貸款賺取利差，因此必須對存戶負責。

上海商銀在這樣的環境中，顯得格外特別。榮鴻慶雖然自己也經營企業，但是從來不向自己的銀行借錢。樹立這樣的典範，上海商銀在臺灣地區金融界，一直有著正派和專業的形象。

"評等公司來評等，問我們銀行的關係人貸款明細。攤開表報，一看所有關係人貸款都是行員的購屋貸款。銀行董、監事們從來不向銀行借錢，這在臺灣銀行界是幾乎沒有的情形。"長期負責經研業務的總管理處協理彭國貴很驕傲。"'央行'第一次金融檢查，都看到我們沒有董、監事的關係人貸款，關係人貸款中祇有小額的，都是有擔保員工貸款。"副總經理何俊明說。

專業的形象，是上海商銀最大的優勢。

臺灣地區、香港特區和大陸的金融業務，更是未來最有成長潛力的業務商機。但是處在一些因素中，上海商銀繼續以低調沉穩的步伐前進。

祇是在臺灣地區金融界割額式的競爭下，加上處於高風險的不確定時代，時時得應付全球化的挑戰……未來，上海商銀應該以穩紮穩打的步調，還是更有彈性的原則，以面對這些挑戰？這也是榮鴻慶現在最大的難題。

溯源

九十二歲的上海商銀在榮鴻慶的帶領下，交出了漂亮的成績單。榮鴻慶到底有什麼秘訣？

採訪榮鴻慶身邊的人，是一個非常特別的經驗，不像一般的採訪，需要帶動氣氛、主動提問題。每當談到榮鴻慶，這些人心中的感謝彷彿找到了泄洪的出口，迫不及待地把心中塵封已久、非常生動、充滿細節的記憶，一個接一個講出來。一個接一個生動的故事，讓記者祇能低頭奮筆疾書，快速翻過一頁又一頁的筆記本。在這些記錄當中，浮現出榮鴻慶待人一視同仁、不分尊卑的謙遜態度。

"做一個領袖，不必樣樣都懂，因爲有專業經理人幫忙做事，但是要會領導。董事長（榮鴻慶）就是有這種特質，他能帶動員工的心，讓人覺得很溫暖。"上海商銀駐行常務董事、前總經理陳逸平結論。在採訪中，陳逸平提到好多次榮鴻慶具備了"Leadership"（領袖特質），這是一個再形象不過的概念。

在臺灣地區，一般大眾熟悉的企業領導人，譬如科技大廠和許多金控公司第二代接班人的領導特質，多半是以“霸氣”著名，對員工一個口令，一個動作，權威不容挑戰，以指揮千軍萬馬之姿態成就霸業。

員工就像“弟兄”

身高一百八十公分的榮鴻慶，銀白的頭髮梳得一絲不苟，一身合體的手工西裝和式樣簡單、做工精緻的意大利皮鞋，就如同他的人一樣，他的西裝、領帶和襯衫的搭配方式，都是低調、不顯眼的配色和設計。但是，在細節裏突顯著細心安排的精緻品味。

外表上，看到榮鴻慶貴氣的身分和沉穩的性格。榮鴻慶是含著金湯匙出身的企業家第二代，父親累積的事業成果，讓他一出生就過著比一般人無法想像的富裕生活。他一出生，就住在上海租界內的大宅子裏，有舞廳、數不清的房間，家裡往來的都是當時的社會名流和政經的菁英。在上海陝西北路的舊宅當中，榮鴻慶的姐姐榮卓如重回老家，就指著一樓會客廳旁邊的樓梯回憶：“當年我和鴻慶就是坐在這個樓梯邊上，看著爸爸和陳光甫先生（上海銀行創辦人）會面談事情。”

但是，在父母的教導下，他卻完全不以他的身分自傲，以高高在上的姿態對外。反而他的個性平易近人，敏感，又重視細節，特別關心身邊的小人物。這樣的領導特質，是他經營實業成功的最大關鍵。這樣的特質，是他從小跟著父親學來的身教！

低調的榮鴻慶，很少會提到，也不知道如何回答，關於自己“管理哲學”的問題。他衹是很明確地用很簡單的語言說：“我不太喜歡很‘霸’的管理方式。因爲假如上面的人很霸，下面的員工就不能發揮。其實有的時候，自己想的也不一定是對的，要聽聽別人的意見，不是嗎？”

屏除霸氣，以溫和的姿態和態度“帶動員工的心”，卻是很多企業主管苦思不得其解的難題。如何能做到，在榮鴻慶眼裡，唯一的關鍵就是“真心誠意”！

榮鴻慶常常提到的就是“獨木不成舟”，強調和員工就像是“弟兄”一樣，就是“一家人”。這些管理的哲學，聽起來老套，難得的是，榮鴻慶不衹是“說”，也努力地親自去“做”。

如何能有這樣的理念深入心裏，很重要的原因是榮鴻慶在無形之中，從小跟著父親耳濡目染。“鴻慶學得爸爸的脾氣，就是不出聲，不多講，而多看。”從小和榮鴻慶最親近的四姐榮卓如觀察。

父親影響榮鴻慶一輩子

榮鴻慶的父親榮宗敬先生，是影響他一輩子最深刻的人。榮鴻慶常常說起的一個故事就是，從六歲起，每到周末，父親都會把他帶在身邊，一同巡視上海和無錫的紗廠。

榮宗敬是中國有名的白手起家的實業家，他沒有背景和繼承來的財富，十五歲時就從一個錢莊的練習生開始，全靠著自己赤手空拳打拼天下。將近一個世紀之前，他是當時中國有名的“麵粉大王”和“紡織大王”；而且，他不衹在實業界經營得有聲有色，也曾經先後擔任中央銀行理事、中國銀行董事，以及上海商銀董事。

一直到現在，榮宗敬在中國，仍然是非常受尊敬的實業家。事業的極盛時期，他的麵粉和紡織工廠生產的產品，供應了大半中國人民的衣、食。毛澤東一九五六年曾經公開推頌：“榮家是中國民族資本家的首戶……在國內外起了很大影響。”

小的時候，嚴肅的父親用溫暖的雙手，牽著老幺榮鴻慶走過一間又一間的工廠。榮鴻慶雖然年幼，并不瞭解父親的壓力和事業，但以孩童的眼光，也看得出父親認真經營，一步一個腳印的執著和辛苦。

榮鴻慶印象很深刻，父親總是輕輕地說：“跟我看看廠，好過去看電影。”現在來回想這句話，也是父親當年對小小年紀的榮鴻慶的期許。多年之後，經歷了政府的改朝換代，父親大部分的事業幾乎都已收歸國有，榮鴻慶則盡力在海外將父親的事業延續下去。在動盪的大時代裏，每一個人對於未來都充滿了不確定，不知道何時戰火又要燎原，不確定明天是否還要捲起包袱逃難，創業並不是件容易的工作。

在臺灣地區，榮鴻慶擔任董事長期間，上海商銀經歷了金融自由化的白熱化競爭階段。雖然現在經營環境辛苦，但上海商銀在臺灣地區，也早已是一家被尊敬的商業銀行。

一輩子是個專業的銀行家，也是實業家，身爲幾個企業的領導人，榮鴻慶深深瞭解父親經營事業的辛苦，也深深體會到父親身處在動盪的大時代創業所需要的勇氣和毅力。

“獨木不成舟”，和員工一起努力的理念，也一代代地傳承。榮鴻慶的長孫榮康信（現任上海商銀董事、協理），他在旁邊觀察：“從前太公（榮宗敬）創業時，中國是亂世，太公在產業界，是一個開創角色。那時候的實業都是由歐洲和美國過來，太公做的等於是中國的工業革命。爺爺（榮鴻慶）初到香港和臺灣，也是從低技術正要發展到高技術的經濟轉型，爺爺也是從亂世中發展出來，從歷史的角度看，都是開創者。”

從歷史長河回溯，在榮鴻慶的努力下，父親榮宗敬的事業猶如不死的老幹新枝，孕育出新的生命。上海商銀在金融界留下的，不祇是亮麗的績效，更是銀行家專業的執著和對社會的貢獻！

二〇〇八年七月四日，首批大陸觀光客直接登臺，上海商銀獲得了爲大陸遊客首發團匯兑生意，榮鴻慶的長孫、上海商銀董事兼副總經理榮康信，與上海商銀總經理邱怡仁等主管，親自到機場迎接了首批大陸客人。這是令榮鴻慶非常開心的事情。因爲兩岸的交往越頻密，就越會給他和上海商銀更多賺錢的機遇，也越會讓他和上海商銀與隔岸相望的大陸故土親近。

（原載華商韜略編輯委員會主編：《了不起的力量——八十位傑出華商的財智人生與赤子情懷》，中央工商聯合出版社，二〇〇九年三月，北京。）

榮熙泰先生銅像記

唐文治

榮熙泰先生歿後二十二年，其子宗錦、宗銓捐鉅金於吾校圖書館，榮氏諸賓朋爲醵資建先生銅像于館內，屬余爲之記。

◎ 一九一九年在交通大學校園內建立的榮熙泰先生銅像

謹按行狀：先生諱文治，字熙泰，係出孔門先賢榮子後。其十四世祖字水濂者，遷無錫之榮巷鎮，遂家焉。先生生，而岐嶷洪羊之役，家室蕩然，爰棄儒就鐵業肆。師察其勤，委以會計事，必誠必恪。事母孝，治家儉，與人忠且和。中年遊幕粤東，依太倉朱仲輔觀察，賓主無間然，歷十餘年如一日。晚歲鑒世變之日非，以爲救國之道，務在重實業、興教育，慨焉懷大志，欲以推己及人爲宗旨，訓其二子曰："人必先求自立，而後以一己之利推及於社會，兼及天下。"方欲有所設施，遽以光緒丙申歲，齎志以歿。嗚呼！子輿氏有言："親親而仁民，仁民而愛物。儒者之道，由親及疏，由近及遠，始終條理，其誼如日月之不刊。"晚近以來，風俗偷薄，鮮有能語此者。孔子曰："善人吾不得而見之矣。"如先生者，豈非古之所謂善人歟！

宗錦、宗銓紹述先人，孜孜不懈，行將大昌其志。余故特著其生平，以爲世之作善者勸焉。

己未春日上海交通大學校長唐文治謹記

（原載民國二十四年《榮氏宗譜》卷二十八）

榮母石恭人家傳

唐文治

余昔掌南洋大學，創建圖書館，錫邑同鄉榮宗錦、宗銓昆仲捐資萬金，蕆其事，既爲其先人文治先生立像，鐫石以記。越數年，宗銓復來請曰："吾母恭儉仁慈，畢生勤苦，深懼遺型湮沒不彰，敢乞一言，以光家乘。"余深敬其孝思之不匱也，爰爲之傳曰：

恭人姓石氏，世居無錫富安鄉石巷。父諱慶榮，母戈夫人，生一子三女，恭人其季也。咸豐庚申之難，粵匪竄錫境，家陷賊中，慶榮先生父子俱被掠，長次二女亦俱卒，惟戈夫人與恭人獨存。亂平歸里，家產蕩然，惟恃女紅度日，其瑣尾流離之苦，有非常人所能堪者。

年十九，來歸先生，事堂上恪恭，克盡孝道。念戈夫人煢獨無依，迎之家，養之終身。鄉人僉曰："幸哉！有女如此，勝於有子矣。"先生自經兵燹後，家道中落，養魚耕田以自給。恭人朝夕闢纑以佐之，燈火熒熒，每至夜分，凡所烹飪縫製之具，皆不取售於市。其勤儉之操，可謂難矣。

年二十三生子宗錦，踰二年生子宗銓；又踰四年生長女，後歸項氏者也；又踰四年生次女，後歸尤氏者也。旋丁姑某太夫人憂，恭人哀毀甚，而艱劬彌至，日惟以勤儉訓其子女。所居榮巷鎮，鄉人初不諳蠶桑之利，某太夫人首創之，而恭人擴充之。或曰："其利薄，不足償厥息也。"恭人力排其說，以爲勝於紡織，先後植桑千株，育蠶繅絲，歲取盈焉。由是鄉人額其所爲，而蠶桑之利冠於通邑矣。

光緒中葉，閭閻休養生息，榮氏家計亦頗裕，而先生以光緒二十二年六月十一日卒。恭人益茹苦含辛，主持家政，自奉之薄，無異曩時。然每當閭里告貧或戚黨稱貸之時，靡不盡力以供給之。雖撤環瑱，無稍吝惜。蓋其仁慈之德，根於天性者然也。不十年後，厥宗大昌，子孫繁衍。恭人念女學之重，諄諄焉諭宗錦、宗銓，創設女校，由家塾而推至鄉邑，是爲競化女學之始。其平生訓宗錦、宗銓，惟曰"爲善"、曰"擇交"，而其知人之明、料事之至，多所奇中。蓋其精明端于忠孝，尤有不可及者也。

恭人以咸豐辛亥年某月某日生[①]，以光緒戊申年六月二十六日卒，享年五十有八。子宗錦、宗銓以順直振捐，奬資提舉，誥封恭人。吾友元和江太史霄緯，有道君子也，嘗謂吾言曰："余設帳榮氏，見其家肅肅雝雝，内外和睦，門無詬誶之聲，室無玩好之具。兄弟子女數十人，同堂而食，規矩秩然。其男則孝弟親仁，其女則婉娩淑順，世俗囂陵浮薄之習，無有稍稍沾染之者。待先生則誠且敬，待鄉人則和而公。因利惠工，振窮補不足，遐邇更多樂道之者。"余聞其言，知其寖昌寖熾之未有艾，而要皆本於恭人勤儉之德有以致之也。昔《雅》詩之《頌天保》曰"徧爲爾德"，《孟子》之《論天爵》曰"樂善不倦"，然則後人所以繼繼而繩繩者，詎可忘恭人之訓乎哉!

（本文寫於一九二六年，原載《茹經堂文集》三編卷七）

① 據清宣統二年《榮氏宗譜》卷二十一記載，石氏生於咸豐元年辛亥十二月二十四日（公元一八五一年二月十三日）。

榮氏家訓十二則

聖諭當遵

孝順父母，尊敬長上，和睦鄉里，教訓子孫，各安生理，毋作非爲，此明太祖訓辭也。只六句，已包盡爲人道理。我朝聖諭廣訓十六條，天語煌煌，彌加詳備，凡我士庶，宜各誦習，冀成善俗焉。

孝弟當先

孝也者，善事父母之謂；弟也者，善事兄長之謂。循此道，則爲端人，爲正士，即至聖賢不難；違此道，則爲逆子，爲惡人，雖與禽獸何異！世無願爲不孝不弟之人者，但其始起於忽微，而無人教正之，遂入於大惡矣。今後吾族子孫，如有不孝不弟者，衆執而切責之，開其自新之路。儻仍怙惡不悛不可貸者，衆鳴於公，以正典刑。

祠墓當展

祠，祖宗神靈所依；墓，祖宗體魄所藏。子孫思祖宗，不可不見見所依所藏之處，如見祖宗一般。春秋祭祠，一歲不過二次。凡年在十六以上者，均宜衣冠往拜，必敬必誠。祭畢而燕，尤宜分別尊卑，挨次序坐，不可雜亂喧嘩。至於墓祭，苟非遠出及有病，必須親往。有壞則葺，有漏則補，蓬棘則剪伐之，樹木則愛惜之。其歷代祖墳，或被侵害、盜賣、盜葬等情，則同心合力而復之。此事死如生、事亡如存之道，族人所宜急講者。

族長當尊

古者宗法立，而事統于宗；今宗法不行，而事不可無統也。一族之人，有長而公正者焉，分莫逾而賢莫及也，合族宜尊敬而推重之，有事必稟命焉。有司父母，斯民勢分相懸，而情或不通。族長率領一族，耳目甚近，無不立辨其是非者。凡我族人，咸知敬信，庶事有所統，而里中不肖子弟稍知畏懼云。

宗族當睦

《書》曰：以親九族。《詩》曰：本支百世。睦族者，聖王且重，況在眾人乎！觀于萬石君家，子孫醇謹，過里必下車，此風猶有存焉者歟！末俗或以富貴驕，或以智力抗，或以頑潑欺淩，雖能爭勝一時，實皆自作罪孽。況相角相仇，循環不輟，人惡之，天厭之，未有不敗者，何苦如此！

嘗謂睦族之要有三：曰尊尊，曰老老，曰賢賢。名分屬尊行者尊也，則恭順退遜，不敢觸犯；分屬雖卑，而年齒邁眾者老也，則扶持保護，事以年高之禮；有德行者賢也，賢乃本宗之楨幹，則親炙之，景仰之，每事效法，忘分忘年以敬之。此之謂"三要"。又有"四務"：曰矜幼弱，曰恤孤寡，曰周窘急，曰解忿競。幼者無知，弱者鮮勢，人所易欺，則矜之。一有憐憫之心，自隨處爲之效力矣。鰥寡孤獨，王政所先，況我同族，得於耳聞目擊者乎，則恤之。貧者恤之善言，富者恤之財穀，皆陰德也。衣食窘急，生計無聊，雖或自取，命運亦乖，則周之。量己量彼，可爲則爲，不必望其報，不必使人知，吾盡吾心焉可矣。人有忿，則爭競，得一人勸之，氣遂平，遇一人助之，氣愈激。然當局者自迷，居間而排解之，族人之責也，亦積善之事也。此之謂"四務"。引伸觸類，助義田，建義倉，立義學，築義塚，周旋同族，使死生無所失，皆豪傑所當爲者。善乎！

范文正公之言曰：宗族於吾，固有親疏，自祖宗視之，均是子孫，固無親疏。此先賢之格言也。人能以祖宗之念爲念，自知宗族之當睦矣。

蒙養當豫

子弟是族中之根基。子弟出得好，族中便有興隆氣象；子弟出得不好，族中便有衰敗氣象。有志振興者，宜急加意也。古人有胎教，又有能言之教，自小教起，立法周詳，是以子弟易於成材。今俗之教子弟，上者教之作文，取科第而已，文章以外不知也。次者教之雜書算數、市井狙詐之計，以便商賈營生。下者溺愛過甚，任其遊蕩，先人之目未瞑，而嫖賭之資已空，甚至流爲乞丐，饑寒以死者往往而有，此雖子弟之不肖，抑亦父兄失教之過也。吾族中各父兄須知，子弟之當教，又須知教法之當正，更須知教子弟之當豫。七歲便入鄉學，讀書多少，隨其資質。漸長，有知便擇端慤賢師，日課而外，將孝悌諸故事時加訓誨，再令習禮儀，務篤實，近正士，遠小人，庶先入爲主，習慣自然，縱不能入學中舉，就是爲農爲工爲商賈，亦不失爲醇謹之善人。

閨門當肅

男正位乎外，女正位乎內，人家之成敗，女子關得一半。故君子正家，其閨門未有不嚴肅者。縱家道不齊，如汲井操臼之類，勢所不免。而清白家風，儀度自別。事翁姑要順，處妯娌要和，待鄰里親戚要敬要睦；勿貪吃著，勿怠紡織，勿離間伯叔，勿溺愛兒女；堂前勿聞婦人聲，勿許六婆入門，勿出門看戲看燈，勿結拜姊妹，勿入廟燒香，勿留尼姑僧道在家看經。或不幸而寡居，則丹心鐵石，白首冰霜，雖神明亦欽敬焉。如或不避嫌疑，不分內外，凶傲淫妒，詬誶時聞，維家之索可立待也。諺曰：教婦初來，防微杜漸，尚其慎之。

禮節當知

先王制禮三百三千，何等繁重。吾輩士庶，亦宜粗知大概，方不受人恥笑。正衣冠，尊瞻視，言笑不苟，舉止安詳，此一身之禮也。重師傅，敬賓客，別內外，辨尊卑，庭階几案，必整必潔，此一家之禮也。又最要者，莫如婚嫁喪祭諸禮。婚不可娶同姓，勿躋妾爲妻，勿娶再醮婦女。未及笄不過門，夫亡不再嫁，不招贅。門第須辨良賤，勿貪下戶貨財，將女許配玷辱。宗祊喪，則竭力於衣衾棺槨墳墓，莫作佛事，棺內不得用金銀珍重之物，吊者款茶，途遠待以素飯，不得用雞豕酒筵。服未除，不嫁娶，不聽樂，不與宴賀。衰絰不入公門，葬必擇善地，墓上必多栽樹木。不得惑於風水，至有終身不葬、累世不葬者。祭則聚精神致，孝享器皿必潔，几筵必整，祭菜必精，尤須備一二時新嘉肴，內外一心，長幼整肅，吾祖庶來饗焉。總之，莫僭越，莫疏忽，斟酌得中，斯謂彬彬之君子。

職業當勤

士農工商，所業雖不同，皆有本職。惰則職業廢，勤則職業修，內可慰父母妻子倚賴之心，外可免姍笑於婣里。然所謂勤者，非徒盡力，亦要盡道。如爲士者，必須先德行，次文藝，切勿因讀書識字舞弄文法，顛倒是非，造歌謠作，匿名揭帖等。爲農者，不得竊田水，盜樹木，欺賴租糧。爲工者，不得作淫巧，售敝偽器皿。爲商者，不得紈袴冶遊，酒色浪費。其或越在四民之外，不士不農不工不商，茶坊酒肆遊蕩終年者，是爲國家之遊民，是爲天地之廢人。儻更有爲隸卒、爲倡優者，廉恥既喪，族中當共逐之。

節儉當崇

人生福分，皆有限制，如飲食衣服、婚喪喜慶，盡可從儉，不必奢華。一喜奢華，便有許多不受用處，況多費多取。至於多取，不免錙銖必較，惹人憎怨；且不免奴顏僕膝，仰面求人。是"節儉"二字，非惟可以惜福，抑且可以養品也。昔人有詩云：常將有日思無日，莫到貧時憶富時。又俗語云：省吃省用省求人。言雖俚，可深思焉。

賦役當供

以下事上，古今通義。賦稅力役之征，國家法度所繫。若拖欠錢糧，躲避差役，便不是好百姓，且連累里長爲我受苦，於心既不安，設或觸怒官長，差提到縣，被枷被杖，玷辱身家，卻仍舊要辦納，不白吃了一場大虧耶！況今皇恩浩蕩，力役之征，民幾不知。所征銀漕，每年每畝統計不過數百文，此外更無所及。百姓之好做，無如今日者。苟有天良，亦何忍不爭先輸納哉！《朱子家訓》曰：有錢先完正賦，横豎要完，只須早幾日耳。不欠官錢，何等安逸！吾族田產不少，宜共知之。

爭訟當息

做太平百姓，完賦役，無爭訟，便是天堂世界。蓋訟事有害無利，要盤纏，要奔走，再要勢力；若僞造機關，又壞心術。無論官府廉明與否，一到衙門前，便被胥吏索詐，便受胥吏呵叱。今日探聽，明日伺候，幸而見官，理直猶可，理曲到底吃虧，受笞杖，受罪罰，甚至破家亡身，冤讐相報，害及子孫。幾曾見會打官司人家，有長進子孫否？以一朝之忿，成百世之讐，有識者不爲也。即有萬不得已，或關係祖宗、父母、兄弟、妻子事情，私下難處，不得已而鳴官，祇宜從直稟訴。官府善察情由，自易剖白，切勿架橋捏詞，弄巧成拙。又宜極早回頭，不可得隴望蜀，定要爭到十分。且須自作主張，切勿聽訟師棍黨刁唆攛掇，致貽後悔。訟則終凶，凜之戒之。

附錄：先儒陸清獻公訓子弟格言數則

舉人進士，命中帶來，前生分定，不敢過責。我子祇要朝夕勤苦，讀得文理粗通，博得一個秀才，也好訓書糊口，終身不受刑辱；寫得一筆好字，也足聞名鄉黨，鈔寫可以聊生。萬一命蹇時乖，青衿不得上身，遇事亦可剔理，未必終受人欺。若不讀書不識字，不做得一個秀才，耕種無力，商賈無本，或習星相，或進衙門，人品愈趨愈下，何以成身？何以立家？何以向人前見士大夫？何以躋公堂見官府？何以遇不測理禍患？此時頭磕地，膝跪階，稱小的，叫老爺，言之痛心，書此淚下，子豈非人，能不憮然！

子孫肯讀書，能孝悌，做好人，行好事，人必曰：此某父某祖之子孫也。爲善出自子孫，而名則歸美父祖矣。爲父祖者，豈不生色乎！若不肯讀書，不孝悌，不做好人，不行好事，人亦必曰：此某父某祖之子孫也。不善出自子孫，而父祖則蒙被惡名矣。有此子孫，豈不短氣乎！夫子孫而有賢者，誠能勤學好問，修德合道，與父祖以美名，亦可以爲人矣，亦可以爲子矣！

讀書人家不可輕棄書本。試看開店之人，偶有空閒，偷看小說，自悔當初不讀書。街坊上每見此等人，不知幾轉回腸，況吾本分内事，可不朝乾夕惕，互相警戒，竟使子孫飽食暖衣，終日無所用心，且又羣居終日，言不及義耶！時乎時乎不再來，少壯不努力，老大徒悲傷，晚矣！

子弟幼時讀書，須教其端坐，不許搖身擺膝，習成惡態。朝夕須教其作揖，使知禮貌，至長見人方不面赤，自然便有威儀。

誦詩讀書，還有出頭日子，閒遊浪蕩，終無結果時辰。

讀書人家若遇歲考科舉，無秀才與試，無子弟考童生，門衰祚薄，難矣哉。孟母所謂“子之廢學，猶吾斷斯機也”，甚矣。書香不可斷，家無讀書子，庭前氣色寒。

居家聽妻女紡織聲，耳根覺鬧，然亦可喜；聽兒孫讀書聲，心境獨清，更覺可喜。

習舉業子弟，“四書”遵正注，斷不可刪削。蓋先賢體聖人立言奧義，其口下一之乎者也，閑字文法，自有頓挫，奚容後學竊取妄削，得罪先師，貽譏識者。

人情反復，事極變幻，做秀才斷不可與公門事做中證，遞公呈，萬一有不測之禍，遂致不可救藥。匪我言耄，爾用憂謔，用戒不虞，防患未然，顛倒思予，何嗟及矣。

子弟讀書，無論延師附學，無論舉業句讀，各要於修儀贄節之外，意氣勤勤懇懇，另加厚一兩五錢，先生自然有感動。耳提面命，觸景啟發，不寬不嚴，師愛其弟，弟愛其師，加工倍常，無言不悅。其加工處，又要知感知謝。先生曉得主人知感，愈覺有興，子弟從此終身受益矣。不知子弟受益處，全在我待師從厚得力也。儻不知此，而徒事稽功察課，抑末矣，未可也！

做先生第一要人品端正，第二要認真教訓，第三要有坐性，第四要弗責備供給，第五要弗濫接客拜客，服侍館童，弗與閒談。若遇主人好，束脩弗消討；若遇主人不好，束脩必要討，他偏會尋頭覓腦，反叫先生不好。

凡人子，於父在時，固當專心讀書，然於世務亦不可不知。如錢糧數目，要知上中下鄉，逐年每畝糧米銀若干，白糧銀應若干，折糧田每畝應若干白銀。區圖中人，要接待有禮。不幸或自當家，便可井井料理。若茫然不知，無論被外人欺侮，即兄弟叔伯亦視爾如熏豬，僕隸下人亦視爾如几上肉矣，可不猛省！

几案上無朱墨筆硯，無卷軸書籍，手眼便冷，氣味便俗。

寫字不臨法帖，則點畫撇捺，佈置間架，俱無格式，故每日須摩仿法帖幾行，久之筆頭純熟，依稀仿佛矣。若精神懈怠，隨意落筆，便不入彀。

舊譜向列《家訓十五條》，誠傳家要言也。惟玩其詞意，尚屬明人手筆，與今多不合處，且意似未暢，字句間又往往舛訛，爰重爲校正，刪存十二條。間亦竊附己意，非敢僭言，欲其明白切當也。再讀書爲族中第一要事，而舊訓獨闕，心殊悵然。茲謹採先儒陸稼書先生格言數則，附後以補之。凡我族中賢者，幸展誦而宣講之，俾人人咸知此意，庶幾榮氏之興，其未有艾也歟！

梁溪支裔孫汝楫謹識

編者附記：本文原載清同治十一年（一八七二年）《榮氏宗譜》卷十六，收入本書時，據清宣統二年（一九一〇年）《榮氏宗譜》卷二十二、民國二十四年（一九三五年）《榮氏宗譜》卷三十校訂。

第五篇

生平業績圖録

中國領導人對榮氏家族的評價

毛澤東說：榮家是我國民族資本家的首户……在國内外起了很大影響。

——一九五七年一月初陳毅在上海傳達毛澤東的一次講話

鄧小平說：從歷史上講，你們榮家在發展我國民族工業上是有功的，對中華民族做出了貢獻。

——一九八六年六月十八日鄧小平在接見榮氏親屬代表時的講話

走上實業救國道路

一八八六年，榮宗敬到上海南市鐵錨廠當學徒，翌年轉入錢莊習業；一八八九年，推薦弟弟榮德生也到上海錢莊當學徒。兩兄弟滿師後，宗敬留滬在錢莊就業，德生隨父去廣東謀職。一八九六年二月，在父親籌劃下，兩兄弟與人合夥，在上海創立廣生錢莊，並在無錫設分莊；一八九八年底，合夥人退股，獨資經營。一九〇一年與朱仲甫等合股，在無錫創辦保興麵粉廠，翌年開機；一九〇三年朱仲甫退股，另招新股，廠名改“茂新”，是爲榮氏企業的發軔之廠。一九〇五年又與榮瑞馨等合股，在無錫創辦振新紗廠，一九〇七年投產。從此，榮宗敬遵循“民以食爲天”、“民生衣食爲先”的中國古訓，走上了實業救國的道路。

◎ 榮宗敬，中國民族工業先驅，茂新福新申新企業集團的創始人，任茂新福新申新總公司總經理及所屬各廠總經理。

贊曰
溯君先德樹幟商界君更矯然幕遊東粵國士遇
我國士報之遺愛三江籍籍口碑　貽子籯金轉
眼消散何如庭訓常銘心版熱誠公益教育彌殷
凝凝後起遵守方針

◎ 清宣統二年《榮氏宗譜》榮熙泰先生像讚

◎ 父親榮熙泰先生像
（一八四九至一八九六）

榮隱君熙泰先生像贊
以力田居積起家而根原於孝以專精治易為學而庶
幾乎道洞明聚散損益之理而舉義以疏財善貽布
帛菽粟之謀而本身以示教人第見其後之風發雲
湧閎富有之大業而嘖以養且教者容保无疆也庸
詎知端緒遺以一經俾承舊德而食報犄歟偉哉允
宜披芳躅以景徽兮爲之銘良金以圖貌
同邑楊志濂拜題

◎ 民國二十四年《榮氏宗譜》榮熙泰先生像讚

◎ 一八九六年二月，在父親籌劃下，宗敬、德生兄弟在上海創立廣生錢莊，宗敬任經理；在無錫設分莊，德生任經理。圖爲民國初年上海的錢莊。

◎ 青年時期的榮宗敬先生

◎ 無錫茂新麵粉廠，原名保興麵粉廠，一九〇一年創辦。這是一九一〇年改建後的廠房。（一九一五年舊照）

◎ 茂新麵粉廠早期磨粉用的法製石磨，現陳列於無錫梅園樂農別墅前。

◎ 收藏於南京博物院的茂新麵粉廠石磨

◎ 茂新麵粉廠早期清麥用的木風車，原爲人力手搖，經改裝使用電力拖動，現陳列於梅園宗敬別墅内。

◎ 無錫振新紗廠，一九〇五年創辦，一九〇七年建成投產。（一九一五年舊照）

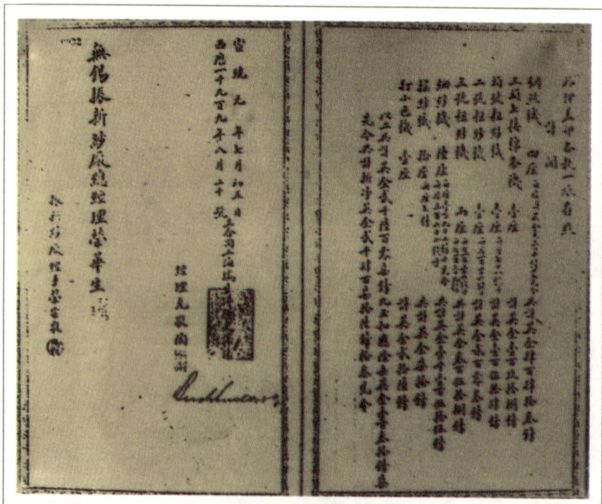

◎ 一九〇九年八月，由榮宗敬經手，振新紗廠向瑞生洋行訂購英國紡紗機的合同。

◎ 無錫振新紗廠早期使用的「球鶴」、「團鶴」牌棉紗商標。

二十年造就“麵粉大王”

一九一一年的辛亥革命和一九一四年爆發的第一次世界大戰，爲中國民族工業的發展創造了有利的國内外環境。榮宗敬抓住這一難得的歷史機遇，自一九一二年至一九二一年，先後在上海創辦福新麵粉第一、二、三、四、六、七、八廠，在武漢創辦福新第五廠，在無錫創辦茂新第二、三廠，在濟南創辦茂新第四廠，連同一九〇一年創辦的茂新第一廠，短短二十年間，榮氏麵粉企業發展到十二個廠，擁有粉磨三百零一座，日産麵粉能力七萬六千包，約占我國民族資本麵粉廠生産能力的31.4%，全國（包括外商在華麵粉廠）麵粉生産能力的23.4%，出品不僅暢銷全國，而且遠銷西歐、東南亞，成爲聞名中外的“麵粉大王”。此後，榮氏麵粉企業雖沒有再建新廠，但生産設備有所更新擴展，至一九三二年，粉磨增加到三百四十七座，日産麵粉能力九萬六千包，繼續穩執全國麵粉生産之牛耳。

◎ 無錫茂新第一麵粉廠（一九二八年舊照）

◎ 無錫茂新第一麵粉廠、申新第三紡織廠經理榮德生先生。（一九二四年舊照）

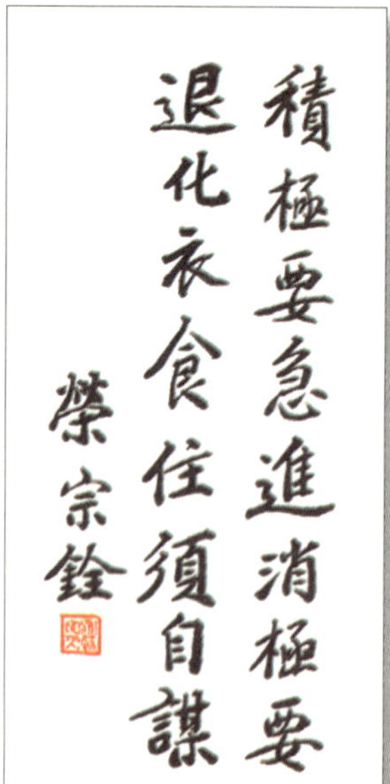

◎ 榮德生爲一九三〇年《無錫年鑒》題詞手跡

◎ 抗戰勝利後重建的茂新第一麵粉廠，一九四八年四月恢復生產，爲當時國内設備最先進的麵粉廠。二〇〇六年，改建爲“無錫中國民族工商業博物館”。

6　麵粉工業

英國人看無錫茂新一廠

立仁

◎ 茂新一廠重建竣工後，受到國内外麵粉界的矚目，英國《麵粉工業周刊》發表長文介紹該廠。一九四九年二月，我國《麵粉工業》雜誌摘譯此文。

◎ 被侵華日軍焚毀的無錫茂新第一麵粉廠（一九三七年十一月）

◎ 茂新第二麵粉廠經理陸輔臣先生

◎ 無錫茂新第二麵粉廠，原爲惠元麵粉廠，一九一六租辦，一九一八年購買產權自辦。

◎ 茂新第二麵粉廠廠房側影

◎ 一九二六年火災後重建的茂新第二麵粉廠（一九二八年舊照）

◎　一九一六年，租辦無錫泰隆麵粉廠，次年租辦無錫保新麵粉廠，以茂新三廠和茂新四廠名義營業，期滿歸還原主。一九一九年在茂新二廠旁建茂新三廠，專磨苞米粉，不久停辦；後茂新三廠附屬於茂新一廠。上圖爲保新麵粉廠，下左圖爲泰隆麵粉廠。

◎　茂新麵粉公司一九四八年的銷粉廣告，此處之“第三廠”，爲當時租辦的無錫順豐德麵粉廠。

◎ 濟南茂新第四麵粉廠外景，一九一九年創辦。（一九二八年舊照）

◎ 茂新第四麵粉廠前門

◎ 茂新第四麵粉廠經理張文煥先生

◎ 今日濟南茂新街公交路牌

◎ 上海福新第一麵粉廠，一九一二年底創辦。（一九二八年舊照）

◎ 上海福新第一麵粉廠平方篩

◎ 上海福新第一麵粉廠經理王堯臣先生

◎ 福新第一麵粉廠副經理浦志達先生

◎ 上海福新第二麵粉廠，一九一四年創辦。

◎ 福新第二、第四、第八麵粉廠經理丁梓仁先生。

◎ 福新第二麵粉廠大馬達，功力一千二百匹馬力，是當時上海工廠中功力最大的馬達。

◎ 福新第二麵粉廠練粉機

◎ 福新第二麵粉廠消防機

◎ 福新第二麵粉廠職員住宅

◎ 上海福新第二（右）、第四（左）、第八麵粉廠（中）雄姿。三廠成"一"字形排列在蘇州河畔，廠前爲莫干山路。一九二八年，擁有粉磨一百三十六座，年產麵粉九百九十萬包，是當時國內規模最大的麵粉生産基地。

◎ 上海福新第三麵粉廠，一九一四年創辦。一九二五年初因福新一廠失火燒毀，改毗鄰的福新三廠爲福一；一九二六年三月，總公司購買上海興華製麵廠，補福三之缺。

◎ 福新第三麵粉廠麵粉打包間縫袋機

◎ 福新第三麵粉廠麩皮打包機

◎ 福新第三麵粉廠升運機頭及吸灰機

◎ 福新第四麵粉廠磨子間

◎ 福新第四麵粉廠麥棧一角

◎ 福新第四麵粉廠地軸

◎ 上海福新第四麵粉廠，一九一五年創辦。（一九二八年舊照）

◎ 武漢福新第五麵粉廠，一九一八年創辦。（一九二八年舊照）

◎ 福新第五麵粉廠廠房側景

◎ 武漢福新第五麵粉廠、申新第四紡織廠經理榮月泉先生

◎ 福新第五麵粉廠電氣間

◎　福新第五麵粉廠打包間

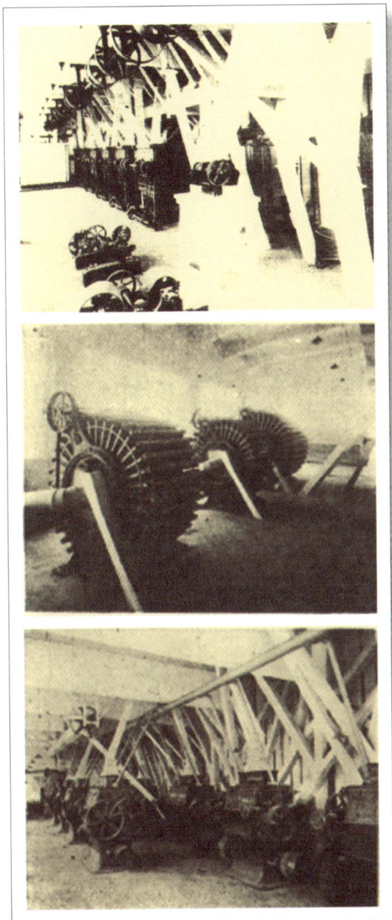

◎　福新第五麵粉廠一九二五年建造的新機間內景

◎　福新第五麵粉廠前景

◎ 上海福新第六麵粉廠，一九一七年租辦，一九一九年購買産權自辦。

◎ 福新第六麵粉廠經理查仲康先生

◎ 福新第六麵粉廠粗数皮機、細数皮機及保險圓篩。

◎ 上海福新第七麵粉廠，一九二〇年創辦，日產麵粉一萬四千包，爲當時國內日產量最大的機器麵粉廠。（一九二八年舊照）

◎ 福新第七麵粉廠六十吋雙皮帶拖動全廠機器

◎ 福新第七麵粉廠磨子間

◎ 福新第七麵粉廠皮帶運粉機

◎ 福新第七麵粉廠麵粉打包機

◎ 福新第七麵粉廠經理王禹卿先生

◎ 福新第七麵粉廠粉棧一角

◎ 上海福新第八麵粉廠，一九一九年創辦。（一九二八年舊照）

◎ 福新第八麵粉廠運轉機

◎ 福新第八麵粉廠磨子間

◎ 福新第八麵粉廠磨方間

◎ 福新第八麵粉廠練粉機

◎ 福新第八麵粉廠方篩

十六年又成“紡織大王”

一九一五年春，榮宗敬、榮德生兄弟向振新紗廠董事會提議，要利用企業盈餘，在上海、南京、鄭州建立振新二、三、四廠，股東表示不贊同，他們主張分紅拿現錢。由於經營思想分歧，兄弟倆毅然退出振新，到上海創辦申新紗廠。此後十六年間，榮宗敬以其非凡的膽識和魄力，採用建造新廠、租辦和收買舊廠等辦法，先後在上海、無錫、武漢、常州創辦申新第二、三、四、五、六、七、八、九廠，至一九三二年，申新九個廠共擁有紗錠五十二萬一千五百五十二枚，線錠四萬零四百枚，布機五千三百五十七臺，申新成爲我國規模最大的民族資本紡織企業，繼“麵粉大王”之後，又摘得了“紡織大王”的桂冠。

◎ 上海申新第一紡織廠，一九一五年創辦；一九二九年，在申一旁新建申新八廠。這是一九二八年的申新一廠全景圖。

◎ 申新第一紡織廠大門，門樓上方刻有“業精於勤”四個大字。

◎ 申新第一紡織廠細紗間

◎　申新第一紡織廠織布間

◎　申新第一紡織廠漿紗間

◎　申新第一紡織廠縫袋間

◎ 申新第一紡織廠廠長嚴裕昆先生

◎ 申新一廠子弟學校第四屆畢業生與老師合影

◎ 申新一廠子弟學校一九二一年暑假全體師生合影

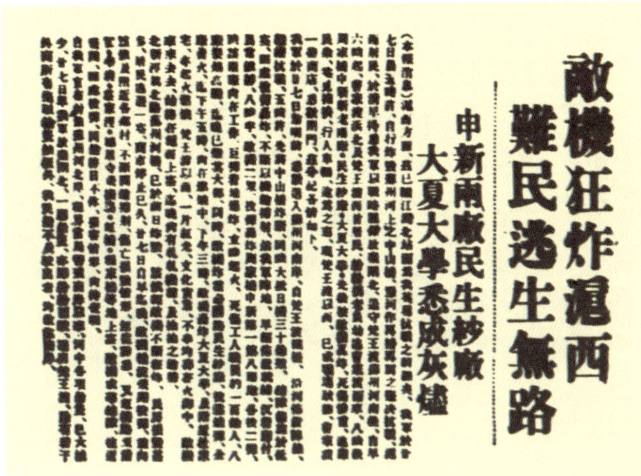

敵機狂炸滬西 難民逃生無路

申新兩廠民生紗廠 大夏大學悉成灰燼

◎　一九三七年十月二十七日，上海申新第一、第八兩廠遭日機轟炸，廠房、機器被炸毀，職工死傷百餘人。十月二十八日，《新聞報》報導被炸消息和照片。

◎ 上海申新第二紡織廠，原爲日商經營的日信紗廠，後由華商合資購買，改名恒昌源紗廠，一九一七年爲榮宗敬購得產權，改爲申新二廠。（一九二八年舊照）

◎ 申新第二紡織廠從英國引進的道白生紡紗機

◎ 申新第二紡織廠早期的工人食堂

◎　申新第二紡織廠廠長朱仙舫先生

◎　申新第二紡織廠副廠長榮溥仁先生

◎　申新第二紡織廠女工服飾（一九二八年）

◎ 無錫申新第三紡織廠，一九一九年創辦，一九二二年一月三十一日開工。

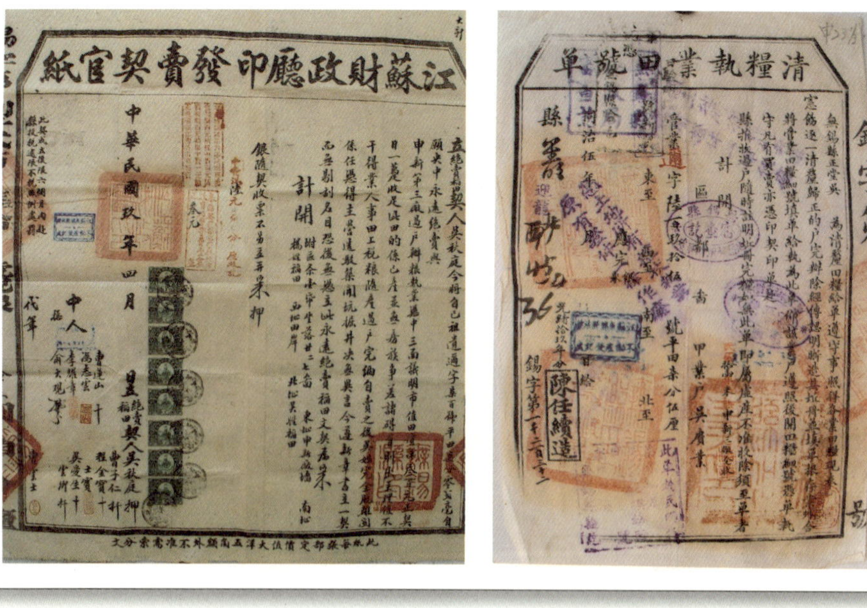
江蘇財政廳印發賣契官紙

清糧執業田號單

◎ 申新第三紡織廠早年購買的廠基地契

◎ 申新第三紡織公司地界碑拓片，原碑現存無錫市第一棉紡織廠檔案館。

◎ 中新第三紡織廠西廠門（抗戰前舊照）

◎ 申新第三紡織廠鋼絲間

◎ 申新第三紡織廠發電廠外景

◎ 申新第三紡織廠發電廠内景

◎ 申新第三紡織廠早年使用的二道併條機（上圖）和粗紗機（下圖），英國製造，現收藏於無錫中國民族工商業博物館。一九九五年，經國家文物局鑒定，列爲國家一級文物。

◎ 申新第三紡織廠勞工自治區女工宿舍

◎ 申新第三紡織廠勞工自治區職工醫院

◎ 申新第三紡織廠一九三六年建造的勞工自治區大禮堂

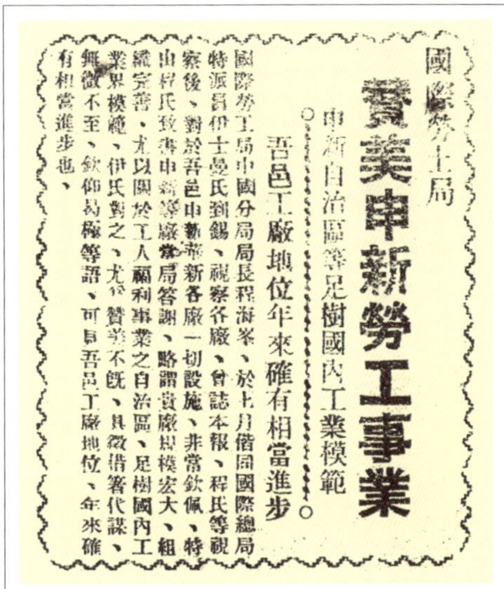

國際勞工局

贊美申新勞工事業

申新自治區等足樹國內工業模範。

吾邑工廠地位年來確有相當進步

國際勞工局中國分局局長程海峯、於上月偕同國際總局特派員伊士曼氏到錫、視察各廠、曾誌本報、程氏等視察後、對於吾邑申新等新各廠一切設施、非常欽佩、特由程氏致函申新等廠當局答謝、略謂貴廠規模宏大、組織完善、尤以關於工人福利事業之自治區、足樹國內工業界模範、伊氏對之、尤深贊美不既、具徵借箸代謀、無微不至、欽仰曷極等語、可見吾邑工廠地位、年來確有相當進步也、

◎　國際勞工局讚美無錫申新第三紡織廠勞工自治區，《新無錫》一九三六年七月二十三日報導。

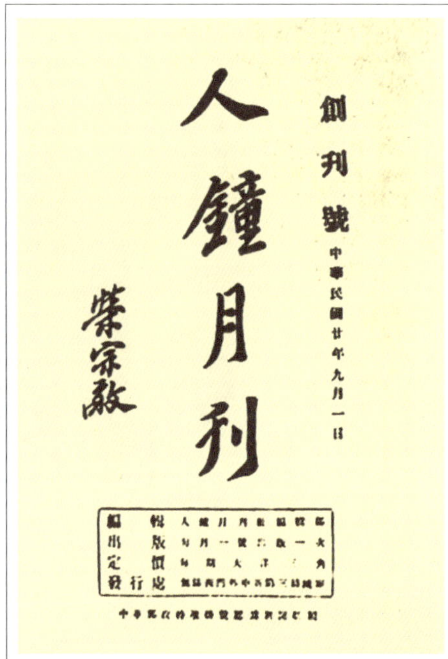

◎　申新第三紡織廠一九三一年九月創辦的《人鐘月刊》創刊號封面，榮宗敬題寫刊名。

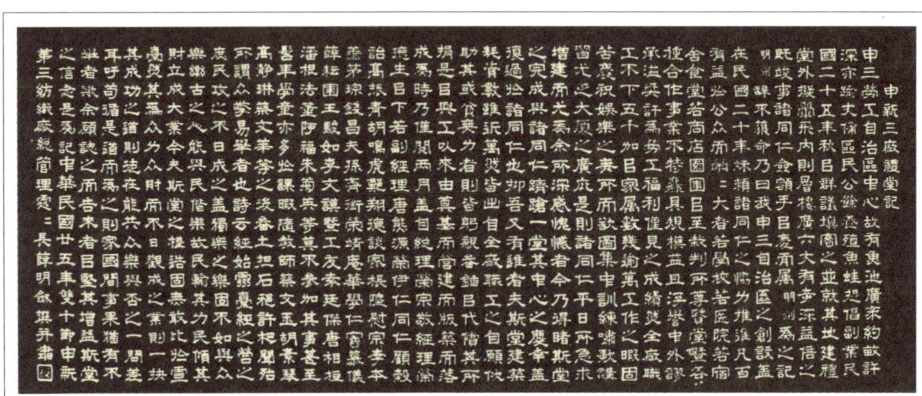

申新三廠禮堂記

申三勞工自治區中心故有奧池廣袤約畝許
深亦踰丈保區民公餘蒔殖魚蛙想倡副業民
國二十五年秋邑群議填闢之並就其地建禮
堂外擬飛內則層樓廣六丈有奇深益倍之
既竣事諸同仁僉領手邑處而屬明劍為之記
明劍辭不獲命乃曰我申三自治區之創設蓋
在民國二十年冬頼諸同仁之協力推進凡百
有益於公眾而關乎大者若學校若醫院若宿
舍食堂若商店園圃邑至裁判所尊賢堂暨各
種合作事業不特粗具規模且浮譽中外謬
承溢於奘許為勞工福利僅見之成績獎全廠職
工不下五千加邑家屬數幾逾萬工作之暇固
苦農祝娛樂之無所而欽圖集中訓練嘯款謀
留弋之大原之廣庶是則諸同仁平日所急求
增建而尤為余所深感一愧悵者今乃得睹斯堂
之完成與諸同仁躋蹌一堂其中心之慶幸蓋
復過於諸同仁也抑吾又有誰者夫斯堂建築
耗資數雖沂萬悉皆出自全廠職工之自願攸
助其或貧乏力者則皆躬親奔鋪邑代償其所
捐是邑與工以來由奠基而營建而版築而落
成為時乃僅閱兩月蓋自總理榮宗敬經理榮
德生邑下若副經理唐熊源榮伊仁同仁顧毅
詒高振青胡鳴虎龔翔德談家根陸慰宗李本
善弟琮錢昌夫孫齊術榮靖庵華學仁寶慕儀
薛耘園王駿如李文謨暨工友安廷傑唐相恒
潘根法董阿福朱菊英等莫不參加其事甚至
醫生學童亦多於課暇隨教師蔡文玉胡素琴
高靜琳蔡文華等之後春土擔石稅許杞履殆
所謂眾擎易舉者也詩云經始靈臺經之營之
庶民攻之不日成之蓋獨樂之樂固不如與眾
樂樂古之人能與民偕樂故民輸其力民傾其
財立成大業今夫斯堂之樸諧固無敢比於靈
臺然其為眾力眾財而不日觀成之業則一揆
其成功之道則在能共眾樂與否之一間差
耳呼苟循是道而為之則家國間事果猶有不
難者哉余願誌之而告來者邑堅其增益斯堂
之信念是為記中華民國廿五年雙十節申新
第三紡織廠總管理處二長薛明劍撰并書

◎　薛明劍撰書《申新三廠禮堂記》碑文拓片，原碑於二〇〇〇年找到，現存無錫市第一棉紡織廠檔案館。

中國民族工業先驅榮宗敬生平史料選編　465

◎武漢申新第四紡織廠門樓

◎申新第四紡織廠清花間

◎申新第四紡織廠打包間

◎ 申新第四紡織廠、福新第五麵粉廠副經理兼廠長李國偉先生。

◎ 申新第四紡織廠、福新第五麵粉廠副經理兼營業部主任華棟臣先生。

◎ 武漢申新福新分公司辦公樓

◎ 上海申新第五紡織廠，原爲德大紗廠，一九二五年爲榮宗敬購得，圖爲申新第五紡織廠前門。（一九二八年舊照）

◎ 申新第五紡織廠公事房及職員宿舍

◎ 申新第五紡織廠工房

◎ 一九二五年六月租辦常州紗廠，改爲申新第六紡織廠，租辦六年，一九三一年六月歸還原主，十月購買上海厚生紗廠，補申六之缺。上圖爲常州申新第六紡織廠大門，下圖爲上海申新第六紡織廠門樓。

◎ 常州申新六廠全景（一九二八年舊照）

◎ 申新第六紡織廠經理榮鄂生先生

◎ 一九二七年春節，申新第六紡織廠給生產成績優異的紡織女工分發獎品，獲獎女工與經理榮鄂生（左二）、副經理榮吉人（右二）等合影留念。

◎　申新第七紡織廠廠房一角（一九二九年舊照）

◎　上海申新第七紡織廠，原爲英商東方紗廠，一九二九年購買産權，改爲申新七廠。

◎ 上海申新第九紡織廠，一九三一年購買上海三新紗廠廠房、機器，租地經營，建立申新九廠。圖爲申新第九紡織廠大門。（一九三三年舊照）

◎ 申新第九紡織廠澳門路新廠廠房圖

◎　一九三三年建造的申新第九紡織廠澳門路新廠大門

◎　中新第九紡織廠"金馬"標識

◎　申新第九紡織廠經理吳昆生先生

◎ 三新紗廠，原爲一八八八年李鴻章創辦的上海機器織布局，俗稱“洋布局”。圖爲當年的門樓模型（上）和會議室場景復原（下），桌椅爲當年原物，現陳列於上海紡織博物館。這套桌椅，本是安徽籍上海道台涂宗瀛府邸舊物，一八七八年爲李鴻章所得，“洋布局”成立後移置廠内。一八九三年該廠失火，桌椅未損，盛宣懷接辦後仍放廠内。一九三一年，榮宗敬購得三新紗廠全部機器廠房，桌椅隨之轉屬申新九廠，共十六件，材質爲進口柚木，雕刻風格爲“徽派滿雕”，圖案爲“牡丹亭”、“封神榜”等戲曲傳奇故事。一九三三年申九遷建新廠，移置鄰近的申新五廠。據稱在目前國内收藏的同類傢具中，這套桌椅是獨一無二的。

◎ 申新第九紡織廠清花間

◎ 申新第九紡織廠成卷機

◎ 申新第九紡織廠併條機

◎ 申新第九紡織廠精梳機

◎ 申新第九紡織廠細紗間

◎ 申新第九紡織廠併紗間

◎ 申新第九紡織廠搖紗間

◎ 申新第九紡織廠燒毛間

◎ 申新第九紡織廠絡筒間

◎申新第九紡織廠織布間

◎申新第九紡織廠自動換紆織布機

◎申新第九紡織廠驗布間

◎ 申新第九紡織廠工人宿舍

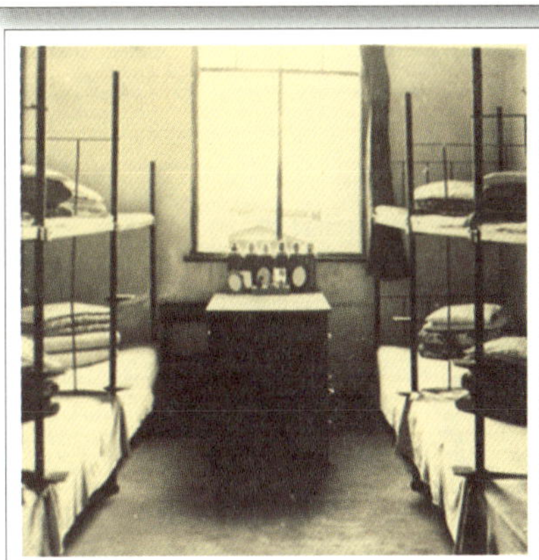

◎ 申新第九紡織廠職工家屬宿舍

◎申新第九紡織廠職工食堂

◎申新第九紡織廠職工醫院

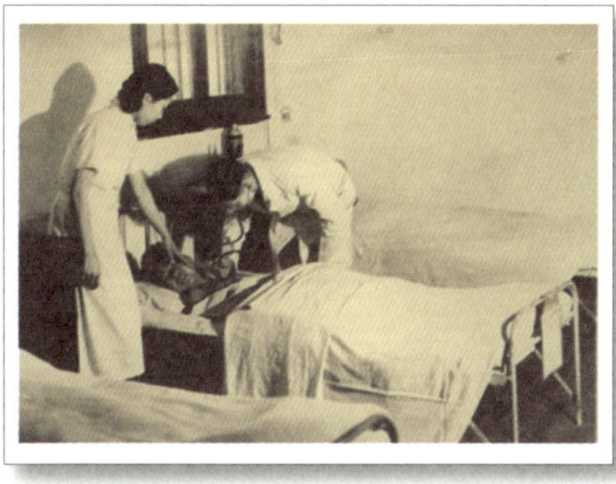

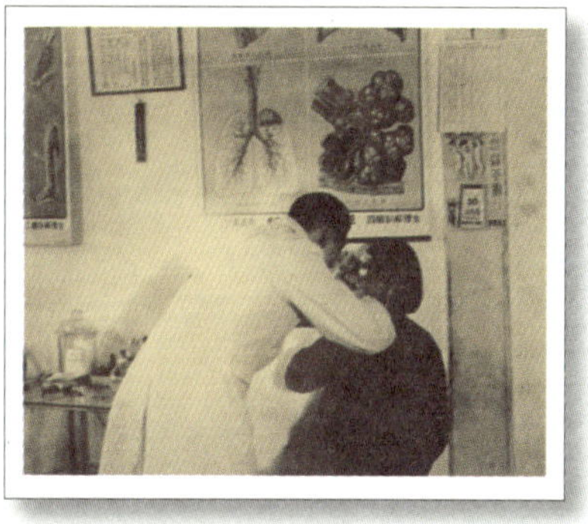

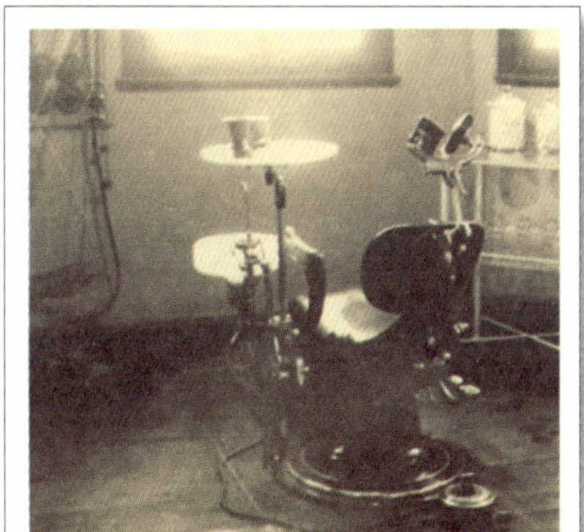

◎ 申新第九紡織廠職工子弟學校

◎ 申新第九紡織廠職工幼兒園

◎　中新第九紡織廠職工書報閱覽室

◎　中新第九紡織廠職工俱樂部

◎ 申新第九紡織廠職工消费合作社

申新紡織第九廠生產概況表

機械及生產		
項目	數量	備註
紗錠總數	137,980	
線錠總數	18,008	
布機台數	780	已備 未添 200台
每日用棉	1000—1100	(担)
每日生產(紗)	300—330	20s計(件)
每日生產(線)	36—40	42s/2計(件)
每日生產(布)	1800—2000	12Lb.細布(疋)
工人及工資		
項目	數量	備註
男工人數	1500	
女工人數	5000	
共計	6500	
每日平均工資	.577元	(廿八年十二月份)
每日生活補助	.219元	津貼及膳貼
每週賞工	1工	

出品要目(紗線)		
牌號	支數	種類
紅雙馬	五十支	紗
得利	卅十支	紗
金雙馬	二十支	紗
紅雙馬	卅二支	紗
藍雙馬	四十二支	雙股線
金雙馬	二十支	六股線
黃雙馬	四十支	三股線
紫雙馬	二十五支	四股線
金雙馬	二十支	二股線
,, ,,	二十支	四股線
紫雙馬	六十支	六股線
紅雙馬	卅十支	三股線
紫雙馬	四十六支	五股線
,, ,,	五十支	二股線
,, ,,	六十支	二股線
,, ,,	八十支	二股線
,, ,,	八十支	六股線

出品要目(布疋)		
牌號	磅數	種類
漁翁得利	6¾	原布
富貴	10	市布
三鵝	9	粗布
草牛	11	,, ,,
雙馬駒	13	,, ,,
富貴	16	,, ,,
,, ,,	12	細布
,, ,,	12	斜紋
,, ,,	7	手帕布
(定貨無牌)	16½	線嗶嘰
	16	紗嗶嘰
	17	蛸紋呢
	17	直貢呢
	10	素府綢
	7½	條府綢
	17	華達呢
	17	卡其布
	10	袋布
	21	色丁
	28	,, ,,
	7	麻紗
	8	蛸布
	10	花呢
	16	粗斜紋
		車輪布

◎ 申新第九紡織廠一九三九年生產概況統計表

原料產品購銷與商標品牌

一九二一年，在上海正式建立茂新福新申新總公司，作爲各企業的協調和管理機構，榮宗敬爲總公司及所屬各廠的總經理。在全國各省、市及香港、澳門等地設有七十多個批發處、辦麥處、辦花處、代銷處等辦事機構，收購和轉運小麥、棉花，銷售麵粉和紗、布；設有同仁儲蓄部四十一處，辦理企業職工的存兑業務，并吸收社會閒散資金；與日本、新加坡、美、英、德、澳大利亞、加拿大、巴西等國，也常有業務往來。榮氏企業的商標，有通用的，也有各廠獨用的，總計有五十多種，以"兵船"、"牡丹"麵粉商標，"人鐘"、"四平蓮"、"金雙馬"等棉紗、棉布商標最爲有名。

◎ 一九二〇年建造的上海茂新福新申新總公司大樓全景圖

◎ 一九一一年建立的茂新麵粉公司蘇州總批發處

◎ 一九一六年建立的無錫駐杭州茂新機器麵粉公司總批發所

◎　一九一九年建立的姜堰溱潼福新二廠麥莊

◎　一九一八年建立的太倉六渡橋申新辦花處

◎　一九二一年建立的常熟支塘申新辦花處

同仁儲蓄部章程

通則

一 基金 本公司籌集銀元一百萬元爲同仁儲蓄部基金

二 利息 存款利息除本章程已經規定外餘由本部參酌市面情形隨時與存戶面訂凡存款過期不取或于未到結算期陸續提清者概不計息

三 期限 存款未到期以前不能提取或轉戶

四 轉期 存款到期如需續存卽來公司換新存單或先函知續存期限

五 印鑑 存款憑印鑑支取者先將簽字或及圖章塡明於本部印鑑條以後取款或續存均憑原印鑑辦理

六 掛失 （甲）存戶圖章遺失立卽繕具詳信將圖章式樣及遺失日期地點緣由一一塡明並攜帶原存單摺來公司聲明掛失一面邀相當保證人在函內署名簽印經本公司查明認可後照指定之報紙登載作廢廣告如無糾葛自約定之日起以新印鑑爲憑

（乙）存單摺遺失立卽繕具詳函將存單摺種類號數戶名金額及遺失日期地點緣由一一塡明來公司掛失一面邀相當保證人在函內署名簽印經本公司查明認可照指定之報紙登載作廢廣告俟滿三月後如無糾葛來部補領

七 查對 存款摺據如有誤記存戶須立卽通知本部查對不可自行塗改

八 住址 存戶初次存款時卽將姓名住址及職業塡告本部以便通信

九 手續 存戶對於本章程所載各項手續務宜注意辦理如因手續未全致受損失本部不負責任

◎《同仁儲蓄部章程》書影

◎ 同仁儲蓄部主任榮輔仁先生

上海福新麵粉廠
FOH-SING
ROLLER MILLS
牡丹
FLOUR
FOH-SING MILL CO
SHANGHAI
選製牡丹頂白麵粉
無錫茂新麵粉公司
WUSIH FLOUR MILL
兵船
EXTRA
BAKERS FLOUR
GUARANTEED FOR EACH
BAG CONTAINING 50 LBS.
上海福新麵粉公司
PATENT ROLLER FLOUR
寶星
TRADE MARK
EXTRA
BAKERS FLOUR
Manufactured by
50 lbs FOR EACH BAG

◎　榮氏企業的麵粉商標

上海福新第七廠
PATENT ROLLER FLOUR
漁翁
TRADE MARK
BAKERS FLOUR
Manufactured by
FOH SING FLOUR MILL No 7
SHANGHAI CHINA
GUARANTEED QUALITY
福新第二麵粉廠
FOH-SING
ROLLER MILLS
上海
壽
TRADE MARK
HAPPINESS
FLOUR
FOH-SING 2ND MILL CO.
SHANGHAI.
選製福壽頂白麵粉
上海福新第七廠
PATENT ROLLER FLOUR
天竹
BAKERS FLOUR
Manufactured by
GUARANTEED QUALITY

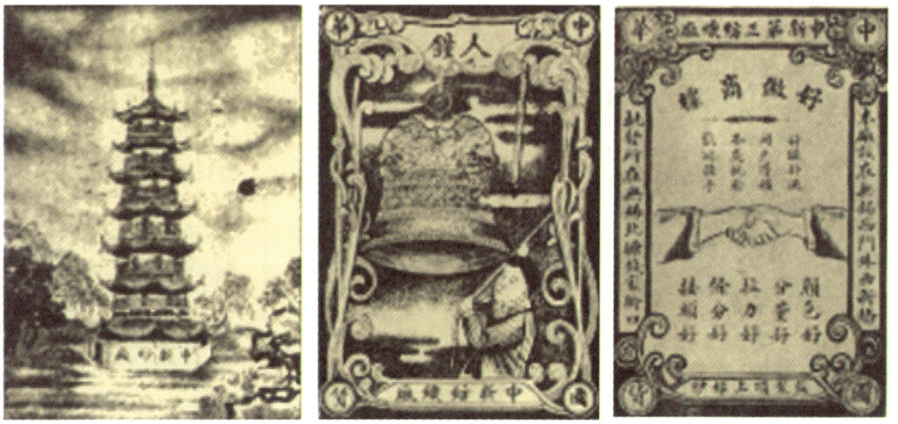

◎ 榮氏企業的棉紗、棉布商標

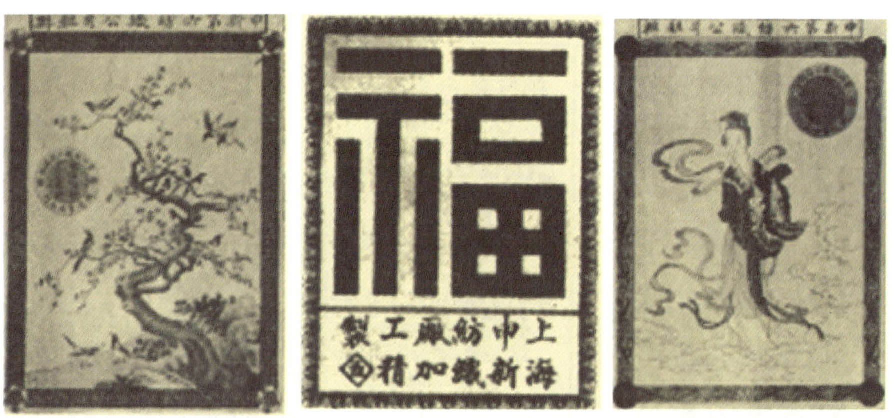

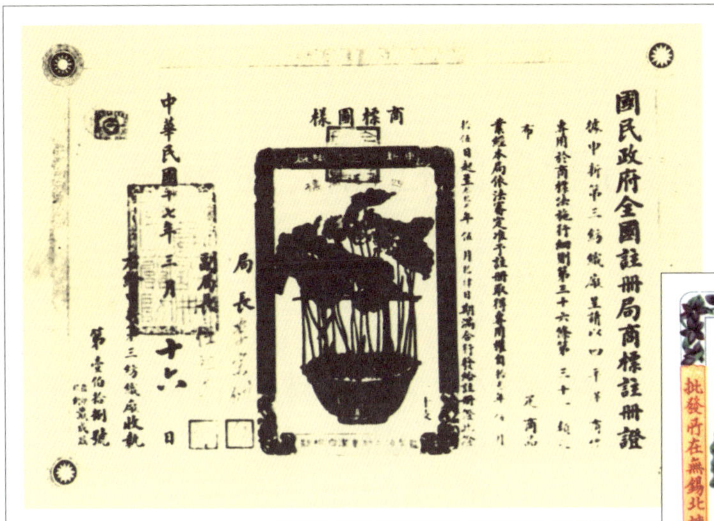

◎　申新三廠四平蓮棉布商標註冊證（一九二八年）

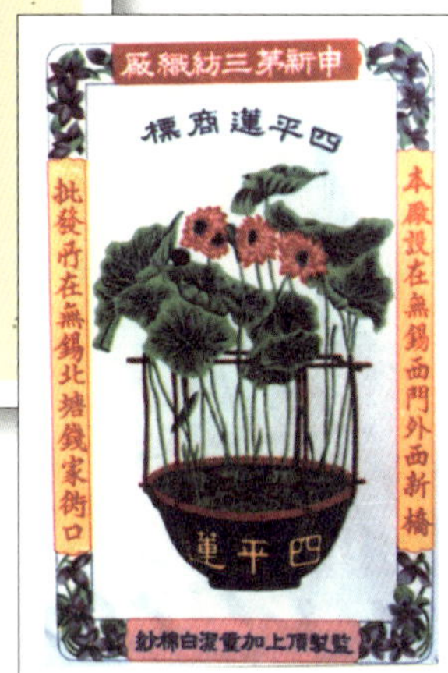

◎　四平蓮彩色棉布商標

◎　申新九廠專用的金雙馬商標

推動地方發展的社會公益事業

自一九〇六年起，榮宗敬、榮德生兄弟即在家鄉從事開辦學校、築路架橋、建造園林、修復古跡等社會公益事業，爲推動無錫地方經濟、教育、文化等事業的發展和社會的全面進步，作出了重要貢獻。

◎ 公益第一小學舊址

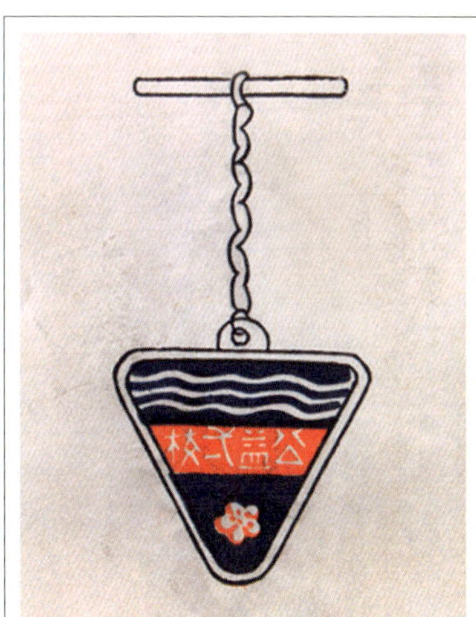

◎ 公益第一小學校徽

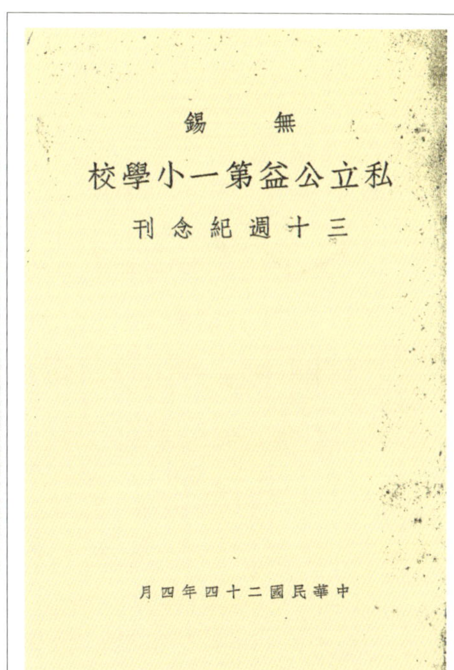
無錫
私立公益第一小學校
三十週紀念刊
中華民國二十四年四月

◎《無錫私立公益第一小學校三十周紀念刊》封面

◎ 公益第一小學校歌及三十周年紀念會會歌

◎　一九二〇年四月二十九日，公益小學和競化女子小學舉行第四次聯合運動會，全體師生合影留念，背景爲公益工商中學大禮堂。

◎　一九二六年四月二十一日，公益小學和競化女子小學聯合舉行建校二十周年紀念會，全體師生合影留念，背景爲競化第一女子小學。

◎　一九二六年四月二十一日，公益第一小學童子軍舉行建校二十周年紀念會合影。

◎ 一九一九年創辦的公益工商中學舊址

◎ 一九二〇年建造的公益工商中學校舍內景（一九二三年舊照）

◎ 公益工商中學大禮堂

◎ 公益工商中學工科學生實習工場，一九二九年改爲公益鐵工廠。

◎ 公益工商中學商科學生實習商店

◎ 公益工商中學商科學生實習銀行

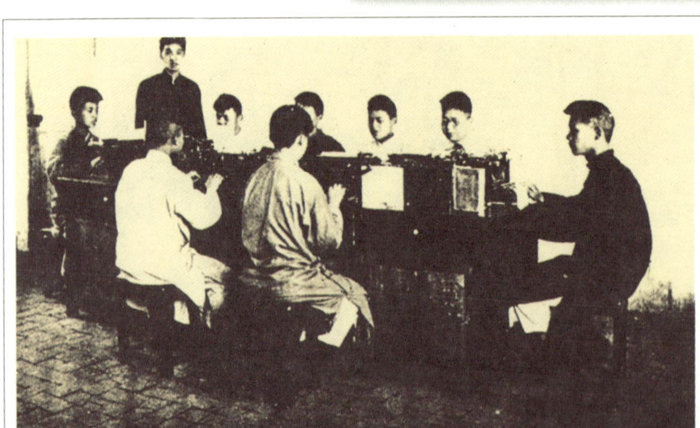

◎ 公益工商中學學生練習英文打字

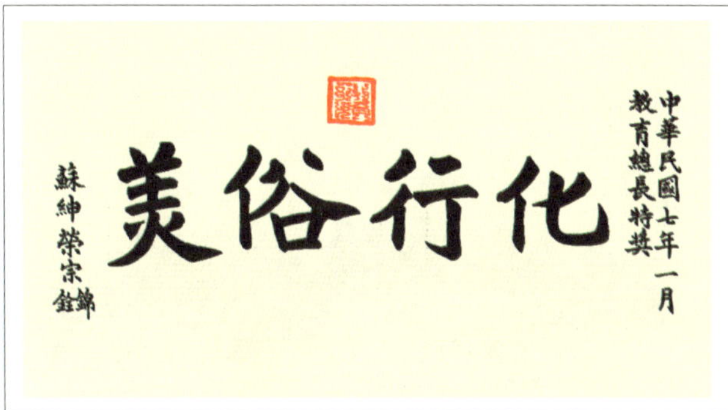

◎ 一九一八年一月教育總長獎給榮氏兄弟的匾額，表彰他們熱心辦教育的業績。

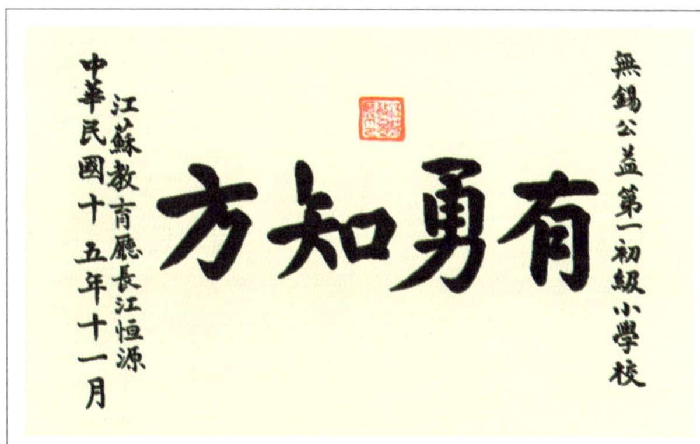

◎ 一九二六年十一月江蘇省教育廳長江恒源獎給公益第一小學的匾額，表彰該校的辦學成就。

◎ 著名教育家唐文治、江蘇省政府主席陳果夫爲公益第一小學建校三十周年題詞。

◎　一九一三年捐资建造的開原馬路（一九二八年舊照）

◎　一九二七年開通的開原公共汽車，是無錫最早的機動公交。

◎　一九一八年，榮宗敬、陸培之各捐款二萬五千元，建造從火車站到惠山的通惠路，以及沿途惠農、惠工、惠商、惠通四座橋樑，圖爲通惠路起點火車站附近的惠農橋。（二十世紀五十年代初舊照）

◎　一九二六年，宗敬、德生兄弟捐資五千元，修復始建于北宋的南禪寺妙光塔。

◎ 一九一二年，宗敬、德生兄弟創建梅園，成爲江南著名的賞梅勝地，也是沿太湖風景區第一個山水園林，免費向遊人開放，開啟了無錫現代旅遊業的先河。二〇〇六年，“榮氏梅園”被國務院公佈爲“全國重點文物保護單位”。

◎　一九一五年建造的梅園天心臺

◎　梅園正廳誦豳堂及廳堂名聯

◎　一九二三年建成的梅園宗敬別墅（一九九〇年舊照）

◎　二〇〇六年十二月三日，梅園"宗錦別墅"掛牌，并在別墅前豎立榮宗敬銅像，榮鴻慶先生與榮卓如女士在銅像前合影留念。

◎ 一九二六年建造的梅園太湖飯店，風景幽雅，設備一流，有專車接送，許多著名人士曾來此遊覽休養，也是榮宗敬接待貴賓的重要場所。（一九九〇年舊照）

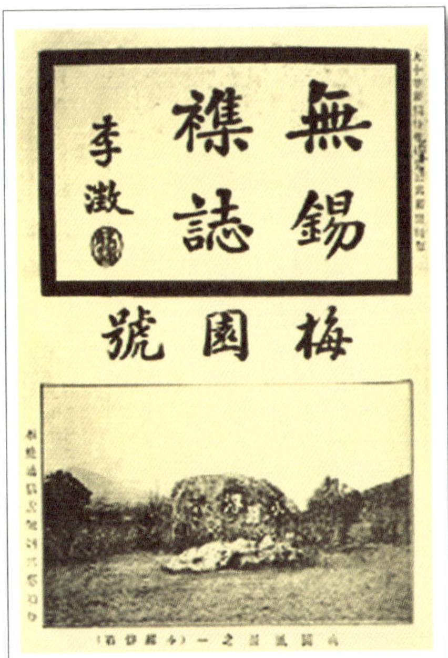

◎ 一九二四年一月出版的《無錫雜誌·梅園號》封面，是近代無錫第一本園林專刊。

◎ 一九三〇年爲紀念母親八十冥壽建造的梅園念劬塔，成爲梅園的標誌性建築。

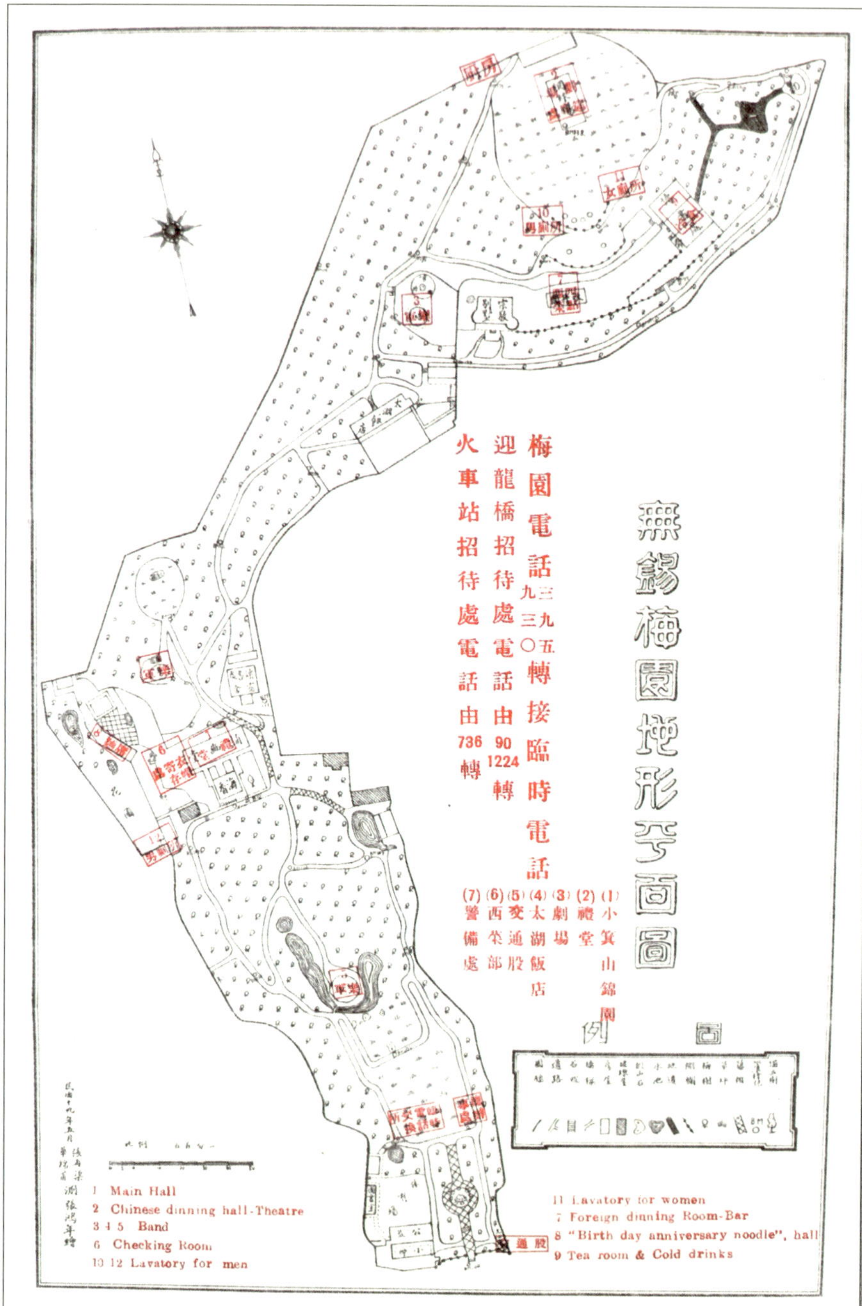

◎ 一九三二年榮宗敬六十壽辰印發的梅園平面圖

◎　一九二九年，榮宗敬耗資十一萬元，在太湖邊小箕山建造錦園，是著名的賞荷勝地，免費向遊人開放。宗敬先生晚年常來此居住，接待高朋貴賓。（一九九〇年舊照）

◎　錦園荷花（二〇〇三年舊照）

◎ 錦園紫藤長廊（二〇〇三年舊照）

◎ 錦園嘉蓮閣（二〇〇三年舊照）

◎ 錦園宗敬別墅（二〇〇三年舊照）

◎ 錦園楠木廳（二〇〇三年舊照）

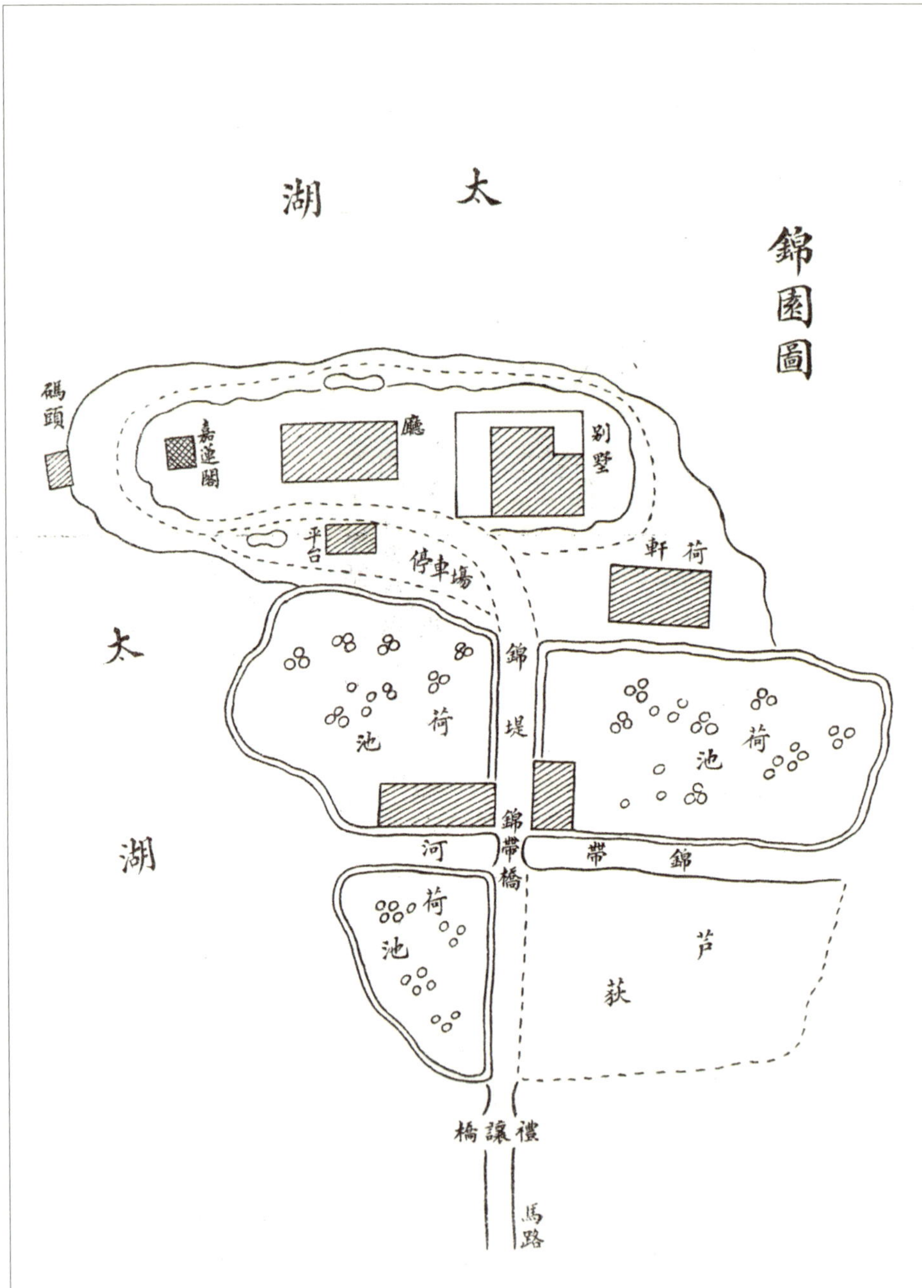

◎ 一九三二年榮宗敬六十壽辰印發的“錦園圖”

先驅者風範永存

榮宗敬作爲中國民族工業的先驅，中國歷史上一代企業家的傑出代表，他的業績與風範，將永載史冊！

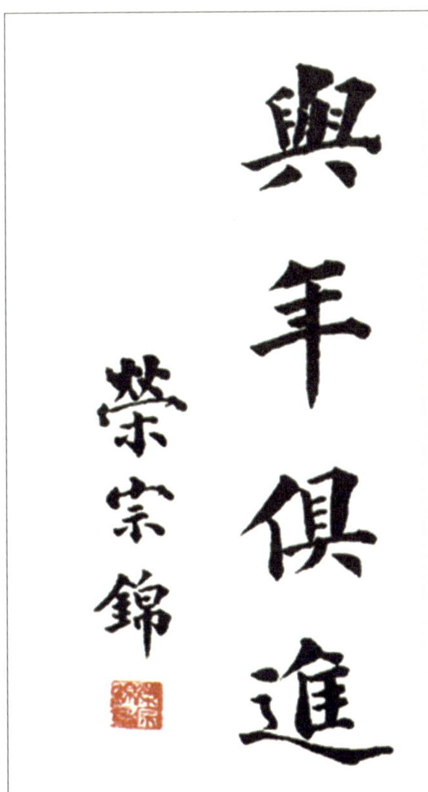

◎ 榮宗敬爲一九三〇年《無錫年鑒》題詞手跡

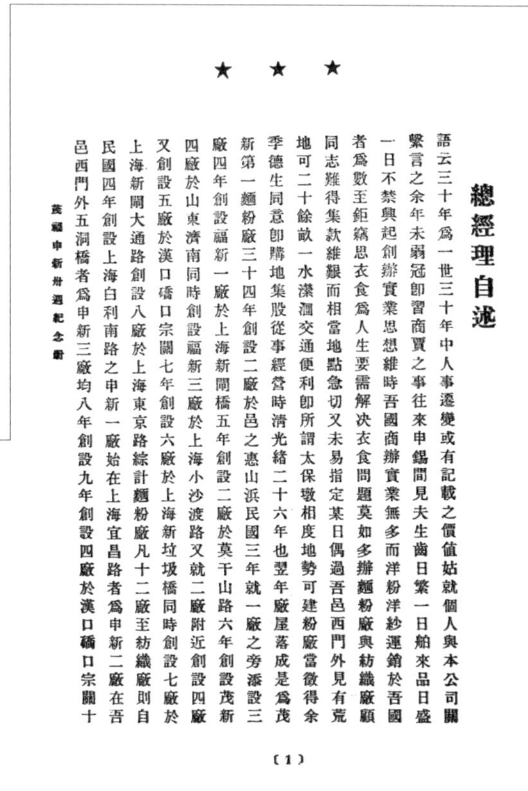

★ ★ ★

總經理自述

語云三十年爲一世三十年中人事遷變或有記載之價值姑就個人與本公司關繫言之余年未弱冠卽習商賈之事往來申錫間見夫生齒日繁一日舶來品日盛一日不禁興起創辦實業思想維時吾國商辦實業無多而洋粉洋紗運銷於吾國者爲數至鉅竊思衣食爲人生要需解决衣食問題莫如多辦麵粉廠與紡織廠顧同志難得集款維艱而相當地點急切又未易指定某日偶過吾邑西門外見有荒地可二十餘畝一水瀠洄交通便利卽所謂太保墩相度地勢可建粉廠當徵得余季德生同意卽購地集股從事經營時清光緒二十六年也翌年廠屋落成是爲茂新第一麵粉廠三十四年創設二廠於邑之惠山浜民國三年就一廠之旁添設三廠四年創設福新一廠於上海新閘橋五年創設二廠於莫干山路六年創設茂新四廠於山東濟南同時創設福新三廠於上海小沙渡路又就二廠附近創設四廠又創設五廠於漢口礄口宗關七年創設六廠於上海新垃圾橋同時創設七廠於上海新閘大通路創設八廠於上海東京路綜計麵粉廠凡十二廠至紡織廠則自民國四年創設上海白利南路之申新一廠始在上海宜昌路者爲申新二廠在吾邑西門外五洞橋者爲申新三廠均八年創設九年創設四廠於漢口礄口宗關十

茂福申新卅週紀念册

〔1〕

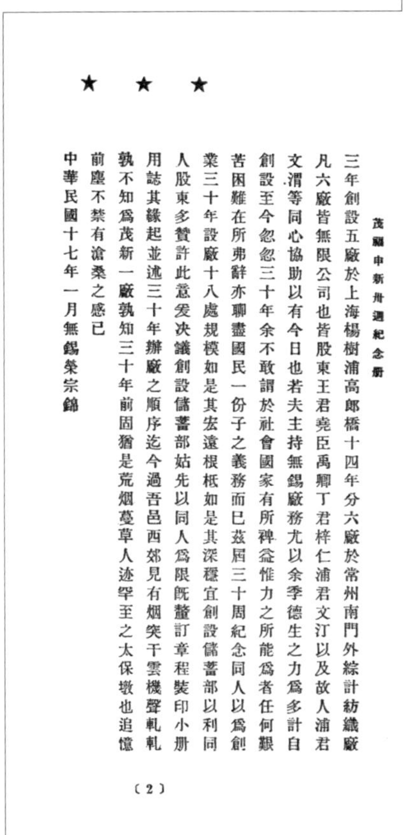

★ ★ ★

茂福申新卅週紀念册

三年創設五廠於上海楊樹浦高郎橋十四年分六廠於常州南門外綜計紡織廠凡六廠皆無限公司也皆股東王君堯臣禹卿丁君梓仁浦君文汀以及故人浦君文渭等同心協助以有今日也若夫主持無錫廠務尤以余季德生之力爲多計自創設至今忽忽三十年余不敢謂於社會國家有所裨益惟力之所能爲者任何艱苦困難在所弗辭亦聊盡國民一份子之義務而已茲屆三十周紀念同人以爲創業三十年設廠十八處規模如是其宏遠根柢如是其深穩宜創設儲蓄部以利同人股東多贊許此意爰决議創設儲蓄部姑先以同人爲限旣釐訂章程裝印小册用誌其緣起並述三十年辦廠之順序迄今過吾邑西郊見有烟突干雲機聲軋軋孰不知爲茂新一廠孰知三十年前固猶是荒烟蔓草人迹罕至之太保墩也追憶前塵不禁有滄桑之感已

中華民國十七年一月無錫榮宗錦

〔2〕

◎《總經理自述》書影（一九二八年）

◎　榮宗敬畢生致力於興辦民族工業和社會公益事業，功績卓著，多次榮獲政府嘉獎。這是他一九二二年五十壽辰時留影，原照存上海紡織博物館。

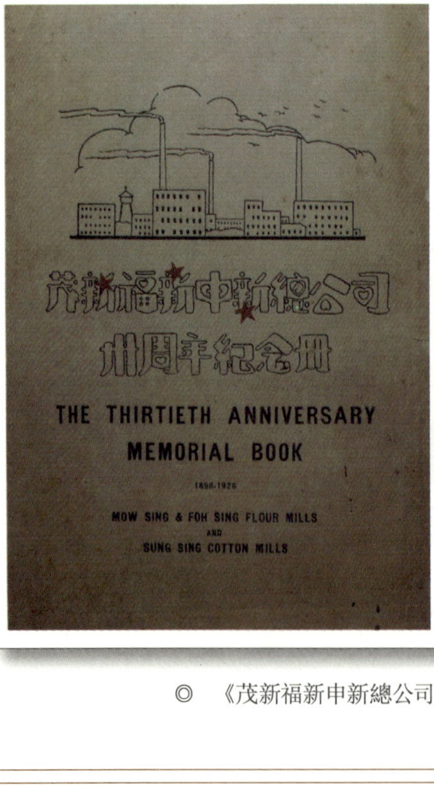

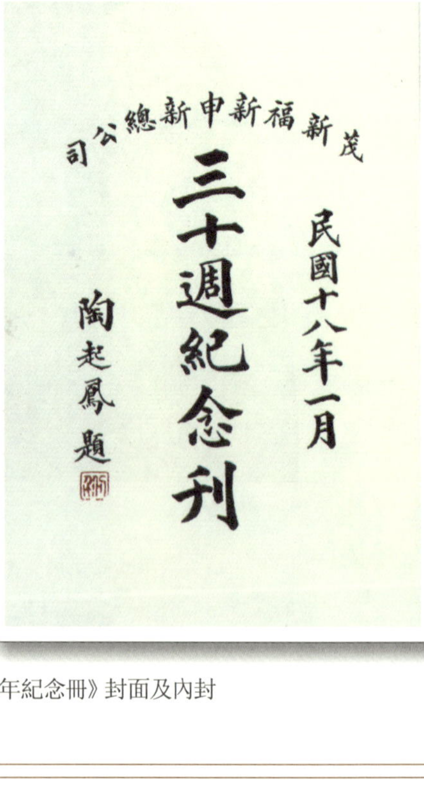

◎ 《茂新福新申新總公司卅周年紀念冊》封面及內封

◎ 一九二八年，創業三十周年紀念，榮宗敬先生（前排左十一）與總公司同仁合影留念。

◎ 總公司辦公室刻有三顆五角星標記（蘊含茂新福新申新之意）的座椅，坐墊正面爲皮墊，反面爲籐蓆，供四季輪換使用。原物存上海紡織博物館。

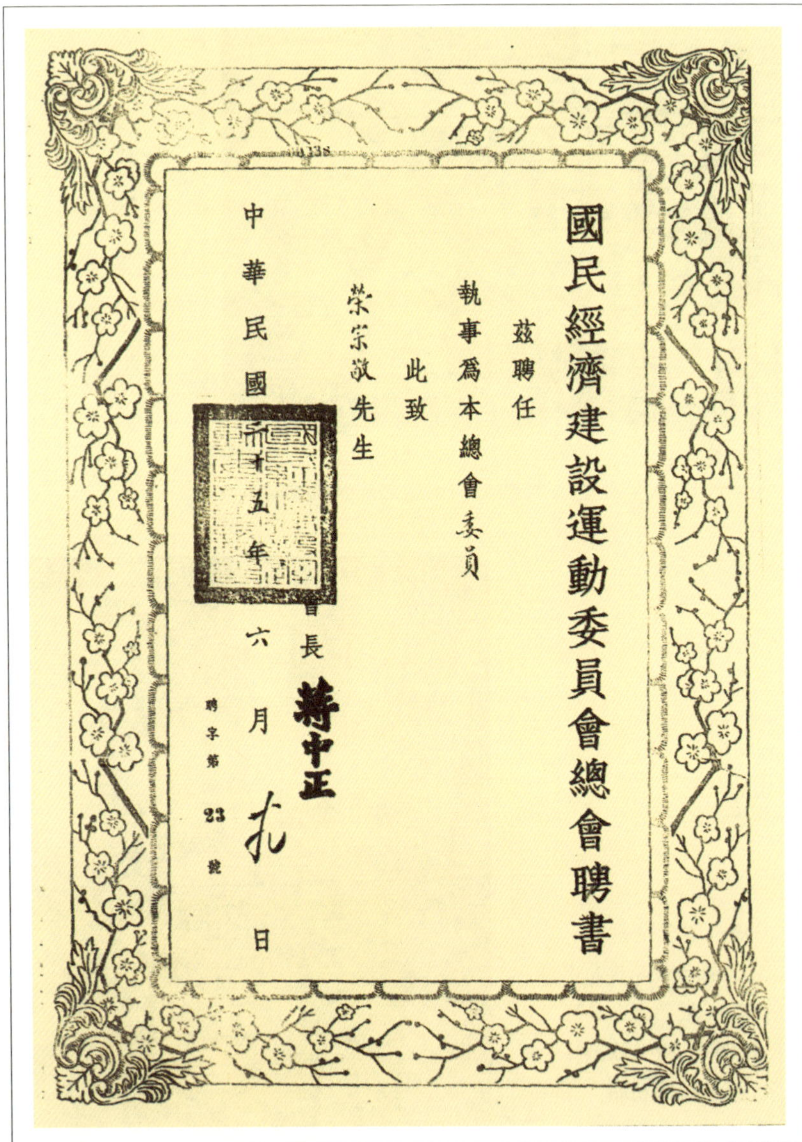

國民經濟建設運動委員會總會聘書

茲聘任

執事爲本總會委員

此致

榮宗敬先生

會長 蔣中正

中華民國二十五年六月　日

聘字第23號

◎ 一九三六年，蔣介石簽發給榮宗敬的“聘書”。

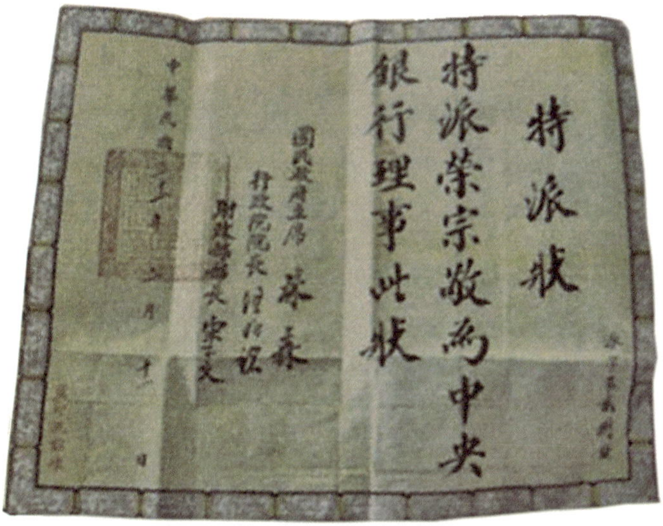
特派狀
特派榮宗敬為中央銀行理事此狀
國民政府主席 林森
行政院院長 汪兆銘
財政部部長 宋子文

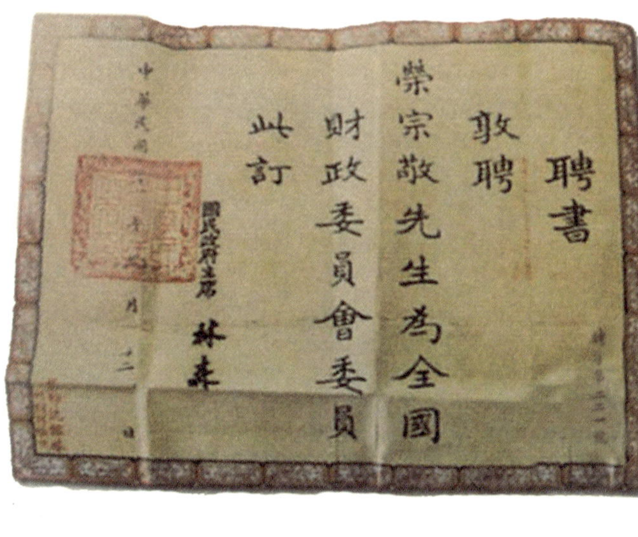
聘書
敦聘
榮宗敬先生為全國財政委員會委員
此訂
國民政府主席 林森

◎　一九三二年，國民政府主席林森簽發給榮宗敬的“特派狀”和“聘書”。

◎ 民國大總統獎給茂新、福新麵粉公司的匾額

◎ 一九二六年美國費城博覽會贈與茂新福新申新總公司的麵粉獎狀

福新、申新各廠（上海）坐落位置示意圖

一九〇一年至一九四九年榮氏企業概況表

類別	序號	地點	廠　名	概　　況
麵粉	1	無錫	茂新一廠	原名保興麵粉廠，1901年創辦，1902年投產，1903年改名茂新。抗戰時被毁，1947年重建，1948年恢復生產。
	2		茂新二廠	1916年租辦惠元麵粉廠，1918年購買產權自辦。
	3		茂新三廠	1919年創辦，專磨苞米粉，四年後停辦，後茂三附設於茂一。1947年租辦順豐德麵粉廠稱茂三。
	4	濟南	茂新四廠	1919年創辦，1921年建成投產。
	5	上海	福新一廠	1912年底與王氏兄弟、浦氏兄弟合資創辦，1913年投產。1922年失慎被毁，將毗鄰的福三與福六合併爲福一。
	6		福新二廠	1914年2月創辦，同年建成投產。
	7		福新三廠	1914年6月籌備，1916年6月建成。1922年改爲福一，1926年購買興華製麵廠，補福三之缺。
	8		福新四廠	1913年5月租辦中興麵粉廠，1915年購買產權，改稱福四。
	9	武漢	福新五廠	1918年集資創辦，1919年建成投產。抗戰時期内遷，在重慶、成都、寶雞、天水設立分廠。
	10	上海	福新六廠	1917年租辦華興麵粉廠，1919年購買產權自辦，稱福六。1922年與福三合併改福一後，福六仍保留其名。
	11		福新七廠	1919年創建，1920年投產。
	12		福新八廠	1919年創建，1921年6月開機生產。
	13		鴻豐麵粉廠	原爲大中華麵粉廠，1946年12月標購，改名鴻豐麵粉廠。
	14		建成麵粉廠	抗戰時期創立於成都，1946年11月購買日資三興麵粉廠，成立建成麵粉公司上海廠。
紡織	1	上海	申新一廠	1915年春創辦，同年11月投產。
	2		申新二廠	1917年購買恒昌源紗廠，改爲申新二廠。
	3	無錫	申新三廠	1919年籌建，1921年建成，1922年1月正式開機生產。
	4	武漢	申新四廠	1921年創建，1922年2月投產。抗戰時期内遷，在重慶、寶雞、成都設立分廠，并在寶雞、重慶附設鐵工廠。
	5	上海	申新五廠	1925年購買上海德大紗廠，改爲申新五廠。
	6		申新六廠	1925年6月租辦常州紗廠，稱申新六廠，1931年歸還原主，同年10月購買上海厚生紗廠，正式成立申六。1947年購得國光印染廠，成爲申新系統唯一的紡織印染全能廠。
	7		申新七廠	1929年購買上海東方紗廠，改爲申新七廠。
	8		申新八廠	1929年在申一旁新建申八，1937年被日軍炸毁。
	9		申新九廠	1931年購買李鴻章創辦、後由盛宣懷經營的三新紗廠，建立申九。原在楊樹浦，1933年在澳門路建造新廠遷入。
	10		合豐企業公司	1938年創辦，設有紡織、繅絲、鐵工等廠。
	11		鴻豐紡織公司	設有一廠、二廠，1946、1947年先後開工。
	12	無錫	天元麻毛棉紡織廠	1947年創辦，1948年開工。
	13	廣州	廣州第二紡織廠	1948年7月開工，由申新二廠、五廠拆遷部份機器建成。
	14	重慶	渝新紡織公司	1948年1月購得軍政部紡織廠，改建成立。
	15	蕪湖	裕中紗廠	1946年12月購得。
機器及造紙	1	無錫	公益鐵工廠	1929年以原公益工商中學學生實習工場改建成立，1937年内遷重慶，次年6月開工。初名復興，後分公協、公益二廠，1941年與重慶申四鐵工廠等合併組建公益紡織麵粉機器製造廠，1945年出售。
	2		開源機器廠	1948年創辦，1949年開工。
	3	上海	宏文造紙廠	抗戰時期創立於寶雞，1946年秋購得上海紙器廠，擴建爲宏文造紙公司上海廠。

茂新福新申新各廠（全國）坐落位置示意圖

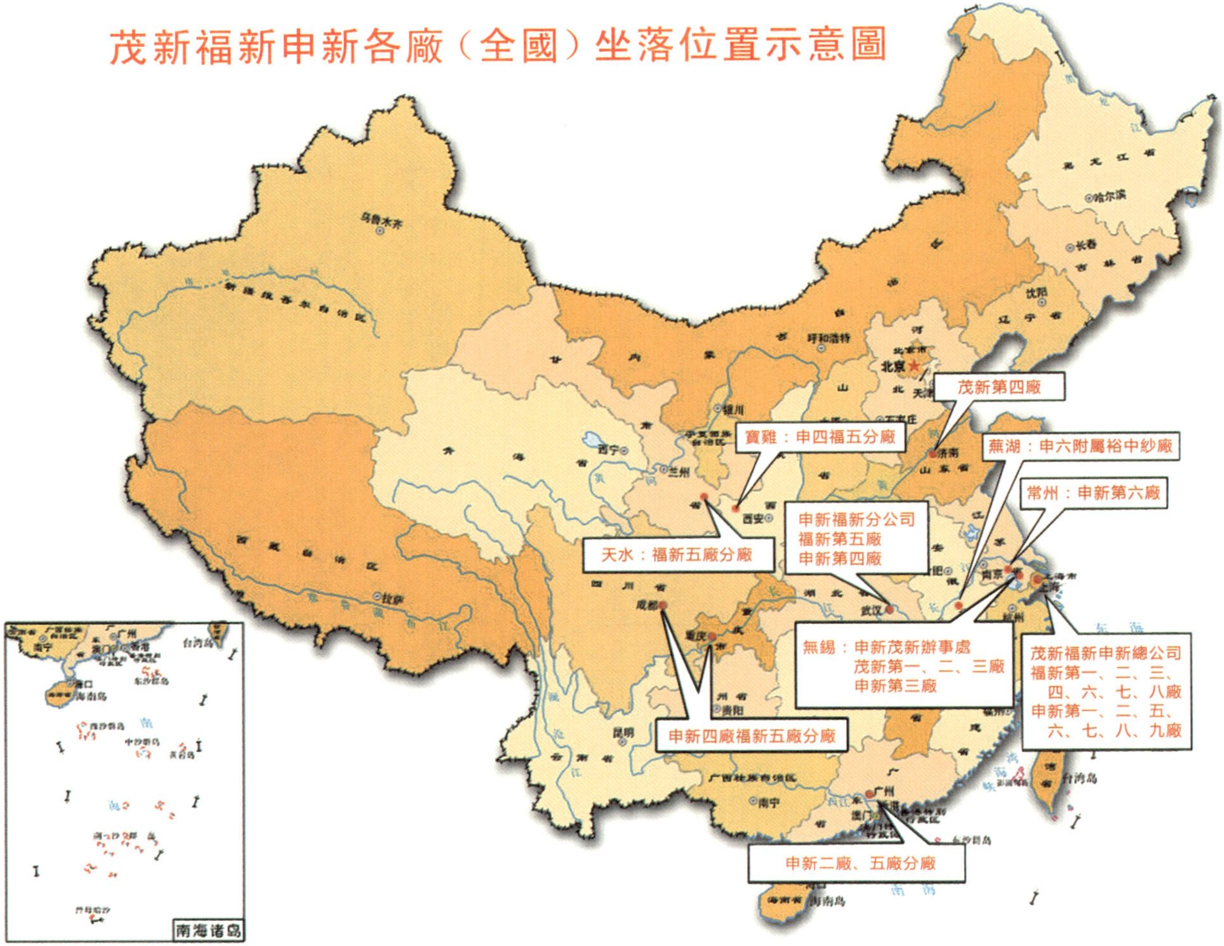

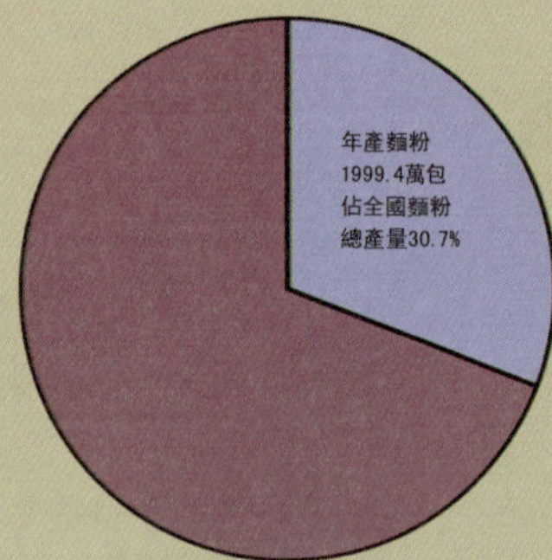

一九三二年茂新、福新麵粉產量佔全國粉廠（不包括東北）總產量比重圖

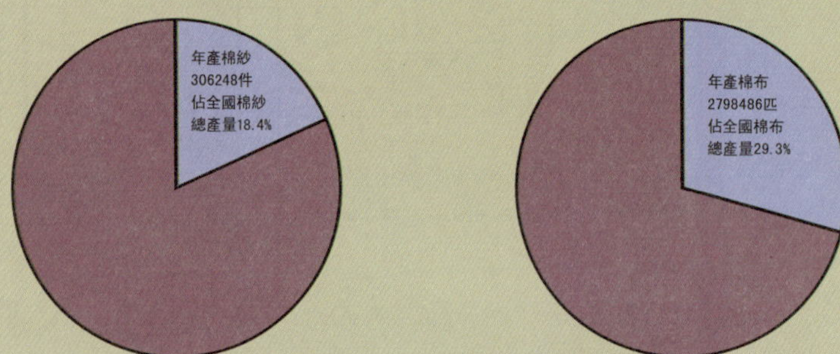

一九三二年申新紡織公司所屬九個廠棉紗、棉布產量佔全國總產量比重圖

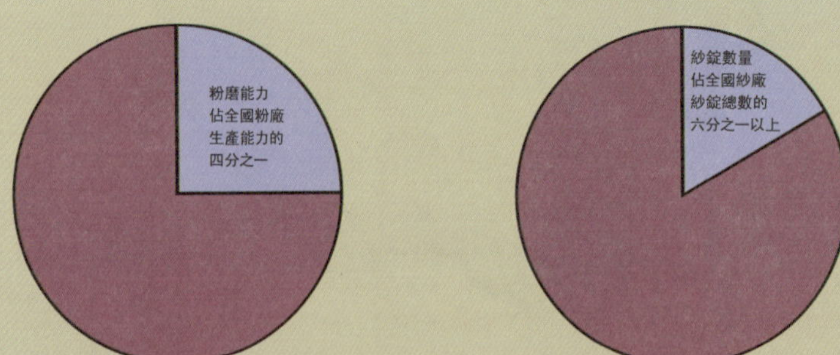

據一九四七年上海統計，榮氏企業集團粉磨生產能力佔全國粉廠生產能力的四分之一，紗錠佔全國紗廠紗錠總數的的六分之一以上，在全國仍爲首屈一指。

◎ 榮氏企業在中國民族工業中的地位示意圖

茂新福新申新各廠與國外業務往來示意圖

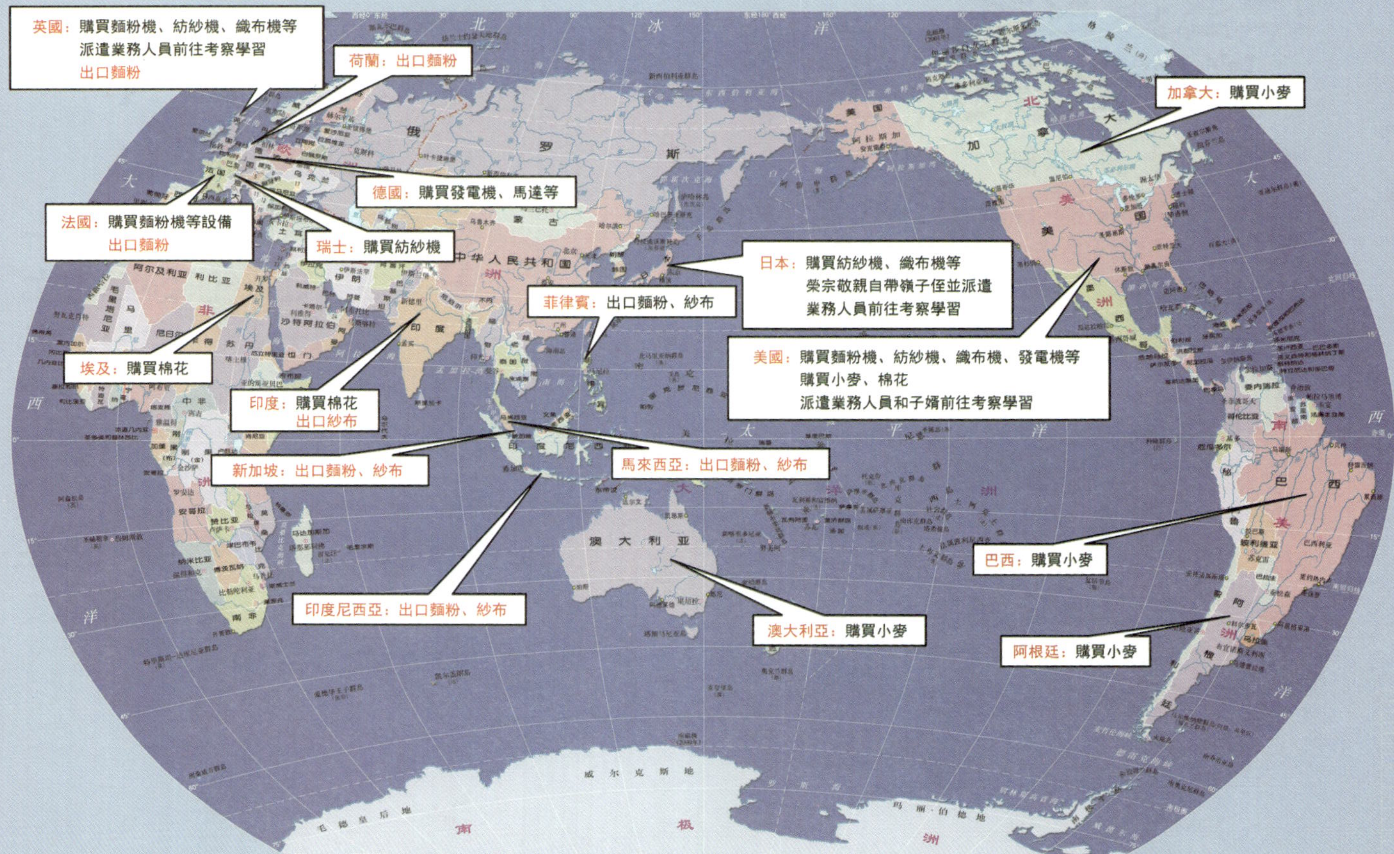

行政院決議
褒揚榮宗敬

▲漢口十五日電　行政院十五日舉行第三五〇次會議、出席各部會長、主席副院長張群、議決案共三十餘件、茲錄其重要案件如次、㈠院長提議、榮君宗敬提倡實業、苦心經營、亘數十年、功在社會、滬地被佔據後、誘脅備至、力拒僞命、遯跡香港、其志節尤堪嘉尚、現榮君在港病故、擬特予轉呈國府明令褒揚、以昭激勵案、決議通過、

◎　一九三八年二月十五日，行政院第三五〇次會議通過決議，褒揚榮宗敬；二月十七日，國民政府明令褒揚榮宗敬。這是刊登在上海《新聞報》上的“行政院決議”和“國府明令”。

國府明令
褒揚榮宗敬

◎重慶十七日電、國府十七日令、㈠榮宗敬興辦實業、歷數十年、功效昭彰、民生利賴、此次日軍侵入淞滬、復能不受威脅、避地遠引、志節凜然、尤堪嘉尚、茲聞溘逝、悼惜殊深、應予明令褒揚、用昭激勵、此令、

◎ 一九三二年九月二日，榮宗敬先生六十壽辰慶典，在錦園留影。

◎ 榮宗敬先生在上海寓所前留影

◎ 榮宗敬先生最後遺影

◎ 榮宗敬先生六十壽慶專刊《杖鄉導遊錄》封面書影，著名教育家馬相伯題簽，薛明劍編，一九三二年九月一日出版。

◎ 榮宗敬先生銅像，原豎立在上海申新九廠花園內，現移至上海紡織博物館。

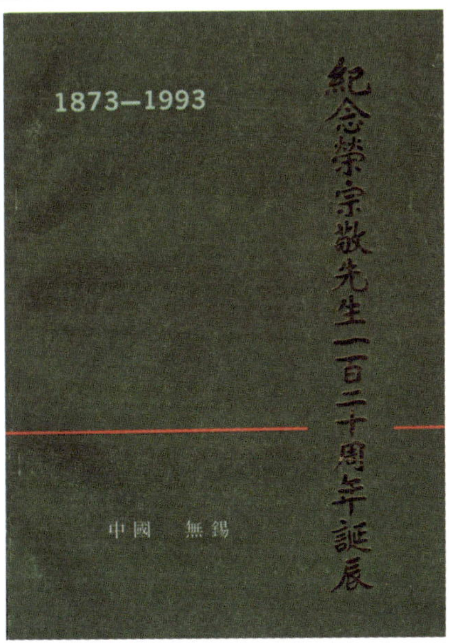

◎一九九三年十月十一日，中共無錫市委、無錫市人民政府在江南大學舉行榮宗敬先生一百二十周年誕辰紀念會。上圖爲榮鴻慶先生在大會主席臺榮宗敬先生油畫像前留影，下左圖爲紀念會籌備委員會編印的《榮宗敬先生一百二十周年誕辰紀念冊》，右圖爲紀念花瓶。

◎上海陝西北路一八六號榮宗敬故居，二〇〇三年十一月二十五日，上海市靜安區人民政府掛牌；二〇〇五年十月三十一日，上海市人民政府公佈爲『優秀歷史建築』。

◎ 榮宗敬先生墓園及墓碑（一九九二年舊照）

◎ 整修一新的榮宗敬先生墓園

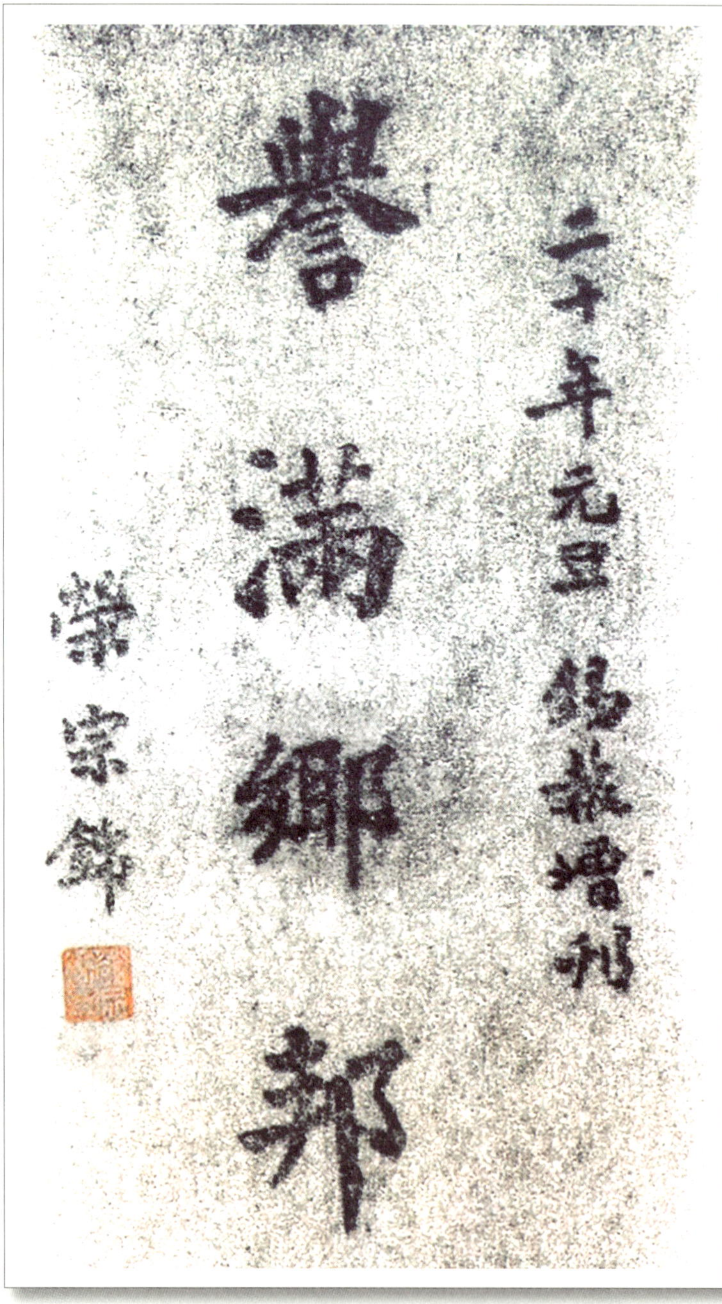

◎ 榮宗敬爲《錫報》一九三一年元旦增刊題詞手跡："譽滿鄉邦"，這也正是榮宗敬一生業績與風範的真實寫照！